여성심리학

젠더와 다양성을 향하여

한국여성심리학회 기획
김연수 · 김은영 · 김혜민 · 박경은 · 신나영
신홍임 · 이지영 · 조윤진 · 한영주 · 홍상희 공저

Psychology of Women: Toward Gender and Diversity Perspectives

학지사

머리말

우리는 현재, 하루하루가 다르게 펼쳐지는 역동적인 세계에 살고 있습니다. 유전자 편집 기술은 생명의 한계를 재구성하고 있으며, 생성형 인공지능은 그림과 음악은 물론, 시와 소설, 영상 콘텐츠까지 창작해 냅니다. 단 몇 줄의 프롬프트로 개인의 상상이 실제 결과물로 전환되는 이 시대는, 기술이 단순한 도구를 넘어 삶의 방식과 인간의 정체성 자체를 변화시키는 시기라 할 수 있습니다.

이러한 변화 속에서 사람들은 새로운 기술과 제도를 수용하고, 일과 가족의 경계를 조정하며, 다문화적이고 다양성이 공존하는 삶의 방식을 익혀 가고 있습니다. 우리는 빠르게 변하는 사회 속에서 살아가고 있지만, 동시에 이런 질문을 던지게 됩니다.

"이러한 변화가 과연 우리의 삶을 얼마나 바꾸어 놓았는가?"

사회 변화 속에서 젠더에 대한 감수성은 높아졌고, 다양한 정체성에 대한 인식도 확산되고 있습니다. 그러나 이러한 변화는 여전히 불균형적으로 진행 중이며, 영역과 계층에 따라 큰 차이를 보입니다.

2023년 기준 여성의 고등교육 진학률은 77.3%로 남성보다 높지만, 여성 임원 비율은 전체의 6% 미만에 불과합니다.[1] 또한 전체 비정규직 노동자 중

1 여성신문(2023. 9. 7.). 유니코써치, 「2023년 국내 100대 기업 반기보고서 분석 결과」. https://www.womancs.co.kr/news/articleView.html?idxno=87745&utm_

약 46%가 여성이며, 그중 상당수가 저임금 · 감정노동에 집중되어 있습니다.[2] 초저출산 문제는 더 이상 여성만의 문제가 아닌, 남성과 사회 전체가 함께 고민해야 할 일, 가정 양립의 공동 과제로 자리 잡고 있습니다. 이와 함께 다문화 가정, 이주민, 성소수자, 청년 세대 등은 차별과 정체성의 긴장, 불안정한 사회적 지위 속에서 복합적인 심리적 어려움을 겪고 있습니다.

이처럼 젠더와 다양성의 문제는 더 이상 특정 집단의 권리 문제를 넘어서 사회 전체의 구조와 심리적 적응을 함께 고민해야 할 과제로 전환되고 있으며, 이에 대한 심리학적 접근이 더욱 절실해지고 있습니다.

이러한 흐름 속에서 한국여성심리학회는 지금 이 시대를 살아가는 여성과 다양한 정체성을 가진 사람들이 경험하는 삶과 심리를 보다 깊이 있게 탐색할 수 있는 교재의 필요성에 공감하며, 공동 집필을 통해 이 책을 완성하게 되었습니다.

이 책은 2015년에 출간된 『여성심리학』을 계승하면서, 그동안 축적된 연구 성과와 교육적 경험을 반영하여, 변화된 사회 현실에 맞는 새로운 주제와 시각을 담아 전면적으로 재구성한 결과물입니다. 여성심리학의 큰 틀은 유지하되, 오늘날의 현실을 보다 입체적으로 반영하고, 젠더와 다양성의 확장된 지형을 담아내고자 하였습니다.

이 책은 총 8개의 부와 14개의 장으로 구성되어 있으며, 전통적인 여성심리학의 주제에 더해, 현재와 미래 사회에서 중요하게 떠오르고 있는 이슈들을 적극 반영하고자 하였습니다.

제1부에서는 여성심리학의 역사와 개념, 방법론에 대한 기초적 틀을 제시하고, 기존 심리학의 한계와 여성심리학의 필요성을 비판적으로 성찰할

source=chatgpt.com

2 매일노동뉴스(2023. 9. 6.). 같은 시간 일해도 여성노동자 임금 남성의 '70%'.

수 있도록 구성하였습니다.

제2, 3부에서는 여성의 생애주기별 발달과정과 인지 · 성격 특성을 젠더 관점에서 탐색하였고, 제4부에서는 정체성 형성, 친밀감, 관계 맺기에서 나타나는 심리 특성을 다루며 대인관계의 젠더화를 조명합니다.

제5부에서는 '여성과 일' '여성과 조직'이라는 주제를 통해 진로심리학과 조직심리학의 관점에서 여성의 경력, 노동시장, 일–가정 양립, 조직문화에 대한 심리학적 이해를 제시하고 있습니다.

제6부에서는 우울, 불안, 외상, 섭식장애 등 여성의 심리적 어려움과 상담에 관한 이슈를 통해 정신건강과 치료적 접근에 있어 젠더 민감성이 왜 중요한가를 조명합니다.

제7부 '여성과 폭력 및 범죄'에서는 젠더 기반 폭력을 단지 사회적 현상이 아니라 심리적 맥락 속에서 발생하고 반복되는 구조로 이해하고, 피해자 회복과 가해자 심리, 임상적 개입까지 심도 있게 다룹니다.

마지막으로 제8부 '여성심리학의 현재와 미래'는 성소수자, 다문화, 인공지능 시대의 젠더 이슈를 통해 앞으로의 심리학이 다뤄야 할 새로운 지형을 탐색하고 있습니다. 이 두 파트는 기존 여성심리학의 틀을 넘어 젠더와 다양성 심리학으로 나아가는 이론적 전환점을 상징합니다.

이러한 내용을 기반으로 이 책은 융합적 시각을 함양시키고 교육 현장에서의 활용도를 높이기 위해 다음과 같은 점에 중점을 두었습니다.

첫째, 기존 『여성심리학』의 이론적 틀과 구성 방향을 유지하면서도, '젠더'와 '다양성'이라는 새로운 시대적 의제를 반영한 장들을 추가하였습니다. 특히 최근의 사회 변화를 반영한 제11장 '여성과 폭력', 제12장 '성소수자와 다양성', 제13장 '다문화심리학과 젠더', 제14장 '인공지능과 젠더'에서는 성소수자, 다문화, 인공지능과 젠더 등 확장된 주제를 다루었는데, 이는 이 책의 미래지향성과 심리학의 실천적 역할을 함께 보여 주는 핵심적인 변화입니다.

둘째, 오늘날의 영상 기반 학습 환경을 고려하여 각 장마다 영화, 다큐멘터리, 온라인 강연 등 시각자료 활용을 제안하고 있습니다. 이는 학생들이 개념을 보다 생생하게 체감하고, 젠더와 다양성의 문제를 감각적으로 이해하는 데 도움이 됩니다. 예를 들어, 제8장 '여성과 조직'에서는 흑인 여성 과학자의 실화를 다룬 영화 〈히든 피겨스〉를 통해 조직 내 성차별과 인종차별의 교차성을 조명할 수 있습니다.

셋째, 이 책은 단순히 읽는 교재가 아닌, 함께 사유하고 토론하며 실천으로 연결될 수 있는 학습 자료를 지향합니다. 각 장에는 '생각해 보기' 질문, 토론거리, 간단한 설문지나 심리검사 등이 포함되어 있어 강의 현장에서 즉시 활용할 수 있습니다. 이를 통해 학생들은 자신의 경험을 돌아보고, 타인의 관점을 이해하며, 젠더와 다양성에 대한 심리학적 성찰을 능동적으로 수행할 수 있도록 하였습니다.

『여성심리학: 젠더와 다양성을 향하여』는 빠르게 변화하는 시대 속에서 우리가 무엇을 놓치고 있는지, 무엇을 더 들여다보아야 하는지를 함께 질문하기 위한 책입니다. 젠더와 다양성은 이제 일부 소수의 문제가 아닌, 공존 가능한 사회를 위한 감수성의 기준이자 개인의 삶과 사회 구조를 연결하는 핵심 키워드입니다. 심리학은 이 연결 지점을 설명하고 치유할 수 있는 중요한 도구가 될 수 있습니다.

이 책이 연구자에게는 이론적 성찰의 자극을, 실천가에게는 현장 개입의 새로운 실마리를, 교육자에게는 젠더와 다양성을 가르칠 수 있는 교재로서 의미 있게 다가가기를 바랍니다.

2025년 여름

한국여성심리학회 회장

한성대학교 이지영 교수

Psychology of Women

차례

Psychology of Women

제2부 여성심리학과 발달

Psychology of Women

제3부 여성심리학과 인지 및 성격

제4부 여성과 관계

제5부 여성과 일

Psychology of Women

Psychology of Women

Psychology of Women

제8부 여성심리학의 현재와 미래

제13장 다문화심리학과 젠디 455

홍상희

제14장 인공지능과 젠더 481

신홍임

Psychology of Women

제1부

서론

제1장

여성심리학 개관

한영주

밴쿠버기독교세계관대학원
(Trinity Western University)
상담심리전공 교수

인간의 마음에 대한 학문적 이해를 추구하는 심리학의 한 분야인 여성심리학은 20세기 중반 여성주의 운동의 흐름과 함께 괄목할 만한 성장을 해 왔다. 현대 심리학 분야에서 상대적으로 큰 비중을 차지하고 있지는 않지만, 다양한 여성 이슈에 대한 학술적·사회적 관심을 이끌어 가는 중요한 심리학 분야로서의 역할을 수행하고 있다(곽금주 외, 2002). 이번 장에서는 여성심리학과 관련된 기본 개념들을 살펴보면서, 현재 더욱 다원화되고 있는 여성심리학에 대해 정의하고자 한다. 또한 여성심리학의 두 가지 근원이라 할 수 있는 여성주의와 심리학 내 여성연구의 흐름을 살펴보면서 국내외의 여성심리학 역사를 더듬어 볼 것이다. 그와 더불어 여성심리학 연구방법에 대해 살펴보고, 향후 여성심리학의 방향과 과제를 논의하고자 한다.

이 장의 차례는 다음과 같다.

1. 여성심리학의 정의

1) 여성심리학이란 무엇인가

'21세기 현재, 여성심리학이 별도로 존재할 필요가 있는가? 심리학은 모든 인간을 위한 심리학이 아닌가?'

이 질문은 21세기 현재, 많은 사람이 여성심리학의 필요성에 대해 던질 만한 질문이다. 실제로 현대사회에서 여성들이 도전하지 못할 영역이 거의 없어졌다고 볼 수 있다. 지난 한 세기 동안 구조적 · 현실적 성차별을 철폐하기 위한 다양한 노력이 진행되면서, 전 세계 국가와 사회에서 여성의 위상과 현실이 상당한 수준으로 개선되어 왔기 때문이다. 정치, 경제, 문화, 예술 등의 영역에서 뛰어난 두각을 나타내는 여성들이 증가하고, 학력과 고용률, 관리자의 비율 등에서 여성 비율이 이전에 비해 월등히 높아졌다. 전 세계적으로 여성들이 정치적으로 중요한 지도자로서 부각되거나 첨단 기업의 CEO로 등장하고, 전통적으로 남성 영역이라 불리던 수학이나 과학에서도 뛰어난 여성들을 접하는 것은 이미 놀랍지 않은 상황이 되었다.

우리나라의 경우도 유사하다. 1960년대에는 전체 여성의 40%가 문맹에

달했으나,[1] 2000년대에는 여성의 대학 진학률이 남성과 같거나 높아졌다(통계청 인구총조사). 다수의 국가시험에서 여성이 수석을 차지하는 경우가 늘어나고, 최초의 여성 대통령이 탄생하는 등 가시적으로 여성들의 사회적 위상이 높아진 것을 확인할 수 있다.[2] 이러한 시대에 여성심리학과 같은 '과거 불평등한 여성의 권익을 위해 발달했던 노력이나 학문'은 시대착오적이라는 주장이 나오기도 한다.[3]

그러나 일부 통계나 언론 등에서 드러나는 가시적인 변화에 비해, 실제 우리가 살아가는 삶의 현장에서는 성별로 인한 제약이 여전히 존재하는 것이 21세기의 엄연한 현실이다. 과학이나 기술, 정치 분야 등 사회 전반적 영역에서 고위직 여성의 숫자가 이전보다는 늘어났지만, 여전히 남성에 비해 상대적으로 턱없이 적다. 이는 여성의 사회적 위치를 수치화하는 유리천장 지수(glass ceiling index)[4]가 대다수의 나라에서 중요한 변화의 지표가 되는 이유이기도 하다. 전 세계 곳곳에서 여전히 여성이라는 이유로 폭력에 더

1 1960년대에는 13세 이상 문맹률이 28%였고, 그중에서 여성이 차지하는 비율이 72.2%였다. 이는 가족 내에서 딸을 학교에 보내지 않는 경우가 다수였기 때문이다.

2 일례로, 마지막 사법시험 수석 여성, 2022년 경찰대, 경위시험 등에서 수석도 여성이었다. 최근 국가고시의 대표로 남아 있는 5급공개경쟁채용시험(행정고시)에서도 여성이 수석을 차지하는 경우가 다수이다.

3 "여성은 불평등한 취급을 받고 남성은 우월적 대우를 받는다는 건 옛날 얘기"(한국일보, 2022. 3. 19.), "1960~1970년대에는 한국의 여성들이 교육이나 일자리에서 기회를 박탈당하는 일부 지점들이 분명히 있었지만 그건 어머니 세대 이야기"(2021년 7월 블룸버그통신 인터뷰)라는 일부 정치인들의 발언이 사회적 파장을 일으키며 젠더 이슈가 정치적 쟁점이 되기도 하였다.

4 성별 임금격차, 여성 경제활동 참가율, 육아휴직, 육아비용, 교육 성취도, 중간 관리직 비율, 기업 이사회 여성 비율, 여성 국회의원 비율 등 10개 항목에 대해 각 나라에 대한 점수를 평가해 산출되는 지표이다. 각 나라의 근로환경 건강성을 대표하는 지수로, 100점 만점에 대비하여 점수가 낮을수록 일하는 환경이 전반적으로 열악하다는 것을 의미한다.

쉽게 노출되고, 직장과 가정에서 성별로 인한 불공평한 대우를 받거나 때로는 사회적 이동이 제한되는 경우도 있다.[5] 성평등이 가장 많이 달성되었다고 불리는 사회에서도 여성들은 은밀하게 편향된 시선이나 부당한 대우를 받고 있다. 이에 대해 2012년 여성 최초로 수학계의 노벨상이라 불리는 필즈상을 수상한 미르자하니(Maryam Mirzakhani) 교수는 "여성이 수학을 공부하는 것이 자연스러운 문화가 많지 않다."라는 점을 강조하며, 자신이 이제야 최초의 여성 수상자가 된 것이 대부분의 문화 속에 은밀하게 존재하는 성 고정관념과 남성 중심적 문화임을 피력한 바 있다.

우리나라의 경우, 성별과 관련된 주요 통계들을 자세히 살펴보면 여전히 존재하는 성차별 현실을 확인할 수 있다. 예를 들어, 한국의 성별 임금격차는 OECD 최고 수준인 66.3%로, 같은 조건의 남성 근로자가 100만 원을 받을 때 여성 근로자는 66만 3,000원을 받는다(2020년 기준). 전 세계 근로환경의 건강성을 대표하는 유리천장지수에서도 한국은 총 20점대를 받아 10년째 최하위이다. 세계경제포럼(WEF)이 발행한 「2021년 성 격차 보고서」에서 한국 여성의 학력, 건강 수명은 남성 대비 97.3%, 97.6%로 거의 차이가 없었지만, 경제 참가율과 정치 권한은 58.6%, 21.4%에 불과하였다. 언론 등에 보이는 여성의 위상 변화에 비해, 경제나 정치 영역과 같이 공적 권한을 갖는 영역에서 여성들은 여전히 유리천장을 경험하며 크고 작은 불평등을 경험하고 있다.

이와 같이 성별로 인한 불평등, 여성에 대한 성 고정관념은 대부분의 사회 전반에 뿌리 깊게 존재하고 있으며 쉽게 개선되기 어려운 문제이다. 그 이유를 간단하게 설명하기는 어렵지만, 가장 확실한 이유 중의 하나는 인

5 현재에도 상당수의 여성이 다양한 종류의 폭력에 노출되고 있고, 특히 장애, 팬데믹과 같은 부가적 상황에 처한 여성들의 상황은 더욱 열악하다(https://www.unwomen.org/en/what-we-do/ending-violence-against-women).

류사회가 오랫동안 '남성 중심의 관점'에서 인간을 이해해 왔기 때문이라고 할 수 있다. 인간의 마음을 '과학적'으로 탐구하는 심리학에서도 불과 몇십 년 전까지 대부분 남성으로 구성된 심리학자들이 생물학적 남성만을 인간의 규준(norm)으로 삼았었다. 이러한 규준을 '객관적'이라 칭하며, 그 연구 결과들을 모든 인간을 설명하는 '보편적 결과'로 간주했었다. 인류의 반을 차지하는 여성의 경험과 관점을 배제했음에도 '과학적이고 객관적인' 연구로 제시했기 때문에, 기존의 심리학은 여성들의 경험에 대해 수많은 오해와 성 편향적 고정관념을 양산하고 강화하는 역할을 해 온 측면이 없지 않다.

여성심리학은 인간에 대한 남성 중심의 반쪽짜리 접근을 극복하고, 여성을 포함한 전체 인간의 삶을 반영하여 인간의 마음을 바로 이해하고자 발전해 온 학문이다. 특히 여성의 경험에 대해 남성 중심적 관점으로 접근하고 해석함으로써 오해와 편견을 양산해 온 기존의 심리학 이론과 연구들을 비판적으로 수정 및 보완하고, 여성들이 경험하는 전생애적 발달과 특성, 문제들을 중요한 탐구 주제로 삼아 여성 당사자의 경험과 관점을 반영한 연구를 수행하고자 한다. 이를 통해 궁극적으로 성별 등 특정 집단만의 관점에 치우친 학문에서 벗어나, 인류 전체의 경험을 포괄하는 진리에 다가서는 심리학으로 발전하는 것을 지향하는 학문이다.

이 지점에서 한 가지 오해를 불식할 필요가 있다. '여성심리학은 기존의 남성 중심 심리학에 대한 반작용으로 여성 중심적 학문을 지향하는 것 아닌가?'라는 오해이다. 여성심리학은 여성이든 남성이든 특정 성별을 위한 학문이 아니며, 오히려 특정 성별 중심의 심리학을 반대하고 극복하려는 학문이다. 여성심리학은 성별이나 인종, 지위 등등 하나의 기준으로 구분된 특정 집단 중심의 심리학을 지양한다. 한두 가지의 기준으로 인간을 특정 집단으로 구분하면서 특정한 집단에 치우친 관점을 보편적인 것처럼 수용하는 기존 지식에 의문을 던지고 수정을 요구하고자 출발한 학문이 여성심리학이다. 따라서 기존 심리학 연구와 이론들에 암묵적으로 전제되어 있는 특정 집단 편향을 인식하고, 이를 극복하고자 하는 연구와 이론의 발전을 통해 어떠한 인간 집단도 배제되거나 차별의 대상이 되지 않는, 공평하고 포괄적인 전 인류 중심의 학문을 지향한다. 다만 기존의 심리학이 오랜 시간 동안 남성 중심의 관점에 치우쳐 왔기 때문에, 공평을 향해 가는 과정에서 배제와 차별의 대상이 되어 온 여성 집단 쪽으로 무게중심을 옮겨 가는 과정이 필연적일 뿐이다. 예를 들어, 초기의 심리학자들이 여성과 남성의 차이점에 집중하면서 과도하게 성 편향적 인식을 조장해 왔다면, 여성심리학은 남성, 여성으로 구분하여 비교할 수 없는 각각의 독특한 경험에 집중하여 이를 내부자적 관점에서 이해하고자 한다. 따라서 그동안 간과되어 온 여성만이 겪는 경험들, 예를 들어 월경, 임신, 출산, 폐경 등의 경험을 비롯하여, 여성 폭력문제 등의 주제에 관심을 갖고 탐구한다. 또한 전통적으로 남성 위주로 다루어 온 일과 가족, 성취 이슈 등을 여성의 관점으로 파악하고 이해하는 데에 연구의 초점을 기울이기도 한다. 이러한 관점의 전환은 남성 중심 접근을 대체하는 여성 중심의 심리학을 지향하는 것이 아니라, 기존에 배제되어 있던 여성의 관점을 포함하는, 보다 평등하고 포괄적인 심리학 연구와 이론을 만들어 가기 위한 과정에서 필연적일 것이다.

19세기 말, 분트(Wundt)의 실험실에서 시작된 심리학은 엄밀한 연구와 지속적 노력을 통해 인간 마음의 이치를 탐구하는 독자적인 학문 영역으로 자리를 잡았고, 탐구의 대상과 목적 등에 따라 세부 학문들로 발전해 왔다. 구체적으로는 탐구의 대상에 따라 아동심리학, 청소년심리학, 고령자 심리학 등으로 세분화되거나, 탐구의 목적이나 내용에 따라 상담심리학, 인지심리학, 신경심리학 등이 발생하여 놀라운 발전을 거듭하고 있다. 현재에도 학문공동체의 합의에 따라 더욱 세분화된 다양한 심리학 영역이 계속 발생하는 중이다. 그중에서 20세기 중반, 여성 이슈에 대한 탐구가 필요했던 시대의 부름에 발맞추어 탄생한 분야가 여성심리학이다.

21세기 현재, 표면적으로 여성의 위상이 전에 비해 월등히 향상된 것으로 보이는 현실 속에서 '여성심리학이 여전히 필요한가?'라는 질문에 대한 답은 자명하다. 여전히 사회 곳곳에서 배제와 차별의 대상이 되고 있는 여성들의 독특한 경험들을 드러내어 인식하고, 과학적인 방법으로 탐구하는 여성심리학은 여전히 필수적이고 중요한 학문이다. 여성심리학을 통해 여성의 실제 삶과 경험들이 있는 그대로 이해되어 개선되어야 하기 때문이다. 또한 여성심리학을 통해 일부 집단 중심의 관점이 아닌 전체 인간의 심리 경험을 총체적이고 균형 잡힌 관점으로 이해하는 심리학, 모든 인간이 평등하고 행복한 세상을 도모하는 심리학으로 발전해 나갈 것을 기대한다.

2) 여성이란 무엇인가

여성심리학에 대한 본격적 탐구에 앞서 이 책에서 사용하는 기본 용어인 '여성(woman)'에 대해 정리하는 것이 필요하다. 이를 위해 우선 여성과 남성이라는 성별에 대한 개념인 섹스(sex)과 젠더(gender)를 구분해 보기로 한다.

섹스(sex)는 한 개인을 남자(male)과 여자(female) 두 가지 중의 하나로 구분하는 기술적 범주로, 개인이 타고난 생물학적 특성에 기반하는 생물학적 성별을 말한다. 여기서 말하는 생물학적 특성이란 성염색체, 정자와 난자 같은 생식세포를 만들어 내는 생식샘, 그리고 외부생식기와 내부생식기이다. 인간의 발생은 정자와 난자가 만나서 합쳐진 수정란이 분할되면서 시작되고, 생식세포인 난자와 정자는 23번째 염색체가 XX인가, XY인가의 차이로 구분된다. 개인의 성별이 생식세포 수정의 순간에 결정되는지 아니면 이후의 과정을 통해 달라지는지에 대해서는 논란이 있지만, 대개의 문화에서 결정적으로 생물학적 성별이 구분되는 것은 출생 시점의 외부생식기에 대한 의료진들의 판단에 근거한다.

이에 반해, 젠더(gender)란 출생 시 지정된 생물학적 성별과 관련되어 개인에게 형성된 사회문화적 성별이다. 다시 말해, 사회와 문화가 개인의 생물학적 성별에 기반하여 구성하는 개념으로, 남성성과 여성성으로 구분된다. 젠더란 여자와 남자의 특성과 행동에 관해 문화적으로 구성된 신념과 태도이며(장휘숙, 2009; Worell & Remer, 2007), 남녀에게 요구되는 역할, 관계, 성격, 태도, 행동, 가치관 등으로 문화 속에서 개인이 습득한 정체성이다. 따라서 섹스는 개인 내부의 생물학적 특성에 관련된 선천적인 범주로 고정되어 있지만, 젠더는 개인이 처한 문화와 상황, 시간의 흐름에 따라 유동적이고 변화가 가능하다. 프랑스 철학자 보부아르(Simone de Beauvoir)가 "여자는 태어나는 것이 아니라 만들어진다."라고 말한 개념의 구분이 섹스와 젠더를 명확하게 구분해 준다. 이와 같은 개념 정의를 생각해 볼 때, 우리가 흔히 남녀로 구분하는 성별 개념은 생물학적 성별 그 자체로 존재하는 개념이라기보다는 사회문화적 영향이 부가되어 형성되는 총체적 산물이라는 점에서 젠더라는 용어가 더욱 포괄적이고 현실적이라 볼 수 있다.

성별을 의미하는 두 가지 개념인 섹스(sex)와 젠더(gender)를 구분하는 것이 일반적으로는 낯설게 보일 수 있으나, 이는 성차심리학 연구 분야에서 이미 40~50년 전에 등장하여 사용되는 개념이다. 당시에는 여성과 남성의 차이, 즉 성차(sex difference)를 주된 관심사로 연구하는 심리학 연구들이 다수 수행되었다. 이 연구들은 남성과 여성의 차이점과 유사점에 대한 여러 정보를 제공했지만, 성차가 생물학적 차이를 암시한다는 비판을 받았다(McHugh, Koeske, & Frieze, 1986). 다시 말해, 성차연구의 결과들이 선천적으로 여성과 남성의 역할로 고정된 것처럼 보이게 만들었기 때문에, 사회문화적으로 성역할 고정관념을 강화하는 역할을 한다는 비판이다. 이에 대한 대안으로 여성심리학자 로다 웅거(Roda Unger)가 제안한 개념이 젠더(gender)라는 용어였다(Unger, 1979: Brannon, 2017에서 재인용).[6] 웅거는 젠더

6 섹스와 젠더를 최초로 구분한 사람은 『섹스와 젠더(Sex and Gender)』(1968)의 저자 로버트 스톨러(Robert Stoller)이다. 정신과 의사이자 정신분석학자였던 그는 남성

를 '문화적으로 여성과 남성에게 적절한 특질과 행동'이라고 정의했고, 그 개념을 수용하여 강조한 캐럴린 셔리프(Carolin Scherif) 또한 '개인에 대한 사회적 범주화'라고 정의하여 젠더 용어를 널리 사용하고자 하였다(Scherif, 1982: Brannon, 2017에서 재인용). 이들은 젠더라는 용어를 통해, 생물학적 성차와 심리학적 성차를 동일하게 보는 경향을 감소하거나, 이런 기저의 가정들을 더 명확하게 드러내기를 기대하였다. 그러나 젠더라는 용어는 일관성이 없이 사용되었고, 심리학 연구와 학술자료들에서 성별을 지칭하는 대표적 용어로 젠더가 일관적으로 사용되고 있지는 않기 때문에 아직까지도 혼란이 지속되고 있는 것이 현실이다. 현재 심리학자들은 성차에 대한 생물학적 측면을 강조하는가, 사회문화적 측면을 강조하는가에 따라 성별과 젠더 용어를 구분하되 혼용하여 사용하는 경향이 있다.

이 책의 제목인 여성심리학은 이러한 고민하에서 현재의 혼란한 상황을 고려하여 '여성'이라는 용어를 사용하되, 젠더를 넘어서는 포괄적 개념으로 '여성'을 지칭하기로 한다. 이 책의 제목에 등장한 '여성'[7]은 생물학적 성별(sex)에 기반한 사회문화적 성별(gender)의 범주에서 여성을 의미하며,[8] 더

트랜스젠더 환자들을 연구하면서, 생물학적 성별과 사회적 성별이 다르다는 점을 강조하게 되었다. 성 정체성이 생후의 심리적 영향에 따른 결과라는 스톨러의 주장은 성별이 사회적 습득물이므로 여성이 생물학적으로 남성보다 열등하다는 논의를 반박하는 증거가 되었다. 이후 케이트 밀렛(Kate Millett), 낸시 초도로우(Nancy Chodorow) 등 여성학자들이 젠더 개념을 여성해방을 위한 도구로 수용했고(조현순, 2005), 그 연장선상에서 심리학자 로다 웅거의 개념이 등장한 것으로 볼 수 있다.

7 따옴표 속의 '여성'은 이 책에서 강조하고자 하는 포괄적 여성 개념을 강조하고자 할 때 사용된다. 즉, 생물학적 여성을 포함하여, 배제와 차별의 대상이 되는 다양한 소수자 집단을 통칭하는 용어이다.

8 주디스 버틀러(Judith Butler)는 섹스와 젠더가 모두 몸의 윤곽을 정하고 그것을 규정하는 '환상적인(phantasmatic)' 문화적 구성물이기 때문에 궁극적으로는 모두 젠더의 범주에 속한다고 주장한다. 이 책에서는 현재 심리학 내의 용어 사용을

나아가 성별 외의 다양한 범주에서 배제와 차별의 대상이 되는 모든 소수자성을 갖는 집단을 포괄적으로 의미한다. 생물학적 여성 집단은 인류 역사상 가장 오래된 배제와 차별의 대상이며, 인류의 반이라는 가장 대규모 집단으로서 지속적 차별을 받아 온 집단이라 할 수 있다. 영어로 남성(Man)은 생물학적 남성 성별만이 아니라, 인간 전체를 대표하는 단어이다. 널리 사용되는 이 단어만 보더라도 인간이라 함은 생물학적 남성을 의미하는 것이며, 생물학적 여성은 그 자체로 인간에 속하기에는 무언가 부족한, 부가적 존재로 이해되어 온 것을 알 수 있다. 현대사회에서 그 차별의 규모와 양상이 감소되고 달라지고 있으나, 여성은 여전히 주류 집단에서 배제되고 차별받는 집단의 대표적 예이다.

영어로 여성(Woman)은 Wo와 Man의 합성어로 인간 중에서 Wo를 가진 사람들을 뜻하는데, Wo의 의미에 대해서는 다양한 추측이 존재한다.[9] 그중에서 비애, 불행, 혹은 고통(Woe)을 가진 인간들의 집단을 여성(Wo-man)이라고 해석할 때, 여성(Wo-man)은 인간(Man) 중에서 다양한 삶의 고통(Wo)을 가진 집단을 대표하게 된다. 이러한 의미에서, 이 책의 '여성'은 생물학적 혹은 사회문화적 성별로 인해 다양한 방식의 고통을 경험하는 여성 집단

고려하여 강조점에 따라 두 가지 용어를 혼용하며, 포괄적 의미에서 '여성'이라는 용어를 사용하기로 한다.

9 Woman에서 Wo의 의미에 대해서는 다양한 추측이 존재한다. 먼저, 고대영어에서 여성을 나타내는 중성 명사인 wif를 남성 또는 여성 인간을 나타내는 남성 명사인 man에 결합하여 여성 인간을 나타내는 단어를 형성했다고 보기도 한다(Century dictionary). 그 외에는 희랍어 ouk에서 파생된 부정접두어로서 'not-man(비-남성/인간)'으로 보거나, 자궁(Womb)을 가진 인간, 혹은 고통(Woe)의 의미와 결합된 단어로 보기도 한다. 그중에서 필자는 비애, 불행, 혹은 고통(Woe)을 가진 인간이라는 해석이 현재 여성심리학의 상황에 가장 타당한 해석이라 보았다. 따라서 이 책에서 사용하는 여성(Woman)은 고통을 겪고 있는 사람들, 즉 배제와 차별의 대상이 되는 집단을 대표하는 포괄적 용어로 사용하기로 한다.

을 의미하며, 더 나아가 성별 외 인종, 경제적 지위, 정체성 등 다양한 기준으로 배제와 차별을 겪고 고통하는 인간 집단을 포괄한다. 다시 말해, 인간(man) 중에 보편적 주류 인간이 아닌 부가적 존재, 사회 속에서 정상 인간에 편입되지 않은 채 미묘한 차별로 고통받는 인간(wo-man), 즉 자세히 살펴보지 않으면 보이지 않고 자신의 목소리를 들리게 하기 어려운 소수성을 가진 집단이 모두 여성심리학의 대상인 '여성'에 포함될 것이다.

생물학적·사회문화적 성별에서 여성으로 구분된 이들이 역사적으로 가장 오랜 시간, 가장 다수의 인류가 배제와 차별을 겪은 집단이었기 때문에, 현재까지 여성심리학은 이들의 경험에 무게중심을 두어 탐구와 활동을 진행해 왔다. 그러나 넓은 의미에서 여성심리학은 성별 이외의 다른 범주에서 배제와 차별의 대상이 되는 다양한 '여성' 집단을 인식하고 개발하여 연구를 진행해 가는 것이 궁극적 목표이자 학문이 지향해야 할 소명이라 할 수 있다. 예를 들어, 특수 인종에 속하는 소수 민족 여성이나 다문화 여성, 성소수자 정체성으로 살아가는 여성, 생물학적으로 남성 성별을 가졌으나 문화적으로 여성성에 속하는 직업이나 역할의 여성, 사회문화적으로 남성성에 속하는 직업을 갖고 살아가는 여성, 무보수 가사노동에 종사하는 여성, 장애여성 등이다. 주류의 시각으로는 보이지 않는 다양한 여성 집단과 그들과 관련된 다양한 주제가 모두 여성심리학의 관심과 이해의 대상이다. 이를 통해 여러 가지 이유로 주류 사회와 문화 속에서 배제되었던 여성들, 가시적으로 혹은 은밀하게 차별을 당하는 다양한 여성의 삶에 주목하는 심리학, 학술적 탐구를 통해 다양한 여성의 경험에 다가가는 심리학을 수행하고자 한다. 이처럼 평등하고 포괄적인 심리학 연구와 활동들을 통해 궁극적으로 모든 인간 전체의 고통을 경감하고 보다 나은 세상을 만들 수 있을 것으로 기대한다.

2. 여성심리학의 두 가지 근원

전통적으로 남성 심리학자들에 의해 남성 중심의 관점으로 수행되어 온 심리학 영역에서, 여성심리학이 태동하고 발전한 데에는 여성주의 운동과 심리학 내의 여성연구라는 두 가지 근원을 찾을 수 있다. 이 장에서는 여성심리학에 영향을 미친 여성주의 운동과 여성심리학의 관련성을 먼저 살펴보고, 여성심리학이 본격적으로 출현한 1970년대 이전까지 심리학에서 진행되었던 여성연구의 흐름을 살펴볼 것이다.

1) 여성주의(Feminism)와 여성심리학

여성주의 혹은 페미니즘은 20세기 여성들의 위상, 그리고 현대사회와 학문 영역들에 지대한 영향을 미친 사회운동이다. 여성주의의 사전적 정의는 “성별에 대한 사회적 · 경제적 · 정치적인 평등이 존재한다는 믿음” “남성 중심주의적 사고에서 탈피하여 여성의 권익 신장을 논하는 신념 또는 사회적 운동”이다(브리태니커 백과사전). 흑인 페미니스트 사상가 벨 훅스(Bell Hooks)의 간명한 정의로 말한다면 여성주의는 “성차별주의와 성차별주의에 근거한 착취와 억압을 종식시키려는 운동”이다(Watkins, 2007). 여성신학자 김혜령(2024)은 ‘여성을 여성답게, 남성을 남성답게 규정해 온 가부장적 이데올로기를 인지하고 지식화’하는 작업을 여성주의의 정의에 포함하면서, 마치 자연스러운 것처럼 보이는 남녀의 구별이 실제로는 성 권력에 의해 만들어져 온 인공물로서의 차별구조임을 밝히는 학문적 연구를 강조한다. 이러한 측면에서 여성주의는 성차별을 해소하고자 하는 실천이자, 실천을 가능하게 하는 지식 작업을 총칭한다. 따라서 여성주의는 거의 대부분의 학문 영역에 영향을 미쳤으며, 넓은 의미에서 여성심리학은 심리학자로서 여성운동을 수행하는 것이라 할 수 있다.

여성운동의 역사는 동서양을 막론하고 근대사회에 접어들었던 18세기 이후, 자유평등사상의 영향을 받아 "여성도 남성과 같은 동등한 인간"이라는 권리를 주장하면서 시작되었다(김영희, 2005). '모든 인간은 법 앞에 평등하다'는 슬로건을 내걸었던 18세기 시민혁명에서 '모든 인간'은 실제로 유색인종과 여성을 제외한 남성 백인만을 의미했었다(Scott, 1996). 이러한 현실에 반발하여, 자유주의적 페미니즘이라고 불린 여성운동 '제1의 물결'은 제도 내의 개혁인 법적 변화에 초점을 두었다. 구체적으로 여성의 참정권, 피임 가용, 여성의 사회경제적 지위를 보장받기 위해 열정적으로 투쟁하였다. 영화 〈서프러제트(Suffragette)〉에서 투표권을 위해 투쟁했던 초기 여성주의자들의 이야기를 보면, 남성과 동등한 인간으로 대우받기 위해 당시의 여성들이 얼마나 처절하게 노력했는지를 가늠할 수 있다. 다른 한편으로는 산업혁명 이후 재편되는 사회 속에서 경제적 억압을 포함한 여성들의 전반적 상황에 관심을 기울이며 사회구조의 근본적 변화를 추구하기도 하였다. 이러한 여성들의 희생과 투쟁의 결과로 20세기 초중반, 대부분의 나라에서 여성참정권이 확보되는 법적 변화가 이루어지면서 1차 여성운동의 물결은 잦아들게 되었다.

1960년대에 일어난 여성운동 '제2의 물결'은 심리학 내에서 여성심리학의 가시적 출현에 지대한 영향을 미쳤다. 1960년대 말 미국과 유럽에서 일어난 학생운동을 비롯한 사회운동을 계기로 여성운동이 다시 활성화되었다. 단순한 법적 권리 획득 이외에 여전히 여성에게 불평등한 사회를 직시하면서 다양한 장면에서 여성운동들이 활발히 일어난 것이 이때의 특징이다. 예를 들어, 당시 가장 긴박한 변화는 산업화에 의해 많은 여성이 가정 밖에서 일을 하게 되면서 겪는 현실적 성차별이었다. 이에 대해 일련의 여성들이 실제 현실에서 법적 · 사회적으로 평등한 권리를 갖기 위한 투쟁을 활발히 진행하였고, 여성에게 동등한 권리를 주고자 하는 이들이 대거 참여하였다(Freedman, 2002). 다른 한편에서는 불평등한 사회구조의 문제를 직시하면서 가부장적 사회구조의 전적인 개혁을 주장하는 급진주의 여성운동, 신식민주의 극복이나 노동문제라는 사회적 과제와 함께 연대하는 사회주의 여성운동이 진행되었다.

주로 학문 영역과 관련성이 높은 여성운동의 흐름은 문화적 여성주의라 불리는데, 이는 여성들이 대거 대학 진학을 하면서 여성과 관련된 주제가 학문의 대상이 되는 결과를 낳았다(Brannon, 2017). 특히 하버드 대학교에서 심리학을 가르쳤던 캐롤 길리건(Carol Gilligan)은 『다른 목소리로(In a Different Voice)』라는 저서를 통해, 남성 중심의 심리학 이론에 대항하는 새로운 여성 관점의 이론을 제시하여 전통적 여성의 가치에 대해 재조명하게 되었다. 이에 영감을 얻은 문화적 여성주의자들은 여성들이 남성들과 다르게 가지고 있는 고유한 특성과 경험을 중시하고, 차이를 긍정적으로 인식하여 경쟁과 지배, 폭력적인 현재 사회구조에 대한 대안적 관점을 제시하기도 하였다.

21세기 이후, 현재의 여성주의는 "페미니스트의 숫자만큼 페미니즘이 존재한다."라는 말이 나올 만큼 다원화된 것이 특징이다(김은아, 2016; 이현재, 2016; 조한혜정, 1998; Felski, 1998). 기존 여성운동에 비하면 정치적 운동으로서의 성격은 약하지만 일상의 여성주의를 주장하고, 기존 여성주의나 여성운동의 틀에 맞추는 것이 아니라 개인이 원하는 삶의 방향에 맞추어 내는 여성운동'들'을 지향하는 경향이 있다. 또한 정신분석학, 포스트모더니즘, 생태주의 등 다양한 학문과 영역의 관점을 수용하여 다양한 여성주의'들'의 새로운 흐름을 만들어 내고 있다. 특히 인터넷과 SNS가 발달함에 따라, 예측할 수 없는 경우들과 수많은 의견이 산재한 '소란함'이 최근 여성주의의 특징이다(이현재, 2016). 이러한 다양하고 다원화된 여성주의'들'을 모두 여성주의라는 하나의 개념으로 묶을 수 있을지에 대해서도 논란이 있다. 후대의 평가와 해석이 필요하겠지만, 분명한 것은 성별이나 인종, 이념과 제도 등 어떤 조건으로 인한 불평등을 해소하고 모든 인간이 평등하게 살아가는 세상을 향해 나아가는 여성주의 정신은 여전히 존재하고 있다는 것이다.

그러나 현재 상황은 여성운동의 과업이나 이상만큼이나 강렬한 그림자를 맞고 있는 것으로 보인다. 대부분의 사람이 여성의 삶을 개선하고 성평등을 지향하는 이념 자체에는 동의하지만, '페미니스트' 혹은 '페미니즘'에 대해서는 부정적 태도를 갖고 있다(McCabe & Kattelman, 2020). 페미니스트가 남성에 대한 역차별을 조장하고 지나치게 공격적이고 과격한 여성이라는 인식이 사회에 퍼져 있어, 사람들이 페미니스트라고 불리기를 꺼린다(곽금주 외, 2002). 그러나 이는 여성운동에 대한 정의가 불분명한 상황에서 소수의 극단적 행동에 대한 사회적 낙인이나 미디어의 왜곡으로 인한 오해일 수 있다(Valenti, 2007). 여성주의는 오랜 시간 동안 철저하게 인간 집단에서 배제되어 억압되었던 여성 집단을 위한 사회운동으로 탄생했지만, 점차 다양한 차별의 교차성 경험[10]에 주목하며 사회의 진정한 평등을 이루어 내고자 하는 운동으로 발전해 왔다. 겉으로 보기에는 평등하고 안전해 보이지만, 자세히 보면 수면 아래에 보이지 않는 불평등을 감내하는 집단들이 존재하

10 여성운동은 모든 담론과 마찬가지로 언어의 경합을 통한 생산적 갈등으로 계속 전진해 가고 있다(정희진, 2023). 일례로, '새로운 여성운동 이니셔티브(New Women's Movement Initiative)'는 여성운동의 방향을 모색하기 위해 2003년부터 2006년까지 일련의 회의와 워크숍을 진행하였다. 이들은 기존의 여성운동이 전통적으로 저소득층 여성이나 유색인종 여성문제를 무시하면서 여성문제를 더 큰 사회정의 의제 외부에 고립시켰다는 비판과 자성의 목소리를 내면서 3년여에 걸친 논의를 통해 새로운 여성운동의 방향에 합의하였다. 그 핵심은 '주변화되고 취약한 사람들'을 중심으로 인종, 계급, 성적 지향, 국적, 시민권, 나이, 장애 및 기타 사회적 불평등의 지표를 통합하는 여성운동이다(한유림 2025).

는 것이 현대사회의 현실이다. 따라서 그 불편함을 드러내어 사회의 각성을 촉구하는 역할을 수행하는 여성주의자들이 기존의 질서 속에서 불편하고 이질적인 존재[11]가 되는 것은 자연스러운 현상이다. 그러나 이전과 달라진 현대사회의 특성에 발맞추어, 다양한 문화와 집단에 속한 다수의 사람과 의견을 나누고 공명하기 위한 소통 방식을 고민할 필요가 있다. 이제는 다른 사람의 고통에 대해 인식하고 그 고통을 경감하려는 움직임에 초대하는 방식으로 여성운동의 언어를 다듬고 다각화해야 할 시점이다. 이런 면에서 인간의 인지와 소통, 대화 등 인간의 심리와 관련된 요소들을 연구해 온 심리학의 연구방법과 전략들이 도움이 될 것이며, 여성심리학이 여성주의의 목표인 성평등 사회를 구현하는 데에 기여할 바가 있을 것이다.

여성주의는 여성에 대한 관심을 촉구하면서 여성심리학이 탄생하는 데에 크게 이바지하였다. 또한 그와 동시에 여러 여성심리학자가 심리학 연구와 이론의 실천을 통해 여성주의 운동에 기여한 바 또한 적지 않다. 실제로 여성심리학 분야에서 활동하고 연구하는 심리학자들은 대개 여성주의자로 자신을 지칭하는 경우가 많다. 여성심리학은 심리학자들이 연구하고 활동하는 분야로서, 심리학 내에서 남성 중심의 흐름에 문제를 제기하고 보다 평등한 심리학 연구와 발전을 도모하는 학문이다. 이런 점에서 성별에 대한 사회적 · 경제적 · 정치적인 평등을 위한 사회적 운동인 여성주의 자체와는 차이점을 가진 심리학의 한 영역으로 구분할 수 있다. 여성들의 삶

11 이현재(2016)는 기존의 질서 속에 편입되기를 거부하는 이질적 존재, 즉 동일성을 기반으로 한 경계를 교란하고 위협한다고 여겨지는 여성들을 지칭하는 용어로 '비-체(a-object)'를 제안하였다. "페미니즘의 역사는 남성이 정해 놓은 위치를 벗어나 경계를 넘나들었던 여성들, 항상 흐르고 있기에 개념적으로 잡힐 수 없는 '비-체'가 되었던 여성들에 의해 쓰인 것이었다. 그녀들이 비판을 받거나 마녀사냥의 대상이 되었던 것은 기존의 언어나 질서로는 파악되지 않는 알 수 없는 존재들이었기 때문이다."(p. 13)

에 주목하고 여성의 관점으로 인간의 심리를 연구하고 발전하는 여성심리학은 여성주의와 궁극적 이상을 함께 공유하며 서로 긍정적 영향을 주고받는 동반자의 관계라 할 수 있을 것이다.

2) 심리학 내의 여성연구

1970년대 여성심리학이 본격적으로 출현하기 전에도, 심리학 내에서 여성에 대한 관심은 비록 미미했지만 여성과 관련된 주제를 연구하는 흐름으로 존재하였다. 초기 심리학의 여성연구들은 여성과 남성의 차이, 즉 성차 연구가 주를 이루었는데, 그 흐름은 성차에 대한 양극단의 관점을 기준으로 분류될 수 있다(Brannon, 2017). 성차연구에 전제되었던 양단의 입장은 최소주의 관점(minimalist view)과 최대주의 관점(maximalist view)이다. 최소주의자들은 여성과 남성의 중요한 차이는 거의 없다고 전제하는 반면, 최대주의자들은 남녀 간에 크고 근본적인 차이가 있다고 믿는다(Epstein, 1988). 자연스럽게 최대주의자들은 남녀의 생물학적 차이를 중시하는 본질주의적 관점을 강하게 고수한다(〈표 1-1〉 참조).

표 1-1 성차에 대한 최소주의, 최대주의 관점 비교

	남녀 성별 간의 차이	차이의 원인	본질주의 정도
최대주의	성차는 크고, 중요함	진화의 역사, 성호르몬	매우 강하게 본질주의적 입장을 고수함
최소주의	중요한 성차는 거의 없으며, 대부분의 차이는 미미함	고정관념, 남성과 여성에 대한 사회적 대우	강하지 않음

출처: Brannon (2017).

초기 심리학의 여성연구들은 성차에 대한 두 관점을 오가며, 일련의 반복적 흐름을 가지고 있었다. 이번 절에서는 성차에 대한 두 관점을 중심으로 초기 심리학의 여성연구 흐름을 정리해 보고자 한다. 중요한 흐름은 구조적 입장, 기능적 입장, 행동주의적 입장, 그리고 정신분석적 입장의 네 가지로 요약할 수 있다. 각 흐름은 성차를 비롯한 여성연구에 대한 심리학의 주된 경향이었으며, 긍정적이거나 부정적인 면에서 여성심리학의 본격적 출현에 영향을 주었다.

표 1-2 초기 심리학에서의 여성연구 흐름

	강조점	성차에 대한 관점
구조적 입장	마음의 구조를 분석	최소주의: 모든 마음은 동등하므로 성차는 없다.
기능적 입장	마음의 기능을 이해하고 활용	최대주의: 성차는 개인차의 한 유형, 남녀를 구분하는 요인은 실재하며 중요하다.
행동주의적 입장	과학적 방법으로 행동 연구	최소주의: 행동은 개인 경험에 따라 달라지므로, 성차는 중요하지 않다.
정신분석적 입장	정상/비정상적 성격 발달과 기능을 연구	최대주의: 생물학적 성차가 성격 발달에 미치는 영향은 중대하며 이를 인식하는 것은 동기화하는 힘이다.

출처: Brannon (2017).

(1) 구조적 입장

초기 심리학에서 여성연구는 남녀의 차이에 대한 무관심, 즉 모든 마음은 동등하다는 극단적 최소주의의 관점으로 시작되었다. 19세기 말에 학문 영역으로 시작된 심리학은 객관적 관찰에 의거하여 인간의 마음을 설명하고 이해하려는 특성을 가졌다. 현대 심리학의 선구자로 알려진 빌헬름 분트(Wilhelm Wundt)는 1897년 심리학 실험실을 개소하면서, 인간의 보이지 않는 심리, 즉 사고과정을 실험을 통해 '(자연)과학'적으로 증명하여 화학과 같이 의식의 구조를 분석하고자 하였다. 따라서 이들은 심리학이 아동이나 심약자, 인간 아닌 종에게는 적용되지 않는다고 주장했는데, 이러한 심리학자들을 구조적 입장이라 부른다(Brannon, 2017). 보편적인 인간의 행동과 정신을 과학적으로 탐구하는 것이 목적이었기 때문에 초기 심리학에서는 사실상 여성이나 남성, 성차에 대해 큰 관심을 갖지 않았다. 보편적 인간을 설명하기 위해서는 개인차를 최소화해야 했고, 많은 경우 여성들은 연구에서 제외되거나 가외자 또는 이탈자, 결핍으로 규정되었다(조혜자, 2002). 따라서 초기에 생성된 심리학 이론들은 남성 피험자들을 대상으로 한 연구의 결과에 근거한 것이었다.

예를 들어, 심리사회적 발달단계를 제시한 에릭슨(Erik H. Erikson) 이론의 경우, 5단계 청소년 시기에 자아정체감을 형성한 후 6단계 성인 초기에는 친밀감이라는 발달과업을 형성한다고 말한다. 이러한 순서가 인간의 일반적인 발달단계라고 제시하면서, '일부' 여성들의 경우에는 그 순서가 뒤바뀌는 경우가 있는데 이를 예외적인 현상으로 설명한다. 이는 에릭슨의 이론이 주로 남성 피험자들의 경험에 근거했기 때문에 발생한 오해이며, 남성들만의 경험으로 이론을 만든 후에 수정을 가하면서 여성의 경험을 정상에서 일탈된 현상으로 다루었기 때문에 생긴 설명이다(조혜자, 2002; Gilligan, 1982). 결국 인간의 보편적 발달과정을 설명하고자 한 이론이 인류의 반인 여성들의 경험을 충분히 반영하지 않은 상태로 제시된 것인데, 이는 일종의 반쪽짜리 설명이라 할 수 있다. 여성의 심리 발달, 도덕성 발달을 남성에 비해 열등하게 해석한 프로이트(Sigmund Freud)의 심리성적 발달이론이나 콜버그(Lawrence Kohlberg)의 도덕성 발달이론 등도 유사하다. 이에 대해 콜버그의 도덕성 발달이론의 형성에 기여한 연구팀의 일원으로 참여했던 여성 심리학자 캐롤 길리건(Carol Gilligan)은 연구대상의 선정에 문제를 제기하고 보다 객관적이고 공정한 방법론을 통한 발달이론을 제시한 바 있다. 콜버그의 연구와 동일한 연구방법을 활용하되 남성들만을 대상으로 한 것이 아니라 여성들의 경험을 토대로 도덕성 발달의 과정을 이론화하여 새로운 도덕성 발달이론을 발표하였다(Gilligan, 1982).

그러나 초기 심리학 발전과정에서 남성들만을 대상으로 진행된 연구들을 토대로 만들어진 이론들이 소위 '객관적' 심리학 이론으로 널리 알려지고 수용되어 온 것이 사실이었다. 이로 인해 여성들의 경험을 보편적이고 정상적인 발달에서 벗어난 예외나 결핍, 혹은 열등한 상태로 인식되게 만들었다는 비판을 할 수 있다.

(2) 기능적 입장

분트의 심리학이 미국으로 건너오면서 마음의 구조를 분석하려는 추상적인 노력보다는, 마음의 실제적 기능을 강조하는 실용적 접근이 우세해졌다. 이를 기능적 입장으로 명명하는데, 성차에 무관심했던 구조적 입장과 달리 기능적 입장에 서 있는 심리학자들은 성차에 지대한 관심을 가지고 연구하였다(Brannon, 2017). 이들은 남성과 여성의 차이를 중요하고 크게 보는 최대주의 관점을 가지고 있었다. 기능적 입장에서도 여성에 대한 태도의 차이가 존재하는데, 성차의 선천적 차이에 대해 여성의 열등함을 증명하는 방식으로 연구를 진행한 연구자들도 있지만 여성들의 독특한 특성을 이해하려는 태도의 연구자들도 존재한다.

우리의 앎은 우리가 속해 있는 시대의 틀[12]에서 자유롭지 못하며, 여성

12 미셸 푸코(Michel Foucault)는 지식과 지성, 학문이 진화해 가는 것을 앎의 틀, 지식의 틀인 '에피스테메(episteme)'의 변화로 설명한다. 특정 시대와 문화에서 지식이 구성되고 체계화되는 방식, 기본 틀인 에피스테메는 시대의 보편적 인식 속에서 당연시하던 인식의 틀을 직시하고 그 틀에 갇히기를 거부하면서 변화가 일어난다(Foucault, 1970). 그러나 앎의 틀은 시대에 따라 변화하는데, 사람들은 앎의 틀을 고수하는 경향이 있다.

과 남성에 대한 심리학의 관점이나 이론들 역시 그 시대의 보편적 인식 틀과 함께 시간의 변화에 따라 변화해 왔다. 특히 이 시기는 다윈(Charles R. Darwin)의 진화론 중에서 성선택설을 기반으로 여성과 남성의 우열을 당연한 지식으로 수용하던 시대였다. 예를 들어, 종족번식을 위해 경쟁을 해야 하는 수컷이 대개 크기가 크고 힘이 세며 공격적 성향을 띠는 것이 진화의 자연스러운 결과였고, 암컷은 수컷을 얻기 위해 경쟁을 하지 않기 때문에 수컷과 같은 지능, 투지, 용기 등을 발달시킬 기회를 얻지 못하고, 결과적으로 수컷의 우수성은 선천적 특질로 존재한다는 설명이 그 시대의 타당한 지식틀이었다(곽금주, 2015). 이러한 선천적 차이를 자연스러운 지식으로 상정했던 기능적 입장의 심리학자들은 대개 남성과 여성의 차이를 기능적 입장에서 밝히고자 했으나, 그것은 대개 여성이 남성에 비해 열등하고 지능이 낮다는 가정을 입증하기 위한 것이었다. 특히 20세기 초 지능검사가 개발되자 여성의 열등함을 입증하기 위해 지능의 성차가 주된 연구주제가 되었고, 여성이 인지적으로 열등하기 때문에 가사와 양육에 전념해야 한다는 사회적 관심을 입증하는 근거로 활용되었다(조혜자, 2002). 놀랍게도 우생학의 아버지로 불리는 골턴(Francis Galton)을 비롯한 다수의 연구자가 남녀의 뇌 두개골 크기 차이가 지능의 우열을 초래할 것이라 믿기도 하였다. 그러나 성차연구들이 축적될수록 남녀 간 지능의 차이를 검증할 수 없게 되자 성차연구들은 점차로 감소하게 되었다.

지능이나 수학능력 등에 대한 성차연구에 대한 관심은 감소했지만, 여전히 다른 영역에서의 성차를 증명하려는 노력은 지속되었다. 지능의 성차에 관심을 보이던 몇몇 심리학자는 성격의 성차를 밝히려 했고(Terman & Miles, 1936), 그 결과 성격 변인으로서 남성성과 여성성에 관심을 가지고 성격검사에 이를 반영하기도 하였다. 이러한 흐름은 이후의 심리학 연구와 실제에 영향을 주었다.

(3) 행동주의적 입장

기능적 입장의 심리학자들은 여성과 남성 사이에 본질적인 차이가 있고, 그것이 선천적이든 양육에 의한 것이든 행동과 적응에 차이를 낳는 점을 강조하였다. 그러나 20세기 초중반, 새로운 심리학 학파인 행동주의가 크게 대두되면서, 성차를 비롯하여 여성연구에 대한 관심이 급격하게 감소되었다. 인간의 사고나 본능처럼 보이지 않는 영역보다는 관찰 가능한 행동만을 심리학 연구의 주제로 삼았던 행동주의는 주로 학습과 기억 등의 주제를 중심으로 삼았고, 실험을 통한 검증 및 행동의 수정에 관심을 기울였다. 초창기 구조적 입장의 심리학자들과 마찬가지로 여성과 관련된 주제는 이들의 관심 대상에서 제외되었고, 성역할이나 성차, 이에 대한 사회적 영향 등을 무시하는 최소주의 관점이 모양을 달리한 상태로 도래했던 것으로 볼 수 있다(Brannon, 2017).

여성을 연구에 포함시키지 않거나 여성과 관련된 주제를 심리학에서 열외시켰던 행동주의적 입장은 당시 20세기 초 미국 사회에 만연했던 남성에 대한 관념, 즉 남성은 강인하고 공격적인 특성을 갖는다는 전제를 그대로 수용한 관점으로 해석할 수 있다(Minton, 2000). 기능적 입장의 관점처럼 성차를 강조하며 여성의 열등함을 입증하지는 않았지만, 여성과 관련된 주제를 학문의 대상으로 삼을 가치가 없는 열등한 것들로 가정하였다. 따라서 관찰 가능하고 객관적 · 중립적인 연구를 주장하던 행동주의적 입장 또한 여전히 여성의 관점이 배제된 '여성이 없는 심리학'이었다(Crawford & Marecek, 1989). 행동주의적 심리학이 주를 이루던 시기에 심리학을 공부했던 여성심리학자가 회상한 당시의 심리학 분위기는 "실험실의 쥐들마저도 수컷"(Unger, 1983)이라고 할 만큼 남성 중심이었다.

(4) 정신분석적 입장

행동주의 심리학이 주류를 이루면서 여성이나 성차에 대한 연구가 심리학에서 배제된 20세기 초중반, 정신분석학자들은 여전히 여성과 관련된 주제에 관심을 가지고 지속적 연구과 이론을 형성해 간 사람들이었다. 프로이트는 생물학적 성별과 성격 발달의 관계에 초점을 맞추고 성격이론을 구성한 첫 이론가이다. 그는 '생물학(해부학)은 운명'이라는 구호를 내걸고 있기 때문에 생물학적 결정론의 입장을 취하고 있다고 평가되기도 하지만, 진화론자들이나 호르몬 이론가들처럼 남녀의 생물학적 차이가 바로 행동을 결정한다고 여기지는 않았다(조혜자, 2002). 프로이트에게 중요한 것은 남아와 여아가 자신의 생물학적 차이를 어떻게 인식하고 분화하는가이며, 그 과정에서 성격의 성차가 발생한다고 설명하였다. 예를 들어, 심리적 발달과정 중 3세에 해당하는 남근기에 남아와 여아의 성차가 발생하는 사회적 맥락을 다음과 같이 이해하였다. 남아들은 자신의 몸에 남근(phallus)을 가지고 있기 때문에 부모의 몸을 자신과 비교해 보면서 차이와 공통점을 인식하게 된다. 어머니에 대한 사랑은 강한 경쟁자인 아버지로 인해 남근 거세에 대한 두려움으로 발달하고, 결국 어머니를 거부하고 아버지를 강하게 동일시하게 되어 강력한 양심과 사회적 가치와 같은 남성성이 발달하게 된다는 설명이다. 반면, 여아들은 남근이 없다는 것이 결핍의 심리를 만들고 자신과 유사한 어머니에 대한 사랑을 중단하고 남근을 선망하게 된다. 이러한 심리적 과정을 거치면서 여성의 수동적 성격이 발생하고 이것이 결과적으로 여성성의 초석이 된다고 설명한다. 프로이트의 이론은 생물학적 차이를 성차의 직접적 원인으로 상정하지 않았지만, 일종의 개인내적 심리과정을 거치면서 자연스럽게 형성되는 것으로 설명한다. 결과적으로, 그의 이론은 남성에 비해 여성이 더 미숙한 초자아를 가진 도덕적으로 미숙한 존재, 자신을 경멸하고 남성의 업적과 남근을 부러워하는 수동적 존재로 인식되게 만들었다.[13]

13 프로이트가 여성을 남성보다 더 열등한 도덕기준을 가진 불완전한 존재로 보았

"여성의 문제는 여성만이 이해할 수 있고 도울 수 있다."라고 주장했던 여성 정신분석가 헬렌 도이치(Helen Deutsch)는 정신분석가들의 모임에서 모성의 중요성을 강조하고 여성심리학이 남성심리학만큼 중요하다는 주장을 하기도 하였다. 그러나 그녀는 여성과 남성은 출생 당시부터 성차가 존재한다고 보았고, 생리학적 구조 때문에 나르시시즘, 수동성, 마조히즘 같은 성격특성들이 '여성성'의 특징이라고 해석하여 프로이트의 성차이론을 거의 그대로 수용하였다(Deutch, 1944~1945). 이후 카렌 호나이(Karen Honey), 줄리엣 미첼(Juliet Mitchell), 클라라 톰슨(Clara Thompson) 같은 여성주의 정신분석학자들은 남녀의 성 정체성이나 편향이 생물학적으로 결정되는 것이 아니라, 사회적 가치의 산물이라고 주장하며 여성에 대한 새로운 관점의 정신분석이론을 제시하였다. 특히 호나이의 경우, 기존의 정신분석이 소년과 성인 남성의 정신만을 연구한 '남성심리학'에 불과하다고 문제를 제기하면서, 자신의 분석 경험을 토대로 여성심리학을 새롭게 구성하였다(Honey, 2015). 예를 들어, 여성들의 남근선망과 대비하여, 소년과 남성들에게도 자궁에 대한 선망, 즉 여성의 출산능력에 대한 무의식적 선망이 있음을 제시하였다. 그녀는 권력 선망, 남근선망, 질투와 같은 특성을 남녀의 문제가 아니라 사회문화적 제약에서 비롯되는 열등감이며 신경증을 유발하는 요인이라고 설명한다. 또한 여성들이 남근을 선망하는 이유는 어머니 역할이 힘겨운 현실에서 남성들이 그 짐을 지지 않는 상황을 부러워하는 것이라고 설명하며, 성차를 생물학적 요인이 아닌 사회문화적 요인으로 재해석하여 새로운 관점을 제시하였다(Honey, 2015).

는지에 대해서는 논란이 있다. 그가 남성 중심 사회에서 여성의 수동적 역할을 강화한 부분에 대해 많은 비판이 있으며, 동시에 여성을 학문 영역에서 동료로 인정하고 자신의 딸 안나를 정신분석가가 되도록 격려한 것은 여성에 대한 긍정적 시각을 반영하는 것이라는 해석도 존재한다(Tarvis & Wade, 1984).

결론적으로, 여성심리학이 본격적으로 학문의 영역으로 발전한 데에는 여성주의라는 사회적 운동, 그리고 심리학 내에서 지속되어 온 여성연구의 축적된 흐름이 기반이 되었다. 여성이 권익을 추구하는 사회적 분위기와 노력, 심리학 내에서 지속된 여성연구 및 남성 중심적 관점에 대한 비판과 대안 등이 축적되면서 여성심리학이 학문 영역으로 발전한 것이다. 다음 절에서는 본격적인 여성심리학의 태동과 국내외 여성심리학의 역사를 자세히 살펴보고자 한다.

3. 여성심리학의 역사

1) 서구 여성심리학의 역사

앞에서 서술한 것처럼 심리학의 발전 초기에는 여성에 대한 연구가 상대적으로 매우 적거나 성편향적 흐름이 이어졌을 뿐 아니라, 20세기 초중반까지도 심리학계에서 여성들이 심리학자로서 제대로 설 자리가 없었다. 일례로 미국 내의 심리학 개척자로 불리는 스탠리 홀(Stanley Hall, 1846~1924)[14]은 공식적으로 여성에 대해 부정적이고 편파적인 관점을 주장하고 실제 연구활동에서도 성편향적 해석을 공식적으로 제시한 인물이었다. 그

14 스탠리 홀은 1883년 최초로 미국에서 심리학 실험실을 설립하고, 1889~1920년까지 클라크 대학교의 초대총장을 역임하였다. 1887년에는 『미국심리학회지』를 발간하고, 1892년에는 미국심리학회(American Psychological Association, APA)를 창립하기도 하였다. 로스(Ross, 1972)의 책 『G. Stanley Hall: The Psychologist as Prophet』은 미국 심리학의 아버지와 같은 인물로서 스탠리 홀의 생애와 학문적 경력을 다루며, 동시에 그의 성차별적 관점을 비판적으로 제시하고 있다.

는 다윈 진화론의 성선택설을 완전히 수용하여, 여성을 종의 생산을 위한 '어머니'로만 바라보며 수동적 · 내성적 · 순종적이고 아이를 낳고 기르는 모성만이 여성의 선천적 역할이라 주장하였다. 그는 남녀공학 교육을 여성이 어머니 역할을 하지 못하게 방해하고 가정을 위협한다는 이유로 반대했고, 여성들이 사회적 활동을 하는 것을 반대하였다. 또한 여성이 과도한 정신 및 두뇌 활동을 하면 생식기관에 손상을 입을 수 있다는 주장을 하며 심리학을 비롯한 학문 영역에서 여성학자들의 활동을 저해하는 결과를 낳았다. 그는 클라크 대학교 총장을 하면서 메리 컬킨스(Mary Calkins)가 단지 여성이라는 이유로 그녀의 대학원 입학을 거부했고, 그 영향으로 하버드 대학교도 컬킨스가 심리학 박사학위 취득에 필요한 모든 조건을 마쳤음에도 학위수여를 거부할 정도였다.

그러나 이처럼 심리학이 여성을 배제한 남성만의 학문이었던 20세기 초에도 소수의 여성 심리학자들이 심리학의 성편향 문제를 비판하고 실증연구와 학술 활동을 통하여 여성의 관점을 제시하는 선구자 역할을 담당하였다. 그중에서 헬렌 울리(Helen T. Woolley, 1874~1947)는 당시 심리학계에서 주를 이루었던 편향적 성차연구에 대항하여 남녀의 심리적 특성에 대한 체계적 실험연구를 진행한 여성심리학자이다. 그녀는 남녀의 지능, 감정, 심리적 특성을 실험하여 남녀 간의 차이가 미미하다는 연구결과를 토대로, 성차는 선천적 평균 능력 때문이 아니라 출생 이후 경험하는 사회적 영향이 다르기 때문이라고 주장하였다(Woolley, 1910). 그러나 연구결과는 당시 남성 심리학자들에게 강한 비판을 받고 받아들여지지 않았는데, 당시에는 여성학자들의 연구성과가 타당한 인정을 받지 못하고 과소평가되는 일이 다수였다(Shields, 1975). 그와 달리, 콜롬비아 대학교에서 박사학위를 받은 후 교수로 재직했던 리타 홀링워스(Leta Hollingworth, 1886~1939)는 여성의 지적능력과 사회적 역할에 대한 실증연구를 진행하여 심리학계에 중요한 반향을 일으켰다. 그녀는 신생아 정보를 활용하여 출생 직후 키와 몸무게를 통제하면 여아에게서 오히려 더 높은 변이성이 나타난다는 사실을 밝혔다. 이러한 결과를 통해, 기존의 성선택설에서 주장한 평균지능의 차이를 기반하여 전체 남녀의 지능 우열로 확대해석할 수 없음을 타당하게 제시하였다. 또한 당시 여성들이 가정주부로서의 활동 외에는 모든 직업적 성취를 제약하는 상황에서 홀링워스는 심리학자로서 사회적 성취를 이루기까지 극심한 갈등을 경험하였다. 이러한 경험을 토대로 그녀는 과연 여성이 사회적 역할이나 지적 수행에 부적합한가라는 연구 질문을 가지고 실증연구를 수행하였다. 그녀는 박사학위 연구에서 여성의 월경주기가 여성의 심리 및 수행변화와 관련이 없다는 점을 검증하면서, 여성의 월경이 직장의 비생산성으로 연결되던 당시의 성차별적 주장을 실증연구로 반박하는 데 성공하였다. 이처럼 소수의 여성 심리학자들이 실증연구와 다양한 저술을 통해 기존 심리학계에 견고하게 자리 잡고 있던 성차별적 주장들을 반증하였고, 이들의 노력은 여성운동 제1의 물결, 그리고 향후 여성심리학의 출현에 중요한 밑거름이 되었다(곽금주, 2015).

1960년대 활발해진 여성운동 제2의 물결은 심리학 영역에도 지대한 영향을 미쳤고, 이는 여성심리학의 본격적 출현을 이끌었다. 1970년대에 들어서면서 심리학이 성 고정관념을 비롯하여 여성에 대한 왜곡된 사실을 재생산하면서 여성차별을 지지하고 있다는 비판의 목소리들이 힘을 얻었다. 이를 기점으로 남성 중심의 전통적 연구방법과 심리학 이론에서 탈피하려는 노력이 점차 확산되었고, 여성과 성차를 새롭게 바라보는 시선이 확산되면서 여성심리학이 공식적으로 출현하게 되었다. 특히 베티 프리단(Betty Predan)이 『여성의 신비(Feminine Mystique)』(1963)를 출간하면서 여성들의 정신건강 이슈에 대한 새로운 관점이 제시되었고, 여성심리학자들이 공식적으로 두각을 나타내기 시작하였다. 1969년 필리스 체슬러(Phillis Chesler)는 "페미니즘으로 용감해진 덕분에" 여러 여성 심리학자와 함께 여성심리학 연합(Association for Women in Psychology, AWP)을 창설하였고, 1970년 마이애

미에서 열린 미국심리학회(APA) 연차학회에서 AWP를 대표하여 미국심리학회 회원들에게 백만 달러를 배상하라는 요구를 공식적으로 하기도 하였다(Chesler, 2021). 그녀는 당시까지 다수의 여성이 정신과 전문의로부터 도움은커녕 사실상 단지 여성이라는 이유로 낙인찍히고 이용당해 왔다고 주장하였다. 따라서 "그 돈으로 대안적인 정신병원 또는 가출여성을 위한 보호시설을 설립할 수 있을 것"이라고 다수의 심리학자 앞에서 공식적으로 요구하였다(Chesler, 2021). 그에 대해 당시 2천 명이 넘는 (거의 남성) 회원이 전혀 반응하지 않거나 부정적인 반응을 보였으나, 이 사건 이후 여성 심리학자들의 조직 및 TFT가 꾸려졌고, 1973년 드디어 APA의 35번째 분과로 여성심리학회(Society for the Psychology of Women)가 승인을 받게 되었다. 1976년에는 여성심리학 학술지인 『Psychology of Women Quarterly』가 공식 발행되었고, 현재까지 48년간 매년 네 번의 학술지를 발행하면서 다양한 여성 이슈에 대한 여성심리학 연구들을 소개하는 장이 되고 있다.

이처럼 심리학의 세부 학문으로서 공식적 승인이라 할 수 있는 여성심리학회의 창설과 승인, 여성심리학 연구들을 본격적으로 출판하고 논의할 수 있는 장의 마련 등 1970년대에 여성심리학은 본격적 학문 영역으로서 첫 걸음을 내딛었다. 현재 미국심리학회의 35분과인 여성심리학회가 공식적 승인을 받은 시기는 1973년이었지만, 학회의 공식 홈페이지에서는 1962년 마르타 버널(Marth Bernal)이 라틴계 여성으로서 심리학 박사학위를 취득한 일을 학회의 첫 번째 역사적 사건(historical highlights)으로 제시하고 있다.[15] 이는 분과학회로서 공식적으로 인정받은 일과는 별개로, 많은 여성심리학자의 개별적 노력과 활동이 여성심리학의 실제 역사를 만들어 왔다는 것을 의미한다.

15 미국심리학회 35분과인 여성심리학회의 공식홈페이지는 https://www.awpsych.org이다.

여성심리학은 많은 여성심리학자의 개별적 노력과 다양한 시도를 통해 출현하였고, 그 이후 현재까지 학술적 · 사회적으로 꾸준히 성장하는 추세이다. 1971년에는 Sherman, Bardwick이 여성심리학 교과서를 각각 출판하였고, 현재 대부분의 미국 대학교에서 여성심리학 혹은 젠더심리학을 정규과목으로 개설하고 있다(Marecek et al., 2003 참조). 여성심리학 초기에는 성차연구가 주를 이루었지만, 1970년대 1,500여 개의 성차연구를 대상으로 진행한 메타연구(Maccoby & Jackilin, 1974)에서 성차가 거의 없다는 결론이 제시된 후 점차 감소하였다. 또한 남녀의 우열을 전제하지 않고, 인지능력의 각 부분에 대한 기존의 왜곡된 선입견을 배제하면서 객관적이고 타당한 절차를 통해 남성과 여성의 고유한 인지 특성을 비교하고 이해하는 연구들로 발전해 왔다. 점차 여성심리학은 남성과의 비교라는 주제를 넘어서서, 여성과 관련된 다양하고 고유한 경험과 특성에 대해 관심을 넓히며 다방면의 주제로 연구를 확장해 가고 있다. 예를 들어, 남성과 차별성을 갖는 여성 고유의 발달과정, 여성의 성취, 일과 가정 이슈, 가정폭력이나 성폭력, 정신건강 이슈 등이다. 최근에는 양성평등이나 성적 결정권 등과 같은 고전적 성별 이슈와 함께 인종이나 사회계급, 성소수자, 트라우마 등 사회적 소수자 이슈, 사회정의에 대한 관심 등 다양하고 폭넓은 소수자들의 경험으로 연구가 확장되고 있다.[16]

16 APA 35분과인 여성심리학회(Society for the Psychology of Women)에는 2024년 현재 6개 이상의 섹션이 있는데, 그 첫 번째가 흑인여성, 그다음으로는 라틴계, 젠더다양성, 아시안, 원주민 등을 위한 심리학 섹션이다. 이처럼 인종과 젠더 등 다양한 요인이 복합적으로 작동하면서 어떤 기준으로도 차별과 배제를 지양하며 사회정의를 옹호하는 방향이 여성심리학의 최근 동향이다.

2) 한국 여성심리학의 역사

해방 이후에 본격적 학문으로 발전한 한국의 심리학은 서구의 백인 남성 중심의 심리학을 그대로 국내로 도입하여, 심리학 각 영역에서 적용하면서 시작되었다. 그만큼 당시 서구에 팽배하던 남성 중심적 경향이 그대로 유입되었고, 1970년대에 이르러 여성운동의 영향을 받은 서구의 영향이 다시 한국의 심리학에도 직접적 영향을 미치는 방식으로 발전하였다. 1946년 창설된 조선심리학회는 1953년 한국심리학회로 개칭하고 산하 제1분과인 임상심리학회를 시작하여 현재 16개의 다양한 심리학회를 두면서 점차 한국의 현실에 적합한 심리학으로 발전해 왔다.[17] 그중에서 여성심리학은 1990년대에 이르러 남성 중심적인 심리학의 접근이 갖는 한계를 극복하고 여성의 시각으로 여성의 경험을 이해하고 연구하기 위한 목적으로 출현하였고, 1995년 한국심리학회의 아홉 번째 분과학회인 여성심리학회가 공식적으로 창설되었다. 여성심리학회의 창립 이후, 여성심리학회를 중심으로 우리나라의 여성심리학은 외연의 확장, 학술연구 집중, 사회 및 정책 변화를 시도하는 시기를 지나 새로운 정체성을 모색하기 위한 혼란 및 도약기 등을 거쳐 왔다. 국내 여성심리학의 발전과정을 간단히 요약하면 다음과 같다.[18]

(1) 태동기

한국의 여성심리학은 1980~1990년대 여성주의 운동과 여성학의 결정적 영향을 받아 탄생하였다. 국내 최초로 여성학 강의를 개설했던 이화여자대

---

17 한국심리학회 홈페이지(https://www.koreanpsychology.or.kr)에 자세한 연혁이 제시되어 있다.

18 2021년 한국여성심리학회 동계학술대회에서 발표한 「한국여성심리학의 역사」(박경은)를 참조하였다.

학교의 심리학과를 중심으로 여성심리학에 대한 관심이 증가하였고, 최초로 여성심리에 대한 교과목이 개설되면서 이를 계기로 심리학 석박사 과정 학생들이 모이는 여성심리연구모임이 형성되었다. 최초의 여성심리 강의를 개설했던 이화여자대학교 김태련 교수는 "이화여대 심리학과 대학원 학생들 중심으로 해서 같이 만나서 discussion도 하고 책을 함께 읽다가 『성의 심리학(Psychology and Sex Roles)』을 번역하고 정규 모임을 시작"[19]한 시도가 한국 여성심리학의 첫걸음이 되었다고 회상한다. 그들은 1993년 여성심리학을 공부하는 연구회를 발족하고 1995년 첫 여성심리학을 위한 학술대회를 개최하였다. 1996년에는 여성심리학 연구들을 출판하는 『한국여성심리학회지』 창간호를 출간하면서, 한국의 여성심리학자들이 연구물을 발표하고 토의할 장을 마련하였다. 이는 현재 매년 네 번의 간행을 통해 다양한 여성심리학 연구자를 발굴하고 연구물들을 출판하는 전문학술지로 발전하였다.

(2) 외연확장기

먼저, 여성심리학의 출현 이후 2010년까지는 외연확장기로서 생물학적 여성들만의 여성심리학이 아닌, 성별을 넘어 전 국민을 포괄하는 평등세상을 향한 학문으로 외연을 넓히고자 노력한 시기였다. 당시 여성심리학회 초대회장을 역임한 김태련 교수는 생물학적 여성만이 아닌 모든 성별을 포함한 의식 변화를 강조했으며, "지금까지는 여성들에게 진정한 여성성이 무엇이라는 것을 알리는 데 중점을 두었다면…… 이제는 여성에게만 강요할 것이 아니라, 남자들도 똑같이 하는 것이 우리가 남녀 공동으로 살아가는 세상이 되는 것이 아닐까."[20]라고 언급하였다.

19 Ibid, 김태련 교수와의 인터뷰 자료.

20 Ibid, 김태련 교수와의 인터뷰 자료.

2010년 이후에는 여성심리학자들이 학술연구에 집중하는 시기로, 초기의 성차연구를 벗어나 다양한 여성의 실제 삶과 관련된 이슈들이 학술연구물로 등장하였다. 양성평등 입장을 견지하면서도, 급진적 여성주의 중심이 아니라 다양한 분야와 관련된 심리학 연구와 여성 이슈를 융합하는 학술연구들을 시도하였다. 예를 들어, 행복과 여성, 삶의 질과 여성, 양성평등적 자아개념 등의 연구주제가 학술지와 학술대회의 주제로 등장하였다. 특히 한국연구재단의 대규모 프로젝트였던 '한국 여성의 행복과 자아개념'을 여성심리학회 차원에서 진행하면서 신진 여성연구자들을 육성하고 여성심리학의 주제를 다각화하게 되었다.[21]

(3) 사회 및 정책 변화 시도기

학술연구들을 기반으로 여성심리학자들은 여성과 관련된 정책 및 사회적 제도를 언급하고 변화를 시도하기도 하였다. 당시 우리 사회는 일-가정 양립, 돌봄노동 등 여성의 사회 참여에 대한 정책 문제가 부각되던 시기였기 때문에 여성심리학자들이 사회의 여러 흐름을 몸으로 경험하면서 민감성을 가지고 끊임없이 탐구하면서, 여성심리학이 해야 할 사회적 역할을 고민하였다.[22] 특히 여성 관련 이슈가 사회적으로 많이 부각되기 전, 관련 단체들과 실무 변호사 등과 연대하여 성적 자기결정권이라는 주제에 대해 학술회의를 진행하면서 추후 의제강간 연령의 조정 등 실제적 성과를 낳는 학술적 배경이 되기도 하였다.[23] 사실 2000년대 초반부터 우리나라는 정부 차원에서 성평등을 달성하기 위한 전략으로서 성주류화(gender mainstreaming) 정책을 실행하여, 국가 정책에서 성불평등 문제를 주변부가 아닌 모든 부

21 Ibid, 여성심리학의 역사에 대한 이수정 교수 인터뷰 자료.
22 Ibid, 안상수 교수 인터뷰 자료.
23 Ibid, 이수정 교수 인터뷰 자료.

서에서 중요한 주제로서 대응하도록 돕는 전략을 책정하고, 성별영향평가, 성인지교육 의무화, 성인지예산 편성 등 정부의 정책적 노력이 실행되기도 하였다(마경희, 2021; 오영민, 손현기, 2023). 그러나 국가 차원에서 실행한 성평등 정책들이 형식적·관료적 시행이나 실질적 관심과 이해의 부족 등으로 실질적 변화가 어려웠던 것이 이 시기의 현실이었다(한국여성정책연구원, 2019).

(4) 혼란 및 변화기

2000년 이후 우리나라는 점차 젠더에 대한 관심이 높아졌고, 특히 2016년 강남역 살인사건 이후의 지속적 추모운동, 2019년 미투운동의 확산 등 굵직한 젠더 이슈들이 사회에 큰 파장을 일으켰다. 그러나 최근 들어 젠더로 인한 갈등이 정치와 문화 등 사회의 주요 담론이 되었고, 일부 정치인과 온라인 커뮤니티를 중심으로 형성된 젠더갈등 담론은 점차 확대되기도 하고 일종의 페미니즘 백래쉬(반발) 운동이 발생하는 등 젠더 이슈에 대한 다양한 관점이 혼재하는 시기를 겪게 되었다(김선영, 2023). 이러한 현상은 20대 남성의 역차별 이슈 등 남성들의 고통에 대한 공감대를 형성하기도 했으나, 반면에 그로 인해 여전히 실제로 존재하지만 잘 보이지는 않는 성차별 이슈—예를 들어, 노동 현장에서의 성차별, 돌봄노동의 젠더화로 인한 기혼 여성의 경력 단절, 성폭력에 대한 여성의 일상화된 공포 등—를 외면하거나 축소하는 결과를 낳기도 하였다(홍지아, 2022). 이러한 사회적 분위기와 더불어, 여성심리학자들의 위상과 활동이 위축되어 혼란을 겪기도 하였다. 여성심리학이 공식적으로 시작된 지 30년이 지난 현시점에도, 한국 대학의 전공 영역에서 여성심리학은 심리학의 공식적 세부전공으로 인정되지 않고 있다. 또한 여성심리학 교과목을 정기적으로 개설하는 대학은 이화여자대학교를 비롯한 소수에 불과하고, 심리학과의 선택과목 등으로 개설되는 경우가 많다. 이는 여성심리학자들이 여성 및 젠더 이슈에 초점을 맞추어 연구하고 출판할 수 있는 동기와 기반이 취약함을 의미한다.

(5) 변화모색기

젠더 이슈가 혼란기를 맞던 시대에서 코로나 바이러스로 인한 팬데믹 시대를 통과하게 되었고, 이는 여성을 비롯하여 사회 곳곳에 존재하는 수많은 소수자의 고통이 가중되는 현실을 마주하게 하였다. 전 세계적으로 단절과 고통의 시기를 겪으면서, 다양한 억압과 배제에 처한 집단들이 생성되고 변화를 맞이하는 와중에 여성심리학자들도 응답하고 적응해야 할 과업을 맞고 있다. 다른 나라의 여성심리학자들[24]과 마찬가지로 새로워진 지형에 발맞추어 한국 여성심리학의 변화를 모색해야 할 시점이다. 이에 대한 고민과 노력이 진행되고 있으며, 그 일례로 한국여성심리학회가 '한국 여성심리학의 현재와 미래: 여성심리사의 역할과 전망'(2021)을 주제로 학술대회를 개최하는 등 새로운 시대의 여성심리학 정체성에 대한 고민을 통해 변화를 모색하고 있다.

3) 여성심리학의 향후 과제

지난 수십 년간 동서양의 여성심리학은 놀라운 성장과 과업을 이루어 냈고, 독립적 학문 분야로 발전해 왔다. 그러나 타 학문에 비해 그리 길지 않은 역사를 가진 학문으로서 앞으로 확립하고 모색해야 할 여러 가지 과제를 가지고 있다. 특히 여성심리학이 단지 심리학의 한 분과에 불과한 영역이 아니라, 여성학을 비롯하여 정치와 경제, 철학, 생물, 사회, 종교, 교육 등과

24 미국의 여성심리학 연합(AWP)에서도 'Femnist psychology in 21th century'를 주제로 2021년 학술대회를 개최하면서 팬데믹 시대에 급변하는 여성심리학의 과제를 논의한 바 있다.

밀접한 관련을 가지고 있기 때문에 여성심리학자들의 노력과 연대는 더욱 필요할 것이다. 향후 여성심리학이 지속해야 할 과제를 정리하면 다음과 같다.

첫째, 심리학 분야에서 여성 관련 기초 연구를 지속하는 것이 필요하다. 현재 심리학 연구들은 과거에 비해 여성에 대한 편견과 차별적 관점을 상당히 제거해 왔다. 그러나 '객관적'이고 '보편적'인 연구방법을 사용하는 경우에도 연구자의 암묵적 편견이 개입될 가능성은 여전히 농후하다. 특히 연구 주제와 대상의 선정에서 생물학적 여성이나 다양한 소수자 집단이 제외되는 경우가 여전히 다수이다. 따라서 여성 관련 특수한 경험, 여러 젠더 이슈에 더욱 초점을 맞추어 기초연구들을 축적하는 것이 필요하다. 특히 우리나라의 경우, 중산층 남성 백인들 중심의 심리학 연구물들이 국내로 그대로 유입되어 국내 심리학 연구의 주류를 이룰 수 있음을 기억하고, 현재 우리가 다루고 배우고 있는 심리학 학문의 흐름이 우리나라의 현실, 특히 현재 한국 상황에서 살아가는 여성의 관점에서 적합하고 타당한지를 비판적으로 검증하는 입장에서 심리학 연구를 지속해야 한다.

둘째, 여성심리학에 적합한 연구방법을 개발하고 비판적으로 확장해 나가야 할 과제를 가진다. 초기 심리학의 여성연구 흐름에서 살펴봤듯이, 객관성과 중립성을 추구하는 심리학 연구들도 그 이면에 전제되어 있는 암묵적 편향은 피하기 어려운 문제이다. '여성'의 관점에서 기존의 심리학 연구들을 비판적으로 해석하고, 드러나지 않는 다수의 '여성'의 경험을 과학적으로 파악하여 연구결과로 제시하기 위한 새로운 방법과 전략을 고민해 가는 시도가 필수적이다. 전통적으로 심리학이 추구해 온 자연과학적 방법론, 즉 양적 방법을 활용하는 연구들에서 여성의 경험이 간과되지 않도록 비판적 시각을 지속적으로 제기해야 할 것이다. 특히 연구문제의 제기, 연구설계와 수행, 자료분석과 해석이라는 각 연구의 단계에서 여성의 시각이 배제되어 있지 않은지 면밀히 살피고, 보다 적극적으로 여성심리학적 관점이 포함되는 연구를 진행해 가야 할 것이다. 또한 소수성을 가진 다양한 '여성'을 깊이 이해할 수 있도록 돕는 다양한 질적 연구방법을 활용할 뿐 아니라, 가장 적극적으로 여성들의 경험을 이해할 수 있는 새로운 연구 전략들을 개발하고 확장하는 노력을 지속해야 할 것이다.

셋째, 여성심리학자들이 현실적으로 정체성을 가지고 성장할 수 있는 발판을 마련하는 것이 필요하다. 이를 위해 심리학 내에서 전공 영역으로 여성심리학이 포함되는 것이 필요하며, 여성심리학 관련 교과목을 개발하고 교과서를 발행하는 등 학자로서 여성심리학을 주된 전공으로 지속할 수 있는 장이 마련되어야 할 것이다.

넷째, 그와 더불어 사회에서 다양한 억압과 차별을 경험하는 소수자들을 위해 활동하는 전문가들을 위한 실제적인 실행 지침들을 개발하고, 심리학적 지식과 경험을 활용하여 실무적 역할을 수행할 수 있도록 돕는 역할도 중요한 과제일 것이다.[25] 특히 사회 곳곳에서 드러나지 않는 주요 여성 이슈들을 개발하고, 그에 대한 학술연구와 자료들을 축적하여 사회의 긍정적인 변화를 이끄는 학문으로서 역할을 수행해야 할 것이다.

마지막으로, 팬데믹 이후 변화된 사회, AI로 대표되는 과학기술의 급변, SNS를 비롯한 소통체계의 변화, 기후위기 등 현대사회의 주요 변화에 발맞추어 새롭게 부상되는 여성 관련 이슈들을 포착하여 함께 변화해 가는 열린 자세를 유지하는 것이 필요하다. 실제로 팬데믹과 같은 재난은 사회계층과 성별에 따라 불균등하게 영향을 끼치는 것으로 증명되었으며(왕선애, 2023), 예측불가한 위기 상황에서 가장 큰 영향을 받는 대상은 다양한 영역에서 소수자성을 품은 '여성들'이다. 여성심리학은 자세히 들여다보지 않으면 보이

25 한국여성심리학회에서는 2022년부터 여성심리사 자격제도를 신설하여, 현장에서 여성심리 관련 전문지식을 가진 전문인력 양성을 진행하고 있다(https://kswp.or.kr).

지 않고, 목소리도 들리지 않는 수많은 '여성' 집단의 존재에 주목하는 학문이다. 급변하는 시대의 복합적 맥락 속에서 '여성'들의 목소리에 귀를 기울이고 이들의 경험을 학술적 언어로 대변하고, 시대에 적실한 방향과 개입을 제공하는 학문으로 발전해 가야 할 것이다.

토론거리

1. 여성심리학이 태동한 20세기 중반과 21세기 현재 한국 사회는 여러 면에서 여성 위상의 변화가 있습니다. 이러한 상황에서 여전히 여성심리학이 필요한지를 개인적 · 사회적 관점에서 토의해 봅시다.
2. '여성'에 대한 포괄적 정의를 고려해 볼 때, 우리 주변에 드러나지 않는 '여성'들은 누구일지 자신의 직간접적 경험을 토대로 토의해 봅시다.
3. 심리학 내에서 진행되고 있는 성차를 비교하는 연구들이 가지고 있는 두 가지 기본적 관점이 갖는 문제점이 무엇인지 정리하고, 최근 성차를 탐색한 심리학 연구 한두 편을 예를 들어 토의해 봅시다.
4. 현재 우리 사회에서 여성심리학이 초점을 두고 탐구를 진행해야 할 주제들이 무엇인지, 각자가 처한 세대 · 지역 · 문화의 관점에서 논의해 봅시다.

추천 영상 및 영화

- 영화 〈서프러제트(Suffragette)〉(2016): 여성운동 제1의 물결 시기, 여성참정권을 위해 처절하게 싸웠던 이야기
- 드라마 〈미세스 아메리카(Mrs. America)〉(2020): 여성운동 제2의 물결이 일어났던 미국 여성운동을 배경으로, 다양한 여성 운동가의 이야기
- 영화 〈히든 피겨스(Hidden Figures)〉(2017): 미국 NASA에서 근무했던 흑인 여성 수학자들이 성/인종차별 속에서 과학적 업적을 이루었던 이야기

참고문헌

곽금주 외(2002). 여성심리학(제2판). 박영사.

김선영 (2023). 온라인 커뮤니티 '에펨코리아'로 살펴본 '이대남현상'. 한국언론정보학보, 118(4), 34-75.

김영희(2005). 평등과 해방의 꿈: 페미니즘의 다양한 모색. 동녘.

김은아(2016). 윌버의 통합적(Integral) 페미니즘에 대한 여성주의적 고찰. 한국심리학회지: 여성, 21(3), 365-393.

김혜령(2024). 여성주의 기독교윤리학의 재생산권 변증-인공임신중절의 전면적 허용을 중심으로. 기독교사회윤리, 53, 237-274.

마경희(2021). 한국성평등 정책의 흐름과 향후 방향. 한국여성심리학회 학술대회 자료집.

여성가족부(2020). 2020년 4월 19일 정책브리핑, www.korea.kr

오영민, 손현기(2023). 성주류화 정책 리터러시가 사회적기업의 일-가정 양립 제도의 성과에 미치는 영향에 관한 연구: 성인지예산 및 성별영향평가제도 인지를 중심으로. 한국사회와 행정연구, 34(3), 51-78.

왕선애(2023). 코로나19 팬데믹이 동남아프리카 여성 청소년에게 미치는 영향 연구: 에티오피아, 케냐, 모잠비크를 중심으로. 아시아여성연구, 62(3), 303-346.

이현재(2007). 여성의 정체성: 어떤 여성이 될 것인가. 책세상.

이현재(2016). 여성혐오 그 후, 우리가 만난 비체들. 들녘.

장휘숙(2009). 여성심리학. 박영사.

정희진(2023). 다시 페미니즘의 도전. 교양인.

조한혜정(1998). 성찰적 근대성과 페니미즘-한국의 여성과 남성 2. 또하나의문화.

조현순(2005). 여성성과 젠더정체성. 동녘.

조혜자(2002). 여성, 존재인가 과정인가. 철학과 현실사.

한국여성정책연구원(2019). 성인지예산제도 시행 10년 평가와 과제 (1). 한국여성정책연구원.

한국일보(2022. 3. 19.). 남성 대비 여성의 임금 66%…'구조적 성차별' 때문일까? 아닐까?

한유림(2025). 아도르노의 '비동일성 사유'를 통한 다문화 사회정의 상담의 철학적 심화. 한국상담대학원대학교 박사학위논문.

홍지아(2022). 젠더갈등은 어떻게 우리 사회의 주요 담론이 되었는가?: 보수언론의 젠더갈등 기사 분석을 중심으로. 미디어, 젠더 & 문화, 37(2), 99-155.

Brannon, L. (2017). *Gender: Psychological perspectives* (7th ed.). Routledge.

Butler, J. (2008). 젠더 트러블 (*Gender trouble*). (조현준 역). 문학동네. (원저는 2006년에 출판).

Chesler, P. (2021). 여성과 광기 (*Women and madness*). (임옥희 역). 위고. (원저는 2005년에 출판).

Crawford, M., & Marecek, J. (1989). Feminist theory, feminist psychology: A bibliography of epistemology, critical analysis, and applications. *Psychology of Women Quarterly*, *13*(4), 477–491.

Deutsch, H. (1944–1945). *The psychology of women: A psychoanalytic interpretation* (Vols. 1–2). Grune & Stratton.

Epstein, C. F. (1988). *Deceptive distinctions: Sex, gender, and the social order*. Yale University Press.

Erikson, E. H. (1950). *Childhood and society*. W. W. Norton & Company.

Felski, R. (1998). 근대성과 페미니즘 (*Gender of modernity*). (김영찬, 심진경 공역). 거름아카데미. (원저는 1995년에 출판).

Foucault, M. (1970). *The order of things: An archaeology of the human sciences*. Tavistock Publications.

Freedman, E. W. (2002). *No turning back: The history of feminism and the future of women*. Ballantine.

Gilligan, C. (1982). *In a different voice: Psychological theory and women's development*. Harvard University Press.

Hall, G. S. (1904). *Adolescence: Its psychology and its relations to physiology, anthropology, sociology, sex, crime, religion, and education* (Vol. 1–2). D. Appleton & Company.

Honey, K. (2015). 여성의 심리학 (*Feminine psychology*). (정명진 역). 부글북스. (원저는 1967년에 출판).

Hooks, B. (2000). *Feminism is for everybody: Passionate politics*. South End Press.

Maccoby, E. E., & Jacklin, C. N. (1974). *The Psychology of sex differences*. Stanford University Press.

Marecek, J., Kimmel, E. B., Crawford, M., & Hare-Mustin, R. T. (2003).

Psychology of women and gender. In D. K. Freedheim (Ed.), *Handbook of psychology: History of psychology* (Vol. 1, pp. 249–268). John Wiley & Sons, Inc.

McCabe, J., & Kattelman, K. (2020). "I'm not a feminist, but...": College women, feminism, and the reasons for nonidentification. *Sociological Perspectives*, *63*(6), 1101–1118.

McHugh, M. C., Koeske, R. D., & Frieze, I. H. (1986). Issues to consider in conducting nonsexist psychological research: A guide for researchers. *American Psychologist*, *41*(8), 879–890.

Minton, H. L. (2000). Psychology and gender at the turn of the century. *American Psychologist, 55*(6), 613–615.

Ross, D. (1972). *G. Stanley Hall: The psychologist as prophet*. University of Chicago Press.

Scott, J. W. (1996). *Only paradoxes to offer: French feminists and the rights of man*. Harvard University Press.

Shields, S. A. (1975). Functionalism, Darwinism, and the psychology of women: A study in social myth. *American Psychologist*, *30*(7), 739–754. https://doi.org/10.1037/h0076948

Shields, S. A. (1976). The variability hypothesis: The history of a biological model of sex differences in intelligence. *Signs: Journal of Women in Culture and Society*, *1*(4), 769–797. https://doi.org/10.1086/493272

Tarvis, C., & Wade, C. (1984). *The longest war: Sex differences in perspective* (2nd ed.). Harcourt Brace Jovanovich.

Terman, L. M., & Miles, C. C. (1936). *Sex and personality: Studies in masculinity and femininity*. McGraw–Hill.

Unger, R. K. (1979). "Toward a redefinition of sex and gender." *American Psychologist*, *34*(11), 1085–1094.

Unger, R. K. (1983). Through the looking glass: No wonderland yet! *Psychology of Women Quarterly, 8*(1), 9–32.

Valenti, J. (2007). *Full frontal feminism: A young woman's guide to why feminism matters*. Seal Press.

Watkins, G. (2007). 행복한 페미니즘 (*Feminism is for everybody*). (박정애 역). 백년글사상. (원저는 2000년에 출판).

Woolley, H. T. (1910). A Review of the Recent Literature on the Psychology of Sex. *Psychological Bulletin*, *7*(10), 335-342.

Worell, J., & Remer, P. (2007). 여성주의 상담의 이론과 실제 [*Feminist perspectives in therapy: Empowering diverse women* (2nd ed.)]. (김민예숙, 강김문순 공역). 한울. (원저는 2002년에 출판).

https://www.awpsych.org

https://www.koreanpsychology.or.kr

https://kswp.or.kr

https://www.unwomen.org/en/what-we-do/ending-violence-against-women

제2부

여성심리학과 발달

제2장

영아기 · 아동기 · 청소년기와 젠더

김연수

전주대학교
상담심리학과 부교수

이 장에서는 젠더 발달의 이론을 살펴본 다음, 영아기부터 청소년기까지 젠더 발달의 양상을 알아볼 것이다. 다음으로 젠더 발달에 영향을 미치는 변인을 유전과 환경으로 나누어 정리할 것이다.

이 장의 차례는 다음과 같다.

1. 젠더 발달의 이론

1) 프로이트의 정신분석이론

프로이트(Sigmund Freud)는 리비도로 대표되는 성적 에너지가 집중되는 신체 부위가 발달에 따라 달라진다고 보는 성격발달이론을 제시했는데 이 성격발달이론은 젠더 발달과 밀접한 관련이 있다. 그에 따르면 성격은 구강기, 항문기, 남근기, 잠재기, 성기기를 거치면서 발달하는데, 이 중 성 정체성과 성역할에 대한 선호 등 본격적인 젠더 발달은 남근기부터 시작된다. 3~6세 사이의 남근기(phallic period) 동안에는 이성 부모에 대한 사랑과 동성 부모에 대한 경쟁과 질투가 무의식 수준에서 일어난다. 이에 따라 남아에게는 오이디푸스 콤플렉스(Oedipus complex)가, 여아에게는 엘렉트라 콤플렉스(Electra complex)가 나타난다. 이 시기 남아는 아버지에 대한 질투와 공격성을, 어머니에 대한 사랑을 경험하게 되지만 어머니에 대한 애정 때문에 아버지가 자신을 거세의 형태로 처벌할 것이라는 두려움, 즉 거세 불안(castration anxiety)을 경험하게 된다. 이는 남아에게 큰 혼란을 일으키게 되고, 그 해결을 위해 남아는 아버지와의 경쟁을 중단하고 동일시(identifiation)를 통해 남성적 속성과 행동을 내면화한다. 한편, 프로이트는 남아에게서 나타나는 젠더 유형화가 여아에게는 더 어려울 것이라고 주장하였다. 여아는 신체적 특성상 어머니와 동일시함으로써 엘렉트라 콤플렉스를 해결하려는 동기로 작용하게 되는 강력한 공포, 즉 거세 불안까지는 경험하지 않기 때문이다. 따라서 프로이트에 따르면 남근기 동안 여아의 젠더 발달은 남아들에 비교했을 때 완전하지 않다. 그럼에도 불구하고 여아들은 어머니에 대한 동일시와 여성적 역할에 대한 선호를 발달시키는데, 애정의 대상인 아버지가 여성적 행동을 격려하므로 아버지를 기쁘게 하기 위해 여성성 모델로서 어머니의 역할과 행동을 내면화한다(Freud, 1924/1961).

남근기 이후 여아와 남아 모두 리비도가 어느 특정 신체 부위에 집중되지 않아 성적 활동이 두드러지지 않는 잠재기(latency period)에 접어든다. 리비도의 힘이 잠잠해진 덕에 아동은 성인이 되었을 때 필요한 기본적인 지식 습득과 기술 숙달에 전념할 수 있게 된다. 이후 사춘기에 접어들면서 생리학적 변화가 리비도를 다시 일깨우게 되는 성기기(genital period)에 들어가는데, 이 시기 동안에는 남아와 여아 모두 또래 이성과의 관계에 관심을 가지게 된다.

프로이트의 이론은 남근기부터 잠재기, 성기기에 이르기까지 남아와 여아가 경험하는 서로 다른 성격 발달과정을 명세화했다는 점에서 의미를 찾을 수 있지만 실증연구에서 그 주장은 거의 지지되지 않았다. 예컨대, 프로이트는 남아의 아버지에 대한 동일시가 공포와 불안에 기인한다고 보았다. 그의 주장이 맞다면 공포와 두려움을 조장하는 가정환경에서 남아의 아버지에 대한 동일시가 강하게 나타나야 할 것이다. 그러나 실제로 남아들은 지나치게 위협적 · 처벌적인 아버지보다는 따뜻한 아버지에게 더 강하게 동일시하는 경향이 있다(Hetherington & Frankie, 1967; Parke & Cookston, 2019).

2) 밴듀라의 젠더 발달의 사회인지이론

밴듀라(Albert Bandura)는 아동의 젠더 발달이 사회적 학습을 통해 이루어진다는 사회인지이론(social cognitive theory of gender development)을 제시하였다(Bussey & Bandura, 1999). 이 이론에서는 젠더 발달의 두 가지 방식으로 직접 지도와 관찰학습을 제시한다. 즉, 아동은 성에 적합한 행동에 대한 격려와 보상, 적합하지 않은 행동에 대한 처벌을 직접 경험함으로써 젠더 정체성과 성역할 선호를 발달시킬 뿐만 아니라 가정, 학교, 매체에서 동성 모델에 대한 관찰학습을 통해 그 태도와 행동을 습득한다. 다음에서 젠더 발달의 두 가지 방식인 직접 지도와 관찰학습을 보다 구체적으로 살펴보도록 하겠다.

젠더 발달에 영향을 미치는 직접 지도(direct tuition)는 부모, 형제, 또래 등 아동의 주변 사람들에 의해 이루어진다. 생애 초기인 영아기 동안 주로 부모들이 자녀의 성역할에 대해 직접 지도한다. 12개월 무렵 아동이 기본적인 성 정체성을 획득하기 이전인 상당히 이른 시기부터 부모는 남아에게는 활동과 경쟁을 강조하는 장난감(예: 자동차, 축구공)을 주는 반면, 여아에게는 양육과 협동을 강조하는 장난감(예: 인형, 찻잔놀이세트)을 준다(Leaper & Friedman, 2007). 아동 초기에 접어들면 부모의 직접 지도는 줄어들지만 형제나 또래가 젠더 유형화된 태도와 행동에 대한 차별적 강화는 증가한다. 2~3세 남아는 여아의 장난감을 가지고 노는 또래에 대해 방해하는 경향이 있으며, 비슷한 연령대의 여아는 동성과 함께 노는 또래 여아보다는 남아와 함께 노는 여아에 대해 매우 비판적이다(Martin et al., 2013).

한편, 아동은 직접 지도뿐 아니라 다양한 동성 모델을 관찰하고 모방하는 관찰학습(observational learning)을 통해 젠더를 발달시킨다. 동성 모델링은 아동으로 하여금 남아에게는 남자다운 활동과 행동, 남자아이를 위한 장난감을, 여아에게는 여자다운 활동과 행동, 여자아이를 위한 장난감을 학습하도록 한다. 발달에서 젠더 발달에 영향을 미치는 모델로는 부모, 형제, 또래뿐만 아니라 매체에 나타나는 남녀 이미지, 만화 캐릭터도 포함된다. 관찰학습을 통해 아동들은 어떤 행동이 젠더에 적합한 것인지, 즉 어떤 행동이 여아에게는 보상이 되지만 남아에게는 그렇지 않은지를 배우게 된다. 또한 아동들은 이성 모델보다는 동성 모델의 행동을 더 빈번히 모방하려는 경향이 있다(Cunningham & Macrae, 2011; Grace, David, & Ryan, 2008).

젠더 발달의 사회인지이론은 젠더 발달이 주변 사람들로부터의 직접적 메시지, 강화 및 처벌, 그리고 관찰과 모방을 통해 이루어진다고 보면서 아동 주변의 사회적 환경을 강조한다. 사회인지이론의 강점은 실제로 다양한 연구에서 젠더 발달에 영향을 미치는 직접 지도와 관찰학습의 효과가 보고되었다는 점에 있다. 그러나 이 이론의 몇몇 측면에 대해서는 그 타당성에 대한 의문이 제기되고 있다. 예를 들어, 밴듀라는 동성 모델링의 중요성을 강조하였지만, 아동들이 동성의 모델에만 주의를 기울이기보다는 남성과 여성 모델 모두를 관찰함으로써 두 성별 모두의 전형적 행동 패턴을 학습하는 경향이 있다는 보고가 있었다(Leadper, 2005).

3) 콜버그의 젠더 유형화 인지발달이론

앞서 살펴본 정신분석이론과 사회인지이론에 따르면 아동들은 부모가 자녀의 성별에 적합하다고 생각하는 활동들을 격려하기 때문에 남아와 여아를 구분하고, 각자에게 적합한 활동을 배우며 동성 모델과 동일시하면서 안정된 성 정체성을 습득하게 된다. 콜버그(Lawrence Kohlberg)는 이와 반대로 아동이 인지발달을 통해 먼저 성 정체성을 확립한 다음, 남아와 여아의 역할을 학습하기 위해 능동적으로 젠더 관련 정보를 찾고 동성 모델을 관찰하며 젠더 규범을 따르려는 동기를 갖게 된다는 젠더 유형화 인지발달이론(cognitive developmental theory of gender typing)을 주장하였다(1966). 그에 따르면, 아동의 젠더 유형화는 기본적 성 정체성, 성 안정성, 성 일관성의 세 단계를 거쳐 이루어진다.

기본적 성 정체성(basic gender identity)은 아동이 자신을 처음으로 남아 혹은 여아로 명명하는 단계로서 3세 무렵 나타난다. 성 안정성(gender stability)은 아동이 젠더는 시간적으로 안정적이라는 것을 인식하는 단계로서 이 단계의 4~5세 아동은 남아가 성인 남자로, 여아가 성인 여자로 성장한다는 것을 이해하게 된다. 마지막으로, 성 일관성(gender consistency)은 아동이 젠더는 활동이나 외양의 변화와 상관없이 변하지 않는다는 것을 인식하는 단계로 5세 이후 나타난다. 이 단계의 아동은 이성의 옷을 입거나 이성의 행동을 하더라도 젠더가 변화하는 것은 아님을 이해한다. 콜버그에 따르면 성 일관성 단계에 도달한 이후에만 아동은 스스로를 젠더의 측면에서 사회화하려는 동기를 가지게 된다. 즉, 기본적 성 정체성을 인식하고 젠더가 시간적·상황적으로 안정적임을 인지적으로 이해한 이후에야 비로소 아동은 동성 모델을 찾고 남성처럼 혹은 여성처럼 행동하는 법을 배우려고 한다.

여러 연구에서 콜버그가 제시한 젠더 발달의 세 단계는 순서대로 나타난다는 점이 밝혀졌으며(Martin, Ruble, & Szkrybalo, 2002), 성 일관성은 동성 모델에 대한 선택적 관심(Luecke-Aleksa et al., 1995; Slaby & Frey, 1975), 동성의 활동, 옷, 또래 선호(Warin, 2000), 남성과 여성에 대한 평가적 반응(de Lisi & Johns, 1984)과 정적 상관이 있었다. 그러나 반드시 젠더에 대한 성숙한 이해가 선행되어야 젠더 유형화가 진행되는 것은 아니라는 비판도 있다. 콜버그가 기본적 성 정체성이 발달한다고 본 3세 이전에도 남아는 이미 남성적 장난감을 선택한다는 결과들(MacPhee & Prendergast, 2019; Zosuls & Ruble, 2018)을 고려하면 젠더에 대한 성숙한 이해 이전에도 젠더 유형화가 이루어질 수 있음을 알 수 있다.

4) 마르틴의 젠더 도식 이론

마르틴(Carol Lynn Martin)은 젠더 발달에 대한 사회인지이론과 인지발달이론을 결합한 젠더 도식 이론(gender schema theory)을 제시하였다(Martin & Ruble, 2010). 이 이론은 부모, 또래, 미디어 등 아동을 둘러싼 사회적 환경에서 젠더와 관련된 정보를 지각하고 젠더를 발달시킨다는 사회인지이론과 젠더 발달에 있어서 아동 자신의 남아 혹은 여아 이미지에 일치하는 행동이나 흥미를 습득하려는 동기를 강조한다는 인지발달이론의 주장을 각각 받아들였다. 그러나 인지발달이론과는 달리 젠더 도식 이론에서는 이러한 자기 사회화가 콜버그가 언급한 것보다 더 이른 연령, 즉 2.5~3세 무렵 아동이 기본적 젠더 정체성을 획득하자마자 곧 시작된다고 본다.

젠더 도식 이론의 핵심은 그 명칭에도 드러난 것처럼 '도식(schema)'으로서, 아동이 자신을 둘러싼 세계를 해석하기 위해 사용하는 일종의 인지적 구조를 말한다. 도식 중에서도 젠더 도식(gender schema)은 남성 혹은 여성에 대한 믿음 혹은 기대들이 조직화된 인지적 구조로서, 아동의 정보처리 과정과 밀접하게 관련되어 아동이 주변의 젠더 관련된 정보에 주의를 기울이고 기억하고 남성적 혹은 여성적 범주로 분류하는 데 영향을 미친다. 젠더 도식은 내집단/외집단 도식의 특성을 지닌다. 아동은 젠더 도식에 따라 특정 사물, 행동, 역할은 남아의 것으로, 또 다른 사물, 행동, 역할은 여아의 것으로 분류한다. 예를 들어, 아동은 젠더 도식에 따라 트랙터는 남아를 위한 장난감, 인형은 여아를 위한 장난감으로 분류하며, 여아는 울어도 되지만 남아는 울면 안 된다고 생각한다.

젠더 도식화에서는 개인차가 있다. 젠더 도식화된 아동과 젠더 도식화되지 않은 아동은 동일한 대상에 대해서도 서로 다르게 반응할 수 있다. 예를 들어, 젠더 도식화된 아동은 인형을 보고 젠더 관련 필터를 통해 즉각적으로 젠더를 중요한 요인으로 고려하여 사고한다. 젠더 도식화된 남아라면

"나는 남자야. 내가(남자가) 인형을 가지고 놀아도 될까?"라고 질문을 던진다. 과거 경험과 학습을 되살리며 '아니다'라는 결론을 내리게 되면 성 부적절한 장난감인 인형을 무시하게 된다. 매력적인 장난감이라 할지라도 이성의 것이라고 명명되면 젠더 도식화된 아동은 장난감을 탐색하거나 학습하지 않는다(Martin & Ruble, 2004). 반면, 젠더 도식화가 되지 않은 아동은 젠더 관련 필터를 통해 세상을 보지 않으며 "내가 이 장난감을 좋아하나?"라고 스스로에게 묻고 자신의 흥미에 근거하여 반응한다.

앞서 살펴본 것처럼 젠더 도식은 스스로의 행동 조절에도 관여할 뿐 아니라 사회적 정보를 처리하는 스크립트로도 기능하며 다른 사람에 대한 기억에도 영향을 미친다. 스크립트(script)란 친숙한 맥락에서 일어나는 사건의 진행 순서에 대한 일반적인 표상을 의미하는데(Davidson, 1996; Nelson, 2000), 유아들은 스크립트와 맞지 않는 정보는 잘 기억하지 않는 경향이 있다. 이러한 일반적인 경향과 유사하게 유아들은 젠더 도식과 일치하지 않는 방식으로 행동하는 타인을 본다면 '젠더 일치된' 것으로 왜곡하여 기억한다. 유아들은 남자 간호사의 사진을 보고 나서 그를 의사로 기억하며(Marin & Ruble, 2004), 나무를 자르는 여아의 이야기를 듣고 난 다음 행동은 정확하게 기억하지만 남아가 자르고 있었다고 젠더 도식에 맞게 장면을 왜곡하는 경향이 있다(Martin & Halverson, 1983).

젠더 도식 이론은 젠더 관련 정보를 아동들이 어떻게 내적으로 표상하고 지각하며 행동과 연결하는지를 도식이라는 개념을 통해 잘 설명했다는 점에서 강점이 있다. 무엇보다 젠더에 대한 성숙한 이해 전에도 젠더 도식이 어린 아동의 젠더 발달에 미치는 영향을 명세화했다는 점에서 흥미로운 이론이라 할 수 있다.

2. 영아기부터 청소년기까지의 젠더 발달

1) 영아기

출생 후 2세까지의 영아기 동안에도 젠더 발달이 이루어지는지에 대해서는 연구자들 사이에서 오랫동안 논란이 있었다. 성인이나 청소년을 대상으로 하는 심리학 연구에서는 젠더에 대한 이해를 언어적 보고나 외현적 행동을 통해 살펴볼 수 있지만, 어린 영아일수록 언어적 보고가 불가능하며 운동능력도 미숙하기 때문이다. 그러나 1960~1970년대 지각적 선호방법(perceptual preference method)과 습관화 방법(habituation method) 등 영아의 지각과 인지를 연구할 수 있는 방법론이 대두되면서 영아기 동안의 젠더 발달에 대해서도 여러 가지 사실이 밝혀져 왔다. 지각적 선호방법은 동시에 2개의 자극을 제시하고 영아가 어떤 자극에 더 주의를 오래 기울이는지를 알아보는 것이다(Fantz, 1964). 지각적 선호방법을 이용하면 영아들이 선호하는 자극과 그렇지 않은 자극을 구별할 수 있다. 습관화 방법은 반복되는 자극에 익숙해져서 그 자극에 대해 처음 보이던 반응이 더 이상 일어나지 않는 습관화 현상을 이용하여 영아의 자각과 선호를 알아보는 것이다(Wetherford & Cohen, 1973). 영아가 일단 어떤 자극에 습관화된 다음, 새로운 자극이 제시되면 그것을 더 오래 응시하는 경향이 있다. 이를 분석하면 영아가 자극을 변별할 수 있는지를 알 수 있다. 지각적 선호방법과 습관화 방법을 통해 본격적으로 말을 하거나 장난감을 가지고 놀기 전에 어린 영아들의 응시 행동을 관찰함으로써 젠더 발달을 연구할 수 있다. 이러한 연구들을 종합하면, 영아들은 말을 하기 이전부터 젠더 범주를 이해하고 성 고정관념을 어렴풋이 인식하기 시작한다.

(1) 영아기 젠더 범주의 발달

6개월 영아들은 여성과 남성의 얼굴을 변별할 수 있을 뿐만 아니라 여성의 얼굴에 대한 선호를 보인다(Ramsey, Langlois, & Marti, 2005; Ramsey-Rennels & Langlois, 2006). 여성 얼굴에 대한 선호는 일상에서 어린 월령의 영아들이 주로 일차 양육자인 어머니(여성)와 많은 시간을 보내기 때문인 것으로 보인다. 여성과 남성의 얼굴 변별은 7~12개월 영아에게도 유사하게 나타나서 이 무렵의 영아들은 머리 길이를 단서로 남성과 여성을 구별할 수 있다(de Boisferon, Uttley, Quinn, Lee, & Pascalis, 2014). 이러한 연구결과는 첫돌이 되기 이전 어린 영아들이 젠더 구분을 할 수 있음을 보여 준다.

지각적 선호방법을 이용한 실험에서, 12개월 영아들은 성별에 따라 인형과 자동차 사진을 동시에 제시했을 때 두 자극에 대한 응시에서 차이를 보인다(Serbin et al., 2001). Serbin 등의 연구(2001)에서 12, 18, 24개월의 영아들에게 자동차 장난감과 인형을 보여 주고 어느 쪽에 선호를 보이는지와 이 두 젠더 유형화된 장난감을 각각 남녀 아동의 얼굴 및 목소리와 연관시키는지를 알아보았다. 그 결과, 여아들은 12개월부터 인형에 대한 뚜렷한 시각적 선호를 보이기 시작하여 18개월에는 보다 더 길게 응시하는 경향이 있었다. 한편, 남아는 이러한 선호에서 약간 다른 양상을 보였는데 18개월 무렵부터 인형보다 자동차 장난감에 대한 시각적 선호가 증가하기 시작하여 24개월까지 증가하였다. 이러한 결과는 여아들에게서 남아들보다 젠더 관련 지식이 더 일찍 발달한다는 것으로 해석될 수 있다. 이러한 성 전형적인 장난감에 대한 선호는 다른 연구에서도 보고된 바 있다(Todd, Barry, & Thommessen, 2017).

언어적으로 의사소통을 할 수 있기 이전에도 18~24개월 사이 영아는 범주에 대한 초보적 이해를 발달시킨다. 예컨대, 성별, 신체적 특징, 연령 등 사회적 범주를 기준으로 스스로와 다른 사람들을 범주화하고 분류한다(Quinn, Lee, & Pascalis, 2019). 영아기 말, 언어의 급속한 발달로 영아들은 자신의 성별을 '여자 아이' 혹은 '남자 아이'라는 단어로 명명할 수 있게 된다. 평균적으로 19개월경 젠더 명명이 시작되는데 여기에는 성차가 있다. 여아는 17개월부터 젠더 명명을 하는 반면, 남아는 21개월부터 젠더 명명을 하는 것으로 나타났다(Zosuls et al., 2009).

(2) 성 고정관념의 인식

영아기 말, 구체적으로는 24개월 무렵이 되면 영아들은 성 전형적인 행동에 대해 알게 된다. 한 연구에서 지각적 선호방법을 이용하여 24개월 영아들에게 성 고정관념에 일치하는 활동(예: 다림질, 망치질)이나 중립적인 활동(예: 독서)을 하는 남성과 여성 성인 사진을 짝을 지어 제시한 후 각각의 사진에 대한 응시 시간을 측정하였다(Serbin, Poulin-Dubois, & Eichstedt, 2002). 영아들은 성 고정관념과 일치하지 않는 사진을 일치하는 사진보다 더 오래 바라보았다. 예를 들어, 립스틱을 바르는 여성 사진보다 립스틱을 바르는 남성 사진에 대한 응시 시간이 더 길었다. 더 긴 응시 시간은 영아가 그 사진을 보고 놀랐음을 의미하는 것이다. 유사한 과제를 18개월 영아와 24개월 영아에게 제시한 연구에서는 월령 차이가 나타났다(Hill & Flom, 2007). 즉, 18개월 영아는 성 고정관념과 일치하는 사건과 불일치하는 사건에 대한 응시 시간에서 차이가 없었지만 24개월 영아는 Serbin 등(2002)의 연구와 일관된 반응을 보였다. 종합하면 이러한 실험에서 관찰되는 결과는 24개월 무렵 영아들이 남성과 여성 각각에게 더 전형적인 행동에 대한 지식, 즉 성 고정관념을 기본적으로 인식하고 있음을 시사하는 것이다. 아동기 발달에서 다시 살펴보겠지만 성 고정관념에 대한 아동의 지식은 아동 초기 동안 급격히 증가하며, 이러한 증가 추세는 초등학교 입학 무렵까지 지속된다(Signorella, Bigler, & Liben, 1993).

18개월 무렵 영아는 자신의 성에 전형적인 장난감을 선택하고(Todd et al., 2017; Zosuls et al., 2009), 여아는 인형, 찻잔 세트, 화장품을 더 오래 가지고 노는 반면, 남아는 자동차, 블록, 연장 장난감을 가지고 노는 데 더 오랜 시간을 보낸다(Alexander & Saenz, 2012). 흥미로운 것은 영장류 대상 연구에서도 인간 영아에게서 관찰되는 것과 유사한 장난감 선호가 관찰된다는 점이다. 한 연구에서 50개월 전후의 어린 버벳 원숭이를 대상으로 다양한 놀잇감을 주고 선호를 관찰한 결과, 암컷 원숭이는 인형과 냄비 장난감을 선호하는 반면, 수컷 버벳 원숭이는 자동차 장난감과 공을 선호하는 경향이 보고되었다(Alexander & Hines, 2002). 이러한 결과는 성 전형적인 장난감에 대한 선호가 인류 진화 초기에 발생했을 가능성이 있음을 시사한다(Davis & Hines, 2020).

2) 유아기

앞서 살펴본 것처럼 젠더 발달의 기초는 영아기 동안 형성되지만, 본격적인 젠더 발달은 만 2세 이후부터 초등학교 입학 전을 지칭하는 유아기(혹은 아동 초기) 동안 급격하게 이루어진다.

(1) 급격한 젠더 유형화

젠더 유형화(gender typing)란 개인이 속한 문화의 고정관념에 순응하는 방식으로 대상, 활동, 특성과 역할을 남성 혹은 여성과 관련시키고(Blakemore, Berenbaum, & Liben, 2013), 자신의 젠더에 적절하다고 판단되는 사회적 행동을 습득하는 과정을 뜻한다(Hines, 2020). 앞서 언급한 바와 같이 영아기 말 젠더 명명이 가능해지고 젠더 범주가 형성되면 유아기 동안 젠더 유형화는 급격히 진행된다.

초등학교 입학 전의 유아들은 옷, 장난감, 도구, 게임, 색상, 행동, 직업에서 젠더 유형화된다(Davis & Hines, 2020; King et al., 2021). 2.5~3.5세 아동에게 남자 인형과 여자 인형을 보여 준 다음, 둘 중 어떤 인형이 젠더 유형화된 행동을 할 것인지를 질문하면, 대부분의 2.5세 아동은 젠더 유형화된 행동에 대한 이해를 보일 뿐 아니라 성 고정관념에 부합되는 답변을 한다(Blakemore et al., 2013). 유아들은 여자 인형이 인형놀이를 좋아하고 요리나 청소 등과 같은 집안일을 도움으로써 엄마를 기쁘게 할 것이라고 답하는 한편, 남자 인형은 트럭이나 기차 놀이를 좋아하고 다른 사람을 때리거나 상대에게 "너를 때릴 거야."라는 말을 많이 할 것이라고 하였다. 또한 4세 유아에게 남성 전형적 색상 혹은 여성 전형적 색상의 장난감을 제시하고 선택하도록 하면 남아들은 여성적인 장난감보다 남성적인 장난감에 더 흥미를 보였으며 여아들은 남성적인 장난감에는 거의 관심을 보이지 않았다(Weisgram, Fulcher, & Dinella, 2014). 이러한 젠더 유형화는 안정적 경향이 있다. 영국에서 이루어진 한 연구에서는 2.5세, 3.5세, 5세, 8세에 걸쳐 젠더 유형화 정도를 종단적으로 살펴보았는데, 학령 전기인 2.5세에 젠더 유형화 점수가 가장 높았던 아동은 5세에도 유사했으며, 8세에도 젠더 유형화 점수가 가장 높았다(Golombok et al., 2008).

유아기 동안 젠더 유형화가 진행되고 성 고정관념을 습득하기 시작하면서 유아들은 성 고정관념을 위배될 수 없는 전반적이고 일반적인 규칙으로 받아들인다. 즉, 이 시기 성 고정관념은 엄격하고 경직되어 있다(Halim, 2016; Xiao et al., 2019). 3~4세 아동에게 남아가 스커트를 입거나 여아가 지아이조 장난감을 가지고 노는 등 성 고정관념을 위반할 수 있는지 질문하면 50% 이상의 유아는 그렇지 않다고 대답한다(Blakemore et al., 2013). 초기의 경직된 성 고정관념은 놀이 친구의 선택에도 영향을 미친다. 3~6세 유아들은 면도기 장난감을 가지고 노는 여아나 매니큐어를 바르는 남아 등 성 고정관념을 위배하는 또래와는 친구가 되고 싶지 않다고 답한다(Ruble et al., 2007).

초기 성 고정관념이 경직된 이유는 무엇일까? 성 고정관념을 습득하는 초기에는 그것을 실제보다 경직되게 과장함으로써 인지적으로 분명하게 만드는 것이 습득에 용이하다는 해석이 있다(Maccoby, 1998). 이러한 해석이 타당하다면 성 고정관념 발달이 더 진전되는 이후 연령대에서는 경직성이 누그러질 것이다. 이후 아동기 젠더 발달에서 보다 자세히 살펴보겠지만 실제로 유아기 동안 관찰되는 초기 성 고정관념의 경직성은 이후 아동기 동안 젠더 지식이 잘 확립됨에 따라 더 유연해진다(Trautner et al., 2005).

(2) 젠더 유형화의 성차

일반적으로 남아는 여아보다 더욱 강력하게 젠더 유형화된다. 3~5세 남아는 여아보다 이성의 장난감을 싫어한다고 말할 가능성이 더 높고(Bussey & Bandura, 1999), 트럭이나 면도기 같은 남자 아이의 장난감을 좋아하는 여아를, 소꿉놀이나 인형놀이 등 여아의 활동을 좋아하는 남아보다 놀이친구로 더 선호한다(Alexander & Hines, 1994; Davis & Hines, 2020). 또한 남녀 모두 연령이 증가할수록 성 고정관념은 유연해지지만, 남아의 성 고정관념적 장난감 선호는 비교적 안정적인 반면, 여아는 연령 증가에 따라 더 크게 줄어드는 경향이 있다(Todd et al., 2018).

젠더 유형화의 성차는 부모나 또래 등 주변 사람들의 반응과 관련지을 수 있다. 부모, 특히 아버지는 딸이 '사내 같은 말괄량이'나 '톰보이'처럼 행동할 때보다는 아들이 '계집애 같은 울보'나 '겁쟁이'처럼 행동할 때 덜 관대한 태도를 취한다(Blakemore et al., 2013). 또래 사이에서도 여성스러운 남아는 쉽게 거부되고 놀림을 받지만 남성스러운 여아는 상대적으로 쉽게 용인된다(Halim et al., 2017). 이러한 부모와 또래의 반응은 남아에게 남성적인 성 고정관념에 부합되는 방식으로 행동하게끔 하는 보다 강력한 압력으로 작용한다. 이와 관련하여 대부분의 문화가 기본적으로 남성 중심적이며 그 역할 역시 남성이 여성보다 더욱 명료하게 정의되어 있기 때문에, 남아가 성 고정관념에 맞지 않는 식으로 행동하는 것이 여아보다 현저하게 눈에 띄고 제재를 받는다는 해석이 있다(Lobel et al., 2001).

3) 아동기

성 고정관념(gender stereotype)이란 문화에 속한 개인들이 각 젠더에게 전형적으로 수용되거나 적절하다고 판단되는 특성, 태도, 활동, 직업 등에 대한 믿음을 의미한다(Parke, Roiseman, & Rose, 2019/2021). 유아기 동안 다소 경직되었던 성 고정관념은 아동기(혹은 학령기, 만 8~12세) 동안 보다 유연해진다. 또한 젠더 역할에 대한 이해는 아동기 동안 더 깊어져서 성 고정관념 믿음이 성인과 유사해진다. 이러한 성 고정관념은 학령기 동안 아동의 다양한 태도, 행동, 사회적 관계에 영향을 미치게 된다.

(1) 성 고정관념의 확장

앞서 우리는 유아기 동안 형성되는 초기의 성 고정관념이 경직적인 경향이 있음을 살펴보았다. 아동기에 접어들면 초기의 성 고정관념은 좀 더 유연해진다. 즉, 아동들은 남녀가 서로 다른 측면도 있지만 유사한 측면도 있으며 같은 젠더 내에서도 개인에 따라 특성이 매우 다를 수 있음을 이해할 수 있다. 또한 아동들은 한 사람의 성별이 그의 성격이나 행동을 항상 정확하게 예측하는 것은 아님을 알고 있다(Halim et al., 2017). 이러한 이해는 다양한 측면을 동시에 고려할 수 있는 아동기 동안의 인지 발달 때문이라 할 수 있다. 이와 관련하여 64명의 아동을 대상으로 5세부터 10세까지 성 고정관념의 경직성을 종단적으로 측정한 연구에서 성 고정관념은 5~6세 무렵 경직성이 가장 크지만, 7세 이후 2년간 성 고정관념의 유연성이 극적으로 증가하였다(Patterson & Vannoy, 2024; Trautner et al., 2005).

유아기 동안 획득된 성 고정관념은 아동기에 접어들면서 확장된다. 이 시기 아동들은 남성적 특성이 공격적이고 거칠고 지배적이고 이성적이며, 여성적 특성이 부드럽고 의존적이라고 생각하는데 이는 여러 비교문화연구에서 공통적으로 관찰되는 결과이다(Chaplin & Aldao, 2013; Heyman

& Legare, 2004). 또한 아동들은 학문 영역에 있어서도 성 고정관념에 근거한 판단을 하는데, 수학, 체육은 남아들의 과목으로, 언어, 미술은 여아들의 과목으로 간주한다(Cvencek, Meltzoff, & Greenwald, 2011; Levine & Pantoja, 2021; Master, 2021). 특정 과목에 대한 아동의 태도는 그 과목을 얼마나 좋아할지, 과목을 공부하는 데 얼마나 자기효능감을 느낄지, 그 과목 수행에 있어서 얼마나 불안감을 느낄지에 영향을 미치게 된다. 음악 다운로드나 인터넷 검색과 같은 매체 관련 활동에 소비하는 시간은 남녀가 유사하나 여아는 소셜 미디어를 더욱 많이 사용하고, 남아는 게임 콘텐츠를 더욱 많이 소비하는 경향이 있었다(Rideout, 2015). 성격 특성과 학문 영역, 여가활동에 대해 아동이 가지고 있는 성 고정관념은 10~11세경이 되면 성인의 고정관념과 매우 비슷해진다(Heyman & Legare, 2004). 그러나 남녀 각각의 특질과 주로 선호하는 여가나 활동에 대한 생각은 유아기처럼 경직되지는 않아서 상당수 아동은 양쪽 젠더 활동에 참여하며 여아에게서 이런 경향이 더 두드러진다(Trautner et al., 2005). 즉, 여아들은 요리, 바느질 외에도 스포츠 팀 활동에 참여하기도 하고, 장래의 직업으로 소방관이나 천문학자 등 남성 전형적인 직업을 희망하기도 한다(Berk, 2018/2020).

(2) 또래와 젠더 분리

젠더 분리(gender segregation)란 동성 친구는 내집단으로, 이성 친구는 외집단으로 간주하는 경향성으로 정의되며 또래와의 놀이에서 관찰된다(Leaper & Friedman, 2007). 젠더 분리는 유아기부터 나타나고 연령 증가에 따라 점점 더 강해진다. 구체적으로 2~3세경 유아는 동성과 노는 것을 선호하기 시작하여 4~5세경에는 이성 또래를 적극적으로 거부하다가 6~7세 무렵에는 이성 또래보다 동성 또래와 보내는 시간이 10~11배 정도로 길어진다(Maccoby, 1998; Mehta & Smith, 2023). 젠더 분리는 아동기 동안에도 관찰된다. 한 연구에서 8, 10, 12세 아동을 대상으로 실험실에서 컴퓨터 게임을 하는 도중 동성 또래와 이성 또래에 대한 반응을 분석한 결과, 아동들은 일반적으로 이성 또래에 대해 더 부정적으로 반응했으며 이성 또래와의 접촉을 꺼리는 경향이 있었다(Underwood, Schockner, & Hurley, 2001).

아동기 동안의 젠더 분리는 또래관계와도 관련이 있다. 3~4학년 아동 723명을 대상으로 젠더 분리와 또래관계 간 관련성을 살펴본 연구에서, 이성과의 우정을 선호하는 아동은 다른 또래들에게 거부되는 경향이 있었다(Kovacs, Parker, & Hoffman, 1996). 젠더 분리가 일어나는 이유 중 하나로 성별에 따라 선호하는 놀잇감 및 활동에서의 차이를 들 수 있다. 일반적으로 남아는 여아보다 시끄럽고 움직이는 놀잇감을 선호하고 놀이 도중 서로 방해하며 밀치는 등 신체적으로 더 활동적인 경향이 있다(Rose & Asher, 2017). 이와 관련하여 몇몇 연구자는 놀잇감과 놀이활동 선호에서의 성차는 유전적으로 기인하며, 그에 따라 아동은 자연스럽게 선호 관심사나 행동이 유사한 동성 놀이친구를 추구한다고 설명한다(Mehta & Smith, 2023). 한편, 젠더 분리는 사춘기에 접어들어 나타나는 생리학적 변화로 인해 이성에 대한 관심이 커지는 청소년기에는 다소 감소한다(Mehta & Smith, 2023).

4) 청소년기

아동기 동안 젠더 지식이 풍부해짐에 따라 성 고정관념은 유연해진다. 그에 따라 아동들은 양쪽 젠더 활동에 참여하기도 하고, 초등학교 전반에 걸쳐 성별에 따른 취미와 직업에 대한 사고도 유연해진다. 청소년기에 접어들면 이전 발달단계까지 유연해지던 성 고정관념이 다시금 경직되고 성역할을 따르라는 압력 증가에 따른 젠더 차이의 확대, 즉 젠더 강화(gender intensification)가 나타난다.

청소년기 성 고정관념의 경직성은 성역할 위반이 얼마나 잘못되었다고 생각하는지를 질문함으로써 연구된다. 이러한 질문을 이용한 고전적인 연구에서 5, 8, 10, 13세 아동 및 청소년에게 남아가 매니큐어를 바르는 것과 같은 젠더 역할 위반이 얼마나 잘못된 행동이라고 생각인지를 질문한 결과, 연령 증가에 따라 U형 곡선이 관찰되었다. 즉, 아동기인 8세 및 10세 아동과 비교해 볼 때 5세 유아와 13세 청소년들은 성역할 위반 행동에 대해 잘못된 행동이라고 더 많이 답하였다(Stoddart & Turiel, 1985).

한편, 앞에서 우리는 아동기 동안 성 고정관념이 성인과 유사하게 발달함에도 불구하고 아동들이 종종 남성과 여성 모두의 젠더 활동에 참여한다는 것을 살펴보았다. 그러나 사춘기가 시작됨에 따라 청소년들은 다시금 강하게 젠더 유형화된 행동 패턴을 보인다. 이를 젠더 강화라고 한다. 남자 청소년들은 스스로를 더욱 남성적으로 보는 반면, 여자 청소년은 여성적인 특질을 강조하는 경향이 있으며 이는 아동기나 성인 출현기보다 청소년 중기(15세)에 가장 두드러졌다(Klaczynski, Felmban, & Kole, 2020). 청소년들은 이전보다 성 고정관념과 일치하는 활동에 더 많이 개입하며, 여자 청소년은 남자 청소년들보다 정서적으로 더 표현적이다(Polce-Lynch et al., 2001). 젠더 강화는 청소년 후기인 고등학교 시기 즈음 감소하다가 성인기에 접어들어 부모가 되었을 때 다시 증가되는 경향이 있다(Parke et al., 2019/2021).

3. 젠더 발달에 영향을 미치는 요인

1) 생물학적 요인

젠더 발달에 미치는 유전의 영향은 호르몬과 같은 생물학적 요인을 중심으로 연구되어 왔다. 태내기 동안 안드로겐을 투여하고 출생 이후 행동을 관찰한 포유류 동물실험에서는 안드로겐이 암수 동물 모두에게서 위협적 행동, 거친 몸동작 등 공격적인 행동은 증가시키고 돌봄 행동은 감소시킨다는 결과가 얻어졌다(Arnold, 2009; Zehr, Maestripieri, & Wallen, 1998). 이러한 결과는 호르몬이 적어도 부분적으로 성별에 따른 사회적 행동의 차이를 초래함을 시사한다.

인간을 대상으로 한 연구결과는 어떨까? 젠더 발달에 미치는 생물학적 요인의 역할을 알아보는 인간 대상 연구는 크게 두 경향으로 구분할 수 있다. 태내기 동안 노출된 안드로겐이 출생 후 행동에 미치는 영향을 살펴보는 연구와 아동기 동안 성전환 수술을 받은 아동들을 대상으로 젠더 발달을 종단적으로 살펴보는 연구이다(Servin, Nordenstrom, Larsson, & Bohlin, 2003). 우선 태내기 동안 비정상적으로 높은 수준의 안드로겐에 노출된 여아는 출생 후 조용한 소꿉놀이보다 활동적인 공놀이를 더 좋아하고, 인형보다 블록이나 트럭을 선택했으며, 놀이 상대로 남아를 선호하였다(Money & Ehrhardt, 1972). 이후 연구에서도 이들은 일반적으로 남아가 선호하는 장난감을 그렇지 않은 장난감보다 더 선호하였고 일상에서의 주장성이나 태도 또한 남아와 유사하였다(Hines, 2011; Hines, Constantinescu, & Spencer, 2015). 이러한 경향은 부모가 젠더 유형화된 놀이를 장려하는 상황에서도 여전히 나타났다(Hines, 2011). 반면, 태내기 동안 낮은 수준의 안드로겐에 노출된 남아들은 장난감, 놀이활동, 놀이친구를 선택할 때 남아보다는 여아를 더 좋아하는 반대 선호를 보였다(Hines, 2020; Lamminmäki et al., 2012).

한편, 아동기에 성전환 수술을 받은 남아들을 대상으로 젠더 발달에 미치는 생물학적 요인의 영향을 살펴본 연구들은 그 결과가 비일관적이다. 가장 유명한 사례로는 생후 7개월 때 포경수술을 받는 도중 일어난 의료사고로 음경이 손상된 데이비드 라이머(David Reimer)를 들 수 있다. 그의 부모는 생후 18개월 이전에 젠더 변화가 일어나면 바뀐 젠더에 적응할 것이라는 의료진의 조언에 따라 2세경 외과적 성전환 수술에 동의하고 여아로 키웠다. 데이비드 라이머에게는 일란성 쌍둥이 남동생이 있었는데 남동생은 남아로 성장하였다. 이 쌍생아들은 젠더 발달에 생물학적 요인과 환경적 요인 중 무엇이 영향을 미치는지를 직접적으로 알 수 있는 사례로 취급되면서 그 성장과정이 종단적으로 관찰되었다. 연구자에 따르면 사회적 명명이 젠더 발달에 성공적으로 영향을 미쳐 데이비드가 여아로 사회화되는 것처럼 보고되었고, 젠더가 선천적이 아니라 후천적으로 결정된다는 확고한 증거로 간주되었다(Money & Tucker, 1975). 그러나 이후 실상은 연구 보고와 달랐다는 사실이 당사자와 부모, 형제와의 인터뷰를 통해 밝혀졌다(Colapinto, 2000/2014; Diamond & Sigmundson, 1997). 데이비드는 아주 어렸을 때부터 여아의 옷이나 장난감이 편하지 않았다고 보고했을 뿐만 아니라 끊임없이 사신이 신싸 여아인지를 의심했고 내적 혼란으로 자살 사고에 시달렸으며 결국 14세에 남성으로 돌아가겠다고 결정하였다. 그는 한동안 우여곡절 끝에 갖게 된 남성으로서의 정체성에 만족하는 것으로 보였지만 38세에 자살로 비극적 삶을 마감하였다. 이와 상반되게 생후 2개월에 생식기가 손상되어 7개월 때 성전환 수술을 받은 아동이 자신을 여성과 동일시하고 20대에도 여성으로서의 자신에 대한 젠더 정체감이 분명했던 사례도 보고된 바 있다(Bradley, Oliver, Chernick, & Zucker, 1998).

호르몬으로 대표되는 생물학적 요인이 젠더 발달에 미치는 영향은 앞서 살펴본 젠더 발달의 다양한 측면과 관련지어 볼 수 있다. 예컨대, 인간 영아와 어린 영장류 연구에서 공통적으로 나타나는 생애 초기 장난감 선호(Alexander & Hines, 2002; Alexander & Saenz, 2012), 유아기부터 아동기까지 점차 증가하는 젠더 분리(Mehta & Smith, 2023; Underwood et al., 2001)의 경우, 그 기반에 생물학적 요인이 있을 수 있다. 또한 이러한 생물학적 요인에서 기인한 선호는 아동들의 놀잇감 및 놀이친구 선택과 밀접하게 관련된다. 즉, 아동은 기본적으로 자신과 비슷한 친구와 노는 것이 더 재미있을 것이라고 생각하기 때문에 이성보다는 동성 또래와 더 많은 시간을 보내게 된다. 이처럼 생물학적 요인과 관련된 젠더 발달은 영유아기와 아동기 등 생애 초기에 주로 나타난다는 점도 흥미롭다. 연령이 증가하면서 젠더 발달에는 환경적 요인이 점점 더 큰 영향을 미치게 된다. 물론 생각보다 일찍부터 환경적 요인이 젠더 발달에 영향을 미친다는 증거들도 있다. 다음에서 젠더 발달에 미치는 환경적 요인들을 정리해 보도록 하겠다.

2) 환경적 요인

앞 절에서 살펴본 생물학적 요인은 아동의 젠더 유형화에 분명한 영향을 미친다. 생물학적 차이에 따라 여아는 조용하고 친밀한 상호작용을, 남아는 활동적이고 거친 상호작용을 선호하게 된다. 이를 토대로 가정, 학교, 미디어 등 다양한 환경적 요인은 개인의 젠더 발달에 영향을 미친다. 예컨대, 부모는 출생 직후부터 자녀를 젠더에 따라 다르게 대하고, 또래는 젠더에 부합되지 않는 행동에 대해서는 비난하며, 미디어에서는 성 고정관념에 부합되는 이미지를 제공하는데, 이는 타고난 생물학적 성향을 증폭시키게 된다.

(1) 부모

리퍼(Leaper, 2005)에 따르면 부모는, ① 자녀의 성별에 따른 서로 다른 태도와 행동, ② 격려하고 제공하는 장난감 및 놀이의 유형, ③ 모델링의 기회, ④ 친구와 활동에 대한 모니터링을 통해 아동의 젠더 발달에 영향을 미친다. 상당히 일찍부터 부모는 딸과 아들을 다르게 대한다. 출생 직후부터 부모는 딸을 아들에 비해 작고, 부드럽고, 연약하다고 지각하는 반면, 아들은 크고, 강하고, 활동적이라고 묘사하며, 영아기부터 부모는 아들보다 딸에게 더 많이 말하고 언어적으로 반응적이며 보다 지지적인 말을 많이 한다(Leaper & Farkas, 2015). 자녀의 성별에 따른 차별적 지각과 대우는 아버지에게서 분명히 나타나서 아들과는 거친 놀이를 하면서 상호작용하는 반면, 딸과는 부드러운 방식으로 속삭이면서 상호작용한다(Parke & Cookston, 2019). 이는 아버지가 어머니보다 젠더 유형화에 더 많이 관여하는 경향이 있음을 시사하는 것이다.

영유아기부터 부모는 자녀가 성별에 적합한 장난감을 가지고 놀기를 원한다(Rogers et al., 2024). 부모는 남아에게는 자동차, 공, 공구 세트 등 활동성을 강조하는 장난감을, 여아에게는 인형, 찻잔세트 등 보살핌과 협동을 강조하는 장난감을 제공하고, 남아가 뛰고 기어오르는 활동을 할 때 더 긍정적으로 반응한다(Leaper, 2005). 이처럼 부모는 자녀의 성별에 따라 서로 다른 태도와 행동을 보임으로써, 그리고 젠더에 적합하다고 생각되는 장난감과 놀이를 제공함으로써 젠더 발달에 영향을 미친다.

한편, 부모는 젠더 유형화된 행동을 관찰할 수 있는 기회를 제공하기도 한다. 젠더 발달의 사회인지이론에서 살펴본 바와 같이 아동은 부모가 집안일을 나누고 각기 다른 집안일을 하는 모습을 보고 동성 부모를 모델링하게 된다(Bussey & Bandura, 1999). 또한 성 고정관념에 부합되는 행동을 하는 부모를 둔 남아는 그렇지 않은 부모의 남아보다 성 고정관념과 일치하는 방식으로 행동하는 경향이 있다(Leaper, 2005).

마지막으로, 부모는 자녀의 친구와 활동에 대한 모니터링과 지도를 통해 젠더 발달에 영향을 미친다. 부모는 남아가 보다 독립적이고 도전적이기를, 여아는 순종적이고 가족과 친밀한 관계를 유지하기를 격려하는 경향이 있다(Martin & Ruble, 2010). 부모는 자녀의 학업에 있어서도 차별적인 모니터링을 제공하기도 하는데, 수학 영역에서 남아가 여아보다 더 우수하다고 믿으며 남아가 수학과 과학 활동을 더 활발히 하도록 격려한다(Shirefley & Leaper, 2022; Simpkins, Fredericks, Davis-Kearn, & Eccles, 2006).

(2) 또래

또래는 젠더 발달에 많은 영향을 미치는 주요한 환경적 요인으로서, 젠더 유형화의 강화자라 할 수 있다. 유아 초기 동성 또래와의 상호작용은 강화와 모방, 칭찬과 비난을 통해 서로의 젠더 유형화를 촉진한다. 실제로 아동이 동성 또래와 더 자주, 더 길게 놀이할수록 장난감 및 놀이활동의 선택, 활동 수준 등 다양한 측면에서 강하게 젠더 유형화된다(Martin & Ruble, 2010). 특히 유아기 남아는 다른 남아가 여성적인 장난감을 가지고 놀 때 비난하고 용납하지 않으며, 남아 전형적인 놀이를 하는 여아는 무시당하는 경향이 있다(Ruble et al., 2007). 이처럼 성 고정관념에 부합되지 않는 행동에 대한 또래의 부정적 반응은 유아기뿐 아니라 아동기와 청소년기에도 관찰된다(Blakemore et al., 2013; Young & Sweeting, 2004).

앞서 유아기부터 아동기까지 또래와의 놀이에서 동성 친구를 내집단으로, 이성 또래는 외집단으로 간주하는 경향인 젠더 분리가 일어남을 살펴보았다. 또래와의 상호작용은 젠더 분리와 밀접한 관련이 있다. 젠더 분리는 유럽, 인도 등 다양한 문화에서 공통적으로 관찰된다(Mehta & Smith, 2023). 즉, 대부분의 문화에서 아동이 가정을 떠나 어린이집이나 유치원, 학교에서 많은 시간을 보내게 되면서 부모의 격려나 안내가 없어도 자연스럽게 나타나며, 이성에 대한 관심이 증가하는 청소년기까지 지속적으로 증가한다. 남아는 신체적 활동이 두드러지며 경쟁적이고 주장적인 놀이를 하는 반면, 여아는 협력적 활동과 돌봄이 강조되는 놀이를 하면서 남아와 여아 모두 젠더 유형화된 행동에 참여하고 젠더로 분리된 별개의 사회적 세계를 살아가게 된다(Maccoby, 1998). 요컨대, 또래집단은 아동이 젠더 관련 행동을 유지하도록 하는 압력을 제공한다.

(3) 교사

교사는 아동의 젠더에 따라 다르게 행동하고 다르게 상호작용함으로써 아동의 젠더 발달에 영향을 미친다. Campbell, Shirley와 Candy의 연구(2004)에서는 56명의 아동을 대상으로 유치원에서의 상호작용을 24개월과 36개월에 관찰한 결과, 여아는 교사 주위에서 지시를 따르는 반면, 남아는 교사가 관여하지 않고 또래와의 상호작용이 주된 놀이 영역에 머무는 경향이 있었다. 그 결과, 아동의 젠더에 따라 주로 경험하는 사회적 상호작용이 달라졌는데, 여아는 지시에 대한 순응과 도움 요청을, 남아는 리더십과 자기주장적 행동을 각각 더 많이 경험하였다.

초등학교 입학 이후 특정 교과에서 남아와 여아의 능력에 대한 교사의 신념이 성취에 영향을 미칠 수 있다. 일반적으로 교사의 경우 남아는 수학에 뛰어난 반면, 여아는 언어나 음악 교과에 더 뛰어나다고 믿는다(Jussim & Eccles, 1992). 학령기 아동도 교사의 믿음과 일관되게 수학, 체육은 남아에게 적합한 과목으로, 언어와 예체능은 여아에게 적합한 과목이라고 생각한다(Cvencek et al., 2011). 특히 수학에서의 젠더 차이는 여러 연구자의 주목을 받아 왔는데 실제로는 그 차이가 매우 작거나 없다는 결과가 보고되고 있다(Scheiber, Reynolds, Hajovsky, & Kaufman, 2015; Thomas, Hopwood, Hatisaru, & Hicks, 2024). 이러한 수학능력에서의 실제 젠더 차이에도 불구하고 초등학교 2학년부터 남아는 수학이 남아를 위한 과목이라고 생각하고(Cvencek et al., 2011), 초등학교 3학년부터 고등학교에 이르기까지 자신의 수학 유능성을 여아보다 더 높게 평정한다(Watt et al., 2012). 이 같은 수학능력 지각에서의 젠더 차이는 남아보다 여아가 수학 수업을 덜 선호하고 덜 수강하며, 수학 관련 진로를 덜 선택하는 것과 밀접한 관련이 있다. 이는 고정관념 위협(stereotype threat)의 개념으로 설명할 수 있는데, 자신이 속한 집단에 대해 부정적 고정관념이 존재한다는 사실을 확신하게 되었을 때 경험하게 되는 부정적 정서 반응으로서 실제 수행에도 영향을 미친다(Ryan & Ryan, 2005).

(4) 미디어

미디어는 성 고정관념에 기반한 콘텐츠를 제공함으로써 아동의 젠더 발달에 영향을 미친다. 아동용 도서와 TV에서 남성은 여성보다 유능하고 합리적이고 공격적이고 힘을 가지고 있는 것처럼, 여성은 남성보다 사회적으로 따뜻하고 정서적인 것으로 기술된다(Ward & Grower, 2020). 이는 젠더 유형화와 성 고정관념 간 끊임없는 순환을 초래하여 아동의 젠더에 따라 특정 콘텐츠를 선호하고 특정 콘텐츠를 보는 것은 아동의 젠더에 대한 신념을 형성한다. 이렇게 형성된 젠더에 대한 신념은 다시 특정 콘텐츠에 대한 선호와 소비로 이어질 것이다.

미디어에서 제공되는 성 고정관념은 아동의 수행과 성취, 실제 경험에 영향을 미칠 수 있다는 점에서 우려할 만하다. 성 고정관념과 불일치하는 콘텐츠를 포함하는 TV 프로그램의 제공을 통해 성 고정관념을 경감시키려는 개입 프로그램이 시도되었으나 그 효과 크기가 중간 정도이고 어린 아동들에게만 효과가 있었다는 제한점이 있다(Calvert, 2015). 이와 관련하여 아동이 성 고정관념에 대한 메시지에 노출되는 시기를 최대한 늦추거나 부모와 교사가 성 고정관념의 예외를 알려 주는 것이 바람직하다는 주장이 제기되고 있다.

토론거리

1. 젠더 발달에 대한 네 가지 이론 중 가장 타당하다고 생각되는 이론은 무엇인가요? 구체적으로 어떤 점에서 타당하다고 생각하는지, 또 어떤 점에서 타당하지 않다고 생각하는지 이야기해 봅시다.
2. 젠더 발달에 영향을 미치는 생물학적 변인과 환경적 변인이 서로 대립될 때에는 어떤 일이 일어날까요? 어떤 변인이 보다 강력한 원인이 된다고 생각하는지 이야기해 봅시다.
3. 영아기 젠더 발달 연구방법론을 다루었습니다. 습관화 방법과 지각적 선호 방법의 해석에 대해서 본인의 의견을 나누어 봅시다.

추천 영상 및 영화

- BBC 다큐멘터리 〈The Boy Who Was Turned Into a Girl〉(2000)

참고문헌

Alexander, G. M., & Hines, M. (1994). Gender labels and play styles: Their relative contribution to children's selection of playmates. *Child Development*, *65*(3), 869–879.

Alexander, G. M., & Hines, M. (2002). Sex differences in response to children's toys in nonhuman primates (Cercopithecus aethiops sabaeus). *Evolution & Human Behavior*, *23*(6), 467–479.

Alexander, G. M., & Saenz, J. (2012). Early androgens, activity levels and toy choices of children in the second year of life. *Hormones and Behavior*, *62*(4), 500–504.

Arnold, A. P. (2009). The organizational–activational hypothesis as the foundation for a unified theory of sexual differentiation of all mammalian tissues. *Hormones and Behavior*, *55*, 570–578.

Berk, L. E. (2020). 생애발달 Ⅰ [*Development through the lifespan* (7th ed.)]. (김민희, 김연수, 김지연, 노수림, 맹세호, 이승진, 이정윤 공역). 시그마프레스. (원저는 2018년에 출판).

Blakemore, J. E. O., Berenbaum, S. A., & Liben, L. S. (2013). *Gender development*. Psychology Press.

Bradley, S. J., Oliver, G. D., Chernick, A. B., & Zucker, K. J. (1998). Experiment of nurture: Ablatio penis at 2 months, sex reassignment at 7 months, and a psychosexual follow–up in young adulthood. *Pediatrics*, *102*(1), e9.

Bussey, K., & Bandura, A. (1999). Social cognitive theory of gender development and differentiation. *Psychological review, 106*(4), 676–713.

Calvert, S. L. (2015). Children and digital media. In R. Lerner (Series Ed.) and M. H. Bornstein & T. Leventhal (Vol. Eds.), *The handbook of child psychology and developmental science: Ecological settings and processes* (7th ed., Vol. 4, pp. 1–41). Wile

Campbell, A., Shirley, L., & Candy, J. (2004). A longitudinal study of gender–related cognition and behaviour. *Developmental Science, 7*(1), 1–9.

Chaplin, T. M., & Aldao, A. (2013). Gender differences in emotion expression in children: A meta-analytic review. *Psychological Bulletin*, *139*(4), 735-756.

Colapinto, J. (2014). 이상한 나라의 브렌다 [*As nature made him: The boy who was raised as a girl*]. (이은선 역). 도서출판 알마. (원저는 2000년에 출판).

Cunningham, S. J., & Macrae, C. N. (2011). The colour of gender stereotyping. *British Journal of Psychology*, *102*(3), 598-614.

Cvencek, D., Meltzoff, A. N., & Greenwald, A. G. (2011). Math-gender stereotypes in elementary school children. *Child Development*, *82*(3), 766-779.

Davidson, D. (1996). The role of schemata in children's memory. *Advances in child development and behavior*, *26*, 35-58.

Davis, J. T., & Hines, M. (2020). How large are gender differences in toy preferences? A systematic review and meta-analysis of toy preference research. *Archives of Sexual Behavior*, *49*(2), 373-394.

de Boisferon, A. H., Uttley, L., Quinn, P. C., Lee, K., & Pascalis, O. (2014). Female face preference in 4-month-olds: The importance of hairline. *Infant Behavior and Development*, *37*(4), 676-681.

de Lisi, R., & Johns, M. L. (1984). The effects of books and gender constancy development on kindergarten children's sex-role attitudes. *Journal of Applied Developmental Psychology*, *5*(3), 173-184.

Diamond, M., & Sigmundson, H. K. (1997). Sex reassignment at birth: Long-term review and clinical implications. *Archives of pediatrics & adolescent medicine, 151*(3), 298-304.

Fantz, R. L. (1964). Visual experience in infants: Decreased attention to familiar patterns relative to novel ones. *Science*, *146*(3644), 668-670.

Freud, S. (1961). Some physical consequences of the anatomical distinction between the sexes. In J. Strachey (Ed.), *The standard edition of the complete psychological works of Sigmund Freud* (Vol. 19). Hogarth Press. (Original work published 1924).

Golombok, S., Rust, J., Zervoulis, K., Croudace, T., Golding, J., & Hines, M.

(2008). Developmental trajectories of sex-typed behavior in boys and girls: A longitudinal general population study of children aged 2.5-8 years. *Child Development*, *79*(5), 1583-1593.

Grace, D. M., David, B. J., & Ryan, M. K. (2008). Investigating preschoolers' categorical thinking about gender through imitation, attention, and the use of self-categories. *Child Development*, *79*(6), 1928-1941.

Halim, M. L. D. (2016). Princesses and superheroes: Social-cognitive influences on early gender rigidity. *Child Development Perspectives*, *10*(3), 155-160.

Halim, M. L. D., Ruble, D. N., Tamis-LeMonda, C. S., Shrout, P. E., & Amodio, D. M. (2017). Gender attitudes in early childhood: Behavioral consequences and cognitive antecedents. *Child Development*, *88*(3), 882-899.

Hetherington, E. M., & Frankie, G. (1967). Effects of parental dominance, warmth, and conflict on imitation in children. *Journal of personality and social psychology*, *6*(2), 119-125.

Heyman, G. D., & Legare, C. H. (2004). Children's beliefs about gender differences in the academic and social domains. *Sex Roles*, *50*(3), 227-239.

Hill, S. E., & Flom, R. (2007). 18- and 24-month-olds' discrimination of gender-consistent and inconsistent activities. *Infant Behavior and Development*, *30*(1), 168-173.

Hines, M. (2011). Prenatal endocrine influences on sexual orientation and on sexually differentiated childhood behavior. *Frontiers in Neuroendocrinology*, *32*(2), 170-182.

Hines, M. (2020). Human gender development. *Neuroscience & Biobehavioral Reviews*, *118*, 89-96.

Hines, M., Constantinescu, M., & Spencer, D. (2015). Early androgen exposure and human gender development. *Biology of sex differences, 6*, 1-10.

Jussim, L., & Eccles, J. S. (1992). Teacher expectations: II. Construction and reflection of student achievement. *Journal of Personality and Social Psychology*, *63*(6), 947-961.

King, T. L., Scovelle, A. J., Meehl, A., Milner, A. J., & Priest, N. (2021). Gender stereotypes and biases in early childhood: A systematic review. *Australasian Journal of Early Childhood*, *46*(2), 112–125.

Klaczynski, P. A., Felmban, W. S., & Kole, J. (2020). Gender intensification and gender generalization biases in pre–adolescents, adolescents, and emerging adults. *British Journal of Developmental Psychology*, *38*(3), 415–433.

Kohlberg, L. (1966). A cognitive–developmental analysis of children's sex–role concepts and attitudes. In E. E. Maccoby (Ed.), *The development of sex differences.* Stanford University.

Kovacs, D. M., Parker, J. G., & Hoffman, L. W. (1996). Behavioral, affective, and social correlates of involvement in cross–sex friendship in elementary school. *Child Development, 67*(5), 2269–2286.

Lamminmäki, A., Hines, M., Kuiri–Hänninen, T., Kilpeläinen, L., Dunkel, L., & Sankilampi, U. (2012). Testosterone measured in infancy predicts subsequent sex–typed behavior in boys and in girls. *Hormones and Behavior*, *61*(4), 611–616.

Leaper, C. (2005). Parenting girls and boys. In M. C. Bornstein (Ed.), *Handbook of parenting Vol. 1: Children and parenting* (2nd ed., pp. 189–225). Erlbaum.

Leaper, C., & Farkas, T. (2015). The socialization of gender during childhood and adolescence. In J. E. Grusec & P. D. Hastings (Eds.), *Handbook of socialization: Theory and research* (2nd ed., pp. 541–565). Guilford Press.

Leaper, C., & Friedman, C. K. (2007). The socialization of gender. In J. E. Grusec & P. D. Hasting (Eds.), *Handbook of socialization: Theory and research* (pp. 561–587). Guilford Publications.

Levine, S. C., & Pantoja, N. (2021). Development of children's math attitudes: Gender differences, key socializers, and intervention approaches. *Developmental Review*, *62*, 100997.

Lobel, T. E., Gruber, R., Govrin, N., & Mashraki–Pedhatzur, S. (2001). Children's gender–related inferences and judgments: A cross–cultural study. *Developmental Psychology*, *37*(6), 839–846.

Luecke–Aleksa, D., Anderson, D. R., Collins, P. A., & Schmitt, K. L. (1995).

Gender constancy and television viewing. *Developmental Psychology*, *31*(5), 773–780.

Maccoby, E. E. (1998). *The two sexes: Growing up apart, coming together.* Harvard University Press.

MacPhee, D., & Prendergast, S. (2019). Room for improvement: Girls' and boys' home environments are still gendered. *Sex Roles: A Journal of Research*, *80*(5–6), 332–346.

Martin, C. L., & Halverson Jr., C. F. (1983). The effects of sex-typing schemas on young children's memory. *Child Development*, *54*(3), 563–574.

Martin, C. L., Kornienko, O., Schaefer, D. R., Hanish, L. D., Fabes, R. A., & Goble, P. (2013). The role of sex of peers and gender-typed activities in young children's peer affiliative networks: A longitudinal analysis of selection and influence. *Child Development*, *84*(3), 921–937.

Martin, C. L., & Ruble, D. (2004). Children's search for gender cues: Cognitive perspectives on gender development. *Current directions in psychological science*, *13*(2), 67–70.

Martin, C. L., & Ruble, D. N. (2010). Patterns of gender development. *Annual Review of Psychology*, *61*, 353–381.

Martin, C. L., Ruble, D. N., & Szkrybalo, J. (2002). Cognitive theories of early gender development. *Psychological Bulletin*, *128*(6), 903–933.

Master, A. (2021). Gender stereotypes influence children's STEM motivation. *Child Development Perspectives*, *15*(3), 203–210.

Mehta, C. M., & Smith, K. (2023). Childhood gender segregation in context: A cultural sociocontextual approach. *Review of General Psychology*, *27*(2), 135–154.

Money, J., & Ehrhardt, A. A. (1972). *Man and woman, boy and girl: Differentiation and dimorphism of gender identity from conception to maturity.* Johns Hopkins University Press.

Money, J., & Tucker, P. (1975). *Sexual signatures: On being a man or a woman.* Little, Brown.

Nelson, K. (2000). Memory and belief in development. In D. L. Schacter & F. Scarry (Eds.), *Memory, brain and belief* (pp. 259–289). Harvard University Press.

Parke, R. D., & Cookston, J. T. (2019). Fathers and families. In M. H. Bornstein (Ed.), *Handbook of parenting Volume 3: Being and Becoming a Parent* (pp. 64–136). Routledge.

Parke, R. S., Roiseman, G. I., & Rose, A. J. (2021). 사회정서발달(원서 3판) [*Social development* (3rd ed.)]. (이승연, 송경희, 신희영, 장희순 공역). 학지사. (원저는 2019년에 출판).

Patterson, M. M., & Vannoy, M. R. (2024). Gender beliefs, gender stereotypes, and gender identity development. In P. Watson, C. M. Rubie-Davies, & B. Ertl (Eds.), *The Routledge international handbook of gender beliefs, stereotype threat, and teacher expectations* (pp. 9–20). Routledge.

Polce-Lynch, M., Myers, B. J., Kliewer, W., & Kilmartin, C. (2001). Adolescent self-esteem and gender: Exploring relations to sexual harassment, body image, media influence, and emotional expression. *Journal of Youth and Adolescence*, *30*(2), 225–244.

Quinn, P. C., Lee, K., & Pascalis, O. (2019). Face processing in infancy and beyond: The case of social categories. *Annual review of Psychology*, *70*(1), 165–189.

Ramsey, J. L., Langlois, J. H., & Marti, N. C. (2005). Infant categorization of faces: Ladies first. *Developmental Review*, *25*(2), 212–246.

Ramsey-Rennels, J. L., & Langlois, J. H. (2006). Infants' Differential Processing of Female and Male Faces. *Current Directions in Psychological Science*, *15*(2), 59–62.

Rideout, V. (2015). *The common sense census: Media use by tweens and teens.* Common Sense Media.

Rogers, A. A., Shawcroft, J., Stockdale, L. A., Coyne, S. M., & Fraser, A. M. (2024). Trajectories of parents' gendered play attitudes during early childhood and implications for children's gender development. *Child*

Development, *95*(2), 428–446.

Rose, A. J., & Asher, S. R. (2017). The social tasks of friendship: Do boys and girls excel in different tasks?. *Child Development Perspectives*, *11*(1), 3–8.

Ruble, D. N., Taylor, L. J., Cyphers, L., Greulich, F. K., Lurye, L. E., & Shrout, P. E. (2007). The role of gender constancy in early gender development. *Child Development*, *78*(4), 1121–1136.

Ryan, K. E., & Ryan, A. M. (2005). Psychological processes underlying stereotype threat and standardized math test performance. *Educational Psychologist*, *40*(1), 53–63.

Scheiber, C., Reynolds, M. R., Hajovsky, D. B., & Kaufman, A. S. (2015). Gender differences in achievement in a large, nationally representative sample of children and adolescents. *Psychology in the Schools, 52*(4), 335–348.

Serbin, L. A., Poulin–Dubois, D., Colburne, K. A., Sen, M. G., & Eichstedt, J. A. (2001). Gender stereotyping in infancy: Visual preferences for and knowledge of gender–stereotyped toys in the second year. *International Journal of Behavioral Development*, *25*(1), 7–15.

Serbin, L. A., Poulin–Dubois, D., & Eichstedt, J. A. (2002). Infants' responses to gender–inconsistent events. *Infancy*, *3*(4), 531–542.

Servin, A., Nordenstrom, A., Larsson, A., & Bohlin, G. (2003). Prenatal androgens and gender–typed behavior: A study of girls with mild and severe forms of congenital adrenal hyperplasia. *Developmental Psychology*, *39*, 440–450.

Shirefley, T. A., & Leaper, C. (2022). Mothers' and fathers' science–related talk with daughters and sons while reading life and physical science books. *Frontiers in Psychology*, *12*, 813572.

Signorella, M. L., Bigler, R. S., & Liben, L. S. (1993). Developmental differences in children's gender schemata about others: A meta–analytic review. *Developmental Review*, *13*(2), 147–183.

Simpkins, S. D., Fredericks, J. A., Davis–Kearn, P., & Eccles, J. S. (2006).

Healthy mind, healthy habits: The influence of activity involvement in middle childhood. In A. C. Huston & M. N. Ripke (Eds.), *Developmental contexts in middle childhood* (pp. 283−302). Cambridge University Press.

Slaby, R. G., & Frey, K. S. (1975). Development of gender constancy and selective attention to same−sex models. *Child Development*, *46*(4), 849−856.

Stoddart, T., & Turiel, E. (1985). Children's concepts of cross−gender activities. *Child Development*, *56*(5), 1241−1252.

Thomas, D. P., Hopwood, B., Hatisaru, V., & Hicks, D. (2024). Gender differences in reading and numeracy achievement across the school years. *The Australian Educational Researcher*, *51*(1), 41−66.

Todd, B. K., Barry, J. A., & Thommessen, S. A. (2017). Preferences for 'gender−typed' toys in boys and girls aged 9 to 32 months. *Infant and Child Development*, *26*(3), e1986.

Todd, B. K., Fischer, R. A., Di Costa, S., Roestorf, A., Harbour, K., Hardiman, P., & Barry, J. A. (2018). Sex differences in children's toy preferences: A systematic review, meta−regression, and meta−analysis. *Infant and Child Development*, *27*(2), e2064.

Trautner, H. M., Ruble, D. N., Cyphers, L., Kirsten, B., Behrendt, R., & Hartmann, P. (2005). Rigidity and flexibility of gender stereotypes in childhood: Developmental or differential?. *Infant and Child Development: An International Journal of Research and Practice*, *14*(4), 365−381.

Underwood, M. K., Schockner, A. E., & Hurley, J. C. (2001). Children's responses to same−and other−gender peers: An experimental investigation with 8−, 10−, and 12−year−olds. *Developmental Psychology*, *37*(3), 362.

Ward, L. M., & Grower, P. (2020). Media and the development of gender role stereotypes. *Annual Review of Developmental Psychology*, *2*(1), 177−199.

Warin, J. (2000). The attainment of self−consistency through gender in young children. *Sex roles*, *42*(3), 209−231.

Watt, H. M., Shapka, J. D., Morris, Z. A., Durik, A. M., Keating, D. P., & Eccles, J. S. (2012). Gendered motivational processes affecting high school mathematics participation, educational aspirations, and career plans: A comparison of samples from Australia, Canada, and the United States. *Developmental Psychology*, *48*(6), 1594–1611.

Weisgram, E. S., Fulcher, M., & Dinella, L. M. (2014). Pink gives girls permission: Exploring the roles of explicit gender labels and gender-typed colors on preschool children's toy preferences. *Journal of Applied Developmental Psychology*, *35*(5), 401–409.

Wetherford, M., & Cohen, L. B. (1973). Developmental changes in infant visual preferences fornovelty and familiarity. *Child Development*, *44*(3), 416–424.

Xiao, S. X., Cook, R. E., Martin, C. L., & Nielson, M. G. (2019). Characteristics of preschool gender enforcers and peers who associate with them. *Sex Roles*, *81*(11), 671–685.

Young, R., & Sweeting, H. (2004). Adolescent bullying, relationships, psychological well-being, and gender-atypical behavior: A gender diagnosticity approach. *Sex Roles*, *50*, 525–537.

Zehr, J. L., Maestripieri, D., & Wallen, K. (1998). Estradiol increases female sexual initiation indepenᇹdent of male responsiveness in rhesus monkeys. *Hormones and Behavior*, *33*, 95–103.

Zosuls, K. M., & Ruble, D. N. (2018). Gender-typed toy preferences among infants and toddlers. In E. S. Weisgram & L. M. Dinella (Eds.), *Gender typing of children's toys: How early play experiences impact development* (pp. 49–72). American Psychological Association.

Zosuls, K. M., Ruble, D. N., Tamis-LeMonda, C. S., Shrout, P. E., Bornstein, M. H., & Greulich, F. K. (2009). The acquisition of gender labels in infancy: Implications for gender-typed play. *Developmental Psychology*, *45*(3), 688–701.

제3장

성인기와 젠더

조윤진

채움 심리상담센터 대표

여성은 성인기에 들어 여러 가지 생애 과업과 사건들을 마주하며 아내, 어머니라는 새로운 역할을 부여받는다. 이번 장에서는 성인기에 여성이 경험할 수 있는 생애 사건들을 살펴보고, 결혼과 출산을 의무적인 과업이 아닌 개인의 선택으로 받아들이도록 변화하고 있는 사회현상을 함께 살펴보고자 한다. 개인의 의식 변화에도 불구하고 여전히 사회적으로 존재하고 있는 모성 신화에 대해 알아보고, 여성의 출산과 더불어 여성이 비출산을 선택하게 된 배경과 심리적 요인들, 양육과 관련하여 다뤄 볼 수 있는 공동양육의 개념을 함께 제시하였다.

이 장의 차례는 다음과 같다.

인간의 전생애적 발달을 설명한 에릭슨(Erickson, 1959)의 발달이론에 의하면 생애주기별로 개인이 성취해야 하는 과업이 존재한다. 에릭슨은 성인 초기의 주요 발달과업을 친밀감으로, 성인 중기의 주요 발달과업을 생산성으로 정의하고 있다. 각 시기의 발달과업을 적절히 성취할 경우 친밀감, 생산성 등의 긍정적인 자아 특질이 발현되지만 발달 과업의 성취가 좌절되고 심리적 위기가 지속될 경우 친밀감과 내비되는 고립감을, 생산성과 내비되는 침체를 경험하게 된다. 성인 초기 이전인 청소년기에 자신의 정체성을 형성한 건강한 성인은 자신의 정체성을 다른 사람의 정체성에 융합시키려는 의지를 갖게 되며, 성인 초기의 주요 발달과업인 '친밀감(intimacy)'을 형성하기 위해 애쓴다. 에릭슨은 친밀감의 발달과업을 이루는 하나의 형태가 결혼이라고 언급하였다. 하지만 '친밀감'의 형성은 사랑에 국한되지 않으며, 우정 등 중요한 타인과의 관계를 안정적으로 맺는 것을 포함하는 개념이다. 오늘날에는 결혼을 자연스러운 발달상의 과업으로 받아들이기보다는 개인이 선택해야 할 하나의 자율적 삶의 모델로 바라보는 인식이 증가하고 있으며, 이는 비혼이라는 새로운 현상으로 드러나고 있다. 이 장에서는 성인기 과업으로서의 연애와 섹슈얼리티, 결혼과 더불어 새로운 삶의 형태인 비혼을 함께 다루어 보고자 한다.

에릭슨이 성인 중기 과업으로 제시한 생산성(generativity) 또한 단순히 자녀를 생산하는 생식성(procreativity)에 국한되는 개념이 아니며, 창조성

(creativity)이나 생산성(produtivity)과 같은 다른 방식으로도 성취될 수 있는 포괄적인 개념으로 언급되어 있다. 그럼에도 불구하고 성인기 여성에게 부과되는 좋은 어머니에 역할에 대한 사회적 기대와 압력은 여전한 실정이다. 이러한 사회적 현상을 확인하기 위하여 사회적으로 부과된 모성 신화에 대해 알아보고, 여성의 출산과 더불어 여성이 비출산을 선택하게 된 배경과 심리적 요인들, 양육과 관련하여 다루어 볼 수 있는 공동양육의 개념을 함께 제시하고자 한다.

성인 발달을 설명한 대표적인 이론가 중 하나인 레빈슨(Levinson, 1996)에 따르면, 여성은 생물학적으로나 사회문화적으로 남성과는 매우 다른 상황 속에서 성장하고 살아가며, 여성에게 있어 성인 초기는 직업과 가사, 출산과 양육, 자아실현 등 여러 가지 역할을 감당해야 함에서 오는 긴장과 스트레스를 경험하며, 여러 가지 갈등과 선택의 기로에서 고민하게 되는 시기라고 설명하였다. 여성은 성인기에 결혼과 출산 등 삶의 중요한 과업들을 직접 선택하고 경험하며, 자신의 선택에 따라 삶에서 새로운 역할을 부여받게 된다. 또한 여성이 몸으로 직접 경험하는 역할의 변화와 생애 전환기의 경험은 남성과 비교하여 극적일 수밖에 없다. 우리나라의 경우 전통사회에서 결혼과 출산을 해야 한다는 사회적 규범이 강하기 때문에 여성에게 주어지는 결혼, 임신, 출산, 양육에 대한 압박이 강하게 존재한다. 따라서 여성이 결혼 및 출산에 대한 이해와 그것이 미치는 영향력에 대한 인식 및 주체적 선택을 해 나가는 것은 성인기에 친밀감과 생산성이라는 두 가지 심리적 덕목을 획득하기 위한 중요한 과업이 될 것이다.

1. 사랑과 결혼

성인기는 신체적 · 인지적 측면에서 절정에 이르는 시기이며, 심리사회적 측면에서는 타인을 사랑하고 보살피는 능력이 심화되는 시기이다. 특히 낭만적 관계의 형성은 이 시기의 중요한 발달적 과제로, 성인 초기 동안 애정의 관계를 통해 인간관계의 기술을 향상시키고 관계에서의 즐거움을 통해 삶의 활력을 느끼게 된다. 오늘날에는 연애와 성적 경험이 결혼이라는 사회적 제도 밖에서 이루어지는 현상이 증가하면서 연애와 섹슈얼리티가 성인 초기 자아정체성 형성에 중요한 역할을 하고 있다. 과거에는 필수적인 과업으로 여겨졌던 결혼을 개인의 선택으로 바라보는 인식의 전환이 빠르게 일어나고 있다.

1) 연애와 섹슈얼리티

과거 한국 사회에서의 성 담론은 유교 사상에 바탕을 둔 가부장제의 영향과 생식 위주의 성 관념으로 인해 결혼과 재생산을 중심으로 논의됐으며, 개인이 태어나 자라면서 겪게 되는 몸의 변화나 성적 호기심, 성적 욕구마저도 결혼이라는 사회 제도적 범위 안에서 판단되었다(박수선, 2009). 전통주의 사회에서 결혼은 여성에게 있어 삶의 기반이며, 임신 및 출산이라는 과업을 성취하기 위한 필수적인 관문으로 여겨졌기 때문에 여성에게 있어 20대는 결혼을 준비하고 시행하는 시기로 여겨졌다. 하지만 사회적으로 결혼 연령이 늦춰지고 결혼에 대한 자유로운 관점이 증가하면서 오늘날의 20대는 이 시기를 결혼을 준비하고 행하는 기간이 아니라 학업을 수행하고 취업을 준비하며, 자신의 성인기 삶을 능동적으로 설계하고 모색하는 시간으로 활용하고 있다. 이러한 변화에 따라 20대 여성에게 일상에서 연인과의 관계, 데이트, 의사소통, 성행동 등이 그들의 삶에서 차지하는 의미는 과거와 비교하여 그 중요도가 높아졌다. 결혼을 위한 준비 작업으로서의 사랑과 연애뿐 아니라, 결혼과 분리되어 연애 자체로서의 의미가 확장되었고, 20대 성인들은 연애를 통해 친밀감을 증진시키고, 불안을 해소하며, 자기 삶을 설계하고 관계 속에서의 자신을 탐험하며 자아정체성을 형성해 가는 중요한 성찰적 기회를 형성해 간다.

대학생의 이성 교제 경험의 의미를 살펴본 연구(심인옥, 남보경, 박마루, 2017)에서 미혼 남녀는 연애 경험을 통해 의사소통과 갈등해결 능력을 강화하고 정서조절의 방법을 익히며 남녀의 역할을 인식하는 것을 통해 전반적인 타인에 대한 이해와 자신에 대한 조절능력 및 대인관계가 향상되는 인격적 성숙을 이루어 가는 것으로 나타났다. 또한 피임이 보편화되고 결혼 및 출산을 유보하는 사회적 흐름이 형성되면서 가정이라는 사회적 규준 밖에서 성을 사유할 수 있게 된 여성들의 성적 욕망, 성적 정체성 및 성적 실천의 전반을 의미하는 섹슈얼리티에 있어서도 주체적인 형태로의 변화가 일어나고 있다. 실제로 미혼 남녀의 섹슈얼리티 형성 과정을 살펴본 질적 연구(박수선, 2009)에서 연애와 성적 경험은 단순히 몸을 이용한 생물학적 측면 이상의 의미를 가지며, 자신을 성찰하고 타인과의 관계를 조성하며, 사회문화적 테두리 안에서의 자신의 존재 의미를 찾는 주체적인 과정으로 경험되고 있었으며, 20대 여성을 대상으로 한 심층 인터뷰(김은정, 2016)에서도 변화된 성 의식에 따라 능동적인 이성 교제와 성행동을 하며, 이 과정에서 성적 욕망의 한계를 스스로 설정하는 주체적인 전략을 통해 사회적 규범과 자아 규범을 넘나들며 능동적으로 자신의 정체성을 형성해 가고 있었다.

이러한 변화에도 불구하고 젠더에 따른 성의 이중기준은 우리 사회에 여전히 강하게 존재하고 있다. 성 이중기준(sexual double standard)이란 남성과 여성의 성에 관한 허용에 있어 사회적으로 다른 기준이 적용됨을 뜻한다. 이중기준에서 남성의 성에 대한 적극성은 긍정적으로 평가되지만, 여성의 경우 성을 수동적으로 제한하며 적극적 성추구 행위를 부정적으로 평가하는 것을 통해 낙인찍는다(Marks & Fraley, 2006). 국내 남녀 대학생의 성 이중기준을 확인한 질적 연구(추병식, 2014)에서는 남녀 모두에게 공통적으로 성과 관련한 전통적이고 가부장적인 이데올로기를 답습하고 있었다. 여성에게 모순적인 순결을 요구하며, 임신과 피임에 있어서 여자가 궁극적으로 책임을 져야 한다는 태도 등의 차별적 이중기준이 남녀 모두에게서 확인되었고, 여성에게서는 성이 혼란스러움으로, 남성에게는 성취로 경험되고 있다는 결과는 젠더에 따른 성 이중기준을 고스란히 드러낸다.

결혼이라는 제도 밖에서 친밀한 관계와 사랑, 성을 통해 정체성을 형성해 가는 변화된 발달적 형태와는 모순되는 성 이중기준은 성인 초기 여성의 주체적인 과업 성취와 발달에 혼란을 야기할 수 있으며, 성에 대한 이중기준은 여성의 성적 자기결정권 및 주체적 관계형성, 나아가 성폭력 등의 사회 문제와 연결될 수 있는 만큼 반드시 해결되어야 할 사회적 과제이다.

2) 결혼

결혼은 정서적 · 신체적 친밀감과 다양한 과업 및 경제적 자원을 공유하는 두 사람의 정서적 · 법적 책임 관계를 의미하며(Olson & DeFrain, 1994) 결혼을 통해 새로운 가정을 창조하고, 다음 세대를 재생산하며, 서로의 관계에 헌신하겠다는 남녀 사이의 개인적인 약속인 동시에 사회 규범 내에 존재하는 사회적 제도이다. 서구와 비교했을 때 부모로부터의 독립의 시기가 상대적으로 늦는 한국 사회에서 결혼이란 한 개인이 지금까지 생활해 온 가족을 벗어나 자신이 중심이 되는 독립적인 가족을 형성하는 전환점이나 출발의 의미가 있으며, 가정은 사회의 기본 단위라는 보편적 인식이 존재하기 때문에, 사회 구성원을 생산하며 사회화시키는 중요한 기능을 수행하기 위한 시작을 의미한다.

에릭슨(1963)은 심리사회적 발달단계 이론을 통해 성인 초기의 발달과업으로 친밀감을 제시하였는데, 이는 개인의 영역에서 확장된 타인과의 의미있는 대인관계를 의미하며 이러한 '친밀감'이라는 과업을 이루는 데 결혼이라는 제도가 중요한 도구이자, 성인 중기의 발달과업인 '생산성'을 획득하기 위한 하나의 관문으로 인식되어 왔다. 에릭슨이 말하는 생산성의 본질은 '다음 세대를 세우고 이끄는 일'에 대한 관심으로 자녀를 출산하고 돌보는 생식성(procreativity)과 개인의 직업적 성취 및 사회적 기여, 개인의 목표 달성을 의미하는 생산성(productivity)을 모두 포함하는 개념이다. 한국 사회에서 보편적으로 재생산은 가족이라는 제도 안에서 이루어지기 때문에 결혼이란 성인기 과업을 수행하기 위한 중요한 발판이자 시작으로 여겨지고 있다.

결혼의 의미는 사회에 따라 변화되고 있는데, 과거에는 결혼 적령기에 결혼을 기대받는 사회적 통념과 기대에 부합하기 위한 목적 및 성인으로서의 신분 획득, 자녀 출산을 통한 가계 계승, 성적 관계의 합법성 부여 등의 사회적 동기가 강하게 작용되었다면, 오늘날에는 사랑의 실현, 정서적 안정, 경제적 안정 등의 개인적 차원의 의미가 더 중요하게 인식되고 있는 것으로 보인다. 2022년 통계청 자료에 따르면, 결혼생활에서 가족 간의 관계보다 부부가 우선시되어야 한다고 생각하는 청년의 비중은 60.7%로 10년 전 54.7%와 비교했을 때 6.0%가 증가하였고, 이러한 경향은 특히 여성(65.8%)에게서 두드러졌다.

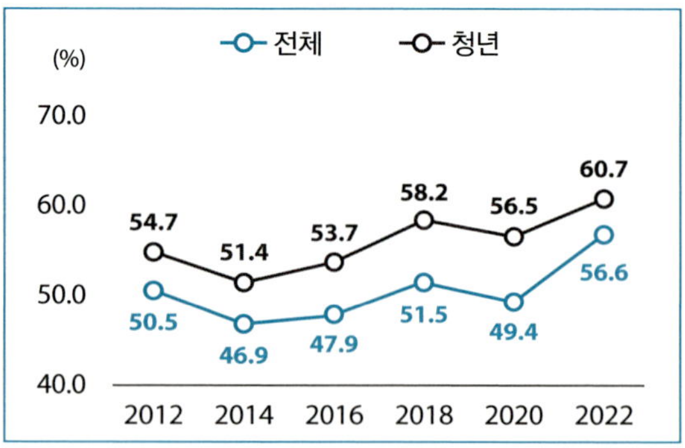

[그림 3-1] 가족 간 관계보다 부부 우선

출처: 통계청(2022).

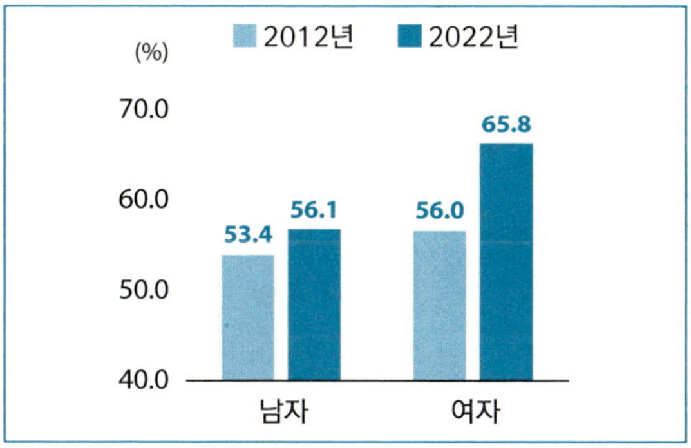

[그림 3-2] 가족 간 관계보다 부부 우선(성별)

출처: 통계청(2022).

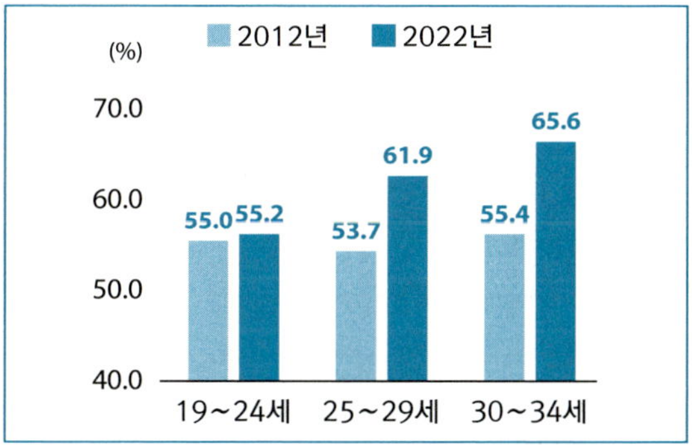

[그림 3-3] 가족 간 관계보다 부부 우선(연령 계층별)

출처: 통계청(2022).

한국 사회의 결혼과 관련된 또 다른 변화 중 하나는 평균 초혼 연령의 증가이다. 한국 사회 내 평균 초혼 연령은 지속적으로 상승하고 있다. 2023년 기준 남성의 초혼 연령은 34.0세, 여성의 초혼 연령은 31.5세로 역대 최고치를 기록했으며(통계청, 2023a), 이는 20여 년 전인 2000년 남성 초혼 연령 29.8세, 여성의 초혼 연령 27세인 것에 비해 큰 폭으로 상승한 수치이다. 초혼 연령이 늦춰진 것과 관련해서는 여러 입장이 존재하는데, 여성의 교육 수준이 올라가고 경제활동 참여가 증대되면서 결혼 이외에 중요한 삶의 과업들을 수행하기 위한 시기가 길어졌다고 보는 관점(권문영, 2012)과 경쟁이 심화된 사회에서 개인이 경쟁력을 갖춰 안정적인 직업과 기반을 갖추기까지 더 오랜 시간이 요구되고 있기 때문이라는 관점(Cote, 2000), 노동 및 가족 제도 내 젠더 불평등에 대한 인식으로 결혼을 미루는 여성이 증가하고 있다는 관점(김영미, 권현지, 2024) 등 다양한 견해가 제시되고 있다.

미혼 여성들이 생각하는 결혼 적령기를 조사한 결과, 반수 이상의 미혼 여성들이 '남녀 모두에게 특정의 적령기는 없다'고 응답하여, 오늘날의 젊은 세대들은 결혼에 대한 연령 규범을 중요하게 인식하지 않는 것 또한 만혼화에 영향을 미치는 중요한 요인으로 볼 수 있다(통계청, 2022).

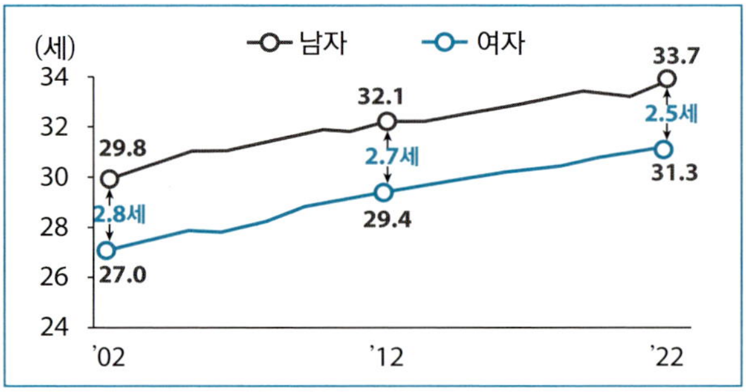

[그림 3-4] 평균 초혼 연령 추이

출처: 통계청(2023a).

3) 비혼

과거 한국 사회에서는 결혼을 가족과 공동체에 대한 의무이며 성인이라면 누구나 경험해야 하는 필수적인 발달과업으로 여겼다. 하지만 가부장제를 중심으로 한 가족 중심적인 가치관이 약화되고, 결혼에 대한 의미 또한 변화하면서 결혼은 개인의 신념에 따라 자유롭게 선택되어야 한다는 태도가 증가하고 있다.

지금까지 주로 사용되었던 '미혼'이라는 지칭은 '기혼'의 반대 의미이자 결혼을 해야 하는데 아직 하지 않은 상태라는 뉘앙스가 내포된 것으로, 결혼을 당연하기 여기는 사회 분위기 속에서 결혼 기대 연령에 도달한 성인들을 '기혼' 혹은 '미혼'으로 자연스럽게 이분화한 결과적인 용어이다. 하지만 사회적으로 이성애 중심의 가족 구성에 대한 필요성의 인식이 약화되고 결혼과 출산을 개인의 선택으로 받아들이는 현상이 증가하면서 비혼이라는 용어가 등장하기 시작하였는데, 비혼은 '혼인이 아닌 상태'를 의미하는 용어로 '결혼을 적극적으로 거부하거나 혹은 결혼이라는 제도에 의해 차별당하지 않을 권리를 주장하는 이념적인 요소'를 내포하고 있으며, 오늘날에는 미혼이라는 의미에 대항하는 뜻으로 미혼을 대체하는 용어로 사용되고 있다.

실제로 결혼을 하는 것에 대해 긍정적으로 생각하는 비율은 최근 10년 사이 급격히 하락하였는데, 2012년 조사에서 결혼에 대해 긍정적으로 생각하는 비율이 남성 66.1%, 여성 46.9%였던 것에 비해, 2023년 남성의 43.8%, 여성의 28.0%로 남녀 모두 10년 전보다 각각 22.3%, 18.9% 감소하여 짧은 시긴 안에 상당한 변화가 확인되었다(통계청, 2022). 2023년 여성가족부의 가족실태조사에 따르면, 전체 남성의 45.9%와 여성의 48.8%가 결혼하지 않고 독신으로 사는 것에 동의한다고 밝혔고 이러한 응답은 20대(66.9%)와 30대(60.6%)에서 두드러졌다. 성별 미혼 인구의 비중 또한 꾸준히 증가하고 있어 30대 인구 중 혼인을 하지 않은 인구의 비중은 42.5%에 달한다(통계청, 2022).

비혼을 결정하게 되는 요인을 살펴보면, 2015년 전국 출산력 및 가족보건복지 실태조사에서 결혼을 위한 경제적 여건이 갖춰지지 않았고, 비용이 부담스러워서라는 응답과 결혼의 기회가 마땅하지 않음, 결혼으로 인해 직장이나 가족생활에서 예상되는 압박감 혹은 불이익에 대한 부담감, 결혼보다 하고 싶은 일을 하기 위해서라는 응답이 주를 이루었다. 미혼 청년층의 성공적 결혼에 대한 태도가 독신 성향에 미치는 영향을 살펴본 연구에서 성공적인 결혼생활의 영위를 위해 자녀가 중요하다는 인식이 낮고, 부부 각자가 자신의 친구나 개인 취미 활동을 위한 시간을 갖는 것이 중요하다는 인식이 높은 청년층일수록 독신 성향이 높게 나타나는 것으로 확인되었다. 이러한 개인적인 요인 외에도 고용의 불안정과 가정 및 직장에서 존재하는 젠더 불평등이 비혼을 선택하게 되는 주요한 요인으로 인식되고 있다.

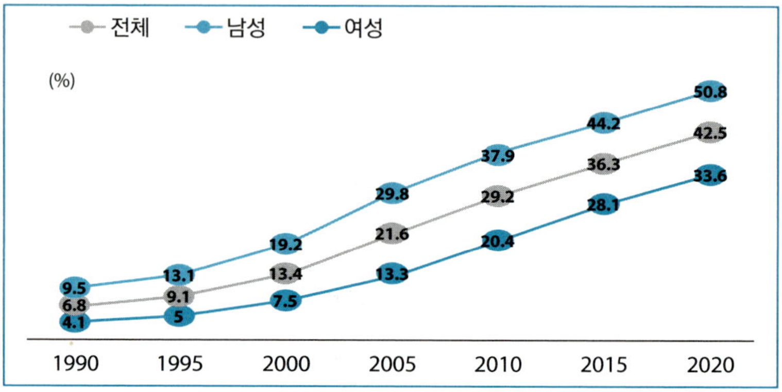

[그림 3-5] 성별 미혼 인구 비중(30~39세)(1990~2020년)

출처: 통계청(2021).

결혼이 아닌 비혼을 고려하고 선택하는 경향은 남녀 모두에게서 나타나지만, 그중에서도 여성에게서 두드러지는 것으로 확인되고 있다. 결혼하지 않겠다고 응답한 이유에서 미혼 여성의 23.7%가 결혼의 필요성을 느끼지 못한다고 응답해 미혼 남성의 13.3%가 결혼의 필요성을 느끼지 못함이라고 응답한 것과 비교했을 때에도 상당히 높은 비율임을 확인할 수 있어(통계청, 2023b), 오늘날 한국 사회에서 결혼은 여성의 삶에 있어 의무적인 통과의례가 아닌 개인의 선택과 선호로 변화하고 있다는 것을 보여 준다. 비혼 여성의 증가 추세는 여성의 경제활동 참여율이 빠르게 증가하면서 일과 가정을 양립하는 것의 어려움이 증가하였으며, 빠르게 증가하는 여성 경제활동 참여율의 증가에 비하여 남성의 가사노동 참여가 느리게 증가하는 젠더 불평등적 현상으로 말미암아 여성이 출산 및 육아에 대해 부정적인 태도를 보이게 되는 경향으로 이해할 수 있다.

비혼 여성의 증가는 경제적인 위기나 경제력에 기반을 둔 여성들의 출현

뿐만이 아니라 남성 중심, 결혼 중심의 규범적 생애 모델에 대한 균열을 의미하며, 일시적인 삶이 아닌 지속 가능한 삶의 양식으로서의 비혼의 삶을 만들어 가는 여성들의 주체적 실천들과 연결된다(김순남, 2016). 비혼과 비출산의 증가가 저출생이라는 사회적 문제로 다뤄지고 있지만, 생애주기에서 결혼의 선택을 고민하는 여성들의 변화는 기존의 가족 제도를 벗어나 대안적 삶을 꾸리는 주체로서의 여성의 모습을 대변하는 것으로 이해할 수 있다.

2. 출산과 양육

전통적으로 임신과 출산 및 양육은 여성 개인의 의무이자 자연스러운 발달과업으로 여겨 왔다. 이로 인해 출산과 양육은 사회적 재생산의 구조 안에서 논의되지 못한 채 여성 개인이 감당해야 할 역할로 부과되어 왔다. 이러한 관점은 여성 개인이 어머니 됨의 의미를 내적으로 성찰할 기회를 잃게 하고, 사회적으로도 재생산 노동에 대한 분업을 논의하기 어렵게 한다. 하지만 오늘날 한국 사회에서 '연애–결혼–출산'이라는 연결고리는 더 이상 청년들에게 단일한 규범적 삶의 경로로 여겨지지 않는다. 이는 일반적이고 정상적이라고 여겨졌던 생애주기에 균열이 발생하며, 연애, 결혼, 출산, 양육의 의미에 대한 다양한 이해가 나타나고 있음을 뜻한다. 사회적으로 여전히 유지되고 있는 여성의 모성 역할에 대한 압박과 그에 대항하는 여성의 주체적인 선택이 비출산이라는 하나의 현상으로 나타나고 있다.

1) 모성 신화

오랫동안 많은 문화권에서 임신과 출산은 여성에게 부과된 자연스러운 역할이자 의무로 여겨져 왔다. 사회는 '정상적인' 혹은 '여성다운' 여성은 어머니가 되기를 원한다고 규정하였고, 어머니가 되는 것을 여성의 개인적인 성취이자 개인적인 이상으로 바라보았다. 특히 한국 사회는 유교적인 가치 규범과 가부장적 전통, 가족주의적인 인식 틀 속에서 여성의 모성을 더욱 근본적인 여성 특성으로 규정지었고, 여성은 자녀를 낳아 잘 키우는 양육 전담자로서 자녀 양육과 가사의 책임은 여성의 몫으로 인식되어 왔다.

그러나 현대 산업화에 따른 여성 교육 기회의 증대, 여성 취업의 확대, 가족 구조의 변화 등은 여성 삶의 구조적 변화를 이끌었고, 기혼여성의 경제활동 참여율은 꾸준히 상승하고 있다. 맞벌이가 보편화된 구조 속에서 가부장제 사회의 성별 중심 가족모형이 유지되기 어려워졌음에도 불구하고 자녀 출산으로 인해 새롭게 부여되는 역할은 여전히 여성에게 편중되어 있다. 이로 인해 현대사회의 여성은 모성 역할뿐 아니라 개인적인 성취의 과업까지 해내야 하는 이중의 부담을 안게 되었다. 출산과 동시에 주어지는 자녀 양육과 가족에 대한 돌봄 노동은 여성을 경쟁 사회에서 불리한 조건에 처하게 할 뿐 아니라, 돌봄 역할로 인해 상실되는 기회비용을 부담하게 하기 때문에 출산의 주체자인 여성으로 하여금 모성의 역할로부터 저항하게끔 하는 주된 이유가 되고 있다고 볼 수 있다.

근대화 과정을 통해 좋은 어머니에 대한 이상은 보다 과학적으로 정교화되고 상업화되어 왔으며, 핵가족화된 가정 안에서 자녀 양육에 대한 어머니의 책임은 가중되었다. 근대 시기의 좋은 어머니에 대한 이상은 자녀에게 항상 도움이 되어야 하고, 시간과 관심을 쏟고, 자녀의 문제에 늘 주의를 기울이며, 자녀의 신체적 · 심리적 · 정신적 적응 및 자녀의 교육과 경제적 지원에 중요한 역할을 해야 한다는 집중적인 어머니 역할 이데올로기(intensive mothring ideology)를 통해 설명할 수 있다(Hays, 1996). 이러한 현대 모성의 지배 담론은 자녀 양육이 어머니의 책임이며 가정은 아동 중심이어야 한다는 가치를 내포하고 있다. 과거보다 어머니 역할에 더 높은 기대를 부여하는 집중적인 어머니 역할에 대한 신념은 다양한 역할을 수행하고 있는 모든 여성에게 영향을 미칠 수 있는데, 전적으로 자녀와 시간을 보낼 수 없는 취업모는 완벽한 어머니라는 이상과 현실 사이에서 부족하다는 죄책감과 불안에 시달리게 되며, 전업모는 자녀를 과잉보호했다는 비난을 받기도 한다.

여성의 모성은 생물학적이거나 선천적이기보다는 출산이 일어나는 사회적이고 문화적인 맥락 안에서 해석되는 문화적인 구성물이라는 인식이 증가하였음에도 불구하고, 어머니가 가장 유능한 돌봄자라는 생각은 여전히 사회에 만연해 있다. 출산 이후 가사와 육아의 분담이 더욱 전통적인 형태로 변화하고, 여성의 개인적 성취는 모성 역할에 의해 여전히 크게 제한되고 단절되는 경향이 뚜렷하다. 이러한 모성 신화는 여성에게 개인적인 성취와 어머니의 역할이 양립될 수 없다는 두려움을 갖게 해 여성의 진로에 걸림돌이 되고, 사회적으로도 저출생 현상으로 이어질 수 있어, 어머니 역할 및 부모 역할에 대한 전반적인 재해석이 사회적으로 이루어져야 할 필요성을 시사한다.

2) 출산

임신 및 출산은 여성 개인의 직접적인 몸적 경험일 뿐만 아니라 새로운 가족 구성원이 출현하는 하나의 방식이며 나아가 한 사회나 국가의 구성원을 확충하는 방식이기도 하다(이은주, 박영숙, 2012). 출산은 그것이 일어나는 사회 내에서 그 양식과 의미가 결정되는 사회문화적 현상이기 때문에(김은실, 1996), 대부분의 여성들은 제도적이고 이데올로기적인 모성의 강력한 영향 속에서 모성의 개인적인 의미와 체험적인 실체에 대해 충분한 개인적 성찰을 하지 못한 채 어머니됨을 맞이하게 된다. 하지만 여성의 임신, 출산, 양육의 경험을 심층적으로 들여다본 연구들에서는 실제로 여성들이 체험하는 모성과 제도적 모성 사이에는 차이점이 존재함을 보여 준다(노영주, 2000; 신경아, 1997; 오경훈, 2008). 첫 어머니됨을 경험하는 여성들은 출산과 함께 양육의 책임이 전적으로 주어지는 상황에서 개인으로서의 삶과 강요되는 모성 사이에 갈등을 경험하였으며, 출산 이전에는 잠재적으로 수용해 왔던 모성 이데올로기를 양육을 거치면서 포섭되거나, 갈등하고 타협하는 과정을 경험하고 있었다. 또한 양육과정에서 '자아가 없는' 극단의 경험 속에서 자아를 다시 파악하게 되고, 어머니됨을 포함한 새로운 여성 정체성과 자아정체성을 획득해 가고 있었다(오경훈, 2008).

임신과 출산은 여성 개인으로 볼 때 일시적으로 신체적이고 심리적인 평형이 깨어지는 위기의 시기인 동시에, 여성이 생애주기에서 어머니라는 새로운 역할을 부여받는 모성(역할) 전환의 시기이기도 하다(Rubin, 1961). 여성은 임신 초기 동안 임신 그 자체를 수용해 가며 기쁨과 걱정이 교차하는 양가감정을 경험한다. 임신을 수용하고 나서는 태아와의 애착을 형성해 가며 산모로서의 자신에 대한 이미지를 형성하고 어머니로서의 정체성을 인식하기 시작한다. 임신 중기에는 태동을 통해 태아를 느끼며 태아에 대한 이미지를 형성해 가며, 임신 말기에는 출산에 대한 기대와 두려움 등을 복합적으로 경험하게 된다. 이처럼 여성은 임신의 과정 동안 여러 가지 복합적인 정서와 양가성을 경험하게 되며, 이러한 과정을 통해 어머니로서의 정체성과 모성적 역할을 획득해 간다(서영민, 2011).

여성이 자녀를 갖고자 하는 심리적 동기는 다양한데, 자아 확장이라는 자기 연장감과 창의적 · 성취적 동기, 사랑-애정의 욕구, 희생과 헌신이 내포된 기쁨과 행복감, 부모의 위치를 획득하고자 하는 욕구 등을 포함하고 있다.

하지만 여성이 생물학적으로 임신 및 출산을 할 수 있다는 사실은 반드시 여성이 임신 및 출산을 해야 한다는 것을 의미하지는 않는다. 모든 여성이 자녀를 출산하는 것은 아니며, 난임인 여성들이나 생물학적 재생산에 선택적으로 참여하지 않는 여성도 증가하고 있어, 자녀 출산 및 양육은 의무가 아닌 선택이라는 인식으로의 전환이 일어나고 있다.

3) 비출산

2025년 한국 사회는 저출생 문제로 심각한 도전에 직면해 있다. 2023년 합계 출산율은 0.72명으로 역대 최저치를 기록하였으며, 이는 전 세계적으로도 유례없는 수치이다. 한국 사회에서 저출생과 이로 인한 인구 감소 문제에 대한 논의와 정책적 노력이 지속적으로 이루어지고 있지만, 임신과 출산을 바라보는 여성의 시각은 과거와는 달라지고 있다. 통계청의 사회조사에 따르면(통계청, 2023b), 만 19세에서 34세 사이의 청년 중 53.5%가 결혼 후 자녀를 가질 필요가 없다고 응답했으며, 이러한 응답은 남성(43.3%)보다 여성(65.0%)에게서 더 두드러져 여성이 남성보다 출산에 대해 더욱 부정적인 태도를 보이고 있다. 이러한 여성의 출산 기피 현상은 다양한 사회적 · 경제적 · 심리적 요인이 복합적으로 작용한 결과이다.

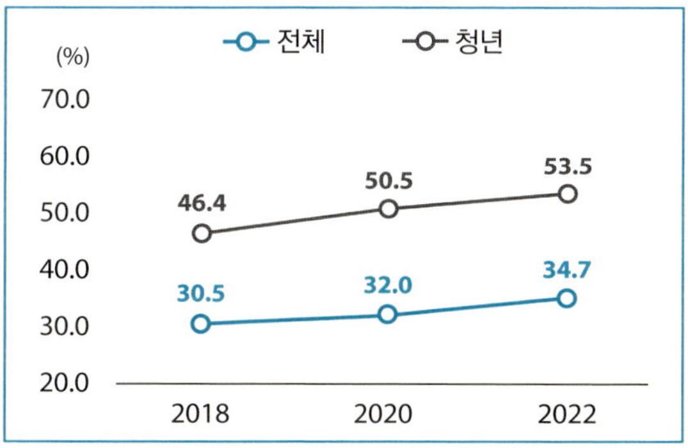

[그림 3-6] 결혼 후 자녀 가질 필요 없음

출처: 통계청(2023b).

저출생 현상의 주요 원인 중 하나는 여성의 사회적 역할 변화이다. 현대 여성들은 남성과 다르지 않은 교육적 기대와 목표를 가지고 성장했으며, 직업적 성취를 추구하며, 자기 주체성을 실현하고자 한다. 그러나 이러한 변화에도 불구하고 여전히 출산과 육아의 주체가 여성이라는 사회적 인식과

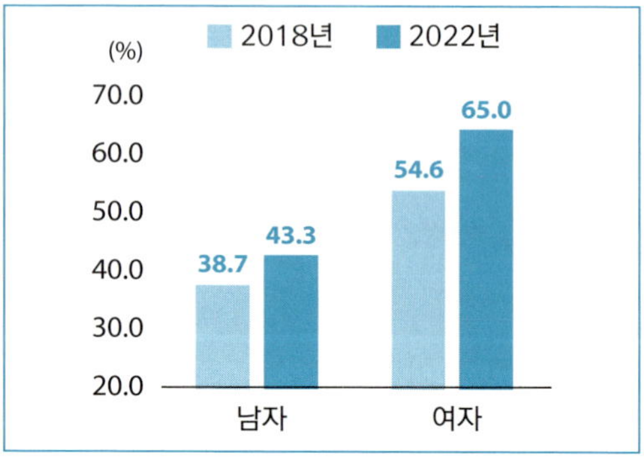

[그림 3-7] 결혼 후 자녀 가질 필요 없음(성별)

출처: 통계청(2023b).

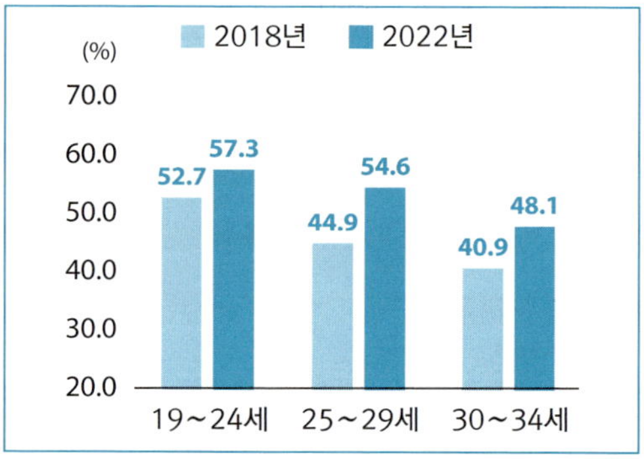

[그림 3-8] 결혼 후 자녀 가질 필요 없음(연령 계층별)

출처: 통계청(2023b).

압력은 여성이 출산을 유보하거나 거부하게 되는 원인이 되고 있다. 실제로 여성이 직업을 가지는 것이 좋다고 생각하는 비율은 전체의 87.4%로 여성들에게 취업에 대한 기대나 욕구가 증가하고 있음을 보여 준다. 이와 동시에 여성의 첫 번째 취업 장애 요인으로 육아 부담(46.3%)이 언급된 사회조사 결과는 출산과 육아에 대한 부담이 여성의 개인적인 직업 성취를 방해하는 요인으로 작용하고 있음을 보여 준다. 자기 주체성을 실현하고자 삶을 일구어 온 현시대의 여성들은 상황에 따라 희생의 정도와 경험이 달라지는 모성을 간접 경험하며 주체적인 생애 경로에서 다루기에 매우 어려운 주제로 인식하고 있으며, 자기 삶의 통제권을 유지하기 위한 합리적인 대안으로 출산 선택을 유보하거나 거부하는 경향을 보인다(하지선, 이은영, 김지선, 2022).

여성의 사회 진출을 따라가지 못하는 노동시장의 환경 또한 저출생 현상의 원인이다. 사회적으로 맞벌이 가구가 증가하고 있으며, 안정적인 가정생활을 위한 기대 수준이 높아지면서 가정 내 돌봄을 책임지던 전통적인 여성상에서 일-가정을 병행하는 워킹맘으로 여성의 역할이 전환되고 있다. 하지만 여성이 자녀를 출산하였을 때 노동시장에서 경험하게 되는 차별과 임금 격차가 클수록(최세림, 2021), 돌봄자로서의 아버지 역할이 충분히 권장되거나 인정되지 않는 근로환경(선민성, 조상미, 2019)일수록 자녀 출산에 대한 의지는 감소하는 것으로 나타났다. 한국 사회에서는 여전히 많은 여성이 출산 이후 순차적으로 일을 할 수 있는 기회를 박탈당하거나 포기하고 있다. 이러한 선택의 이면에는 남성 위주의 전통적인 가족 규범과 노동시장의 성 불평등 문제가 존재한다. 출산의 유보나 비출산의 선택은 제도적인 수준의 대안을 쉽게 찾을 수 없는 상황에서 취업 여성들이 개인적 수준에서 취할 수 있는 합리적인 방안이 되고 있다.

한국 사회의 저출산 문제는 단순히 경제적 지원만으로 해결될 수 없는 복합적인 문제이다. 여성의 사회적 역할 변화, 경제적 · 심리적 요인 등을 종합적으로 고려한 정책적 접근이 필요하다. 많은 연구결과를 기반으로 할 때 앞으로 저출생 대책에서 강조되어야 할 점은 '새로운 모성'의 구현이어야 할 것이다. 구현되어야 할 새로운 모성은 여성의 희생을 전제로 하거나 사회적으로 강요되는 모성이 아니라 모성의 통제권을 강화하고 사회와 부부의 공동분담을 통한 모성이 되어야 한다. 이를 통해 여성들이 출산과 육아를 부담스럽지 않게 느끼고, 자신의 삶을 주체적으로 설계할 수 있도록 다양한 층위의 방안이 마련되어야 한다.

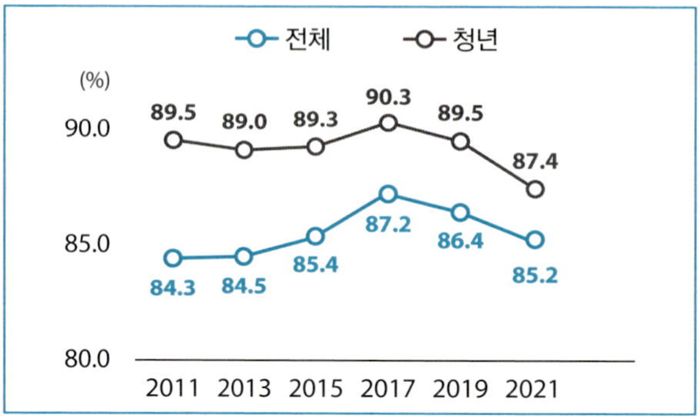

[그림 3-9] 여성 취업 견해 '직업 가짐 좋음'

출처: 통계청(2023b).

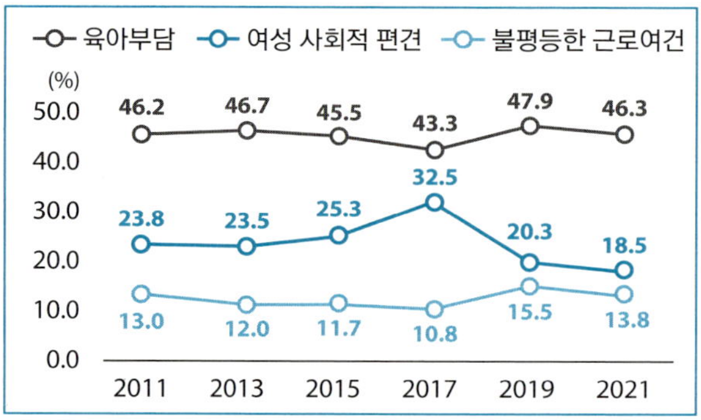

[그림 3-10] 여성 취업 장애 요인

출처: 통계청(2023b).

4) 공동양육

전통적으로 임신과 출산을 여성의 역할로 한정 지으며, 사회적으로 논의되어야 할 재생산 노동의 분업이 여성 개인의 의무와 책임으로 한정 지어 다루어져 왔다. 젠더 평등한 사회로의 성장과 함께 여성의 사회 진출이 증가한 만큼 사회적 재생산의 구조 안에서 균등한 역할 배분에 대한 논의가 시급하다. 적극적인 대안이 될 수 있는 논의는 '부부공동양육'이다.

과거에는 양육이 주로 어머니의 역할로 여겨졌고, 아버지는 실질적인 양육 책임에서 벗어나 있었다. 그러나 가족 구조의 핵가족화와 여성의 사회 진출 증가로 인해 부부가 함께하는 공동양육이 불가피해졌다. 또한 자녀의 심리적·사회적·정서적 발달에 아버지의 역할이 중요해지면서, 경제적 지원과 엄격한 훈육을 넘어 자녀를 실질적으로 보살피고 상호작용하는 아버지들이 늘어나고 있으며, 이제는 부모 중 한 사람이 주양육자가 아니라, 부모가 협력하여 자녀를 양육하는 가정이 증가하고 있다. 부부공동양육(coparenting)은 부부가 부모 역할을 함께 수행하며, 자녀 양육에 대한 책임을 나누고 양육과정을 공유하는 것을 의미한다. 서로의 양육 참여를 격려하고 지지하거나, 때로는 비판하는 태도를 포함한다(Schoppe-Sullivan et al., 2004; Van Egeren & Hawkins, 2004: 조윤진, 2017에서 재인용).

공동양육에서 부모 역할은 서로 유기적으로 연결되어 있어, 어머니가 아버지의 양육 참여를 긍정적으로 지지할수록 아버지의 양육 참여가 증가하는데, 이는 어머니의 양육 스트레스를 낮추고 양육 만족을 높이는 결과를 가져온다. 그러나 부부공동양육 과정에서의 상호작용이 항상 긍정적인 것만은 아니다. 때로는 어머니가 아버지의 양육 행동을 감시하고 평가하는 적대적인 태도를 보이기도 한다. 이는 사회적으로 양육이 어머니 역할이라는 신념을 여성 스스로 내면화하기 때문에 나타나는 태도로, 장기적으로 보았을 때 여성의 죄책감을 심화시키며, 아버지의 양육 참여를 감소시키는 부정적인 영향을 가져오는 것으로 알려져 있다. 사회적 변화에 발맞추어 여성은 양육에 대한 불필요한 죄책감과 과도한 책임에서 벗어나 남편을 공동양육의 주체로 인정하고 존중하는 태도가 필요하다. 남성 또한 양육의 주체로서 적극적인 신념과 태도를 가져야 한다. 부부 각자의 신념과 태도가 배우자의 양육 행동에 긍정적 또는 부정적 영향을 줄 수 있는 만큼, 자신의 신념과 태도를 의식하고, 자신과 배우자, 자녀에게 미치는 영향을 숙고하는 것이 중요하다. 이를 통해 남녀 모두가 함께 일하고 함께 돌보는 성평등한 보편주의적 돌봄사회를 만들도록 남녀 모두의 노력이 요구된다.

토론거리

1. 에릭슨이 제시한 성인 초기 과업인 친밀감과 성인 중기 과업인 생산성을 어떻게 성취해 가고 있으며, 어떠한 계획을 통해 앞으로 남은 과업들을 성취해 갈 것인지 개인적인 입장과 계획을 나누어 봅시다.
2. 결혼 및 출산이 통과의례가 아닌 개인의 삶에서의 선택으로 변화하고 있는 흐름 속에서, 저출생 현상이 한국 사회의 문제로 인식되고 있습니다. 이러한 상황에서 저출생 문제를 완화하면서도 개인의 선택을 존중할 수 있는 개인적 · 사회적 · 제도적 노력이 무엇인지 함께 논의해 봅시다.
3. 비혼과 비출산을 선택하는 여성이 증가하고 있습니다. 여성이 비혼과 비출산을 선택하는 것에 대한 사회적 인식이 어떠한지 서로의 견해를 나눠 보고, 비혼과 비출산을 선택한 여성들을 위한 사회적 지원과 정책의 필요성에 대해 논의해 봅시다.

추천 영상 및 영화

- 영화 〈82년생 김지영〉(2019): 영화 〈82년생 김지영〉은 한국 사회에서 여성으로 살아가는 평범한 여성, 김지영의 이야기를 다룹니다. 김지영은 평범한 30대 주부로, 남편과 딸과 함께 살아가지만, 일상 속에서 겪는 성차별과 사회적 압박으로 인해 심리적 어려움을 겪습니다. 영화는 김지영이 겪는 다양한 차별과 불평등을 통해 여성들이 직면하는 현실을 조명합니다.

  김지영은 결혼 후 육아와 가사에 전념하며 자신의 꿈과 경력을 포기하게 됩니다. 그녀는 명절에 시댁에서 겪는 불평등한 대우와 직장에서의 성차별을 통해 여성으로서의 고충을 드러냅니다. 또한 김지영은 자신이 겪는 심리적 문제를 통해 여성들이 사회적 기대와 역할 갈등 속에서 겪는 스트레스를 보여 줍니다.

  영화는 김지영이 자신의 문제를 인식하고, 이를 극복하기 위해 노력하는 과정을 그리며, 여성들이 자신의 목소리를 찾고, 사회적 불평등에 맞서기 위해 서로 연대하는 모습을 강조합니다. 이를 통해 젠더 평등의 중요성과 여성의 권리 신장을 강조하는 사회적인 메시지를 전달합니다.
- 영화 〈십개월의 미래〉(2020): 영화 〈십개월의 미래〉는 임신 사실을 알게 된 비혼 여성 미래가 자신의 삶과 커리어를 지키기 위해 고군분투하는 이야기

를 그립니다. 미래는 임신이라는 예기치 않은 상황에 직면하면서 비혼과 비출산을 선택한 여성으로서의 자아와 임신한 여성으로서의 자아 사이에서 갈등을 겪게 되는데, 이는 여성들이 사회적 기대와 개인적 욕구 사이에서 느끼는 정체성 혼란을 잘 보여 줍니다. 영화는 미래가 임신 사실을 알리면서 주변 사람들로부터 받는 다양한 반응을 통해 사회적 압력과 기대를 묘사합니다. 가족, 친구, 직장 동료 등 다양한 인물이 미래에게 결혼과 출산을 권유하거나 비난하는 장면은 여성들이 겪는 사회적 압박을 현실적으로 그려 냅니다. 미래는 자신의 삶을 스스로 결정하려는 강한 의지가 있으며, 임신을 유지할지, 커리어를 계속할지 등 중요한 선택의 순간마다 자신의 의지를 굽히지 않으려는 모습은 여성의 자율성과 선택권을 강조합니다. 임신과 함께 미래는 심리적으로도 큰 변화를 겪게 되지만, 초기의 혼란과 두려움에서 벗어나 점차 자신의 상황을 받아들이고 성장해 가는 과정에서 심리적 성장과 회복력을 보여 줍니다. 이 영화는 비혼과 비출산을 선택한 여성의 현실과 심리를 다루며, 여성들이 주체적인 결정을 내리는 과정에서 마주하게 되는 사회적 편견과 장애물들을 현실적으로 보여 줍니다.

추천 논문

- 김석호(2022). 저출산에 대한 사회심리학적 접근: 누가, 왜 결혼과 출산을 꿈꾸지 못하는가? 조사연구, 23(2), 1-33.
- 최효선, 양수진(2018). 성인 초기 여성의 성 고정관념과 연인관계 만족도: 자기침묵과 성적 자기주장의 매개효과. 한국심리학회지: 여성, 23(3), 431-450.

참고문헌

권문영(2012). 불안정 노동 여성의 '비혼' 경험에 관한 연구. 이화여자대학교 대학원 석사학위논문.

김석호(2022). 저출산에 대한 사회심리학적 접근: 누가, 왜 결혼과 출산을 꿈꾸지 못하는가? 조사연구, 23(2), 1-33.

김순남(2016). 이성애 비혼여성으로 살아가기: 지속가능한 비혼, 젠더, 친밀성. 한국여성학, 32(1), 181-217.
김영미, 권현지(2024). 젠더불평등의 복합적 변화와 여성의 선택, 그 인구학적 함의. 경제와 사회, 141, 42-80.
김은실(1996). 출산문화와 여성. 한국여성학, 12(2), 119-153.
김은정(2016). 성인모색기 20대 여성의 이성교제 및 성행동을 통한 자아정체성 형성에 관한 일 연구. 한국여성학회, 32(2), 149-184.
노영주(2000). 여성 근로자의 모성 정체성과 직업 정체성 간의 갈등. 여성학연구, 12(1), 45-67.
박수선(2009). 미혼성인 남녀의 섹슈얼리티 형성 과정에 관한 질적 연구. 한국가정관리학회지, 27(5), 147-166.
서영민(2011). 첫 자녀 임신에서부터 초기 양육까지 '어머니역할' 경험에 대한 현상학적 연구. 서울시립대학교 대학원 석사학위논문.
선민정, 조상미(2019). 근로 환경과 아버지 역할의 상관관계. 노동연구, 45(2), 67-89.
송다영(2019). 젠더와 격차, 사회정책 과제. 보건복지포럼, 270, 56-69.
신경아(1997). 모성 이데올로기의 억압성에 대한 연구. 사회과학연구, 15(2), 123-145.
심인옥, 남보경, 박마루(2017). 대학생의 이성교제를 통해 경험하는 인식 변화에 관한 연구. 한국산학기술학회논문지, 18(11), 197-207.
여성가족부(2023). 가족실태조사.
오경훈(2008). 억압적 모성경험과 극복과정: 초기 양육 전업주부를 중심으로. 성공회대학교 대학원 석사학위논문.
이은주, 박영숙(2012). 조산원 출산 여성의 '자연출산' 의미와 경험: 페미니스트 접근. 여성건강간호학회지, 18(2), 135-148.
조윤진(2017). 영유아기 자녀를 양육하는 아버지와 어머니의 부부공동양육 경험. 사회과학연구논총, 33(2), 57-115.
최세림(2021). 여성의 직업 성취와 출산 의지. 여성학연구, 30(1), 89-112.
최효선, 양수진(2018). 성인 초기 여성의 성 고정관념과 연인관계 만족도: 자기침묵과 성적 자기주장의 매개효과. 한국심리학회지: 여성, 23(3), 431-450.
추병식(2014). 남녀 대학생의 성 이중기준에 관한 질적연구. 미래청소년학회지,

11(4), 47-75.

통계청(2021). 2021년 혼인 · 이혼 통계.

통계청(2022). 사회조사 보고서.

통계청(2023a). 2023년 혼인 · 이혼 통계.

통계청(2023b). 사회조사로 살펴본 청년의 의식변화.

통계청(2023c). 출산율 통계.

하지선, 이은영, 김지선(2022). 한국 사회에서의 여성의 역할 변화. 한국사회학회지, 45(3), 123-145.

한국보건사회연구원(2015). 전국 출산력 및 가족보건복지 실태조사.

Cote, J. E. (2000). *Arrested adulthood: The changing nature of maturity and identity*. New York University Press.

Erikson, H. E. (1959). *Identity and the lifecycle*. International Universities Press.

Erikson, E. H. (1963). *Childhood and society* (2nd ed., rev. and enl.). W. W. Norton & Company.

Hays, S. (1996). *The cultural contradictions of motherhood*. Yale University Press.

Levinson, D. J. (1996). *The seasons of a woman's life*. Ballantine Books.

Marks, M. J., & Fraley, R. C. (2006). Confirmation bias and the sexual double standard. *Sex Roles: A Journal of Research*, *54*(1-2), 19-26.

Olson, D. H., & DeFrain, J. (1994). Family strengths and challenges. *Journal of Family Studies, 12*(3), 45-67.

Rubin, D. C. (1961). Puerperal change: A study of maternal behavior. *Journal of Obstetric, Gynecologic & Neonatal Nursing*, *1*(1), 1-102.

Schoppe-Sullivan, S. J., Mangelsdorf, S. C., Frosch, C. A., & McHale, J. L. (2004). Associationsbetween coparenting and marital behavior from infancy to the preschool years. *Journal of Family Psychology*, *18*, 194-207.

Van Egeren, L. A., & Hawkins, D. P. (2004). Coming to terms with coparenting: Implications of definition and measurement. *Journal of Adult Development*, *11*(3), 165-178.

제4장

중노년기와 젠더

조윤진

채움 심리상담센터 대표

중년기와 노년기는 인간의 성장과 발달 과정에서 중요한 전환기이자 자신의 삶을 돌아보고 마지막을 준비하며 만족과 통합을 이루어 나가는 중요한 시기이다. 여성은 중년기에 폐경이라는 생물학적인 변화와 그에 따른 심리정서적인 변화를 경험하게 된다. 또한 노령화되면서 나이로 인한 차별, 그리고 젠더와 노화로 인한 이중차별을 경험하기도 한다. 이 장에서는 노년기 여성이 경험할 수 있는 관계적인 변화와 사회적 지위, 빈곤, 상실 등의 문제를 살펴보고자 한다. 한국 사회는 빠르게 고령화되고 있으며, 특히 여성의 기대수명이 길어 초고령화 사회에서 노년 여성의 삶에 관한 관심이 필요하다. 노화는 자연스러운 과정이므로, 중년기와 노년기에 대한 이해와 관심을 통해 삶의 가치를 찾아가는 과정이 요구된다.

이 장의 차례는 다음과 같다.

중년기와 노년기는 인간의 연속적 성장 · 발달 단계 중 하나이다. 중년기는 인간의 절정기인 성인기와 노화로 인해 여러 기능이 쇠퇴하는 노년기 사이에 있는 변화와 전환의 시기로 격동과 정적, 성공과 실패, 즐거움과 슬픔이라는 모순과 역설이 공존한다(Turner & Helms, 1983). 중년기에는 생물학적 변화와 자녀의 독립으로 인한 역할 변화, 노부모와의 관계 변화, 은퇴로 인한 사회적 변화가 두드러지며, 인생의 유한성에 대한 실존적 고민이 깊어지는 단계로 개인적인 삶에서의 위기이자 전환기인 동시에 새로운 기회와 성찰의 시기이다. 중년기는 생애주기로 볼 때 성인기와 노년기의 가교 역할을 하기 때문에 절정기의 삶과 경험을 조화롭게 노년기의 삶으로 통합시키기 위한 노력이 필요하다. 특히 여성에게 있어 중년기는 폐경이라는 신체적 노화가 남성보다 직접적으로 나타나며 어머니로서의 역할 감소, 사회적 활동의 제한, 사별, 상실 등 다양한 변화와 갈등을 겪기 때문에, 여성이 경험하는 중년기에 대한 보다 세밀한 접근이 필요하다.

에릭슨은 인간을 일생에 걸쳐서 자신만의 고유한 정체성을 찾아 나가는 합리적이고 창조적인 존재라고 보았다. 에릭슨이 주장하는 심리사회적 발달은 생애주기 안에서의 여러 과업을 창조적으로 해결해 가면서 비로소 노년기에 이르러 자아 통합을 이룰 수 있다고 설명한다. 에릭슨이 제시한 노년기의 과업은 자아 통합으로, 이는 과거, 현재, 미래의 인생을 만족스럽고 의미 있게 생각하며 다가올 죽음을 두려움 없이 직면할 수 있는 태도를 의미한다. 자아 통합을 이루지 못한 노년은 자신의 삶에 대하여 만족과 통합을 이루기 어려운 후회와 절망의 상태에 이르게 된다고 설명하고 있다.

오늘날에는 의료 기술의 향상으로 평균 수명이 꾸준히 증가하고 있으며, 이와 동시에 출생률이 지속적으로 하락하면서 노인 인구의 수와 비율이 증가하고 있다. 한국 사회 또한 노령인구 비율이 증가하는 인구 고령화가 진행 중으로 2024년 기준 65세 이상 고령 인구가 전체 인구의 19.2%를 차지하고 있어, 고령사회(aged society)에서 초고령사회(super-aging society)로의 진입을 앞두고 있다. 인구 고령화는 21세기 대부분의 선진국에서 나타나는 공통적인 사회현상이지만 낮은 출산율과 평균 수명 연장으로 타 선진국과 비교했을 때 한국 사회에서 더욱 빠른 속도로 고령화가 진행되고 있다. 여성의 기대수명은 2022년 기준 85.6세로 남성 79.9세에 비해 약 5년여가 더 긴 만큼 초고령사회의 노년 여성의 삶에 대해서 더 적극적인 관심을 기울일 필요가 있다.

노화는 인간 모두가 경험할 수밖에 없는 자연스러운 삶의 과정이므로 중년기와 노년기에 대한 이해와 관심을 통해 삶의 유한성과 그것을 통해 얻을 수 있는 인생의 가치와 의미를 찾아 나가는 주체적인 과정이 필요하다.

1. 중년기 여성의 신체 · 심리적인 변화

중년기는 여성들에게 신체적 · 심리정서적으로 많은 변화와 전환이 일어나는 시기이다. 신체적으로는 폐경과 신체적 노화를 겪으며 호르몬 변화로 인한 신체적 어려움을 겪고, 심리정서적으로는 자녀의 독립에 따르는 가족의 재조직화, 노부모와 성인 자녀에 대한 부양의 책임, 직업 역할의 변화 및 사회적 은퇴, 상실 등의 많은 변화와 역할 전환을 경험하게 된다. 중년 여성이 자신의 신체 · 심리적 변화를 주체적으로 겪어 나가고, 그 경험을 자신의 삶에 건강하게 통합하여 노년기 삶을 건강하게 맞이하는 것은 이 시기의 중요한 과제이다.

1) 중년기 여성의 폐경

중년기는 성호르몬에 큰 변화가 일어나는 시기로, 이는 남성과 여성 모두에게 나타나지만, 초경과 월경, 폐경이라는 생리적 현상을 직접적으로 경험하는 여성에게는 더욱 현저한 변화일 수밖에 없다. 우리나라 여성의 폐경은 일반적으로 45세에서 55세 사이에 시작되며 평균적으로 50세를 전후하여 폐경을 경험한다. 보통 폐경 전 3~4년간 폐경의 증상들이 시작되고, 폐경 이후에도 약 1년간은 난소 기능의 변화를 겪게 되기 때문에 폐경기 증상은 평균 5년 정도 지속되고, 95%의 여성에게서 2~8년의 기간에 걸쳐 폐경기 증상이 발생한다(고지영, 2011).

폐경기에는 난소 기능의 쇠퇴로 난소의 크기와 무게가 감소하기 시작하면서 난포의 수가 감소하고, 여성호르몬의 분비가 저하된다. 이 시기에 여성이 경험하는 신체적 증상으로는 안면홍조, 발한, 두통, 불면증, 심한 피로감, 숨가쁨 등이 있으며, 노화로 인한 신체 기능 및 감각의 저하가 나타난다. 또한 호르몬의 변화로 체중이 증가하며, 피부의 탄력이 급격히 줄어들고 주름과 흰머리가 생긴다. 여성호르몬인 에스트로겐의 감소는 골밀도의 감소로 이어져 뼈의 밀도가 급격히 줄어들게 되면서 관절의 통증이 느껴지고 골다공증의 위험이 커진다. 폐경을 경험한 여성들은 월경 중지로 인해 일시적인 상실감을 경험하고, 여성성을 잃어버린 것 같은 혼란을 겪지만, 이와 동시에 자유로움과 해방감을 느끼는 것으로 알려져 있다.

이처럼 중년 여성의 폐경기는 내분비학적인 변화로 인해 불규칙한 신체 변화를 경험하며 다시 안정을 찾아 나가는 시기로, 그 시기가 길고, 경험하게 되는 신체적 증상 또한 현저하고 다양하다. 중년기는 생애주기에서 필연적으로 겪어야 하는 단계이며 비교적 예측 가능한 시기이기 때문에, 이 시기를 겪어 나가는 여성이 신체적 변화의 기제와 원리, 증상을 예측하고 이해하는 것을 통해 당황스럽고 부적절한 변화가 아닌 증상을 좀 더 의식적이고 주체적으로 다루어 가려는 노력이 수반되어야 한다.

2) 중년기 여성의 심리정서적 경험

심리학자 칼 융(Carl Jung, 1954)은 중년기를 '제2의 사춘기'로 규정하였다. 중년기에는 사춘기 못지않은 심리적 위기와 감정의 변화를 겪는다는 것을 의미한다. 특히 중년기 여성은 신체적으로 현저한 변화를 경험하면서 생식기에서 비생식기로 접어들었다는 상실감과 우울, 자신감의 상실을 많이 경험하는 것으로 알려져 있다. 자녀의 독립에 따른 역할 변화와 사회적 지위의 상실 또한 여성의 상실감과 공허감을 증가시키는 요인이 된다.

융은 인생의 전반기를 자기확산기, 인생의 후반을 자기수렴기로 구분하였는데, 중년기는 외부로 확산되었던 삶의 에너지가 개인 내부로 전환되는 시기로, 이 시기의 여성들은 자기의 삶을 돌아보며 외부세계를 향해 쏟았던 에너지를 내적 자아에 초점을 두어 자신에게 두고자 하는 충동을 느끼며, 지나간 삶의 의미에 대해 의문을 제기하기 시작한다. 이 과정에서 자신을 더욱 수용하고 이해하여 성숙에 이르기도 하지만, 어머니로서 아내로서 자녀로서 주어진 사회적 역할 안에서만 존재하며, 자신에 대한 성찰을 충분히 겪지 못한 여성일수록 상대적으로 고독감과 상실감을 더욱 크게 느끼게 된다. 중년기 여성은 신체적 · 심리적 · 사회적인 변화 속에서 내적 긴장이 심화되어 우울증을 비롯하여 감정의 급격한 변화, 신경과민, 건강에 대한 염려, 불안감 등 심리정서적인 장애를 경험할 수 있다(박금자, 2000). 이 시기 여성의 심리적 어려움은 여성 개인의 문제가 될 뿐 아니라 가족 구성원 모두에게 쉽게 영향을 미치게 되고, 그로 인해 가정의 불안정성과 갈등, 가족

해체와 같은 문제를 초래할 수 있어(여은경, 2024), 전환의 시기에 여성이 겪는 어려움에 대한 가족들의 이해와 지지가 요구된다.

한편, 중년기에는 가정 내에서 여성에게 주어진 역할이 감소하고 변화되면서 개인의 에너지와 관심을 외부로 돌리게 하는 촉매제가 되기도 한다. 가족 이외의 직업 관련 단체, 종교단체, 봉사활동, 친구관계 등 사회활동을 통해 이 시기에 경험하게 되는 부정적인 심리적 · 정서적 변화를 긍정적으로 전환할 수 있고, 외부 환경과의 교류를 통해 자아를 재창조하고 새로운 의미를 발견하는 긍정적 경험을 하게 된다(손지원, 2015).

종합해 볼 때, 여성의 중년기는 인생의 전환기로서 폐경과 노화라는 급격한 신체 변화를 경험하게 되며, 정체성의 상실 및 재인식 등의 심리적 변화를 겪게 되고, 가족 주기상 변화하는 역할 안에서 우울, 불안, 공허함 등을 경험하는 심리적인 과도기이다. 이러한 위기를 잘 대처하는 것을 통해 노년기의 성숙과 조월을 맞이하게 되지만, 잘 다루어지지 않았을 때는 심삭한 우울 및 불안, 가정불화 등의 어려움을 겪게 된다. 따라서 여성 스스로의 노력과 가족 및 사회적 지지를 통해 전환기의 심리적 어려움을 다루어 가고 정체성의 통합과 성숙을 이루는 것이 이 시기의 중요한 과제이다.

2. 노화의 사회적 의미

노화(aging)는 인생을 살아가는 동안 인간 모두에게 일어나는 일차적이고 본질적인 변화로 시간의 경과에 따라 나타나는 신체적 · 사회적 · 심리적 변화, 그리고 그에 대한 적응과정을 의미한다(정영숙, 2011). 인간이라면 누구나 겪는 자연스러운 현상으로 긍정과 부정의 측면을 모두 포함하고 있지만(Sigelman & Shaffer, 1995), 인간의 젊음을 향한 욕망과 높은 생산성 및 효율성에 대한 사회적 요구는 늙음을 약함이나 쇠퇴로 인식하게 해, 노화가 성장과 발전과는 대조되는 부정적인 이미지를 내포하고 있음을 부인할 수 없다.

노화란 이처럼 생물학적인 현상인 동시에 사회적이고 문화적인 구성물이다. 노인은 나이로 엮인 단일한 집단으로 여겨지기 쉽지만, 노인이 살고 있는 환경과 사회적 · 문화적 배경, 시대적 변화에 따라 노인에 관한 규정과 시선, 사회적 해석이 달라질 수 있다. 특히 성별에 따라 노화가 갖는 의미가 달라지는데, 여성의 긍정적 가치를 젊음과 생산성에 두는 사회에서는 여성의 나이 듦이 여성다움의 상실로 인식되어 더욱 부정적으로 받아들여진다. 이처럼 연령과 노화의 영향을 이해하기 위해서는 생물학적 요인뿐 아니라 사회적 요인들에 대한 고려가 이루어져야 한다. 고령화될수록 노인 인구에서 여성이 차지하는 비율이 높아져, 노인의 문제는 여성의 문제와 직결되는 만큼 사회적으로 노화의 의미가 어떻게 해석되고 있는지, 여성에게 있어서 노화는 어떤 사회적 의미가 있는지, 연령 차별주의와 연령의 이중기준, 여성의 노화에 대한 부정적인 인식, 노년기에 경험하게 되는 다양한 상실의 의미 등을 살펴보겠다.

1) 연령 차별주의

연령 차별주의(Ageism)란 개개인의 역량을 간과한 채 연령에 대한 고정관념을 근거로 사회적 차별이 이루어지는 것을 말한다. 이것은 사회적인 차원에서 이루어지는 차별이며 전 연령층에서 나타날 수 있지만, 특히 노인에 대한 부정적인 차별이 두드러지기 때문에 노인 차별주의라는 용어로도 사용된다(권미리, 2016). 연령이 증가할수록 노화에 대한 주관적인 인식으로 인해 노인은 나약한 존재라는 선입견이 생기면서 노인에게 연령 차별주의가 더 두드러지는 것으로 볼 수 있다.

노인에 관한 규정이 복잡하고 주관적인 측면이 존재함에도 불구하고, 보편적으로 노인이라고 하면 신체적 · 경제적으로 타인에게 의존할 수밖에 없는 약자를 떠올리게 된다. 한국의 경우 지금까지 진행된 노인 지위 변화에 대한 논의들에서 공통적으로 노인 지위의 하락을 보고하며(정경희, 2004; 정희진, 2003), 한국 사회의 노인 문제에 대한 일반적 통념은 노인을 복지정책의 시혜 대상으로 간주하는 것이다(정희진, 2003). 출생률의 감소로 생산인구가 지속적으로 감소하고 있는 상태에서 초고령사회로의 진입은 소득분배 구조를 약화시켰고, 젊은 계층들은 노인을 부양해야 할 대상으로 보게 되면서 노인에 대한 부정적 견해가 강화되고 있는 것으로 해석할 수 있다. 산업화 이후 노인에 대한 전통적 · 유교적 덕목이 퇴색되었고, 핵가족화된 사회에서 자녀의 부모 봉양의 책임과 의무는 감소되어, 이로 인한 가족갈등도 증가하고 있는 현실이다(김주현, 2009).

노인을 자립능력이 없어 누군가 돌봐 줘야 하는 대상으로 인식하는 연령 차별주의의 부정성은 노인을 국가, 사회, 가족들에게 부담이 되는 존재로 인식하게 되는 고정관념을 부추기게 되어 세대 간 갈등의 원인이 될 수 있으며, 노인이 가진 인적 자본의 가치를 평가 절하하는 문제를 일으킨다. 이러한 연령 차별주의는 노인의 삶 전 영역에 영향을 끼치며, 그것을 경험하는 노인 스스로에게도 부정적인 자기 이미지를 형성하게 되어 사회참여에 소극적인 행동 양상을 보이게 하는 것으로 나타났다(권미리, 2016; 김주현, 2009). 하루 동안 노화에 대한 부정적인 고정관념에 많이 노출될수록 실제로 더 많은 인지적 실수 및 실패를 경험하는 것으로 나타나(Yuting et al., 2023) 노화에 대한 부정적인 고정관념이 노인의 인지 기능에 부정적인 영향을 미칠 가능성이 언급되었다. 고령화 사회를 살아가는 현시점에서 노인에 대한 차별을 완화하기 위한 개인과 사회 차원에서의 노력이 요구된다.

연령 차별주의를 극복하기 위해서는 노인 스스로가 나이 듦에 대한 긍정적인 인식을 가지고, 자신의 경험과 지혜를 자랑스럽게 여기는 태도를 가져야 하며, 연령 차별에 대한 교육과 함께 다양한 연령대가 함께 참여할 수 있는 프로그램과 활동을 통해 세대 간 이해와 협력을 증진시키려는 노력이 필요하다. 이 외에도 정책적 차원에서 노인의 고용기회를 확대하고, 노년층이 자원봉사나 지역사회 활동에 참여할 기회를 제공하여 사회적 고립을 방지하려는 노력이 이루어져야 할 것이다.

2) 젠더와 노화에 대한 이중적 차별

우리 사회가 여성의 나이 듦을 바라보는 시각은 왜곡되고 고정되어 있었다. 흔히 들어 볼 수 있는 '꽃다운 나이'라는 표현에서도 느낄 수 있듯이, 한 여성이라는 주체는 없고 특정한 나이와 그에 걸맞은 역할과 이미지를 강요하는 사회문화적인 압력이 존재한다. 이렇듯 여성에게 있어서 나이는 남성과는 다른 의미를 갖는다. 인간의 노화는 단지 생물학적인 것만을 의미하지 않기 때문에, 남성에게 있어 생물학적 나이 듦은 사회적인 성숙과 세련됨을 의미하는 것에 비해서 여성의 경우 생물학적 노화는 사회적 · 심리적 노화로 직결되는 문제를 가지고 있다.

이렇게 연령에 대한 기준과 태도가 성별에 따라 달라지는 현상을 '노화에 대한 이중기준(double standard of aging)'으로 설명할 수 있다. 많은 연구에서 노화에 대한 이중기준이 확인되었는데, 다양한 연령대의 남녀의 중립적인 표정의 사진을 제시한 후 사진에 대한 고정관념을 평정하도록 했을 때, 나이가 들수록 여성보다는 남성을 더 긍정적인 특성으로 평가하는 것이 확인되었고(Hummert et al., 2002), 젊은 여성에 비해서 나이 든 여성을 부정적으로, 나이 든 남성보다는 나이 든 여성을 더 부정적으로 평가하는 것으로 나타났다(Kite et al., 2005).

한국 사회에서도 통념적으로 여성의 '나이 듦'은 곧 '늙음'이라는 시각과 맞닿아 있다. 젊음과 섹슈얼리티의 매력에만 가치를 둔 사회문화 구조 속에서 여성의 노년은 타자화되며, 사회적으로 구성된 타자로서의 여성을 바라보는 시각에 갇혀 있기 때문에 나이를 벗어나 여성의 삶에 대한 포괄적인 이해를 불가능하게 한다. 나이 듦은 나이 들어 버린 결과가 아니라 지속해서 존재하는 여성들의 삶의 과정(천명자, 2006)인 만큼, 여성 노인에 대한 차별적인 시선에서 벗어나 한 개인을 바라볼 때, 타자화된 '늙은 여성'이 아닌 한 여성 주체로서의 삶의 회복을 이뤄 낼 수 있을 것이다.

여성 노인에 대한 차별적인 시선의 문제는 단지 외모적 매력에만 국한되지 않는다. 노동시장 안에서 모든 사람은 연령 차별을 감수한다. 남성 또한 은퇴와 함께 공적 영역에서 물러나는 역할 상실을 경험하게 되지만 일생 동안 생계부양자로서 자원 분배와 의사결정에 있어서 여성보다 우위를 확보한다(정순둘 외, 2021). 또한 공적 영역에서 머물러 왔던 남성의 경우 노화된다는 것이 힘의 약화를 의미하기도 하지만 지혜로움이나 성숙함의 의미로 인식되기도 한다. 반면, 여성 노인들은 경력이나 자원이 없는 존재로 인식되며, 집에서 가사노동이나 소일거리를 하는 존재로 여겨져 임금을 받고 일하는 노동자가 돌보아야 할 존재로 인식되는 차별을 경험하게 된다. 이처럼 노인 내에서의 여성에 대한 차별은 한국 사회 전반에 퍼져 있는 유교적 가부장제의 기본이 되고 있는 성별 분업 논리에 의해 강화된다는 것을 알 수 있다. 여성 노인의 인구가 꾸준히 증가하고 있음에도 여전한 여성 노인에 대한 차별의 문제는 노인기의 적응과 생활, 나아가 여성의 노동과 빈곤이라는 생존의 문제에 직접적인 영향을 미치기 때문에 이에 대한 적극적인 인식과 변화의 노력이 요구된다.

3. 관계적 변화로서의 노화

노년기는 생애주기에서 마지막 단계로서 삶을 의미 있게 마무리하기 위한 완성기이다. 하지만 현재 우리나라에서 노년기에 있는 노인들은 어려운 경제적 · 사회적 · 정치적 전환기를 거치면서 다음 세대를 위해 한평생 살아왔지만, 대가족 중심의 가족체계가 핵가족화되면서 후손들에게 부양을 받지 못한 채, 빈곤 허탈감, 삶의 의미 상실, 사회적 측면의 위축, 지위와 역할 축소, 허탈감 등 다양한 문제를 마주하고 있다.

한편, 여성의 허탈감과 우울감에서는 사회문화적인 영향에 따른 신화적인 해석이 존재한다. 빈둥지 증후군이 여성에게만 한정된 특수한 경험이 아님에도 자녀를 떠나보내는 여성은 자신의 어머니 역할을 상실함으로써 우울과 불안, 허망감을 경험할 것이라는 고정관념이 중년 여성의 위기로 빈둥지 증후군에 집중하게 하는 것으로 해석할 수 있다. 이처럼 여성의 중년기는 가정 내 돌봄의 역할이 감소하고 자신의 내면에 집중할 수 있는 여유가 생기는 시기임에도 오늘날의 한국 사회에서는 여성의 돌봄 역할이 지속되고 가중되는 현상이 조부모의 손자녀 양육을 통해 드러나고 있다.

가정 내에서는 돌봄 노동의 제공자로 여성의 업무가 가중되는 한편, 사회적 지위에서 여성은 불안정, 무능력한 존재로 인식되어 여성의 노동력이 저평가받는 현실은 노년기 여성의 사회적 지위 상실, 빈곤과 같은 현실적인 적응의 문제로 직결되기 때문에 심각한 사회문제가 될 수 있어 이에 대한 관심이 요구된다.

이 절에서는 중년기와 노년기에 걸쳐서 일어나는 여성의 관계적인 변화와 여성 노인의 사회적 지위, 빈곤의 문제에 대해 살펴보고자 한다.

1) 빈둥지 증후군

빈둥지 증후군(empty nest syndrome)은 자녀가 독립한 후 부모가 슬픔, 상실감, 부적절감, 외로움, 부모 역할의 변화에 대한 적응의 어려움을 느끼는 심리적 상태를 의미한다. 마지막 자녀가 독립하고 난 뒤 느끼게 되는 부적응적인 반응들은 때로는 심리적 병리, 불안장애로 이어질 수 있기 때문에 주의가 필요하다(Mahmoudpour et al., 2023).

빈둥지 증후군은 남편은 바깥일에 몰두하고 자식들은 성장 후 각자 독립적이 되면서 가정이 빈 둥지화되어 가는 상황에 놓인 여성들의 소외감을 일컫는 용어로, 중년 여성의 위기를 설명하는 대표적인 현상의 하나로 언급되어 왔다. 하지만 자녀가 독립하고 나서 부모가 느끼는 허전함과 슬픔은 여성만의 경험이 아니다. 연구에 따르면, 남녀를 불문하고 중년 부모들은 성장하여 독립한 자녀의 성격이나 생활양식에 대해 많은 걱정과 불안을 경험하며, 이러한 감정은 부부 사이에 공유되고 상호영향을 미친다(Hay et al., 2008; Hong et al., 2024). 또한 자녀의 성장과 독립 앞에서 아버지 또한 버려진 느낌을 동반한 상실감을 느끼는 현상을 'The Empty Nest Father'라는 개념을 통해 설명하고 있어(Conover, 2005; Murray, 2023), 자녀를 떠나보내는 상실감은 어머니인 여성만이 느끼는 고유한 경험이 아님을 보여 준다.

빈둥지 증후군으로 상징되는 중년 여성의 어려움은 끊임없이 자신에게 주어진 역할을 수행하고 이행하는 여성이 여전히 엄마로서의 위치에 있지만 자녀가 커 가면서 엄마를 필요로 하지 않게 됨으로써 느끼게 되는 불안을 가정하고 있어, 여성이 남성 혹은 자녀와의 관계를 통해서만 그 존재를 인정받는 것으로 규정하는 사회적 편견을 내포하고 있다. 그동안 아내와 엄마로서 역할에 충실했던 여성이 가족 구성원의 독립으로부터 만족감이나 홀가분함보다는 '홀로 남겨진' '무의미한' 존재로 상정되는 것이다. 여성이 자녀 양육을 통해서 얻었던 '만족감'이 자녀의 성장을 통해 '허무감'으로 바뀌었다고 단정하는 것은 무리가 있다(배성신, 2013). 가족의 모습과 형태가 다양해져 가고 여성의 역할이 가정 안에서만 한정되고 있지 않은 오늘날에는 자녀의 독립을 맞이하는 여성의 경험을 새롭게 바라보아야 할 필요가 있으며, 자녀의 독립을 맞이하는 부모의 경험을 젠더 차별적인 시선에서 벗어나 사유할 수 있어야 한다.

자녀의 독립이 여성 모두에게 부정적인 영향을 미치는 것은 아니다. 많은 연구결과, 부모는 일시적으로 허전함을 느끼지만, 자녀의 독립 이후 개인적인 성장을 경험하고, 부부관계를 개선하고, 늘어난 여가를 즐기며, 더 나은 정신적 · 육체적 건강을 갖게 된다고 주장한다(Mitchell & Lovegreen, 2009; Simon & Caputo, 2019). 또한 자녀의 독립 후 어머니의 우울과 불안이 감소하여, 정신건강의 개선과 삶의 만족도가 향상되었다는 종단연구 결과가 존재한다(Johnson & Thompson, 2023). 라웁과 마이어스(Raup & Myers, 1989)는 '빈둥지 증후군'이라고 진단될 만큼 장기적이고 부정적인 증상을 겪는 중년 여성이 일부임에도 불구하고 모든 어머니인 여성의 문제로 치부하고 있는 언어적이고 미디어 문화적인 영향을 지적하며, 상담자들 역시 '빈둥지 증후군'이라는 언어 사용의 비하적인 의미와 영향을 인식해야 한다고 주장하였다. 여성이 부모 역할을 통해 얻었던 만족감을 개인적인 효능감으로 내면화하며, 자녀가 성장한 후에 유용한 방식으로 자신의 진로나 삶에서 찾아갈 수 있도록 지지하는 개입이 필요하다.

2) 돌봄 역할의 변화

여성에게 있어 중년기는 자녀 양육의 역할이 감소되면서 자유감의 증가로 잠재된 능력이 새로운 방향으로 전환되는 시기이다(김애순, 1993). 그럼에도 불구하고, 오늘날 한국의 중년 여성들은 노년기에 접어든 부모 세대와 성인기 자녀 세대의 중간 세대로 두 세대 모두에게 정서적 · 물질적 자원을 제공하는 이중 부담을 안고 있다. 오늘날에는 청년층의 교육 기간 및 취업 준비 시기의 연장과 노년층의 평균 수명 증가로 돌봄과 부양의 역할이 중과되었고, 이로 인하여 자녀 및 며느리로서의 역할, 아내, 어머니로서의 삼중 역할로 많은 부담과 갈등을 겪게 된다. 이러한 갈등 안에서 지금까지의 역할에 대한 가치와 의미를 찾지 못하고, 자기 자신에 대한 이해를 충분히 겪지 못한 중년기 여성은 상대적으로 자아에 대한 상실감과 고독감을 더욱 크게 느끼게 된다(권순화, 2010). 또한 가사노동과 자녀 양육에 대한 책임은 일차적으로 여성에게 있다는 전통적인 성역할 고정관념과 자아실현 및 자기 욕구 충족을 위해서는 독립적인 자기 일을 가져야 한다는 현대의 성역할 태도가 충동하면서 여성 내부의 혼란과 심리적 갈등이 증가될 수 있다(김승희, 2012). 여성은 중년기의 신체·심리적 변화를 겪으며 자신의 삶을 돌아보고 성찰하게 되면서, 독립적인 개인으로서가 아니라 어머니, 아내, 며느리로서의 역할에 치중되어 살아온 자신의 삶에 대한 회한과 아쉬움, 허탈함을 경험하게 된다.

하지만 안타깝게도 돌봄 노동이 가정 내에서 여성에게 치우친 현실은 노년기에도 지속된다. 18세 미만 자녀와 함께 사는 기혼여성의 고용률은 60.6%로(통계청, 2023), 여성 경제활동의 증가로 맞벌이 세대가 늘어나면서 돌봄을 받아야 할 노인층이 아동에게 양육을 제공하게 되는 '조부모 돌봄'이 증가하였고, 손자녀 양육의 부담은 조부보다는 조모에게 치중되는 것으로 확인되고 있다. 실제로 2021년 전국보육실태조사에 따르면, 조부모가 양육을 돕는 비율은 48.8%로 전체 양육의 절반에 달한다. 조부모의 손자녀 돌봄은 노인의 사회적 참여를 증가시켜 소외감과 무력감에서 벗어나게 하는 긍정적인 측면도 있지만, 손자녀 돌봄이 노년기의 신체적·정신적 건강을 악화시켜, 스트레스와 우울증, 수면 저하, 분노, 좌절감 같은 부정적인 영향을 미치고 있다는 연구가 다수 존재한다(오진아, 2006; 최해경, 2002; Kelley, 1993; Minkler et al., 1997). 양육 조부모의 44%가 정신건강 지표에서 중증도 이상의 문제를 보인다는 연구도 있어(Kelley, 1993), 노년기에까지 가중된 돌봄의 역할에 대한 재배치와 사회적 관심이 요구된다.

그뿐만 아니라 유배우자 여성 노인은 거의 매일 배우자 돌봄을 수행하며 일주일 중 하루도 쉴 수 있는 시간이 없다고 응답하였고, 이는 여성 노인의 삶의 만족도를 저하시키는 것으로 확인되어(한국여성정책연구원, 2012), 돌봄 노동이 평생에 걸쳐 여성에게 부과되고 있는 현실을 보여 준다. 중년기

후반이나 노년기는 노화의 과정과 자신의 건강을 점검함과 동시에 지나온 삶의 과정을 통합하고 자신과 주변을 돌아보는 중요한 시기임에도 불구하고, 손자녀와 배우자를 돌보는 데 사용되는 물리적인 시간과 에너지가 노년기의 과업에 충분히 몰입할 수 없게 하는 방해 요인이 되는 것으로 해석할 수 있다.

돌봄의 일 자체는 생존에 필수적이고 유용한 가치를 지닌 활동이다. 그럼에도 불구하고 돌봄을 여성의 일로 범주화하고 규정화하여 그 가치를 저평가하는 사회적인 문제가 여성에게 순환적으로 돌봄의 노동을 담당하게 하는 원인이 되는 만큼, 보살핌의 활동 경험과 가치가 사회에서 인정되고 성별을 넘어서 가정과 사회에서 적절하게 배분하려는 노력이 선행되어야 할 것이다.

3) 여성 노인의 사회적 지위와 빈곤

2023년 기준 65세 이상 여성 노인은 우리나라 전체 인구의 10.3%로 전체 인구의 8.1%에 달하는 남성 노인 인구에 비해서 상대적으로 높은 비율을 차지하고 있으며, 단독 비율로 보아도 전체 인구 10명 중 1명은 여성 노인으로 높은 구성비를 보인다(통계청, 2023). 하지만 2021년 국민연금통계연보에 따르면, 65세 이상 국민연금수급자는 남성은 83.4%인 데 비해 여성의 경우 35.2%에 그쳐 사회적 복지에서 배제된 여성들의 어려움을 예상할 수 있다(국민연금공단 기획조정실 편, 2022).

현세대의 여성 노인들은 일생 동안 가정 내에서 가사노동 및 재생산 노동을 담당해 왔으며, 사회적으로도 임금노동에 있어서 성차별을 겪으면서도 다양한 영역에서 비정규직의 노동을 이어 왔다. 그럼에도 불구하고 여성 노인은 노동 경력이 없는 집단으로 취급받으며 낮은 인적 자원을 이유로 노동시장에서 저평가받고 있다. 여성 노인들이 젊었을 때부터 노동시장에서 지속적인 성차별을 받아 왔고, 현재는 연령 차별과 성차별이라는 이중 차별을 받고 있음에도 여성 노인의 노동권에 대한 논의나 사회적 관심은 현저하게 낮은 실정이다(이해리, 2005). 여성 노인은 경제활동을 하지 않을 것이라는 성차별적 편견과 함께 나이 듦이라는 연령 차별이 가중되어 노동시장에서 적합한 노동자로 인식되지 못하는 것이다. 이러한 어려움은 여성 노인을 빈곤으로 내몰게 되는데, 2023년 기준 66세 이상 여성의 소득 빈곤율은 45.3%로 남성 빈곤율인 34.0%보다 11.3%가 높았고, 특히 65세 이상 여성 가구주의 빈곤율은 65.1%로 같은 세대 남성의 빈곤율(30.7%)의 2배 이상으로 나타나 빈곤은 상당수의 여성 노인이 겪고 있는 어려움이라고 볼 수 있다. '남성은 생계부양자, 여성은 가사노동자'라는 사회적 편견 속에서 살아온 고령층의 여성들은 일할 기회 자체를 얻지 못하거나, 서비스직 등 단순 노동직을 전전하는 경우가 많아 재취업 시장에서도 저임금의 문제를 벗어나기 어려운 것으로 해석할 수 있다.

사회적 지위에서도 여성은 남성과 다른 지위를 갖게 되는데, 자본주의 사회 안에서 직업을 가지고 공적 영역에서 활동하다 은퇴한 남성에게는 사회적 존중과 함께 퇴직연금, 국민연금 등의 실질적인 복지 혜택이 제공되지만, 여성 노인은 집에서 가사를 하며 공적인 일을 하는 남성이 보살피는 대상으로 인식되기 때문에 사회적 지위를 획득하지 못한 채 실제로 일을 하고 있음에도 불구하고 무능한 존재로 취급된다. 이러한 부당한 사회적 평가로 인해 전업주부인 여성 노인들의 자존감이 저하되며(이동옥, 2003), 노동시장에서 일하고 있는 여성 노인의 경우에도 여성의 노동력 자체가 저평가되면서 저임금, 고용불안, 차별 등의 실제적 어려움을 경험하는 것으로 확인되고 있다(정순둘 외, 2021).

노년 인구의 대부분이 여성이고 앞으로도 여성 노인이 상당히 늘어날 것으로 예측되며, 여성 노인이 어느 인구층보다 가장 경제적으로 혜택받지 못하고 불리한 집단임에도 현재 노인 정책들은 남성 노인의 여건에 초점을 두었을 뿐 여성 노인의 문제는 제대로 인식되고 있지 않다(조병은, 1990). 여성 노인들의 노화에 따른 현실적인 경험과 차별의 문제에 대한 실제적인 관심과 정책적인 제안이 절실히 요구된다. 해비거스트(Havighurst, 1961)의 활동 이론(activity theory)에서는 노년기에 신체적 노화와 역할 상실 등으로 인해 겪는 변화를 극복하기 위해서는 기존의 역할과 일에서 분리되는 것이 아니라 활동의 내용을 대치시켜 안정된 활동 수준을 유지하고 지속해야 한다고 강조한다. 여성 노인 스스로가 자립적으로 살아가며 자신의 노동 가치를 느끼고 효용성을 인식할 수 있도록 실제적인 지원과 정책적인 통로가 제공되어야 한다.

4) 여성 노인의 상실

노년기에 노인에게 나타나는 대부분의 변화는 다양한 형태의 상실(loss)로 경험된다. 신체적으로도 건강의 약화, 감각기관의 예민성의 상실, 반응 속도의 둔화를 경험하며, 사회적으로는 직업적 역할과 지위의 상실, 그리고 관계에서도 중요한 타자의 죽음 등 상실의 문제는 노인이 직면해야 하는 삶의 과제 중 하나라고 볼 수 있다. 특히 여성 노인은 평균 수명이 남성에 비해 길기 때문에 삶에서 중요한 상실을 경험할 확률이 높아진다. 실제로 2021년 통계 결과에 따르면, 65세 이상 남성 노인의 유배우자 비율은 72.5%인 것에 비하여 65세 이상 여성 노인 중 유배우자 비율은 27.6%에 그쳤고, 65세 이상 여성 노인의 26.9%가 배우자 사별을 경험한 것으로 나타나, 여성이 배우자와 사별한 뒤 혼자 사는 기간이 현저하게 길 것으로 예상할 수 있다. 오랜 세월 함께해 온 배우자와 사별하는 일은 정신적 · 물리적 차원의 스트레스를 수반할 만큼 충격적인 사건이며 개인의 삶을 뒤흔들 만큼 생활에 중대한 변화를 일으킬 수 있으며(Strobe & Strobe, 1993), 배우자 사별 경험은 남은 이에게 슬픔, 외로움, 분노, 죄책감 등의 부정적인 정서를 초래한다(이혜경, 2016). 여성 노인의 경우 배우자 사별로 인해 버림받았다는 느낌과 우울감, 사회적 위축감을 크게 느끼는 것으로 알려져 있고(Worden, 2002), 사별을 경험한 노인은 그렇지 않은 노인보다 지병 등의 악화로 신체적 문제가 나타나고, 사회적 고립감과 위축감을 경험한다(Kelly, 2010). 특히 우리나라 여성 노인의 경우 경제적 지원 등을 배우자에게 의존한 경우가 많아 사별 후 고통이 더욱 클 수 있다(이미진, 이용우, 2008).

하지만 슬픔을 표현하는 데 있어 절제된 태도를 보이며, 슬픔을 겉으로 드러내기보다는 내면화하는 경향이 높은 한국 사회의 문화적 특성과 함께 노인의 배우자 사별 경험을 노년기 발달과정에서 일어나는 자연스러운 사건으로 인식하게 되기 때문에(Lynn, Schuster, & Kabcenell, 2000), 노년의 상실과 애도에 충분한 관심을 기울이지 못하게 된다.

한편, 오랜 기간 배우자를 수발한 여성 노인의 경우 배우자 사망 이후 신체적 · 정서적 의무감에서 벗어나 새로운 정체성을 정립하고 인생을 재정의하는 것으로도 나타난다(Blieszner & Hatvany, 1996). 이는 삶의 여러 국면에서 상실을 경험하고 있는 여성 노인들에 대한 적절한 개입을 통해 상실과 죽음에 대한 의미의 재해석을 돕는 것이 긍정적인 영향을 미칠 수 있음을 의미한다. 이 과정에서 죽음을 외면하거나 두려워할 것이 아니라 다가오는 죽음을 직면하면서 자신의 삶을 정리할 수 있도록 노년기 죽음에 대한 준비교육이 도움이 될 수 있다(변미경 외, 2017). 가족, 친구, 친척, 이웃들과의 정서적 교류를 통해 심리적 지지를 받는 사회적 지지체계가 노년기 정신건강과 심리적 안녕에 긍정적인 영향을 미치는 것으로 확인된 만큼, 노년기에 상실을 경험한 여성들이 축소된 대인관계 내에서 깊고 친밀한 유대감을 쌓아 나갈 수 있도록 지지하는 것이 필요하다.

토론거리

1. 여러분의 가정 내에서 어머니의 역할은 무엇인지, 어머니의 생애주기, 가족의 생활주기에 따라 그 역할이 변화해 왔는지, 변화해 왔다면 어떠한 변화를 겪어 왔는지에 대해 생각해 보고 이야기 나눠 봅시다.
2. 중년 여성이 겪는 가장 큰 위기로 '폐경기'와 '빈둥지 증후군'이 언급되고 있습니다. '폐경기'에 대해서는 여성이 '여성성'을 상실한 것에 대한 부정적 정서를, '빈둥지 증후군'에 대해서는 여성이 어머니로서 자신의 역할을 상실하는 것에 대한 공허감을 느낀다고 보는 사회적인 시각에 대해 비판적으로 논의해 봅시다.
3. 돌봄의 노동이 여성에게 치중되어 여성 노인이 될 때까지 돌봄 노동의 순환에 놓여 있는 여성의 문제에 대해 논의해 보고 적절한 해결책을 함께 토의해 봅시다.

추천 영상 및 영화

- **영화 〈69세〉(2020)-노년기 여성으로 세상을 살아간다는 것:** 영화 〈69세〉는 69세 여성 효정이 남성 간호조무사에게 성폭행을 당한 후 사회적 편견과 싸우는 이야기입니다. 이 영화는 여성 노인에 대한 성폭력 문제를 중심으로, 젠더와 노화로 인한 사회적 편견을 조명합니다. 여성 노인을 무성적 존재로 보는 사회적 편견과 함께 여성 노인이 혼자 살아가며 겪게 되는 낮은 사회적 지위와 빈곤의 문제 등을 함께 조망할 수 있는 영화입니다. 더불어 자신의 심리적 고통과 사회적 편견에 대응해 가는 여성 효정의 주체적인 노력을 응원하게 됩니다.
- **드라마 〈디어 마이 프렌즈〉(2016):** 드라마 〈디어 마이 프렌즈〉는 번역작가 박완(고현정)이 어머니 장난희(고두심)와 그녀의 친구들인 조희자, 문정아, 오쌍분, 이영원 등의 이야기를 기록하는 과정을 그립니다. 이들은 각자 신체적인 노화, 상실, 빈곤 등의 다양한 문제를 겪으며 서로에게 의지하고 삶의 의미를 찾아갑니다. 세대 간의 갈등과 화합, 가족 내 노년 여성에 대한 이해와 지지, 노년 여성이 겪는 사회적 편견과 차별을 다루고 겪어 나갑니다. 노년 여성들의 삶을 통해, 여성심리학적 관점에서 자아정체성, 사회적 관계, 도전과 극복의 중요성을 드라마로 다루어 냅니다. 노년 여성들이 자신의 삶을 주

체적으로 살아가며, 서로에게 지지와 힘이 되는 과정을 감동적으로 그려 냅니다.

추천 도서

- **신경숙의 『엄마를 부탁해』**(2008): 자녀들이 독립한 후 느끼는 부모의 상실감과 외로움을 중심으로, 노년 여성의 심리를 섬세하게 그려 냅니다. 자신의 존재를 잃어버린 채 어머니로, 아내로 살아온 여성의 이야기로, 어머니가 실종된 후로 가족들이 어머니의 삶을 돌아보며 엄마의 일생을 돌아보고 그 존재의 의미를 되새기게 됩니다. 각 장에서 자녀들의 시선, 남편의 시선, 그리고 마지막으로 여성 자신의 시선으로 여성의 삶을 바라보고 있어, 한국 사회에서 어머니로서 여성의 희생과 그 안에서 잃어버린 여성 주체에 대해 생각해 볼 수 있게 합니다.

참고문헌

고지영(2011). 경기도 중년여성 생활실태 조사. 경기도가족여성연구원.

국민연금공단 기획조정실 편(2022). 국민연금통계연보 2021년 제34호. 국민연금공단.

권미리(2016). 연령 차별주의가 노인의 사회참여에 미치는 영향. 서울여자대학교 대학원 논문집, 22(3), 101-120.

권순화(2010). 중년기 여성의 고독감과 상실감. 한국심리학회지: 여성, 15(2), 123-145.

김승희(2012). 중년기 여성의 내부 혼란과 심리적 갈등. 한국심리학회지: 발달, 27(4), 1-25.

김애순(1993). 중년기 위기감: 회고적 청년기의 정체감 발달 상태에 따른 중년기 위기감 수준. 한국심리학회지: 발달, 6(2), 75-84.

김주현(2009). 연령주의(Ageism) 관점을 통한 노년의 이해. 사회와 역사, 82, 361-391.

김주현, 김지혜, 김희주(2013). 노인의 '나이듦'의 경험에 대한 연구: 서울과 수도권 노인을 중심으로. 한국가족복지학, 18(3), 269-310.

박금자(2002). 중년여성의 삶의 의미와 영향요인. 여성건강간호학회지, 8(2), 232-243.

배성신(2013). 신자유주의시대 감정관리와 '여성' 범주의 재구성: 미디어의 여성 우울증 담론 분석. 이화여자대학교 대학원 석사학위논문.

변미경, 현혜진, 박선정, 최은영(2017). 웰다잉 프로그램이 노인의 삶의 의미, 자기효능감 및 성공적 노화에 미치는 효과. 한국산학기술학회 논문지, 18(10), 413-422.

손지원(2015). 중년기 여성의 사회활동과 긍정적 전환. 사회복지연구, 20(3), 67-89.

여은경(2024). 중년기 여성의 가족 이해와지지. 가족상담복지학회지, 29(1), 45-62.

오진아(2006). 손자녀 양육 조부모의 스트레스. 한국가정관리학회지, 24(3), 45-67.

이동옥(2003). 여성들의 노후준비와 자원접근성에 관한 연구. 이화여자대학교 대학원 석사학위논문.

이미진, 이용우(2008). 사별과 여성노인의 경제적 상태에 대한 종단적 연구. 사회보장연구, 24(3), 117-143.

이해리(2005). 여성노인 노동력의 배제와 통합에 대한 고찰. 여성학논집, 22(2), 35-69.

이혜경(2016). 배우자 사별을 경험한 독거노인의 애도수준과 자살생각 간의 관계: 우울의 매개효과를 중심으로. 정신건강과 사회복지, 44(1), 24-47.

정경희(2004). 한국 노인의 지위 변화. 한국사회학회지, 38(2), 201-220.

정순둘, 장명선, 이은진, 송보가, 김재민(2021). 일할 수밖에 없는 여성노인의 다중차별 경험에 관한 연구. 이화젠더법학, 13(2), 171-216.

정영숙(2011). 한국 여성노인의 잘 나이들기: 성숙한 노화 개념의 탐색. 한국고전여성문학연구, 23, 5-56.

정희진(2003). 한국사회의 노인문제와 복지정책. 사회복지연구, 19(1), 55-78.

조병은(1990). 한국여성노인문제에 대한 이론적 고찰. 여성연구, 한국여성개발원.

천명자(2006). 여성의 나이듦과 사회적 인식. 여성학연구, 22(1), 77-95.

최해경(2002). 조부모의 손자녀 양육 부담. 한국노년학, 22(1), 55-57.

통계청(2022). 사회조사 보고서.

통계청(2023). 2023년 한국의 여성 경제활동 보고서.

한국여성정책연구원(2012). 여성 노인의 돌봄 노동 실태와 삶의 만족도. 한국여성정책

연구원.

홍지영, 김승현, 정훈, 한예진(2024). 자녀의 독립에 따른 중년 부모의 심리적 영향. 한국가족학회지, 33(1), 123-140.

Blieszner, R., & Hatvany, L. E. (1996). Diversity in the experience of late-life widowhood. *Journal of Personal and Interpersonal Loss, 1*(2), 199-211.

Conover, P. J. (2005). *The empty nest father: Understanding men's emotional responses to children leaving home*. University of Chicago Press.

Hay, C., Smith, J., Brown, L., & Johnson, A. (2008). Research on parental anxiety and concerns about independent adult children. *Journal of Family Psychology*, *25*(4), 561-570.

Havighurst, R. J. (1961). Successful aging. *The Gerontologist*, *1*(1), 8-13.

Hummert, M. L., Garstka, T. A., O'Brien, L. T., Greenwald, A. G., & Mellott, D. S. (2002). Using the implicit association test to measure age differences in implicit social cognitions. *Psychology and Aging*, *17*(4), 482-495.

Hong, J., Kim, S., Cung, H., & Han, Y. (2024). The psychological impact of children's independence on middle-aged parents. *Korean Journal of Family Studies*, *33*(1), 123-140.

Johnson, L. M., & Thompson, R. D. (2023). The empty nest and maternal mental health: A longitudinal study. *Journal of Family Psychology, 37*(4), 512-523.

Kelley, S. J. (1993). Caregiver stress in grandparents raising grandchildren. *IMAGE: Journal of Nursing Scholarship*, *25*(4), 331-337.

Kelly, M. M. (2010). *Grief: Contemporary theory and the practice of ministry*. Fortress Press.

Kite, M. E., Stockdale, G. D., Whitley, B. E. Jr., & Johnson, B. T. (2005). Attitudes toward younger and older adults: An updated meta-analytic review. *Journal of Social Issues*, *61*(2), 241-266.

Lynn, J., Schuster, J. L., & Kabcenell, A. (2000). *Improving care for the end of life: A sourcebook for health care managers and clinicians*. Oxford

University Press.

Mahmoudpour, M., Kejani, R., Karami, R., Toosi, M., & Ahmadboukani, S. (2023). Psychological responses to the 'Empty Nest Syndrome' among parents after children's independence: Implications for mental health. *Journal of Family Psychology*, *45*(3), 300–315.

Minkler, M., Roe, K. M., & Price, M. (1997). The physical and emotional health of grandmothers raising grandchildren in the crack cocaine epidemic. *The Gerontologist*, *37*(3), 367–376.

Mitchell, B. A., & Lovegreen, L. D. (2009). The empty nest syndrome in midlife families: A multimethod exploration of parental gender differences and cultural dynamics. *Journal of Family Issues*, *30*(12), 1651–1670.

Murray, J. (2023). Revisiting the 'Empty Nest Father': Modern perspectives on paternal loss and identity. *Journal of Marriage and Family*, *85*(2), 255–270.

Raup, J. L., & Myers, J. E. (1989). The Empty Nest Syndrome: Myth or reality? *Journal of Counseling & Development*, *68*(2), 180–183.

Sigelman, C. K., & Shaffer, D. R. (1995). *Life-span human development*. Brooks/Cole Publishing Company.

Simon, R. W., & Caputo, J. (2019). The costs and benefits of parenthood for mental and physical health in the United States: The importance of parenting stage. *Society and Mental Health*, *9*(3), 296–315.

Strobe, M., & Strobe, W. (1993). *The broken heart: The medical consequences of loneliness*. Basic Books.

Turner, J. S., & Helms, D. B. (1983). *Lifespan development*. Harcourt Brace College Publishers.

Worden, J. W. (2002). *Grief counseling and grief therapy: A handbook for the mental health practitioner* (3rd ed.). Springer Publishing Company.

Yuting, Ma., Baoshan, Zhang., Xin, Zhang., & Yibo, Hu. (2023). Experiencing daily negative aging stereotypes and real-life cognitive functioning in older adults: A diary study. *Psychology and Aging*, *38*(7), 725–739.

제3부

여성심리학과 인지 및 성격

제5장 인지와 성 고정관념

제5장

인지와 성 고정관념

신홍임

국립순천대학교
자유전공학부 부교수

여성은 남성에 비해 언어능력이 우수하고, 남성은 여성보다 공간능력이 더 우수하다는 생각은 널리 퍼져 있는 고정관념이다. 실제로 몇몇 선행연구에서는 성 고정관념을 지지하는 결과를 보여 주고 있다. 이 장에서는 여성과 남성에 대한 고정관념 및 전통적 성역할과 연관된 인지심리학의 연구를 살펴보려 한다.

이 장의 차례는 다음과 같다.

인지심리학 연구에서 성별 차이에 대해 자주 언급되는 대표적인 예 중 하나는 공간능력(spatial ability)에 관한 차이다. 보이어, 보이어와 브라이든의 연구(Voyer, Voyer, & Bryden, 1995)에 따르면, 남성과 여성은 특정 인지 과제에서 성별에 따른 차이를 보일 수 있다. 예를 들어, 공간 회전(mental rotation) 과제는 이러한 성별 차이를 확인할 수 있는 대표적인 실험이다. 이 과제에서 참가자들은 3차원 물체를 머릿속에서 회전시켜 같은 모양인지, 아니면 다른 모양인지 판단해야 한다. 여러 연구결과에 따르면, 일반적으로 남성이 공간 회전 과제에서 더 빠르고 정확하게 수행하는 경향이 있다.

이러한 차이가 나타나는 이유에 대해서는 여러 가설이 있다. 하나는 진화적 관점이다. 남성은 사냥이나 길 찾기 같은 활동을 하며 공간능력을 더 발달시켰고, 이 때문에 현재까지도 이러한 능력에서 차이가 나타난다는 것이다. 또 다른 가설은 사회적 학습이다. 어릴 때부터 남성과 여성이 서로 다른 놀이활동을 경험하고, 이 과정에서 남성은 공간적 과제를 많이 경험하는 반면, 여성은 그렇지 않다는 점이 차이를 만든다는 주장이다.

그러나 이러한 차이는 모든 사람이 아니라 평균적인 경향일 뿐이며, 많은 여성도 우수한 공간 회전 능력을 보일 수 있고, 남성들도 약한 경우가 있다. 성별 차이에 대한 논의에서는 개인의 능력을 고정된 것으로 보지 않고, 각자의 경험이나 환경적 요인에 따라 변화 가능하다는 것을 인식하는 것이 중요하다. 이 장에서는 성별 차이에 대한 심리학의 다양한 연구에 대한 비판적 관점을 취하고, 학문적 시사점을 도출해 보는 것을 목표로 한다.

1. 성 고정관념의 개념

성 고정관념(gender stereotype)은 특정 성별에 대해 고정된 이미지나 기대를 갖고 있는 사회적 믿음을 의미한다. 이는 남성과 여성이 가져야 한다고 여겨지는 역할, 행동, 성격에 대한 전형적인 생각을 반영한다. 예를 들어, 남성은 강하고 리더십이 있으며, 여성은 감정적이고 양육적이라는 일반적인 인식이 성 고정관념의 예이다. 이러한 고정관념은 개인의 성격이나 능력에 대한 편견을 형성하고, 성별에 따라 사회에서 기대되는 역할을 제한할 수 있다.

성 고정관념의 예시는 다음과 같다.

- **직업적 고정관념**: 남성은 과학, 공학, 경영 등의 직업에 적합하고, 여성은 교육, 간호, 가정과 같은 직업에 더 어울린다는 인식
- **성격 고정관념**: 남성은 논리적이고 독립적이며, 여성은 감정적이고 배려심이 많다는 전형적인 성격에 대한 믿음
- **사회적 역할**: 남성은 생계를 책임지는 역할을 하고, 여성은 가정을 돌보는 역할을 해야 한다는 기대

이러한 고정관념은 한 개인의 행동, 의사결정, 심지어 자기인식에도 영향을 미칠 수 있다. 예를 들어, 여성은 수학이나 과학 분야에서 잘할 수 있음에도 불구하고, 이 분야에 대한 성 고정관념으로 인해 스스로 이러한 직업을 피하거나 능력을 과소평가하는 경우가 있다. 마찬가지로, 남성은 감정 표현을 억제하도록 강요받거나 양육자 역할을 하는 데 부담을 느낄 수 있다.

2. 성 고정관념, 성역할과 정보처리

1) 성 고정관념에 대한 인지심리학 연구결과

그동안 성 고정관념은 인지심리학에서 많은 주목을 받았던 주제이다. 성 고정관념에 대한 연구들을 정리해 보면 다음과 같다.

- **성 고정관념과 정보처리과정**: 피스케와 테일러의 연구(Fiske & Tayor, 2017)에서는 성 고정관념을 포함한 다양한 사회적 인지과정을 설명하며, 고정관념이 어떻게 형성되고 인식에 영향을 미치는지를 다룬다.
- **성 고정관념과 사회적 역할에 대한 기대**: 이글리와 우드의 연구(Eagly & Wood, 2012)에서는 성 고정관념이 어떻게 사회적 역할이론에 의해 형성되고 유지되는지 설명한다. 남성과 여성이 사회에서 맡는 역할이 성 고정관념에 큰 영향을 미친다는 이론을 다룬다.
- **성 고정관념과 기억**: 벰의 연구(Bem, 1981)에서는 성 고정관념이 어떻게 형성되는지를 인지심리학적 관점에서 설명한다. 이 이론은 사람들이 자신이 속한 성별에 맞는 정보를 더 잘 기억하고 적용하는 경향이 있다는 이론이다.
- **성 고정관념과 사회적 관계**: 리지웨이와 코렐의 연구(Ridgeway & Correll, 2004)에서는 성 고정관념이 사회 구조와 상호작용하는 방식을 설명하며, 성별 신념이 사회적 관계와 권력 분포에 어떻게 영향을 미치는지 다룬다.
- **직장에서의 성 고정관념과 차별**: 하일먼의 연구(Heilman, 2012)에서는 직장에서 성 고정관념이 어떻게 편견과 차별로 이어질 수 있는지를 다룬다. 여성과 남성 모두에게 영향을 미치는 직업적 기대와 차별을 설명한다.

2) 성 고정관념의 위협

고정관념(stereotype)은 특정 대상이나 집단 구성원의 속성(attribute)에 대해 사회 대다수의 사람이 공유하고 있는 생각이다. 예를 들어, '여성은 수학이나 과학에 재능이 없다.'라는 생각은 그것의 진위 여부에 상관없이 사회 전체에 널리 퍼져 있는 고정관념이라고 할 수 있다. 고정관념 위협(stereotype threat)은 사회적 성취 상황에서 특정 사회 집단에 대한 부정적인 고정관념이 활성화되었을 때 집단 구성원들의 과제 수행 결과가 고정관념이 활성화되지 않은 상황보다 현저하게 나빠지는 현상을 지칭한다. 이 현상은 스틸과 애런슨의 연구(Steele & Aronson, 1995)에서 "흑인은 백인보다 지능에서 열등하다."라는 고정관념을 활성화시켰을 때 흑인 대학생들의 과제 수행 결과가 백인 대학생들의 것보다 저조했던 실험에서 처음 발견되었으며, 최근까지 약 300여 개의 관련 사례가 국제학술지에서 보고되고 있다.

부정적인 고정관념은 흑인의 지능검사에서뿐만 아니라 여성의 수학 영역 성취도, 빈곤층 가정 학생들의 학업성취도, 노인의 기억과제 등 다양한 사회 집단의 인지적 과제 수행을 방해하고 있는 것으로 나타났다.

고정관념의 위협에 대한 설명은 상황적/개인적 요인을 구분해 볼 때, 다음과 같다. 먼저 상황적 요인을 살펴보면 다음과 같다.

- 집단 정체성의 부각(group identity salience): 과제를 수행하고 있는 상황에서 한 개인이 속한 집단이 중요한 의미를 가질 때 고정관념 위협에 처할 가능성은 높아진다. 고정관념 위협에 대한 초기의 연구결과들은 고정관념 위협의 영향을 자주 받았을 가능성이 높은, 전통적으로 사회적 낙인(social stigma)과 연결된 집단(예: 흑인, 여성)을 중심으로 실시되었다. 스틸과 애런슨(1995)은 참가자들에게 수학시험을 실시하기 전에 질문지를 배부하고, 성별을 기입하라고 지시하였다. 검사 전에 성

별 기입을 했던 조건에서는 여학생의 수행결과가 남학생의 것보다 나빴지만, 성별 기입을 하지 않았던 조건에서는 두 집단 간의 수행결과의 차이가 나타나지 않았다. 따라서 검사 직전 성별의 단순한 기입은 피험자에게 자신이 속한 집단의 부정적인 정체성을 인식하게 하는 데 충분하며, 이를 통해 고정관념 위협의 효과를 초래할 수 있는 것으로 보인다. 그러나 여기에서 사회적 낙인으로서 갖고 있는 열등감이 고정관념 위협의 효과가 나타나는 데 필수적인 조건은 아닌 것 같다. 몇몇 연구는 역사적으로 부정적인 이미지와 연결되지 않은 사회 집단(예: 백인, 남성)에서도 고정관념의 위협효과가 나타남을 보고하고 있다. 쾨니히와 이글리의 연구(Koenig & Eagly, 2005)에서는 대인관계검사(the Interpersonal Perception Task-15; Costanzo & Archer, 1993)를 실시하기 전에 여성이 남성보다 더 뛰어난 사회적 감수성(social sensitivity)을 갖고 있나고 설명한 조건에서 남학생의 검사결과가 여학생의 것보나 낮았다. 전통적으로 사회 비교과정에서 우월한 위치를 차지하고 있는 백인이나 남성들에 관한 이러한 연구결과들은 고정관념 위협효과가 사회적 낙인에만 국한되어 나타난다기보다는 과제 수행 상황에서 외집단과의 비교를 통해 불리한 위치에 있을 경우 다양한 사회 집단에 일반화되어 나타날 수 있음을 보여 준다.

- 고정관념과의 연관성(stereotype relevance): 현재 수행하는 과제가 고정관념과의 연관성이 커질수록 고정관념 위협의 효과는 달라진다. 스펜서 등(Spencer et al., 1999)은 수학시험 점수가 성별 간의 차이를 나타낸다는 설명을 한 이후 수학문제를 제시했던 조건에서는 여학생들의 점수가 남학생들의 점수에 비해 낮았으나, 수학시험에서 성별 간의 차이가 없다고 설명했던 조건에서는 고정관념 위협효과가 나타나지 않았다. 이는 동일한 과제에서도 수행 상황이 어느 정도 불리한 고정관념과 연결되는지의 정도가 고정관념의 위협효과에 영향을 주고 있음을

보여 준다. 이 연구는 고정관념의 위협효과가 한 집단에 대한 불리한 고정관념으로부터 발생할 수 있음을 나타내는 증거이며, 인지적 과제 수행 시 특정 집단에 불리한 고정관념과의 연관성을 최소화시키는 상황설계가 이러한 효과를 감소시킬 수 있다는 것을 보여 준다. 또한 스톤과 맥휘니의 실험(Stone & McWhinnie, 2008)에서는 직접적인 단서로서 백인 여대생들에게 신체운동 능력과 성차(genderdifference)의 관계에 관해 피험자들이 골프를 치기 전에 설명하고, 간접적인 단서로서는 실험자 배정 조건을 여성과 남성으로 각각 구분하였다. 결과는 직접적인 단서와 간접적인 단서 모두 고정관념 위협에 영향을 끼침을 보여 주었다. 신체운동 능력과 성차에 대해 설명한 조건에서는 마지막 목표 지점까지 도달하기 위해 골프공을 친 횟수가 다른 직접적인 연관성이 낮은 조건(예: 인종 간 차이 또는 심리적 요인과의 관계에 대해 설명한 조건)보다 더 많아 수행결과가 고정관념의 직접적인 단서에 의해 영향을 받고 있음을 나타냈다. 또한 실험 실시자가 남성인 경우에는 여성인 경우보다 여대생들이 각각의 마지막 지점에 공을 넣는 정확도가 더 낮아 간접적인 단서도 고정관념 위협효과에 영향을 주고 있음을 보여 주었다.

- 과제난이도(task difficulty): 고정관념의 위협은 과제난이도가 높은 과제에서 뚜렷하게 나타난다. 스펜서 등(1999, 실험 1)은 수학 영역에서 수행 수준이 비슷한 학생들을 사전에 분류한 후 수학시험을 실시했을 때, 난이도가 높은 수학시험에서는 여학생이 남학생보다 낮은 수행결과를 보였지만, 이러한 차이는 난이도가 낮은 수학시험에서 나타나지 않았다. 이러한 고정관념 위협과 과제난이도 간의 관계는 이 효과를 매개하는 데 인지적 과정이 개입되어 있을 가능성을 보여 준다. 자신에게 불리한 고정관념의 활성화가 과제 수행 상황에서 인지적 에너지를 소모하게 하여 현재 수행하고 있는 과제에 대한 집중력을 떨어뜨리고, 이로 인해 작업기억(working memory)의 원활한 기능을 방해할 수

있을 것이다. 슈마더와 존스의 연구(Schmader & Johns, 2003)에서는 고정관념 위협조건에서 어려운 수학시험 문제들을 제시했을 때, 여학생의 점수와 작업기억 용량이 통제조건보다 더 적었다.

개인적 요인은 일반적으로 부정적 고정관념과 자주 연결되는 흑인, 여성, 노인 등에게 고정관념의 위협효과가 모두 동일하게 나타나지는 않는다. 고정관념의 위협에 영향을 끼치는 개인적 요인으로 다음의 두 가지를 들 수 있다.

- 내집단과의 동일시(group identification): 자신이 속한 다양한 사회 집단 중에서 한 개인이 특히 어느 집단과 동일시하며, 사회적 정체성을 발달시키는지는 고정관념의 위협효과에 영향을 준다. 사회 정체성(social identity) 이론에서는 개인적 정체성과 사회적 정체성을 구분하며, 인간이 긍정적인 개인적·사회적 정체성을 형성하려는 데 동기화되어 있다고 한다. 이러한 관점에서 볼 때 자신이 속한 집단에 대한 사회의 부정적인 이미지는 자신이 속한 집단이 다른 집단보다 열등함을 암시하기 때문에 한 개인의 사회적 정체성에 위협을 주게 된다. 쉬, 피틴스키와 암바디(Shih, Pittinsky, & Ambady, 1999)는 질문지에 인종 혹은 성별을 기입하는 것을 통해 동양계 여학생들에게 '동양인' 또는 '여학생'이라는 사회적 정체성을 활성화시켰다. 미국과 캐나다에서 여대생을 대상으로 실시한 이 실험에서 수학시험 정답률은 인종 기입을 통해 수학 영역에서 긍정적인 이미지를 갖고 있는 '동양인'이라는 정체성을 활성화시켰을 때가 성별 기입을 통해 부정적인 이미지인 '여성'이라는 정체성을 활성화시켰을 때보다 더 높았다. 슈마더(2002)는 여학생들이 자신을 여성으로 인식하는 정도가 수학시험에서의 고정관념 위협효과와 어떤 관계가 있는지를 실험을 통해 검증하고자 일련의 문장(예: '여자'인

것은 나에게 있어 중요하다)을 제시하고 이를 평가하도록 하여, 피험자가 자신을 여성으로서 동일시하는 정도를 조사하였다. 여학생과 남학생의 수학 실력을 검사해 보고자 한다는 지시문을 주었던 조건에서 자신을 여성으로서 강하게 인식하고 있는 여학생의 수행결과는 그렇지 않은 여학생들의 것에 비해 더 낮았다. 따라서 한 개인이 내집단과 동일시하는 정도는 고정관념의 위협효과를 매개하는 것으로 나타났다.

- **고정관념의 타당성에 대한 승인(stereotype approval)**: 부정적인 고정관념의 집단에 속한 구성원들이 자신에게 불리한 고정관념이 합당한 것이라고 생각하는 것은 논리적이지 않아 보이지만, 실제로 이러한 현상들은 많이 보고되고 있다. 러너(Learner, 1980)는 사람들이 자신이 살고 있는 사회를 합법적인 것으로 인정하려는 경향이 있으며, 이것은 개인이 얻게 되는 결과물이 자신의 능력과 활동에 기초하는 공평한 세계에 살고 있다는 믿음에 근거한다고 하였다. 대체로 사회에서 혜택을 누리는 집단일수록 사회적 불평등을 합법화시키는 원리를 좀 더 인정하는 경향이 있지만, 합법성에 대한 인정은 사회에서 오히려 가장 혜택을 받지 못하는 사회 집단의 구성원들에 의해서도 가능하다고 연구들은 보고하고 있다. 또한 사회적 지위가 낮은 집단에서 사회의 합법성에 대한 믿음을 갖고 있는 구성원일수록 내집단에 대한 호감과 동일시 정도가 낮으며, 높은 사회적 지위의 외집단과 연결된 속성을 높게 평가하는 경향이 있었다. 블랜튼, 크리스티와 다이의 연구(Blanton, Christie, & Dye, 2002)에서는 실험에 참가한 여학생들의 41%가 남성이 여성보다 수학에서 우월한 능력을 갖고 있다는 고정관념이 적어도 어느 정도는 타당하다고 인정했으며, 이 여학생들은 수학에서 부정적인 자기개념을 갖고 있었다. 질문지를 통해 고정관념에 대한 태도를 직접 조사하는 것은 자기보고의 오류를 포함할 가능성이 있기 때문에, 노섹, 바나지와 그린월드의 연구(Nosek, Banaji, & Greenwald, 2002)에서는 '수학/

예술'과 '남성/여성'에 관련된 단어들을 연결시킨 쌍에 대한 반응시간의 차이를 측정하는 암묵적 연상검사(implicit association test)를 통해 참가자들의 성 고정관념적인 태도를 간접적으로 파악하였다. '수학–남성'과 '수학–여성'에 대한 어휘판단과제 반응시간을 측정했고, '수학–남성'보다 '수학–여성'에 대한 반응시간이 더 오래 걸렸을 때 수학에 대한 성 고정관념적 태도로 추정하였다. 남학생과 여학생의 성 고정관념적 태도 및 수학과 자신과의 동일시 정도에 대한 상관관계를 분석했을 때, 남학생들의 경우 수학에 대한 성 고정관념적 태도가 강할수록 수학과 자신과의 동일시 정도가 높았던 것에 비해 여학생들은 강한 성 고정관념적 태도를 갖고 있을수록 수학과 자신을 동일시하는 정도가 낮았다. 또한 남학생들의 강한 성 고정관념적 태도는 대학입학 시 수학 영역에서 높은 점수와 유의한 정적 상관관계에 있었으며, 여학생들의 경우 성 고정관념적 태도가 강했을 때 수학점수가 대체로 낮은 경향을 발견할 수 있었다.

따라서 이 연구는 여학생들이 수학 영역에 대한 성 고정관념을 어느 정도 타당한 것으로 받아들이고 있는지에 따라 수학에 대한 동일시와 과제 수행결과가 영향을 받고 있음을 보여 준다. 또한 수학계열 전공의 여학생에게 설문조사를 실시한 결과, 성에 따른 사회적 지위의 차이를 정당한 것으로 인정하는 여학생일수록 수학 영역에서의 여성에 대한 고정관념을 받아들이는 경향이 있었으며, 이 여학생들은 수학 분야에서 자신의 능력에 대한 부정적 인상을 형성하고, 추후 진행될 학업에 대한 흥미를 다른 여학생들보다 더 적게 나타냈다. 또한 성 고정관념을 합리적인 것으로 받아들이고 있는 여학생일수록 고정관념 위협의 영향을 더 많이 받아 수학 영역에서 저조한 과제 수행결과를 보였다.

이 선행 연구결과들을 종합해 볼 때, 한 개인의 과제 수행결과가 부정적인 고정관념에 의해 영향을 받는 정도는 개인이 고정관념과 연결된 상황의 단서를 지각하여 집단 정체성이 부각되고, 자신과 이 고정관념과의 연관성을 인식하는 것에 의해 결정된다고 볼 수 있다. 이때 과제난이도 또는 개인이 기본적으로 갖고 있는 고정관념적인 태도 및 영역과의 동일시 정도는 고정관념의 위협을 촉진시키는 역할을 하게 된다. 또한 한 개인이 경험하는 고정관념의 위협은 개인의 대처 방식에 의해서도 결정된다. 고정관념과 반대되는 자신의 특성이나 내집단의 우수사례를 부각시켜 생각해 보면서 연관성을 줄이는 방식이나 다양한 상황에서 고정관념의 위협이 불합리하게 존재한다는 것에 대해 의식적으로 인식하고 이 어려움을 극복할 수 있다고 믿을 때 고정관념의 위협효과는 감소시킬 수 있다.

3) 여성과 남성의 정서처리

정서표현에 있어 남성과 여성 간의 차이는 생물학적 · 사회적 · 문화적 요인의 영향을 받으며, 이러한 차이는 일반적인 경향일 뿐 절대적인 규칙은 아니다. 다음은 남성과 여성의 정서차이에 대한 간략한 설명이다.

- **정서표현 방식**: 브로디(Brody, 1997)에 따르면, 여성은 일반적으로 자신의 감정을 더 잘 표현하는 경향이 있다. 정서적 경험을 이야기하고, 정서적 상황에서 사회적 지원을 찾는 데 더 편안함을 느끼는 경우가 많다. 남성은 슬픔이나 두려움과 같이 취약한 감정에 대해 말로 표현하는 것이 적을 수 있다. 이는 종종 '강하다'거나 '냉철하다'는 남성상에 대한 사회적 기대의 영향을 받기 때문이다.
- **정서 유형**: 여성은 공감이나 양육과 관련된 감정, 예를 들어 동정심, 슬픔, 두려움을 더 자주 표현하는 경향이 있다. 또한 여성은 타인의 감정을 더 잘 인식할 수 있어 정서적 민감성이 높은 편이다. 이에 비해 남성

은 분노나 자부심을 자주 표현할 수 있다. 남성 역시 다양한 감정을 느끼지만, 사회적 규범은 남성에게 취약함을 보이는 것을 억제하도록 유도해 강함이나 지배력과 관련된 감정을 더 많이 표현하게 만들 가능성이 있다.

- **감정의 강도**: 여성은 관련된 불안이나 슬픔과 같은 감정을 더 강하게 경험할 수 있다. 에스트로겐과 같은 호르몬 변화도 감정적 민감성에 영향을 줄 수 있다. 남성도 감정을 강하게 느낄 수 있지만, 이러한 감정을 감정 표현보다는 문제해결이나 산만함을 통해 표현하는 경향이 있다.
- **감정 대처 방식**: 여성은 감정적인 어려움에 처했을 때 사회적 지지를 구하는 경향이 있으며, 이야기하거나 감정을 표출하는 것이 감정조절의 한 방법으로 사용된다. 이에 비해 남성은 종종 다른 행동을 통해 대처하거나, 스포츠나 취미, 일과 같은 활동에 몰두하여 감정을 다루는 경향이 있다.
- **공감과 감정인지**: 선행연구에 따르면, 여성은 일반적으로 감정적 공감 점수가 더 높다. 감정인지는 타인의 감정을 느끼고 이해하는 능력으로, 여성들이 주변 사람들의 감정 상태에 더 민감한 이유가 될 수 있다. 이에 비해 남성은 공감을 다르게 표현할 수 있으며, 종종 감정을 공유하는 것보다는 문제해결을 제안하는 데 집중하는 경향이 있다.
- **문화적 · 사회적 영향**: 생물학적 요인(예: 테스토스테론 및 에스트로겐의 호르몬 영향) 외에도 사회적 · 문화적 조건이 감정 행동을 형성하는 데 중요한 문화권에서 소년들은 독립적이고 감정적으로 억제되도록 사회화되는 반면, 소녀들은 더 양육적이고 감정적 표현이 풍부하도록 교육받는다.
- **개별 차이**: 앞에서 서술한 정서처리의 성별 차이는 일반화된 경향일 뿐, 성별에 상관없이 감정 표현은 개인마다 크게 다를 수 있다. 브로디(1997)는 남성과 여성의 감정표현에 대한 고정관념을 넘어서기 위해

서는, 개별적인 감정 경험과 표현을 이해하는 것이 중요하다고 강조한다. 성별에 따른 일반화된 감정적 특성에 집중하는 것보다는 각 개인의 감정적 특성을 존중하는 것이 필요하다.

4) 여성과 남성의 정보처리에 대한 뇌과학 연구결과

성별에 따른 뇌 구조와 기능의 차이는 신경과학에서 많이 연구되어 왔다. 그러나 이러한 차이는 일반적인 경향일 뿐, 모든 남성과 여성이 동일한 차이를 보이는 것은 아니며, 개인 차이 역시 크다. 성별에 따른 뇌의 차이는 주로 뇌 구조, 기능, 호르몬의 상호작용을 통해 설명할 수 있다.

- **뇌 구조 차이**
  - 뇌 크기: 평균적으로 남성의 뇌가 여성보다 약간 더 큰 경향이 있다. 하지만 이는 전체적인 신체 크기와도 관련이 있으며, 더 큰 뇌가 더 높은 지능을 의미하지는 않는다. 회백질과 백질-비율 연구에 따르면, 남성은 상대적으로 더 많은 회백질(gray matter)을 가지고 있고, 여성은 더 많은 백질(white matter)을 가지고 있는 경향이 있다. 회백질은 뇌의 정보처리와 관련이 있으며, 백질은 다른 뇌 영역 간의 연결을 돕는 역할을 한다. 이 차이는 정보처리 방식에서 남성과 여성이 약간 다르게 작용할 수 있음을 시사한다.
- **뇌 기능 차이**
  - 뇌 기능의 편재화(hemispheric lateralization): 남성과 여성의 뇌가 언어 및 공간 능력과 관련된 활동을 다르게 처리한다는 연구들이 있다. 예를 들어, 남성은 공간 회전과 같은 과제를 수행할 때 좌뇌와 우뇌 중 한쪽에 더 많이 의존하는 경향이 있고, 여성은 좌우 뇌를 더 균형 있게 사용하는 경향이 있다는 결과가 보고되었다.

- 편도체(amygdala)와 대상피질(cingulate cortex)의 감정처리: 여성은 감정과 관련된 뇌 영역, 특히 편도체와 대상피질에서 더 많은 활성화를 보이는 경향이 있다는 연구들이 있다. 이는 여성들이 감정적인 정보를 처리하고 공감하는 능력이 더 발달되어 있다는 해석으로 이어지기도 한다.

- **호르몬의 영향**: 호르몬은 성별에 따른 뇌 차이에서 중요한 역할을 할 수 있다. 특히 에스트로겐과 테스토스테론은 남성과 여성의 뇌 발달과 기능에 서로 다르게 작용한다. 에스트로겐은 여성의 생리 주기 동안 뇌의 특정 영역에 영향을 미쳐 감정 처리나 언어능력에 일시적인 변화를 줄 수 있다. 남성은 테스토스테론 수치가 높아지면 공격성이나 위험 감수 성향이 증가할 수 있으며, 공간능력에도 영향을 미칠 수 있다.
- **인지능력에서의 차이**
  - 언어능력: 여성은 일반적으로 남성보다 언어능력, 특히 어휘력과 문법 처리에서 우수한 경향이 있다. 이는 여성의 좌뇌와 우뇌가 언어 관련 작업을 더 균형적으로 처리하기 때문일 것이라는 해석도 있다.
  - 공간능력: 남성은 공간 회전 능력에서 우수한 경향이 있다는 연구결과가 있으며, 이는 뇌의 두정엽(parietal lobe) 활동과 관련이 있다는 해석이 있다.

5) 시사점

성 고정관념 연구와 성 고정관념의 위협, 성별에 따른 뇌 구조와 기능에 대한 연구는 서로 밀접하게 연결되어 있으며, 이는 교육과 직업, 일상적인 선택에 이르는 다양한 사회적 영역에 중요한 영향을 끼친다. 다음은 각 연구 분야와 뇌과학 연구가 교차하면서 나타나는 주요 시사점이다.

- **성 고정관념과 뇌과학 연구**: 성 고정관념은 특정 성별이 특정 성향이나 능력을 지닌다고 믿는 사회적 통념이다. 예를 들어, "남성은 수학과 과학에 강하고, 여성은 언어와 예술에 뛰어나다."라는 고정관념이 대표적이다. 그러나 뇌과학 연구에서 밝혀진 성별 차이는 이러한 고정관념을 뒷받침하지 않는 경우가 더 많다. 뇌의 구조적 · 기능적 차이가 남성과 여성 간에 존재한다고 해도 이는 개인의 성향이나 능력을 결정짓는 요인은 아닌 것 같다. 오히려 뇌과학 연구는 환경, 경험, 교육 등이 뇌 발달에 큰 영향을 미친다는 점을 강조하며, 성별 차이가 아닌 개인차를 더 중요하게 고려해야 한다는 시사점을 준다.
- **성 고정관념 위협과 뇌의 활동**: 성 고정관념 위협은 특정 성별이 고정관념에 부합하지 않거나 부정적인 고정관념을 스스로 의식할 때, 그로 인해 성과가 낮아지는 현상을 의미한다. 예를 들어, 여학생이 "여성은 수학을 잘하지 못한다."라는 고정관념을 의식하게 되면 실제로 수학시험 성적이 떨어질 가능성이 커진다. 성 고정관념 위협이 작용할 때 뇌에서는 스트레스와 관련된 영역(예: 편도체)이 활성화되며, 이로 인해 작업기억이나 주의집중에 영향을 미칠 수 있다. 이는 고정관념 위협이 실제 성과에 영향을 미칠 수 있는 뇌의 메커니즘을 설명하는 데 기여한다.

3. 성 고정관념의 전이와 차별행동

1) 성 고정관념, 편견과 차별

성 고정관념, 편견, 그리고 차별은 서로 깊이 얽혀 있으며 상호작용을 통해 사회적 불평등을 강화하는 구조를 이룬다. 각 요소의 관계를 설명하면 다음과 같다.

- 성 고정관념은 특정 성별에 대해 사회가 기대하는 역할, 성격, 행동 등을 의미한다. 예를 들어, 여성은 감정적이고 배려심이 많아야 한다거나, 남성은 강하고 경쟁적이어야 한다는 인식이 성 고정관념에 해당한다. 이러한 고정관념은 개인의 개성과 자율성을 제한할 뿐 아니라, 성별에 따라 수행해야 하는 역할에 대한 고정된 틀을 강화한다.
- 편견은 성 고정관념에 의해 만들어진 부정적인 인식이나 감정이다. 예를 들어, 여성이 리더십 역할을 맡으면 '감정적일 것'이라는 편견이 생길 수 있고, 남성이 감정을 표현하면 '연약하다'는 부정적인 평가를 받을 수 있다. 성별에 따른 편견은 성 고정관념을 바탕으로 개인을 왜곡된 시각으로 바라보게 한다.
- 차별은 편견이 행동으로 나타난 것으로, 특정 성별을 배제하거나 불리하게 대우하는 것을 의미한다. 직장에서 남성에게만 리더십 기회를 주거나, 여성에게만 돌봄 역할을 맡기는 것 등이 이에 해당한다. 편견이 차별로 이어지면서 특정 성별에게 불공정한 환경이 조성되고, 이로 인해 사회 전반에 걸쳐 성별에 따른 불평등이 발생하게 된다.
- **관계의 순환적 고리**: 성 고정관념 → 편견 → 차별의 과정은 순환적이다. 성 고정관념은 편견을 형성하고, 그 편견은 차별로 이어지며, 이 차별은 다시 성 고정관념을 강화하는 고리를 형성한다. 예를 들어, "여성은 숫자에 약하다."라는 성 고정관념이 있다고 가정해 보자.
- **성 고정관념**: 여성은 숫자와 분석에 약하다는 사회적 고정관념이 존재한다. 이로 인해 많은 사람은 여성보다는 남성이 수학이나 공학, 금융 같은 분야에서 더 능숙할 것이라는 선입견을 갖게 된다.
- **편견**: 이러한 고정관념이 편견으로 발전해, 여성들이 수학적 능력이 낮을 것이라는 잘못된 인식을 만들어 낸다. 예를 들어, 회사의 채용 과정에서 면접관이 여성지원자는 '수리적 사고가 부족할 것'이라는 편견을 가지게 되는 것이다.

- **차별**: 이런 편견이 실제 행동으로 나타나면 차별이 된다. 예를 들어, 한 여성이 금융 회사의 애널리스트로 지원했을 때, '수학적 능력이 부족할 것'이라는 선입견으로 인해 면접에서 불리한 평가를 받게 된다면 이것은 차별이 된다. 또한 여성들이 수학이나 공학 분야로 진출하는 데 두려움을 느끼거나 지원을 꺼리게 될 수도 있다.
- **순환적 결과**: 이러한 차별이 반복되면, 여성은 수학 및 과학 분야에 능력이 없다는 고정관념이 더욱 강화된다. 이는 다시 편견을 조장하고, 다음 세대에서도 비슷한 차별을 경험하게 한다.

이러한 관계를 끊기 위해서는 성 고정관념에 대한 인식을 전환하고, 편견과 차별에 맞서려는 사회적 노력이 필요하다.

2) 성대상화와 자기대상화

자기대상화(self-objectification)는 한 개인이 자신의 신체를 제삼자의 관점에서 사회에서 활용되는 도구로 인식하는 것이다. 여성은 일상에서 자신의 가치를 신체의 아름다움이나 섹시함으로 스스로 평가하는 자기대상화를 경험한다. 사회적 상황에서 여성은 남성보다 3배 이상 자기대상화를 경험한다. 지금까지 여성의 자기대상화에 대한 연구에서는 사회에서 여성을 성적 도구화하는 시각이 여성에게 내면화되어 여성의 자기대상화를 발생시키며, 이를 통해 다양한 정신적 및 신체적 문제를 발생시킴을 보고하고 있다. 또한 디지털 기술의 발달은 다양한 대중매체에서 여성의 아름다움을 신체적 아름다움에 집중하도록 편향시킨다. 선행연구에서는 온라인 상황에서 불특정 다수가 자신을 바라본다는 인식이 여성의 자기대상화를 증가시킴을 보고하였다.

프레드릭슨과 로버츠(Fredrickson & Roberts, 1997)에 의하면, 성적 대상화

(sexual objectification)는 한 인간의 가치가 신체적 매력에 기반하여 관찰되고, 평가되며, 도구화되는 것이다. 성적 대상화의 시각은 여성에게 내면화되어 여성의 자기대상화를 발생시키며, 다양한 정신적 및 신체적 문제와 연결되는 것으로 보인다. 선행연구에서는 자기대상화와 신체감시(손은정, 2006), 성형수술(장지원, 장진이, 이지연, 2012), 섭식장애와의 관계를 보고하였다. 랭튼(Langton, 2009)에 의하면 자기대상화는 보는 것(seeing; 예: 외모가 자기개념의 중심)과 행하는 것(doing; 예: 신체감시)에 변화를 가져온다. 브라이네스, 크로커와 가르시아의 연구(Breines, Crocker, & Garcia, 2008)에서는 특히 여자 대학생들이 사회에서 타인이 자신을 외모 중심으로 바라보는 관점을 내면화하여, 과도하게 외모에 집착하여 자기가치감이 형성됨을 보고하였다. 또한 자기대상화의 경향이 높은 참가자의 경우 자신의 외모에 만족할수록 주관적 행복감이 증가하였으며, 자신의 외모에 대한 불만족감이 클수록 주관적 행복감이 낮게 나타났다. 따라서 자기대상화의 성향은 외모 만족감과 상호작용하며 정신건강에 영향을 끼치는 것으로 보인다.

3) 시사점

성적 자기대상화에 관한 최근 심리학 연구에서는 다음의 시사점을 제시하고 있다.

- **자존감과 심리적 웰빙 저하**: 연구에 따르면, 성적 자기대상화는 자존감 저하와 우울, 불안 등 다양한 심리적 문제를 야기할 수 있다. 자기대상화가 심한 사람들은 자신의 몸을 과도하게 비판하고, 외모에 대한 부정적 평가를 스스로에게 반복적으로 내리면서 자신감을 잃게 된다. 이는 불안감과 우울증 위험을 높일 뿐만 아니라, 자신의 내면적 가치보다는 외적 기준에 집착하게 만들어 전반적인 정신적 웰빙을 저하시킬 수 있다.

- **사회적 관계의 왜곡**: 성적 자기대상화는 사회적 관계에도 부정적인 영향을 미친다. 자신을 성적 대상으로 바라보는 사람들은 상대방의 시선에 과도하게 의존하게 되며, 타인이 자신을 성적으로 평가하거나 인정해 주지 않으면 불안감을 느끼게 된다. 이는 인간관계에서 진정성 있는 소통을 방해하고, 타인과의 관계를 표면적인 인상이나 성적 매력에 기반한 관계로 치환하게 만든다.
- **학업 및 업무 수행력 저하**: 성적 자기대상화가 높은 사람들은 자신의 외모나 타인의 시선에 집중하는 경향이 강하기 때문에 학업이나 업무에서도 집중력이 떨어질 수 있다. 일부 연구에서는 여성들이 특히 성적 자기대상화로 인해 학업 성취도가 저하되거나 리더십을 발휘하는 데 어려움을 겪는다고 보고하고 있다. 이러한 현상은 자기효능감을 저하시켜, 자신의 능력과 잠재력을 제한하는 결과를 초래할 수 있다.
- **신체 이미지 왜곡과 신체 불만족**: 성적 자기대상화는 신체 이미지 왜곡과 불만족을 심화시킬 수 있다. 많은 연구에서 성적 자기대상화가 심한 사람들은 실제 자신의 신체보다 왜곡된 인식을 가지며, 이상적인 몸매나 외모에 집착하게 된다고 한다. 이는 섭식장애나 지나친 운동, 심지어 외모를 개선하기 위한 위험한 수술 등을 시도하게 만들어 건강에도 부정적인 영향을 끼친다.
- **사회적 메시지의 영향과 문화적 확산**: 마지막으로, 성적 자기대상화는 개인의 문제를 넘어 사회적 문제로 확산될 수 있다. SNS에서 성적 매력을 강조하는 게시물이 많아질수록, 특히 청소년과 젊은 세대들은 자신을 성적 대상으로 인식하게 되는 빈도가 높아지고, 이를 통해 자기 가치를 평가하는 왜곡된 기준이 확립될 위험이 있다. 이는 전체 사회의 성적 대상화를 부추겨, 성별 간의 편견과 차별을 더욱 강화할 수 있다.

따라서 성적 자기대상화의 문제를 완화하기 위해서는 건강한 자아상 확립과 내적 가치를 중시하는 교육, 그리고 미디어에서 성적 대상화 메시지를 줄이는 사회적 노력이 중요하다.

4. 마무리: 여성과 남성을 위한 시사점

성 고정관념 연구는 한국 사회에서 더 나은 공존을 이루기 위해 중요한 시사점을 제시한다. 이러한 연구는 성별 불평등 문제를 해결하고, 상호 간의 포용적인 태도를 촉진하며, 성별 간의 관계를 개선하는 데 기여할 수 있다. 주요 시사점을 몇 가지 요약하면 다음과 같다.

- **전통적인 성역할에 대한 도전**: 한국은 유교적 가치관에 뿌리를 둔 전통적인 성역할이 깊게 자리 잡고 있다. 남성은 주로 공적인 역할을, 여성은 가정적이거나 종속적인 역할을 맡는다는 고정관념이 오랫동안 지속되어 왔다. 성 고정관념 연구를 통해 이러한 전통적인 성역할에 도전함으로써 남성과 여성이 더 다양한 활동에 참여할 수 있도록 장려하고, 그 결과 가정과 직장에서 성평등이 향상될 수 있다.
- **성차별 해소**: 성 고정관념은 특정 성에 대한 편견에서 비롯된 차별적 관행을 보여 준다. 예를 들어, 남성은 리더십이 강하고 여성은 돌봄에 적합하다는 고정관념은 직장 내 위계질서와 유리천장을 강화하는 경향이 있다. 이러한 편견을 이해하면 채용 과정에서의 공정성을 촉진하고, 여성에게도 리더십 기회가 열리며, 임금 격차를 해소하는 데 도움이 될 수 있다.
- **미디어와 대중문화 속의 성역할 변화**: 한국의 미디어와 대중문화는 종종 성 고정관념을 강화하여 남성은 강하고 감정을 드러내지 말아야 하며, 여성은 수동적이고 섬세해야 한다는 이미지를 제공한다. 성 고정관념

연구는 이러한 미디어 이미지의 부정적인 영향(예: 성 고정관념의 위협)을 보여 주며, 미디어 제작자들에게 보다 다양한 성역할을 제시하도록 권장한다. 성별의 균형 잡힌 표현은 대중의 인식과 행동에 변화를 가져와 상호 존중과 이해를 촉진할 수 있다.

- **정신건강 및 웰빙 개선**: 성 고정관념은 사람들에게 사회적 기대에 맞추라는 압박을 가하여 스트레스, 불안, 우울증과 같은 정신건강 문제를 야기할 수 있다. 예를 들어, 남성은 '가장'이라는 기대에 부응하기 위해 감정을 숨기고 과도하게 일해야 한다는 압박을 받을 수 있으며, 여성은 외모에 대한 기준이나 가정과 직업 사이에서 우선순위를 선택해야 한다는 부담을 느낄 수 있다. 이러한 압박에 대한 인식을 높임으로써, 사람들은 더 건강하고 진정성 있는 삶을 살 수 있도록 장려될 수 있다.
- **교육에서의 성 고정관념 해결**: 성 고정관념은 교육 초기에 나타나는 경우가 많다. 예를 들어, 남학생은 과학과 공학을, 여학생은 예술과 인문학을 추구하도록 권장하는 경향이 있다. 이러한 고정관념을 파악하고 해체함으로써, 교사들은 학생들이 성별에 상관없이 자신이 관심 있는 분야를 자유롭게 탐구할 수 있도록 독려할 수 있다.

한국 사회는 전통적인 규범이 여전히 큰 영향을 미치고 있는 만큼, 이러한 문제를 해결하는 것이 중요하다. 성 고정관념과 그 영향을 연구함으로써, 성별에 관계없이 모든 개인을 존중하고 평등한 기회를 제공하는 조화로운 사회를 만들 수 있을 것이다.

토론거리(최소 세 가지)

1. 여러분이 평소에 여성의 뇌와 남성의 뇌가 다를 것 같다고 생각한 적이 있었나요? 만약 그렇다면 어떤 경험이었는지 구체적으로 이야기해 봅시다. 또한 뇌의 성별 차이에 대한 다양한 가설 중에서 여러분께 특히 적절하다고 생각

되는 이론적 입장에 대해 토론해 봅시다. 구체적으로 어떤 면에서 맞지 않았는지 나눠 봅시다.

2. 성별 차이와 연관된 고정관념의 위협(예: 여성은 수학을 못한다고 생각해서 수학시험을 남성들과 같이 치르는 상황에서 성적이 낮게 나옴)을 경험해 본 적이 있으신가요? 고정관념의 위협에 대한 가설 중에서 성 고정관념이 강한 개인에게 고정관념의 위협이 더 큰 영향을 끼친다는 연구결과가 있습니다. 여러분께서는 자신이 어느 정도 성 고정관념을 자신의 정체성에 중요한 부분이라고 생각하는지에 대해 이야기를 나누어 봅시다.
3. 자기대상화는 여성이 자신을 도구화하여 지각하는 것입니다. 즉, 자신을 인간으로서 전인적 존재로서 파악하는 것이 아니라 외모, 신체 등으로 자신을 부분으로 나누어 지각하고, 사회에서 바라보는 기준에 따라 평가하고 활용하는 것입니다. 여러분께서는 외모가 여성에게 남성보다 더 중요하다고 생각하시나요? 여성에게는 외모가 능력보다 더 중요하다고 생각하는 것이 여성의 심리적 건강에 어떤 영향을 끼치게 될까요? 그 이유에 대해서도 토론해 봅시다.

추천 영상 및 영화

- **영화 〈미녀는 괴로워〉**(2006): 주인공 강한나는 천부적으로 노래하는 재능(가창력)을 타고났으나 뚱뚱한 몸매와 못생긴 얼굴 때문에 무대 커튼 뒤에 몰래 숨어서 노래를 부르는 '섹시한 여가수'입니다. 이 영화에서 신체는 여성에게 가장 중요한 자원이며, 미모 가꾸기 및 성형은 자신에 대한 투자로 나타납니다. 여성의 자아실현을 위해 외모는 과연 무엇인지, 또 다른 어떤 요소가 중요할지에 대해 이 영화를 보며 생각해 봅시다.
- **영화 〈시민 덕희〉**(2024): 평범한 시민 여성이 보이스피싱 사기 조직을 붙잡은 실화를 바탕으로 합니다. 이 영화를 보고, 한 개인이 자신에게 불리한 고정관념의 위협효과를 감소시키기 위해 고정관념을 타당한 것으로 인정하지 않는 것을 떠올린다면 불이익과 불공정에 저항하는 힘을 보여 줄 가능성을 생각해 볼 수 있습니다. 이 흥미로운 영화를 본 후, 자신이 생각하는 고정관념의 위협효과를 감소시키기 위해 일상에서 실천할 수 있는 것에 대해 이야기해 봅시다.

추천 논문 및 도서

- 박진주와 이영순의 연구(2021)에서는 20대 여성을 대상으로 온라인 설문조사를 실시하여 성적 대상화 경험, 외모 관련 사회문화적 가치 내면화, 자기대상화의 관계에서 자기개념 명확성의 조절된 매개효과를 검증하였다.
- 『육식의 성정치(The Sexual Politics of Meat)』(2018)에서 페미니스트 '캐롤 애덤스(Carol Adams)'는 성적 대상화와 동물에 대한 대상화의 유사성을 지적하였다. 두 대상화의 유사성은 비건 페미니즘의 가능성을 시사했으며, 실제로 비건이면서 페미니스트인 사람들이 늘어나고 있다.

참고문헌

박진주, 이영순(2021). 성적 대상화 경험, 외모 관련 사회문화적 가치 내면화, 자기대상화의 관계: 자기개념 명확성의 조절된 매개효과. 한국심리학회지: 상담 및 심리치료, 33(3), 1201-1227.

손은정(2006). 대상화 경험이 여성의 정신 건강에 미치는 영향. 한국심리학회지: 여성, 11(4), 399-417.

장지원, 장진이, 이지연(2012). 여고생의 대인 성적 대상화 경험과 성형의도의 관계: 외모에 대한 사회문화적 가치의 내면화, 신체감시, 신체수치심의 매개효과. 한국심리학회지: 여성, 17(4), 559-577.

Barrett, L. F., & Bliss-Moreau, E. (2009). She's emotional. He's having a bad day: Attributional explanations for emotion stereotypes. *Emotion, 9*(5), 649-658.

Bem, S. L. (1981). Gender schema theory: A cognitive account of sex typing. *Psychological Review*, *88*(4), 354-364.

Blanton, H., Christie, C., & Dye, M. (2002). Social identity versus reference frame comparisons: The moderating role of stereotype endorsement. *Journal of experimental social psychology*, *38*(3), 253-267.

Breines, J. G., Crocker, J., & Garcia, J. A. (2008). Self-Objectification and Well-Being in Women's Daily Lives. *Personality and Social Psychology Bulletin*, *34*(5), 583-598.

Brody, L. R. (1997). Gender and emotion: Beyond stereotypes. *Journal of Social Issues, 53*(2), 369–393.

Chaplin, T. M. (2015). *Gender and emotion expression: A developmental contextual perspective*. Emotion Review.

Eagly, A. H., & Wood, W. (2012). Social role theory of sex differences and similarities: A current appraisal. *The Developmental Social Psychology of Gender*, 123–174.

Eisenberg, N., & Lennon, R. (1983). *Sex differences in empathy and related capacities*. Psychological Bulletin.

Fischer, A. H., & LaFrance, M. (2015). *What drives the smile and the tear: Why women are more emotionally expressive than men*. Emotion Review.

Fiske, S. T., & Taylor, S. E. (2017). *Social cognition: From brains to culture*. Sage Publications.

Fredrickson, B. L., & Roberts, T.-A. (1997). Objectification Theory: Toward Understanding Women's Lived Experiences and Mental Health Risks. *Psychology of Women Quarterly*, *21*(2), 173–206.

Grossman, M., & Wood, W. (1993). Sex differences in intensity of emotional experience: A social role interpretation. *Journal of Personality and Social Psychology*, *65*(5), 1010–1022.

Heilman, M. E. (2012). "Gender stereotypes and workplace bias." *Research in Organizational Behavior*, *32*, 113–135.

Klein, K. J., & Hodges, S. D. (2001). Gender differences, motivation, and empathic accuracy: When it pays to understand. *Personality and Social Psychology Bulletin*, *27*(6), 720–730.

Koenig, A. M., & Eagly, A. H. (2005). Stereotype Threat in Men on a Test of Social Sensitivity. *Sex Roles: A Journal of Research*, *52*(7–8), 489–496.

Kring, A. M., & Gordon, A. H. (1998). Sex differences in emotion: Expression, experience, and physiology. *Journal of Personality and Social Psychology*, *74*(3), 686–703.

Langton, Rae. (2009). *Sexual solipsism: Philosophical essays on pornography and objectification*. Oxford.

Lerner, M. J. (1980). The belief in a just world. In: *The belief in a just world. Perspectives in social psychology*. Springer, Boston, MA.

Levant, R. F., & Richmond, K. (2007). A review of research on masculinity ideologies using the Male Role Norms Inventory. *Journal of Men's Studies*, *15*(2), 130–146.

Nosek, B. A., Banaji, M. R., & Greenwald, A. G. (2002). Math = male, me = female, therefore math ≠ me. *Journal of Personality and Social Psychology*, *83*(1), 44–59.

Ridgeway, C. L., & Correll, S. J. (2004). "Unpacking the gender system: A theoretical perspective on gender beliefs and social relations." *Gender & Society*, *18*(4), 510–531.

Schmader, T. (2002). Gender identification moderates stereotype threat effects on women's math performance. *Journal of Experimental Social Psychology*, *38*(2), 194–201.

Schmader, T., & Johns, M. (2003). Converging evidence that stereotype threat reduces working memory capacity. *Journal of Personality and Social Psychology*, *85*(3), 440–452.

Shih, M., Pittinsky, T. L., & Ambady, N. (1999). Stereotype susceptibility: Identity salience and shifts in quantitative performance. *Psychological Science*, *10*(1), 80–83.

Simon, R. W., & Nath, L. E. (2004). Gender and emotion in the United States: Do men and women differ in self-reports of feelings and expressive behavior? *American Journal of Sociology*, *109*(5), 1137–1176.

Steele, C. M., & Aronson, J. (1995). Stereotype threat and the intellectual test performance of African Americans. *Journal of Personality and Social Psychology*, *69*(5), 797–811.

Stone, J., & McWhinnie, C. (2008). Evidence that blatant versus subtle stereotype threat cues impact performance through dual processes. *Journal of Experimental Social Psychology*, *44*(2), 445–452.

Tamres, L. K., Janicki, D., & Helgeson, V. S. (2002). Sex differences in coping behavior: A meta-analytic review. *Personality and Social Psychology Review*, *6*(1), 2-30.

Van der Schalk, J., Hawk, S. T., Fischer, A. H., & Doosje, B. (2011). Moving faces, looking places: The amygdala, emotional expression, and gaze interaction. *Social Cognitive and Affective Neuroscience*, *11*(4), 907-920.

Voyer, D., Voyer, S., & Bryden, M. P. (1995). "Magnitude of sex differences in spatial abilities: A meta-analysis." *Psychological Bulletin*, *117*(2), 250-270.

제4부

여성과 관계

제6장 여성과 관계

제6장

여성과 관계

김은영

동서울대학교
교양과 부교수

여성은 과거뿐 아니라 현재까지 가정과 직장 생활을 병행하면서 다양한 갈등과 어려움을 겪고 있다. 이번 장에서는 다양한 상황 속에서 여성이 관계에서 어려움을 겪는 이유를 살펴보고, 건강한 관계형성을 돕기 위해서는 무엇보다도 자신을 이해하는 것이 필요하기 때문에, 그 방법의 하나로서 에고그램 검사에 대해서 살펴본 후에, 관계에서 발생하는 갈등을 해결하는 구체적인 방법에 대해서 살펴볼 것이다.

이 장의 차례는 다음과 같다.

1. 관계 속에서 살아가고 있는 인간
   1) 인간관계가 어려운 이유
2. 건강한 관계형성을 위한 자기이해 검사
   1) 의사교류분석적 접근(TA): 인간관
   2) 의사교류분석적 접근(TA): 세 가지 자아상태(P, A, C)
   3) 에고그램(Ego gram) 검사결과 해석
3. 관계에서 발생하는 갈등을 해결하는 방법
   1) 직장 내 성희롱
   2) 갈등이 일어나는 이유
   3) 갈등해결을 위한 방법

여성은 일생 동안 다양한 관계를 맺으면서 살아가고 있고, 여성을 둘러싼 다양한 관계는 일상생활 속에 밀접하게 관련되면서 삶에 지대한 영향을 미치고 있다. 여성을 둘러싼 주변 사람들과의 관계 문제로 인해서 건강, 수면, 학업, 직업, 가정 등과 같은 삶의 다양한 영역에 영향을 미치기도 하고 반대로 삶의 다양한 영역의 문제로 인해서 여성의 인간관계에 영향을 미치고 있기도 하다.

1. 관계 속에서 살아가고 있는 인간

우리는 죽을 때까지 다양한 인간관계를 형성하면서 살아간다. 나를 중심으로 자신, 부모, 형제, 친척, 직장 동료, 친구, 사회, 국가, 세계 속으로, 그리고 현대사회에서는 인터넷, SNS, 유튜브 속으로 그 영역을 넓혀 가면서 다양한 인간관계를 맺으며 살아간다. 인간은 다른 사람과의 관계이든, 집단과의 관계이든, 휴대폰이나 인터넷과 같은 사물과의 관계이든 간에 항상 어딘가에 또는 누군가와의 관계 속에서 살아가게 된다.

물론 우리가 보기에 관계를 맺지 않는 것처럼 보이는 사람도 있다. 예를 들면, 다른 사람들과 관계를 맺지 않고 독서만 하는 사람들이나 컴퓨터 게임, SNS, 유튜브만 하는 사람들 혹은 산이나 바다로 홀로 떠나는 사람들이다. 그러나 독서만 하는 사람들도 실상은 인간의 희로애락, 죽음, 탄생, 갈등, 화합 등의 인간관계를 책 속에서 간접적으로 경험하고 있는 것이며, 컴퓨터 게임, SNS, 유튜브만 하는 사람들도 누군가와 관계를 맺으면서 웃고 우는 등 다양한 감정을 느끼는 것이며, 산이나 바다로 홀로 떠나는 사람들도 그 순간만큼은 자기 자신, 혹은 산, 바다와 같은 자연과 관계를 맺고 있는 것이다.

이 장을 통해서 과연 나는 어떤 관계를 맺고 있는가를 생각해 보는 것도 의미 있는 일일 것이다. 어떤 인간관계를 맺느냐에 따라 삶의 질이 좌우된다. 다양한 인간관계를 맺으면서 그 관계 속에서 만족하게 되면 행복감을 느끼게 되고 심리적 고민이 감소하면서 스트레스에 대해 효과적으로 대처하게 되고 자기신뢰와 자율성, 자기존중감을 가지면서 보다 큰 심리적 안정감을 가져오게 된다. 반면, 관계를 통해서 불만족하게 되면 갈등과 소외감을 느끼면서 위축되고 삶의 의욕이 떨어지고 실망과 불행 등과 같은 부정적인 감정을 느끼게 된다. 관계를 통해서 행복감을 느끼게 되면 자신의 잠재력을 발휘하는 자아실현을 할 수 있게 되기 때문에, 한 개인의 행복은 단지 자신의 행복과 불행에만 관련되는 것이 아니라 다른 사람의 삶의 질뿐 아니라 사회의 건전한 문화 형성과 사회적 안정에 기여하게 된다.

하버드 대학교 인생성장 보고서: 행복의 조건(조지 베일런트)

이 책은 하버드 대학에 입학한 268명의 인생을 72년간 추적하며 '행복하고 건강한 삶의 법칙은 무엇일까'란 질문에 대한 답을 구하기 위해 쓴 책이다. 저자인 조지 베일런트(George Vaillant)는 연구의 객관성을 위해 도시 저소득층 고교 중퇴자 456명과 지능지수(IQ)가 높은 여성 90명도 똑같은 방법으로 관찰하며 비교 연구를 수행하였다.

결과는 어땠을까? 하버드 출신 268명은 다른 집단에 비해 과연 월등히 행복했을까? 크게 차이가 나지 않았다. 3개의 집단별로 행복과 불행의

> 비율은 유사한 분포를 나타냈다. 명문대 진학과 고연봉의 직업은 행복의 보증수표가 아니었다. 행복과 불행은 건강한 생활습관, 형제자매들과의 우애, 배우자와의 애정 등에서 판가름 났다. 인생에서 가장 중요한 것은 다른 삶들과의 인간관계이며 행복은 사랑을 통해서만 온다. 결국 인간은 타인과 더불어 공동체를 이뤄 사랑하며 살아갈 때 행복해지는 것이다.

출처: 경향신문(https://www.khan.co.kr/culture/book/article/201611092323O1).

1) 인간관계가 어려운 이유

우리는 인간관계가 한 개인의 건전한 성격 발달과 적응, 삶의 만족, 자아실현 등과 같은 개인의 발달에 도움이 될 뿐만 아니라 조직의 생산성을 높이는 등 사회의 발달에 중요하다는 것을 알고 있다. 하지만 대부분의 사람은 인간관계에서 많은 어려움을 겪고 있는데 그 이유를 살펴보자.

첫째, 개인차 때문이다. 사람마다 개성, 가치관, 생각, 행동양식, 생활방식, 욕구 등이 다르기 때문에 인간관계에 대해서 생각하는 방식이 각각 다르다. 어떤 사람들은 폭넓은 인간관계를 맺는 것을 원할 수도 있는 반면, 어떤 사람들은 소수의 사람과 깊은 인간관계를 맺는 것을 원할 수도 있고, 어떤 사람들은 인간관계가 중요하다고 생각하여 인간관계를 위해서 많은 시간과 노력을 투자하는 반면, 어떤 사람들은 인간관계가 중요하지 않다고 생각하여 소극적으로 행동할 것이다. 또한 어떤 사람들은 가족관계를 중요시할 수도 있는 반면, 어떤 사람들은 친구관계 혹은 직장에서의 관계를 중요시할 수도 있을 것이다.

둘째, 자기중심적 사고 때문이다. 인간은 가정이나 학교나 사회라는 테두리 속에서 다양한 관계를 형성하면서 자신의 욕구와 꿈과 이상을 이루기 위해 다른 사람들과 경쟁하고 협동을 하게 되는데 우리는 자기 자신이 주인공이라고 생각하면서 인생을 사는 경우가 많다. 전생애적 관점에서 볼 때 자기중심적 사고를 보이는 시기가 있는데 인지발달심리학자인 피아제(Jean Piaget)에 의하면, 전조작기(3~6세)와 형식적 조작기(12~20세)가 이에 해당된다. 전조작기의 아이들은 자신의 감정, 생각, 관점 등을 다른 사람들도 자신과 똑같이 느낀다고 생각하는데, 예를 들면 자신이 사탕을 좋아한다면 다른 사람들도 모두 사탕을 좋아할 것이라고 생각한다. 형식적 조작기의 청소년들은 '개인적 우화(personal fable)'와 '상상 속의 청중(imaginary audience)'을 지니고 있어서 자기중심성이 강하다. '개인적 우화'는 나는 다른 사람과 특별히 다른 존재라고 생각하는 것이고 '상상 속의 청중'은 실제로 존재하는 사람이 아닌 상상 속의 다른 사람들이 왠지 자신을 주목하고 있을 것 같은 생각에 늘 자신의 행동에 신경을 쓰고 다른 사람들을 과도하게 의식하는 것이다.

셋째, 자신에 대한 이해가 부족하기 때문이다. 자신을 이해한다는 것은 자신과 거리를 두고 자신을 보는 자기성찰(introspection)을 하는 과정을 통해서 자신의 한계를 자각하고 자신의 장점과 단점을 객관적으로 바라보는 것인데, 자신에 대해서 정확하지 않은 인식을 가진 채 타인들과 관계를 맺기 때문에 인간관계에서 문제에 부딪히게 된다.

넷째, 상대방을 신뢰하지 못하는 불신감 때문이다. 상대를 신뢰하지 못하여 인간관계에서 어려움을 겪기도 하는데 이는 자신을 믿지 않는 것과 일맥상통한다고 볼 수 있다.

다섯째, 성장해 가면서 인간관계가 많아지고 복잡해지기 때문이다. 일상생활에서 맺고 있는 수많은 타인과의 관계는 인간의 삶을 보다 풍부하게 할 수도 있지만, 현대에 올수록 컴퓨터와 휴대폰의 발달된 기능으로 인해 인간관계의 수가 많아지고 복잡해짐으로써 상대방에 대한 진심과 인간관계의 집중력이 떨어질 수 있고 피상적으로 관계를 맺을 가능성이 많다.

여섯째, 성숙도가 낮기 때문이다. 성숙도가 낮은 행동의 예를 든다면, 인간관계에 있어서 정답만 원한다든지 상대방이 자신을 칭찬하는 것을 좋아한다든지 내 안의 못난 부분을 그대로 표현하기 싫어서 겉으로 잘난 척한다든지 하는 것 등이다.

일곱째, 타인에 대한 기대가 지나치게 크기 때문이다. 가족관계에서, 특히 부모는 자신의 자녀에게, 시어머니는 아들에게, 아내는 남편에 대해서 타인에 대한 기대가 매우 커서 인간관계에서 어려움이 많다.

여덟째, 좁은 우리의식에 머물고 있기 때문이다.

아홉째, 적당한 거리를 유지하고 있지 못하기 때문이다. 고슴도치의 딜레마로 알려진 쇼펜하우어(Arthur Schopenhauer)의 우화처럼 서로 너무 가깝지도 너무 멀지도 않은 적당한 거리를 유지하는 것이 필요한데, 지나치게 먼 거리에서는 인간관계가 유지되지 않게 되고 너무 가까우면 간섭을 하게 되므로 인간관계가 약화되기도 한다.

열째, 각자가 같은 사실이나 현상을 달리 지각하기 때문이다. 왼쪽의 그림을 보면서 어떤 사람은 화병으로 지각할 수도 있고, 어떤 사람은 두 사람이 마주 보는 것으로 지각할 수도 있을 것이다.

열한째, 부정적인 행동과 태도 때문이다. 자신의 능력이나 외모, 성격에 대하여 부정적인 태도를 가진 사람들은 타인을 바라볼 때에도 부정적이고 왜곡된 시각을 갖는 경우가 많다.

2. 건강한 관계형성을 위한 자기이해 검사

건강한 관계를 형성하기 위해서는 무엇보다도 중요한 것은 자신에 대한 이해가 필요하다. 자신을 이해하기 위한 다양한 방법이 있지만 이 장에서는 최근 들어 병원, 학교, 가정 및 결혼관계, 그리고 산업체와 일반 사회 집단 등 대인관계와 의사소통이 문제시되고 있는 장면에서는 어디서나 적용되고 있는 에고그램(Ego Gram) 검사에 대해서 살펴봄으로써 자기이해를 돕도록 한다. 에고그램 검사는 1950년대 중엽 미국의 정신의학자 에릭 번(Eric Berne) 박사가 개발한 방법으로서 의사교류분석적 접근(Transactional Analysis, TA)에 근거를 두고 있다.

1) 의사교류분석적 접근(TA): 인간관

인간은 과거에 의해 지배를 받는 존재일까, 아니면 과거에 영향을 받지 않는 미래 지향적인 존재일까? 이에 대한 학자들의 의견은 분분하지만, 에릭 번은 인간은 환경과 경험들에 의하여 과거에 이미 결정, 형성되어 있는 자신의 행동양식들을 이해할 수 있는 존재이고, 과거의 자신의 행동양식들이 잘못되었다고 자각(aware)하면 그러한 행동들을 새롭게 다시 선택, 결정할 수 있는 자율적인 존재로 보고 있다. 이는 인간이 사회적 영향을 전혀 받지 않는다거나 혹은 생의 중요한 결정들을 개인이 독단적으로 할 수 있다는 뜻은 아니다. 다만 조건화된 상태나 어린 시절에 이미 형성된 행동양식들이라 할지라도 지금 다시 성찰해 보아 그것들이 부적절할 경우에는 적절한 것으로 새롭게 변경시킬 수 있다는 것을 의미한다.

그러므로 의사교류분석적 접근(TA)은 인간은 보다 많은 변화 가능성을 가지고 있으며 자신의 행동을 자유롭게 선택할 수 있고, 그 행동에 대하여 책임질 수 있는 존재로 보는 자유론적(自由論的)인 혹은 반결정론적(反決定論的)인 인간관을 전제로 하고 있다고 볼 수 있다. 이 장에서 의사교류분석적 접근(TA)을 배움으로써 자신의 현재 자아상태를 살펴본 후에 미래의 삶을 위해서 자신의 성격을 변화시킬 필요성을 느낀다면 작은 것부터 실천할 수 있는 변화를 계획할 수 있기를 바란다.

2) 의사교류분석적 접근(TA): 세 가지 자아상태(P, A, C)

에릭 번은 모든 사람은 세 가지 자아상태(ego states), 즉 어버이 자아(Parent, P), 성인 자아(Adult, A), 어린이 자아(Child, C) 상태를 가지고 있다는 것을 관찰하였다. 우리는 인생을 살아가면서 이 세 가지 자아상태 중 어느 하나의 자아상태가 상황에 따라 한 개인의 행동을 지배하게 된다. 이 성격구조들은 마치 아주 고성능인 3개의 녹음테이프와 같아서 출생에서부터 경험하는 내용들의 기록된 자료들로 구성된다.

이 성격구조를 도식화하면 [그림 6-1]과 같다.

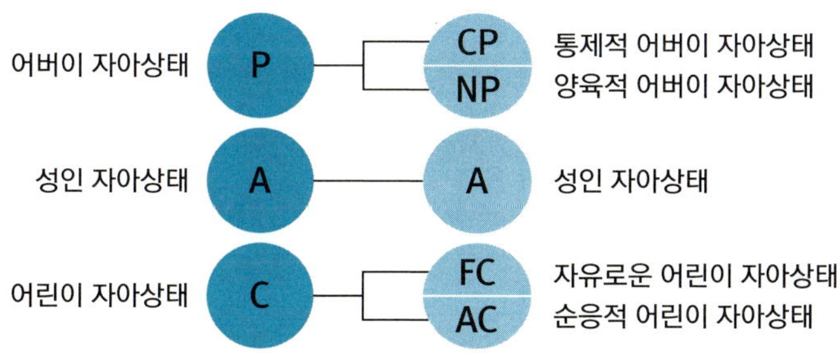

[그림 6-1] 성격구조

(1) 어버이 자아상태(Parent, P)

어버이 자아상태는 0세부터 5세까지 의미 있는 타인들, 즉 부모의 말이나 행동을 통하여 모방하고 학습하게 된 정보들이 무비판적으로 내면화되어 성인이 되어서도 어린 시절 부모로부터 배운 법칙, 규율, 예절, 금기해야 할 일, 해야 할 일 등이 타인에게 표현되는 것으로서 '학습된 생활개념'이다.

어버이 자아상태는 두 가지 자아상태로 구분된다.

- 통제적 어버이 자아상태(Critical Parent, CP): 0세부터 5세까지 부모가 비판하고 통제하는 행동이 그대로 내면화되어, 성인이 되어서도 자신의

권리나 다른 사람의 권리를 고려하지 않고 고집하거나 또는 다른 사람의 자존심을 말살해 버리는 것과 같은 행동을 언어적 · 비언어적으로 하는 것이다. 이 자아상태는 "안 돼!" "내가 시키는 대로 해!" "말도 안 되는 소리 하지 마!" "당연하지!"와 같은 말을 사용하기 때문에, 강요하고 지나치게 지배적이고 간섭적이고 편견적이고 비판적이다.

- 양육적 어버이 자아상태(Nuturing Parent, NP): 0세부터 5세까지 부모의 따듯하고 보살펴 주는 행동이 그대로 내면화되어, 성인이 되어서도 다른 사람을 사랑으로 돌보고 보호하거나, 다른 사람이 요청하거나 필요로 하지 않는데도 보호하는 과잉보호의 기능을 언어적 · 비언어적으로 하는 것이다. 이 자아상태는 "내가 도와줄게." "힘들지?" "밥은 먹었니?"와 같은 말을 사용하기 때문에, 위로하고 보호하고 친절하고 남을 위해 쓰다듬기 행동을 하는 등 배려하는 능력을 가진다.

(2) 성인 자아상태(Adult, A)

성인 자아상태는 생후 10개월부터 자신에 대한 자각과 독창적 사고가 가능해지고 혼자서도 어떤 일을 해낼 수 있다는 능력감이 생기면서 발달하는 '사고적 생활개념'이다. 객관적으로 현실을 파악하고 어버이 자아와 어린이 자아의 활동을 조절하고, 상황에 효과적으로 대처하는 기제이다. 성인 자아는 어버이 자아에 기록된 자료의 진실 여부와 현재에도 적용될 수 있는가를 파악하고, 그 자료의 용납과 거부를 결정하는 기능과 어린이 자아에 기록된 감정이 현재 상황에서도 적합한가를 알아보는 검토 기능을 가지고 있어서 일종의 자료처리 컴퓨터라고 할 수 있다. 따라서 어버이 자아에 의한 편견과 독선을, 그리고 어린이 자아에 근거한 현실적으로 부적절하고 유치한 부적응 행동을 방지하고자 하는 것이다.

이 자아상태는 '비교적 ~하다' '생각건대' '내가 알기로는' 등과 같은 말을 사용하기 때문에 객관적이고 합리적이고 이성적이다.

(3) 어린이 자아상태(Child, C)

어린이 자아상태는 0세부터 5세까지 의미 있는 타인들, 즉 부모에 대해 느꼈던 감정과 경험이 내면화되어 성인이 되어서도 자연스럽게 행동과 언어로 나타내는 것으로서 '감정적 생활개념'이다.

어린이 자아상태는 두 가지 자아상태로 구분된다.

- 자유로운 어린이 자아상태(Free Child, FC): 0세부터 5세까지 부모에게 자유롭게 행동하는 언어적 · 비언어적 행동이 그대로 내면화되어, 성인이 되어서도 좋은 감정이든 나쁜 감정이든 간에 상관하지 않고 사율적으로 표현을 하는 것이다. 이 자아상태는 "와~ 좋다." "이게 더 좋아." "놀자." "나가자." "재미있다." "하고 싶다." "하기 싫다." 등과 같은 말을 사용하기 때문에 자유분방하고 창의적이다.
- 순응적 어린이 자아상태(Adapted Child, AC): 0세부터 5세까지 부모에게 눈치 보고 순응하는 언어적 · 비언어적 행동이 그대로 내면화되어, 성인이 되어서도 부모나 다른 사람들의 눈치나 뜻에 따라 움직이는 것이다. 이 자아상태는 "네가 원하는 대로 해." "아무렴 어때." "~해도 괜찮을까요?" "전 아무래도 상관없어요." 등과 같은 말을 사용하기 때문에 적응적이고 순응적이다. 하지만 이 자아상태가 지속될 경우 겉으로는 아무런 문제가 없는 것으로 보이지만 내부적으로는 스트레스가 쌓이기 때문에 상호 간에 적응 문제를 야기할 수 있다.

3) 에고그램(Ego gram) 검사결과 해석

에고그램 검사를 실시하면 통제적 어버이 자아상태(CP), 양육적 어버이 자아상태(NP), 성인 자아상태(A), 자유로운 어린이 자아상태(FC), 순응적 어린이 자아상태(AC)에 대한 각각의 자아상태 점수가 나온다.

통제적 어버이 자아상태(CP)가 높으면 높을수록 양심적이고, 권위적이며, 책임감, 선악감, 도덕관이 강해진다. 극단적으로 높을 때는 편견에 의한 평가나 비판을 하거나 자기주장을 강요하는 경향이 많아지기 때문에 상대의 기분이나 감정을 받아들이지 않는 경우가 많다. 통제적 어버이 자아상태(CP)가 높은 사람과 만나는 상대방 또한 겉으로는 순응하는 듯하지만 실은 위축되어 속마음을 말하지 않고 참다가 어느 시기에 갑자기 반발하게 된다.

통제적 어버이 자아상태(CP)가 낮다는 것은 좋게 말하면 관용적, 나쁘게 말하면 소신이 없다고 할 수 있을 것이다. 아이들이나 부하는 사회생활의 틀, 도덕, 가치관을 당신으로부터 명확하게 배울 수 없기 때문에 생활태도를 유지하지 못하고, 때로는 당신을 적당주의라고 공격할 때도 있다.

양육적 어버이 자아상태(NP)가 높으면 높을수록 모성적인 풍성함을 보인다. 양육적 · 보호적 · 지지적이고, 헤아려 주기, 돌보아 주기, 동정, 부탁을 받으면 거절을 못하는 등의 특징이 강해진다. 극단적으로 높을 때는 과보호의 결과, 버릇이 없어도 묵인하게 되거나 너무 간섭을 해서 참견이 많아지게 되기 때문에 이러한 것이 누적되면 어린이나 부하의 자율성을 빼앗아 버리게 된다.

양육적 어버이 자아상태(NP)가 낮으면 아이들이나 부하에 대해 쌀쌀하고 불안감을 준다. 양육적 어버이 자아상태(NP)가 낮은 사람과 만나는 상대방은 어딘지 위축되어 있고 사람의 안색을 살피게 될 것이다. 게다가 당신의 통제적 어버이 자아상태(CP)가 높기까지 하다면 폭발이나 여러 가지 심신증상이 나오기 때문에 아이들이나 부하에게는 여러 가지 어려움을 야기할 것이다.

성인 자아상태(A)가 높아지면 높아질수록 합리적 · 이성적 · 능률적 · 객관적이며, 냉정함, 솔직함, 결단 등의 특징이 강해지고, 가사나 일도 계획적으로 하는 현실 지향형일 것이다. 어린이나 부하에 대해 기분으로 야단을 치기보다는 잘 타이르는 태도를 취하기 때문에 상대방도 자기와 같이 안정되고 사실추구적 · 정보수집 지향적이 된다. 극단적으로 높을 때는 물질만능주의, 무감정, 자기중심적이 되어 차디찬 느낌을 주기도 한다.

성인 자아상태(A)가 낮으면 아이들이나 부하를 돌보아 주는 것이 서투르며 사실에 의거한 정확한 판단이나 지시가 부족하고 심리적으로 불안정하기 때문에 상대방은 불만을 가져 당신의 희망과는 반대 방향으로 나가는 수가 있다. 그러한 결과, 당신을 무시하거나 바보 취급을 하는 사람도 나올 것이다.

자유로운 어린이 자아상태(FC)가 높아지면 자발적 · 적극적 · 상상적 · 직감적이고, 공상을 좋아하는 등의 특징이 강하며, 희로애락의 감정을 솔직히 표현하는 경향이 있다. 극단적으로 높을 때는 행동적 · 자기중심적이고, 무책임과 같은 측면이 강하게 나타나 아이들을 자기 애완동물처럼 취급하거나 반대로 방임하게 되어 아이들이나 부하는 지나치게 감상적으로 키워질지도 모른다.

자유로운 어린이 자아상태(FC)가 낮아지면 정신적으로 위축되어 있어 하고 싶은 것도 못하고 아이나 부하는 활력이 적은 인간이 되어 갈 가능성이 높다. 게다가 순응적 어린이 자아상태(AC)가 높을 경우에는 자기 자신을 억압하고 있기 때문에 마음의 고민이나 조마조마함이 많지만 상대방에게 표현을 못해서 자신과 상대방에게 좋지 않은 영향을 줄 것이다.

순응적 어린이 자아상태(AC)가 높아지면 순응, 타협, 감정억압 등의 특징을 가지게 되어 상대방의 기대에 따르기 위해 무리해서라도 자기를 희생하게 된다. 타인의 시선이나 말에 신경을 쓰게 되어 걱정이 많고 불안감이 많으므로 아이들이나 부하도 신경질적인 감정을 갖는 겁내는 태도를 보인다. 어떤 때는 상대방이 하려는 대로 행동하는 것이 결과적으로 방임하는 태도가 되어 상대방은 더더욱 제멋대로가 되는 수가 있다.

순응적 어린이 자아상태(AC)가 낮아지면 독선적인 면이 강하게 나타난다. 게다가 자유로운 어린이 자아상태(FC)가 높을 경우에는 자기중심적이 되어 아이나 부하로부터 "제멋대로이군."이라는 비판을 받을 것이다.

의사교류분석적 접근인 TA는 인간에 대해서 보다 많은 변화 가능성을 가지고 있다고 보기 때문에 자신의 검사결과를 살펴본 후에 가장 낮게 나온 자아상태를 높일 수 있는 개선 전략에 대해서 생각해 보자.

CP를 높이기 위한 전략
1. 늘 책임감이 강한 사람이려고 노력한다.
2. 자신의 생각을 양보하지 않고 끝까지 주장해 본다.
3.
4.
5.

NP를 높이기 위한 전략
1. 남의 나쁜 점보다는 좋은 점을 보도록 한다.
2. 실패, 낙담한 사람이 있다면 위로하거나 격려해 보도록 한다.
3.
4.
5.

A를 높이기 위한 전략
1. 무엇이든 결정할 때 여러 사람의 의견을 듣고 정한다.
2. 일을 계획할 때 월간, 주간, 일일 계획표를 세우도록 한다.
3.
4.
5.

FC를 높이기 위한 전략
1. 여행을 가 본다.
2. 싫은 것은 싫다고 말해 본다.
3.
4.
5.

AC를 높이기 위한 전략
1. 남의 표정을 보고 행동해 본다.
2. 싫은 것을 싫다고 말하지 못하고 참아 본다.
3.
4.
5.

3. 관계에서 발생하는 갈등을 해결하는 방법

1) 직장 내 성희롱

갈등을 한자의 어원적인 의미로 풀이하면, '칡 갈(葛)' '등나무 등(藤)'으로 칡과 등나무가 서로 엉키어 있는 상태를 가리키는 말로, 갈등(葛藤)은 의지를 지닌 두 성격의 대립 현상으로 선택에 혼란을 가져오는 심리적 상태를 말하는데, 갈등은 성질에 따라 외적 갈등과 내적 갈등으로 구분한다.

최근 들어서 직장에서의 인간관계의 갈등 이슈로 중요하게 대두되고 있는 것이 직장 내 성희롱 문제이다. 성희롱 문제는 과거 산업사회부터 존재했는데, 우리나라에서는 1994년 모 대학교에서 발생한 교수와 조교 간 성희롱 사건으로부터 성희롱이라는 용어가 처음으로 등장하였다. 「남녀고용평등과 일 · 가정 양립 지원에 관한 법률」(약칭: 「남녀고용평등법」) 제2조 제2항에서는 성희롱을 다음과 같이 정의하고 있다. "직장 내 성희롱이란 사업주 · 상급자 또는 근로자가 직장 내의 지위를 이용하거나 업무와 관련하여 다른 근로자에게 성적 언동 등으로 성적 굴욕감 또는 혐오감을 느끼게 하거나 성적 언동 또는 그 밖의 요구 등에 따르지 아니하였다는 이유로 근로조건 및 고용에서 불이익을 주는 것을 말한다." 성희롱의 영어 명칭은 sexual harassment로서 harassment는 '지긋지긋하게 굶' '괴롭힘' '귀찮게 굶'을 의미하기에, '성적으로 괴롭힘' '성적으로 귀찮게 굶' '성적으로 지긋지긋하게 굶' 등으로 풀이될 수 있다. 성희롱에 대한 심리학적 정의는 조직 내에서 직무상의 권한 및 지위를 이용하여 상대방이 원치 않는 성적인 성격을 띤 언행이나 신체적 접촉 혹은 성적인 접근을 수용하도록 요구하는 행위이다.

성희롱 피해자들은 혼란과 자기비난, 부정, 두려움, 불안, 우울, 분노, 환멸감 등의 심리적 반응을 보인다. 성희롱으로 인해 2차 피해가 생기기도 하는데, 예를 들면 왕따, 집단괴롭힘, 집단따돌림으로 나타나기도 하고, 피해자가 회사에 다시 남게 될 때 휴가 결재를 안 해 주거나, 협박과 모욕과 과도한 업무 등 드러나지 않으면서도 증명되기 어렵게 불이익을 주어서 피해자가 조직을 떠나게 하기도 한다. 이로 인해서 성희롱이 일어났을 경우에 피해자가 행위자에게 맞서거나, 소송을 제기하거나, 상사를 찾아가는 등의 적극적인 대처반응을 하기는 어렵다. 그 이유는 업무 혹은 고용상의 불이익이나 보복을 걱정하고, 직장 내 마찰을 피하고 원만한 직장생활을 하기를 원하고, 문제를 제기해도 해결할 수 없다고 생각하고, 또한 피해 조사 과정에서 더 큰 수치심과 스트레스를 느끼기 때문이라고 볼 수 있다. 그래서 행위자를 무시하거나, 회피하거나, 전근을 요구하는 등의 간접적인 대처반응을 하게 된다. 특히 여성의 경우에는 성희롱을 한번 당하면 그다음에 직장을 구할 때에는 무엇보다도 성희롱을 당하지 않을 수 있는 근무환경을 우선적으로 찾게 되기 때문에 여성의 경력 개발에 지속적으로 영향을 줄 수 있다.

2) 갈등이 일어나는 이유

직장 내 성희롱을 포함한 다양한 갈등은 다음과 같은 역기능적인 사고(dysfunctional thinking)가 원인이 되어 유발되기도 한다. 상대방의 의도나 사건의 의미를 왜곡하여 오해하게 하는 인지적 오류(cognitive error)를 범하게 되면 상황을 사실과 다르게 왜곡하거나 과장하게 되어 오해가 발생하게 되고, 이러한 오해는 대인관계의 갈등을 초래하게 된다(권석만, 2005).

(1) 흑백 논리적 사고 또는 이분법적 사고

갈등은 완전한 실패 아니면 대단한 성공, 또는 극단적으로 흑 아니면 백으로, 또는 전체를 맞거나 틀린 것으로(all or none) 해석하는 등의 이분법적 사고를 하기 때문에 갈등이 일어난다. 예를 들면, '내가 하는 행동이 옳고 상대는 틀리다'고 생각하여 양극단 사이에 존재할 수도 있는 중간 상황, 즉 '내가 틀릴 수도 있고 상대가 옳을 수도 있다.' '나와 상대방의 생각은 다르다.'는 것을 허용하지 않아서 갈등을 초래하게 된다.

(2) 과잉 일반화

갈등은 한두 번의 사건에서 경험한 것을 특정한 상황에 국한시키지 못하고 일반적인 결론을 내린 후 유사하지 않은 상황에까지 과잉 일반화하여 확대 적용하기 때문에 갈등이 일어난다. 타인으로부터 비난을 당하고서 '모든 사람은' '항상' '어떤 상황에서나' 공격적이라고 생각하는 경우가 대표적인 과잉 일반화의 예이다.

(3) 의미 확대 혹은 의미 축소

갈등은 대인 사건의 중요성이나 의미를 지나치게 확대하거나 축소하기 때문에 일어난다. 흔히 부적응적인 사람은 부정적 사건이나 불완전한 것의 의미는 크게 확대하고 긍정적이고 좋은 사건의 의미는 축소하는 오류를 범하는 경향이 있는 반면, 적응적인 사람은 자신에 대해서 부정적인 것보다는 긍정적인 것을 더 기억하는 '긍정적 착각(positive-illusion)' '자기고양적 편파(self-serving bias)'를 가지고 있는 경향이 있다.

(4) 개인화

갈등은 자기 자신과 무관한 사건을 자신과 관련된 것으로 잘못 해석하여 마치 자기의 책임인 양 받아들이기 때문에 일어나고 괴로워하는 것이다. 예를 들면, 인터넷, 유튜브, SNS 등에서 기사화되고 있는 다양한 사건, 자살, 성폭행, 강간 등을 자신과 관련시켜서 잘못 해석하여 어려움을 겪는 경우이다.

(5) 감정적 추리 또는 임의적 추리

갈등은 충분한 근거 없이 막연히 느껴지는 감정과 자기들이 경험한 한 가지 사건만 가지고 뚜렷한 증거도 없으면서 부정적 결론을 내리기 때문에 일어난다. '내가 그렇게 느껴지는 걸 보니까 사실임에 틀림없다.' '부적절하게 느끼기 때문에 나는 쓸모없는 사람이다.'라는 식으로 생각하는 오류이다.

(6) 잘못된 명명

갈등은 자신이나 다른 사람의 특성이나 행위를 기술할 때 부적절한 명칭(예: '실패자' '성격이상자' 등)으로 명명하여 그러한 명칭에 맞추어 개인의 행동을 이루어 가는 경향성, 즉 '자기이행적 예언(self-fufilling prophecy)'으로 인해서 생길 수 있다.

(7) 독심술적 사고

갈등은 충분한 근거 없이 다른 사람의 마음을 정확하게 꿰뚫어 볼 수 있는 능력을 지녔다고 믿으면서 타인을 마음대로 추측하고 단정하기 때문에 일어난다. 마치 다른 사람의 마음을 들여다볼 수 있는 독심술사처럼 모호한 단서에 의해서 다른 사람의 마음을 함부로 단정하는 오류이다.

3) 갈등해결을 위한 방법

직장 내 성희롱을 포함하여 우리는 다른 사람들과 상호작용하는 과정에서 갈등을 경험할 수밖에 없는데, 갈등을 서로 간에 어떻게 합리적으로 해결하느냐가 중요하다. 갈등을 건설적으로 해결하면 서로를 이해하는 기회가 되어서 인간관계를 더욱 강화할 수 있지만 대인갈등이 잘 해결되지 못하면 서로에 대한 부정적인 감정을 가져와서 인간관계가 붕괴되기도 한다.

그렇다면 갈등이 초래되었을 때는 어떠한 방법으로 해결해 나가는 것이 바람직한 것일까?

첫째, 속임수와 조작을 피하고 정직하고 개방적으로 의사소통을 해야 할 것이다. 언젠가 개선이 되기를 기다리면서 갈등을 방치하거나 어떤 쟁점이 내게 별로 중요하지 않다고 생각하거나 갈등의 직면에 대한 대가가 너무 크다고 생각하면서 갈등을 회피하는 방식은 관계에 지속적으로, 그리고 간접적으로 영향을 미치기 때문에 대체로 비생산적이다. 오히려 갈등을 표면에 드러나게 함으로써 새로운 통찰을 가져오게 하여 갈등을 개방적으로 다루는 것이 궁극적으로는 문제가 해결될 수 있도록 하기 때문에 가치가 있을 것이다.

둘째, 상대방의 문제성 있는 습관들을 기술할 때에는 그의 성격에 관하여 일반적인 진술(be 언어)을 하기보다는 현재의 특정 행동(do 언어)에 관해 언급을 해야 할 것이다.

셋째, 상대방의 자존심을 건드리거나 모욕이나 위협, 분노, 증오 등 부정적인 정서 반응을 일으키는 경향이 있는 부담스러운 단어들을 피하도록 해야 할 것이다.

넷째, 과거의 사실을 계속 들추는 대화를 피하고 최근의 행동과 현재의 상황에 초점을 두도록 해야 할 것이다.

다섯째, 문제와 감정을 구분할 수 있어야 한다. 무엇보다도 갈등이 초래된 문제 상황에 대해 상대방과 논의하면서 서로의 목표와 이익을 최대한 실현시키고, 원하는 것을 분명히 밝히고 서로 합의할 수 있는 해결방법을 찾아야 할 것이다.

여섯째, 융통성을 가져야 한다.

(1) 승리적 방법(제1의 방법)

승리적 방법은 두 사람과의 갈등 상황에서 한 사람이 다른 사람을 이기는 방법이다. 이 방법은 자신의 목표를 추구하기 위해서 자신의 의견이 관철되었기에 자신이 이기는 방법으로 보이지만, 상대방의 입장에서는 겉으로는 순응하는 것으로 보이지만 자신의 욕구가 충족되지 않은 불쾌한 심리상태가 지속되므로 수동공격성(passive-aggressive)을 가지면서 관계를 악화시키는 결과를 초래할 수 있다.

(2) 패배적 방법(제2의 방법)

패배적 방법은 두 사람과의 갈등 상황에서 한 사람이 다른 사람에게 자신의 욕구를 포기하는 방법이다. 이 방법은 상대방이 너무 강압적으로 나와서 후유증이 두려워 자신의 욕구를 포기하는 것인데 이는 인간관계의 악화를 방지하기 위해서 상대방에게 굴복했을 뿐이기 때문에 불만과 좌절감이 증가하게 되어 궁극적으로는 인간관계가 약화되는 결과를 초래한다.

(3) 무패적 방법(제3의 방법)

무패적 방법은 두 사람과의 갈등 상황에서 두 사람 모두가 승자가 되어서 서로의 욕구를 충족시키는 결과를 가져오는 방법이다. 이 방법은 각자의 양보와 타협을 전제로 하여 서로에 대한 불만과 좌절을 초래하는 갈등을 상호 대화와 협력을 통하여 타인의 욕구충족을 방해하지 않는 한도 내에서 자신의 욕구를 충족하면서 해결하도록 하는 가장 건강한 방법이다.

무패적 방법으로서 대립된 갈등을 해결 가능한 문제로 전환시키는 구체적인 방법은 다음과 같다.

- **욕구를 해결하기 위해서 문제를 정의한다**: 반영적 경청을 사용하여 상대방의 욕구를 파악한 후 나-전달법으로 나의 욕구를 말하여 문제를 명확히 정의하는 것이 무엇보다 필요하며, 이러한 과정을 통하여 서로가 해결 방안을 찾고 있다는 것을 분명히 이해하게 된다.
- **다양한 해결책을 만들어 낸다**: 인지적 구두쇠(cognitive miser)인 인간은 문제를 해결하기 위해 머릿속에 처음으로 번뜩 떠오르는 생각을 택하려는 경향이 있다. 이렇게 쉽게 떠오르는 해결책을 택하려는 경향에서 벗어나 다양한 해결책을 만들어 내도록 하는 과정이 갈등을 해결하는 데 도움이 되는 두 번째 단계이다. 이를 위해서는 반영적 경청을 사용하여 먼저 상대방이 해결책들을 내도록 북돋아 준 후, 나-전달법을 사용하여 자유롭게 나의 해결책도 내놓도록 한다.
- **다양한 해결책 각각에 대해 평가한다**: '두 번째 단계에서 제시된 다양한 해결책에서 각각의 해결책의 장점과 단점은 무엇인가?' '현실적인 계획인가?' '시간적 · 경제적 소비는 어느 정도인가?' '장애물은 어떤 것이 있는가?' '가능한 해결책이 실천 가능하지 않은 이유는 무엇인가?' '이행하기에 너무 힘들지는 않은가?' '그것은 모두에게 공평한가?' 등에 대해 구체적으로 평가하도록 한다. 이때에도 반영적 경청과 나-전달법을 사용하여 솔직하게 평가하도록 하며, 각각의 해결책에 대해서 평가할 때 상대방이 만족이나 불만족을 나타내는 비언어적인 단서가 존재하는지를 살피도록 한다.
- **상호 수용할 수 있는 해결책을 결정한다**: 세 번째 단계에서 평가한 내용을 토대로 상호 수용할 수 있는 해결책을 결정하도록 하는데, 자신의 해결 방안을 강요하거나 설득하려는 잘못은 저지르지 말도록 한다. 나와 상

대방 모두가 명확하게 이해하는지 확인하도록 하기 위하여 선택된 욕구와 해결책을 다시 말하고 모두가 볼 수 있는 곳에 적어 놓는 것도 갈등을 해결하는 데 도움이 되는 하나의 방법이다.

- **해결책을 수행한다**: 해결책을 수행하기 위하여 언제, 누가, 무엇을 할 것인가를 정하고, 다른 사람이 해결책에 관련된 사항을 확인해 보는 것도 도움이 되는 방법이다. 만약 시간이 지남에 따라 나와 상대방이 해결책을 자꾸 잊게 된다면 상대방과 나-전달법으로 직면할 수도 있고 상대방이 그 계획을 기억하도록 제안할 수도 있다.

1. 문제는 무엇인가?

2. 문제를 해결하기 위한 찬반 토론 내용을 정리해 보자.

구분	1	2	3	4
해결 방안				
장점				
단점				
현실적으로 가능한지 여부				
장애물				
시간적·경제적 소비				

3. 양자 모두 만족할 수 있는 해결책이 무엇인지 선택하여 그 내용을 정리해 보자.

출처: 김은영(2015).

- **재평가를 한다**: 해결 방안이 나와 상대방을 위해 어떻게 활용되고 있는가를 확인하는 시간을 가져서, 해결책에 잘못된 점이 나타나거나 새로운 사실이 알려지면 기꺼이 조정을 하는 융통성을 가지도록 한다.

무패적 방법으로 갈등을 해결할 때 활용할 수 있는 나-전달법, 반영적 경청, 자기표현법에 대해서 살펴보자.

① 나-전달법

나-전달법은 나를 주어로 하여 나의 상황을 말하고 자신의 감정을 표현하는 언어적 방법이다. 이와 대조적으로, 너-전달법은 "너는 형편없구나." "나잇값을 좀 해라." "참 어리석은 짓을 했구나!" "조용히 해!"와 같이 상대방에게 직접 충고, 명령, 나무람, 비난을 하면서 문제의 책임을 지우고 부정적인 감정을 느끼게 하는 메시지를 전하는 것이기 때문에 상대는 자존심이 상하고 불쾌하게 느끼기 쉽다.

나-전달법은 다음의 세 가지 구성요소를 포함한다.

첫째, 상대의 행동을 빈도부사(예: '항상' '또' '맨날' 등)나 가치판단이 개입되는 말(예: '엉망진창' '뒤죽박죽' 등)을 사용하지 않고, 상대의 행동을 단순하게 객관적으로 진술하는 것이다. 둘째, 그 행동이 나에게 미치는 구체적 영향을 언급하는 것이다. 시간을 소비하게 되거나, 돈을 써야 하거나, 당신이 해야 하거나 하고 싶은 것을 할 수 없도록 하거나, 당신의 신체나 감각을 괴롭히게 하거나, 어떤 손실을 유발시키는 것을 언급하여 나에게 미치는 영향을 구체적으로 잘 알리는 것이다. 셋째, 그 결과 때문에 내가 느끼게 되는 나의 감정, 즉 실망, 분노, 슬픔, 걱정, 짜증 등을 표현하는 것인데 이는 자신의 기분에 대한 이유를 설명하게 되어서 서로 이해할 수 있게 된다.

나-전달법의 예문을 들어 보면 다음과 같다.

- "당신이 집안 청소를 도와주니 빨리 청소가 끝나게 되어 기분이 좋아요."
- "당신이 일에 대한 설명을 자세히 하지 않고 업무를 지시하니 내가 어떻게 일을 해야 하는지 몰라서 힘드네요."
- "네가 업무를 마치지 않고 퇴근을 해서 내일 업무 보고를 해야 하는데 어려움이 생겨서 난감하구나."

② 반영적 경청

반영적 경청이란 상대가 내게 와서 고민을 이야기할 때 사용할 수 있는 방법으로서 상대방의 이야기를 주의를 집중하여 열심히 듣는 것이다.

반영적 경청에는 다음과 같은 세 가지 방법이 있다. 첫째, 아무 말 없이 미소를 짓고 고개를 끄덕이는 등 비언어적 행동을 통해서 수동적으로 경청하는 것이다. 둘째, 상대방의 이야기에 동의하는 간단한 감탄사나 반응을 하는 것으로 '아, 그랬구나!' '그래서?' '그래서 어떻게 되었는데?' 등과 같은 추임새 반응을 추가하면서 경청하는 것이다. 셋째, 성장 동기(~하고 싶은데)를 언급하며 상대방의 말에 대한 자신의 이해와 감정을 전달하면서 적극적으로 경청하는 것이다.

적극적 경청의 예문을 들어 보면 다음과 같다.

- "학교를 자발적으로 다니고 싶은데(성장 동기) 억지로 다니게 되니 힘들겠구나."
- "사람들 앞에서 서슴없이 이야기하여 말을 잘하고 싶은데(성장 동기) 사람들 앞에 나서면 말문부터 막혀서 좌절감을 느끼시겠군요."

③ 자기표현법

현대사회로 올수록 다양한 상황에서 표현에 대한 확신을 가지고 자신의 생각이나 감정을 제대로 타인에게 전달하면서 폭넓은 의사소통을 할 수 있는 자기표현 능력이 중요해지고 있다.

자기표현법에는 주장적 자기표현, 소극적 자기표현, 공격적 자기표현이 있다. 주장적 자기표현이란 상대방의 인격과 권리 등에 피해를 주지 않으면서 자신의 욕구, 감정, 생각들을 표현하는 건강한 자기표현 행동이다. 소극적 자기표현은, 예를 들면 어떤 친구가 나에게 물건을 빌려 달라고 했을 때 속마음은 빌려주기 싫지만 말은 정반대로 "언제 빌려 줄까?", 한 술 더 떠 "어디로 가져다줄까?"라고 말하면서 상대방을 배려한 나머지 자신이 나타내고자 하는 바를 충분히 표현하지 못하여 자신의 권리와 인격에 손해를 가져오는 행동이다. 또 다른 표현인 공격적 자기표현은 "너 돌았니? 제정신이야? 어떻게 그런 부탁을 할 수 있니?"라고 말하면서 자신의 욕구, 감정, 생각 등을 표현하되 상대방의 인격과 권리 등을 배려하지 않고 피해를 주는 공격적 자기표현을 하는 행동이다.

우리는 세 가지 자기표현 행동 중에서 적절한 자기표현적 언어가 어떤 것인지에 대해서 머리로는 잘 인식하고 있지만 실생활에서는 여러 가지 원인으로 자기표현을 적절하게 하지 못하고 있다.

자기표현을 적절하게 하지 못하는 데에는 몇 가지 원인이 있다. 첫째, 행동적 이유 때문이다. 자기표현적으로 행동하고 싶지만 구체적으로 어떻게 행동하는 것이 자기표현적 행동인지를 몰라서 못하는 경우일 수도 있고, 성장과정에서 자신을 표현하는 방법을 제대로 배울 기회를 갖지 못했거나 자기표현을 잘하는 더 좋은 모델의 결핍 때문일 수도 있고, 소극적 자기표현, 공격적 자기표현과 같은 비자기표현적 행동을 한 것에 대해서 많은 강화를 받았기 때문일 수도 있다. 둘째, 사고적 이유 때문이다. 대화 기술의 완벽성에 집착해서 실수할까 봐 자신을 제대로 표현하지 못하는 것일 수도 있고, 생각하는 방식에 대해 이치에 맞지 않는 비합리적인 생각을 가지고 있기 때문일 수도 있고, 소신을 버리면서까지 남에게 수용을 받고자 하는 비합리적 신념과 솔직하면 자신이 거절당할지도 모른다는 신화를 가지기 때문일 수도 있다. 셋째, 정서적 이유 때문이다. 자기표현을 하게 되면 마음이 편치 않고 불안해지기 때문일 수 있다.

여성은 직장 내 성희롱, 일과 가정을 병행하면서 다양한 갈등을 해결해야 하는 상황에서 어떤 이유 때문에 자기표현을 못하는지에 대해서 파악한 후, 이러한 비자기표현으로 인해서 자기 자신과 자신을 둘러싼 관계에 어떤 영향을 미치는지를 검토하는 것이 건강한 관계를 형성하기 위해서 필요하다.

토론거리

1. 현대로 오면서 여성은 어떤 관계를 맺고 살아가고 있으며 관계 속에서 어떤 어려움과 갈등을 가지고 있는지 토론해 봅시다.
2. 에고그램 검사결과를 통해 자신에 대해서 알게 된 점과 검사결과를 토대로 이후에 어떻게 삶을 변화시킬 것인지에 대해서 토론해 봅시다.
3. 자신이 어떤 인지적 오류를 가지고 있기에 관계에서 갈등을 가져오는지에 대해서 토론해 봅시다.
4. 갈등을 해결하는 다양한 방법 중에서 자신에게 가장 필요한 방법이 무엇이며 이를 실생활에 어떻게 적용할 것인지에 대해서 토론해 봅시다.

추천 영상 및 영화

- 영화 〈더 포스트(The Post)〉[2018, 스티븐 스필버그(Steven Spielberg) 감독, 드라마 장르]
- 영화 〈조이(Joy)〉[2016, 데이비드 러셀(David Russell) 감독, 드라마 장르]
- 영화 〈히든 피겨스(Hidden Figures)〉[2017, 데오도르 멜피(Theodore Melfi) 감독, 드라마 장르]

추천 도서

- 권석만(2005). 젊은이를 위한 인간관계 심리학. 학지사.
- 김은영(2015). 인간관계의 이해와 적응. 동문사.
- Vaillant, G. (2010). 행복의 조건: 하버드대학교 인생성장 보고서 [*Aging well: Surprising guideposts to a happier life from the landmark Harvard study of adult development*]. (이덕남 역). 프런티어. (원저는 2002년에 출판).

참고문헌

권석만(2005). 젊은이를 위한 인간관계 심리학. 학지사.

김은영(2015). 인간관계의 이해와 적응. 동문사.

경향신문 https://www.khan.co.kr/culture/book/article/201611092323O1

제5부

여성과 일

제7장

여성과 일

이지영

한성대학교
상상력교양대학 조교수

일과 직업은 성인이 경제적 독립을 이루고 자아정체성을 형성하는 데 중요한 역할을 한다. 그러나 우리의 진로 선택과 발달 과정이 누구에게나 동일하게 작동된다고 쉽게 생각하곤 하지만 실제로는 성별에 따라 그 과정이 다르게 전개되며, 여성과 남성의 진로 발달은 사회적 제약과 기대 속에서 독특한 궤적을 통해 만들어진다. 이 장에서는 이러한 측면에 초점을 두고, 여성과 남성의 진로 발달을 심리학적 관점에서 살펴보고, 성별이 직업 선택에 미치는 영향을 다각도로 탐구하고자 한다. 이를 위해 다음과 같은 세 가지 내용을 중심으로 논의를 전개하고자 한다.

첫째, 성별에 따른 진로 발달의 사회문화적 맥락을 이해하기 위해 여성의 일의 역사를 살펴본다. 산업혁명 이전부터 현대에 이르기까지 여성의 경제적 역할은 시대에 따라 달라져 왔으며, 특히 20세기 중반 이후 경제 참여가 크게 확대되어 왔다. 이러한 역사적 흐름 속에서 여성의 진로에 어떤 변화가 있었는지 살펴보고, 동시에 임금 격차, 경력 단절, 유리천장과 같은 문제가 여전히 지속되는 원인을 고찰하고자 한다.

둘째, 진로 발달의 주요 이론들을 통해 성별에 따른 차이를 분석한다. 수퍼의 전생애 진로발달이론은 생애주기 속에서 진로가 어떻게 발달하는지를 설명하며, 갓프레드슨의 제한과 타협 이론은 아동기부터 형성되는 성역할 인식이 진로 선택에 어떤 제약을 가하는지를 보여 준다. 사회인지 진로이론은 자기효능감, 결과 기대, 성역할 기대 등이 진로 결정 과정에 미치는 영향을 중심으로 성별 차이를 이해하는 데 도움을 준다.

셋째, 성역할 변화와 디지털 시대라는 새로운 환경 속에서 진로 발달의 방향성을 고찰한다. 특히 진로 적응성(career adaptability), 직업 탄력성(career resilience)과 같은 개념을 통해 개인이 변화하는 환경에 능동적으로 대응하는 역량을 살펴보고, 디지털 기술과 인공지능의 확산이 진로 세계에 어떤 영향을 미치고 있는지를 바탕으로 남성과 여성이 미래 경력을 어떻게 설계해 나갈 수 있을지에 대해 논의하고자 한다.

오늘날 여성들의 사회 진출 및 경제참여는 점점 더 활발하게 이루어지고 있다(여성가족부, 2024). 다양한 직종에서 여성들이 차지하는 비율은 꾸준히 증가하고 있으며(통계청 2024), 일부 분야에서는 여성들이 주요한 역할을 맡고 있기도 하다. 예를 들어, 정치와 경제 분야에서 앙겔라 메르켈(Angela Merkel)[1]과 크리스틴 라가르드(Christine Lagarde)[2] 같은 인물들은 여성 리더로서 큰 성과를 보여주고 있으며, 한국에서도 마켓컬리의 CEO 김슬아[3], 한경희 생활과학의 창업자 한경희[4], 그리고 호텔신라의 이부진 사장[5] 등이 각자의 분야에서 두각을 나타내며 중요한 역할을 수행하고 있다.

그러나 이러한 변화에도 불구하고, 여성의 일, 경력, 그리고 조직 내에서의 남녀 간 성차별과 격차는 여전히 중요한 주제로 논의되고 있다. 이는

1 앙겔라 메르켈은 독일 최초의 여성 총리로 2005년부터 2021년까지 재임하며 유럽의 주요 리더로 활약하였다.

2 크리스틴 라가르드는 IMF(국제통화기금) 총재(2011~2019)와 유럽중앙은행(ECB) 총재(2019~현재)를 역임하며 세계 경제 정책에 영향을 미쳤다.

3 김슬아는 한국의 스타트업 마켓컬리의 창업자이자 CEO로, 신선식품 새벽배송 시장을 개척하였다.

4 한경희는 한경희 생활과학을 설립해 스팀청소기를 국내 최초로 도입하며 가전시장의 혁신을 이끌었다.

5 이부진은 호텔신라의 CEO로서 한국의 호스피탈리티 산업에서 선도적인 역할을 하고 있다.

여성의 경제활동 참여율을 비롯하여, 일-가정 갈등(Greenhaus & Beutell, 1985), 경력 단절(Gangl, 2004), 유리천장(Baxter & Wright, 2000), 임금격차(Blau & Kahn, 2000) 등 여성의 일과 관련하여 여전히 쉽사리 해결되지 않는 문제들이 존재하기 때문이다.

이러한 문제들이 발생하는 이유는 무엇일까? 다양한 요인이 있겠지만, 이는 단순히 개인의 선택이나 성향에서 비롯된 것이 아니라, 성역할에 대한 사회적 기대와 문화적 요인으로 인해 여성과 남성이 진로 발달 과정에서 서로 다른 경로를 선택하는 경향 또한 주요한 원인이 될 수 있다(Eccles, 1994).

따라서 이 책에서는 제7장과 제8장에 걸쳐 여성의 진로, 경력, 조직생활에서의 특징과 남성과의 차이를 조명해 봄으로써 지금 시대의 일과 조직에서의 남녀 간의 격차와 차별적 경로를 고찰해 보고자 한다. 구체적으로 제7장 〈여성과 일〉에서는 여성과 남성이 성장하면서 진로 발달에서 어떠한 차이점을 보이며, 이를 통해 어떠한 차별적인 진로 선택을 하는지 등에 대한 진로와 직업 선택의 측면에서 논의를 하고자 한다. 이어 제8장 〈여성과 조직〉에서는 여성의 유리천장의 이유, 일-가정 양립의 문제들을 심리학적 관점에서 조명해 보고자 한다.

제7장과 제8장에서 '여성과 일' '여성과 조직'의 구체적인 심리학적 이론을 살펴보기에 앞서, 이 장에서는 우선적으로 과거로부터 지금까지의 여성의 일의 역사를 대략적으로 살펴보고자 한다. 개인의 선택은 그 사회의 맥락과 환경에서 벗어나 이루어질 수 없으며(Gergen, 2009), 특히 여성으로서 또는 남성으로서의 진로와 직업 선택은 무엇보다도 시대적 · 문화적 요소의 영향을 많이 받기 때문이다(Blau & Kahn, 2000; Eccles, 1994).

1. 여성의 일의 역사

1) 과거 여성의 일

여성의 일의 역사는 산업혁명 이전과 이후, 그리고 1960년대 여성 인권 운동을 기점으로 각기 다른 면모를 보이며 지속적으로 변화해 왔다. 산업혁명 이전, 특히 중세 시대와 농경사회에서는 여성들이 가사 노동과 농업에 참여해 경제적으로 기여했으며, 가족 단위로 함께 노동을 수행하는 경우가 많았다. 남성과 여성의 일이 구분되어 있기는 했지만, 이 시기의 여성들은 가정 내에서 중요한 역할을 담당했고, 비교적 평등한 역할 분담이 이루어졌다는 견해도 있다(Kelly, 1984; Tilly & Scott, 1978).

그러나 이러한 여성의 역할은 산업혁명이 시작되면서 상당한 변화를 겪었다. 18세기 후반부터 19세기 초반까지 산업혁명이 진행되며, 많은 여성이 도시로 이동해 공장에서 일하기 시작하였다. 이 과정에서 여성의 역할은 남성 노동력을 보조하는 형태이거나, 전쟁으로 인해 부족해진 남성 노동력을 대신하는 것으로 여겨졌다. 하지만 이들이 직면한 현실은 열악한 근로 조건과 낮은 임금이었다. 여성의 노동력은 종종 남성의 노동력보다 낮게 평가되었으며, 이는 성별에 따른 임금 격차를 더욱 심화시켰다(Blau & Kahn, 2000). 자본가들은 대체로 남성이었고, 남성 노동자가 육체적으로 더 강하다는 고정관념이 지배적이었기 때문에, 남성에 비해 여성이 낮은 임금을 받는 구조가 정당화되었다(Kessler-Harris, 2001). 경제적 참여가 증가하는 동안에도 여성의 인권 수준은 여전히 높지 않았고, 법적 권리와 노동 조건에서의 차별은 지속되었다. 이러한 상황은 여성들이 경제적으로 독립하는 데 큰 장벽이 되었으며, 성차별적인 사회구조가 여성의 노동 가치를 더욱 낮추는 결과를 초래하였다.

여성의 일과 관련된 부분을 포함한 여성의 인권 발전은 1960년대, 즉 20세기 중반이 되어서야 본격적으로 이루어지기 시작하였다. 18세기와 19세기에는 여러 변화가 있었지만, 그 변화는 단기적이고 제한적이었다. 1858년에는 여성 전문학교가 신설되었고, 1878년 런던 대학교에서 여성 최초로 입학을 허용하였다. 1876년에는 의과대학에 여성을 받아들이도록 법이 통과되었으며, 이러한 흐름은 1890년대에 여성들이 의료계에 진출하는 계기가 되었다. 19세기 중반부터는 관리자, 오퍼레이터, 매니저 비서 등 다양한 직업을 갖게 되면서 사회적 진출이 증가하고 있었으나, 여전히 여성의 임금은 남성보다 낮았고, 결혼 후에는 직장을 그만두는 경우가 일반적이었다(Blau & Kahn, 2000; Kessler-Harris, 2001). 이러한 경향은 여성의 경제적 독립을 어렵게 하였고, 결혼과 가정에 대한 전통적인 역할 기대가 여성의 직업 선택을 제한하는 요인으로 작용하였다.

1930년대가 되어서도 여전히 여성의 경제적 인권에는 어려움이 많았는데, 그것을 잘 보여 주는 사례로 버지니아 울프(Virginia Woolf)가 『자기만의 방(A Room of One's Own)』(1929)에서 했던 이야기가 있다. 울프는 여성들이 경제적 자원이 부족해 창작활동이나 직업 선택에서 많은 제약을 받았음을 강조하였다.

> "여성이 픽션을 쓰고자 한다면 돈과 자기만의 방이 필요하다고 주장을 제시할 뿐, 여성이 본성과 픽션의 본질이라는 거대한 질문에는 아무런 답을 내놓지 못한다는 사실을 여러분도 곧 알게 되실 거예요."

> "어느덧 저는 어느 풀밭을 가로질러 걷고 있었어요. 바로 그때 남자의 모습을 한 무언가가 나타나 제 앞을 가로막았어요. ……(중략)…… 그는 대학 행정관이 분명했고, 저는 한낱 여자일 뿐이었지요. ……(중략)…… 잔디밭에 들어설 수 있는 건 연구원과 학자들뿐이고 저는 자갈길로 다녀야 했던 것이지요."

1960년대에 들어서면서, 여성인권운동은 본격적으로 전개되었고, 이는 사회 전반에 걸쳐 여성의 권리 향상을 위한 변화의 물결을 일으켰다. 1960년 이후 여성의 법적·경제적 권리를 요구하는 다양한 운동이 활발히 이루어졌고, 많은 여성이 고등 교육을 받고, 전문직으로 진출하는 등 다양한 형태로 지금까지 이러한 변화는 계속되고 있다. 그러나 한 가지 기억해야 할 점은 이러한 변화가 지금까지 불과 100년이 되지 않은 역사를 가지고 있으며, 여전히 이루어져야 할 영역이 존재한다는 사실이다.

표 7-1 1960년대 여성인권운동의 주요 사건

연도	사건/변화	설명
1963	여성 고용 평등법[6]	미국에서 여성의 동등한 임금과 고용 기회를 보장하기 위한 법 제정
1966	전국 여성 기구(NOW) 설립[7]	여성의 권리를 옹호하고 성차별에 맞서 싸우기 위해 설립된 단체

6 1963년 「여성 고용 평등법(Equal Pay Act of 1963)」(U.S. Department of Labor)

7 1966년 전국 여성 기구(NOW) 설립: National Organization for Women(NOW) 공식 웹사이트

1967	미국 노동부의 여성 노동자 지위 보고서[8]	여성의 경제적 참여와 직업 선택의 제한에 대한 분석을 제공
1969	결혼과 가정법 개정[9]	결혼 후 여성의 직업 선택을 제한하는 법적 규제를 완화하는 변화
1972	제9조 통과[10]	연방 정부의 재정 지원을 받는 교육기관에서 성별에 따른 차별을 금지하는 법

생각해 보기

- 여성의 일에 대한 역사 속에서, 가장 인상 깊은 변화는 무엇인가요? 그 변화가 오늘날 여성의 직업 선택에 어떤 영향을 미친다고 생각하나요?
- 19세기와 20세기 여성 노동 역사 중 가장 인상 깊은 사건은 무엇인가요? 버지니아 울프의 『자기만의 방』이 오늘날 여성 경력에 주는 교훈은 무엇이라고 생각하나요?

2) 현대사회에서 여성의 경제 참여

1960년대 이후, 여성의 경제적 참여는 지속적으로 증가하고 있다. 현대사회에서 여성들은 전문직, 경영직, 기술직 등 다양한 분야에서 중요한 역할을 맡으며, 경제 성장과 사회 발전에 기여하고 있다. 특히 2020년대에 들어서면서 여성의 노동력 참여율은 이전보다 높아졌고, 많은 나라에서 여성의 고용 기회가 지속적으로 확대되고 있다. 예를 들어, 2020년 세계경제포럼의 보고서에 따르면, 여성의 경영직 비율이 2015년 25%에서 2020년 30%로

8 1967년 미국 노동부 여성 노동자 자위 분과 설립: U.S. Department of Labor – Women's Bureau

9 1969년 「결혼과 가정법」 개정: Jane J. Mansbridge 『Why We Lost the ERA』(1986)

10 1972년 제9조 통과: U.S. Department of Education–Title IX

기타 자료: 미국 여성 운동 관련 학술 문헌

증가한 것으로 나타났다(World Economic Forum, 2020).

그러나 여전히 해결해야 할 과제가 남아 있다. 여성의 일의 문제는 세계적인 이슈이지만, 특히 한국의 경우 성별 격차는 일-가정 갈등, 저출산 등과 함께 심각한 사회 문제로 논의되고 있다. 한국은 OECD 국가 중에서도 임금 격차가 가장 큰 나라로, 남성과 여성 간 평균 임금 차이가 약 34%에 달한다. 이는 OECD 평균인 13%에 비해 매우 높은 수치로, 한국의 여성들이 직장에서 겪는 차별이 여전히 심각하다는 것을 시사한다(Statistics Korea, 2021). 또한 많은 여성이 비정규직으로 일하고 있으며, 2021년 기준 한국 여성의 비정규직 비율은 약 60%에 달한다. 이는 남성의 비정규직 비율인 30%에 비해 2배 이상 높은 수치이다(statistics korea, 2021). 이러한 비정규직 근무는 경제적 안정성을 떨어뜨리고, 경력 발전에 제약을 가하는 요인으로 작용한다. 여성 임원의 비율 역시 현저히 낮다. 2023년 기준, 한국 상위 100대 기업에서 여성 임원 비율은 약 6%에 불과하며, 이는 OECD 국가 평균인 25.6%와 큰 차이를 보인다(Korea JoongAng Daily, 2023, March 10). 예를 들어, 삼성전자, 현대자동차, LG전자 등 대기업의 여성 임원 비율은 4~6%에 그치고 있으며, 글로벌 기업인 Meta(35.5%), Apple(23%), Intel(20.7%)과는 현저한 격차를 보인다(Korea Herald, 2022). 이러한 데이터는 한국의 성차별적인 사회구조가 여전히 여성의 경력 발전을 저해하고 있음을 보여 준다.

그렇다면 오늘날 여성과 남성이 일과 진로, 조직에서 겪는 성별 격차는 어디에서 비롯된 것일까? 이는 단순히 사회적·역사적 산물일까, 아니면 개인의 선택과 노력의 결과일까? 우리는 각기 다른 사회적 기대와 제약 속에서 진로를 선택해 왔으며, 이러한 진로 형성과 발달 과정은 개인의 특성과 사회문화적 맥락이 복합적으로 작용한 결과라고 볼 수 있다.

이 장에서는 수퍼의 전생애 발달이론(Super, 1957), 갓프레드슨의 제한과 타협 이론(Gottfredson, 1981) 등 주요 진로 발달 및 선택 이론을 살펴봄으로써, 남성과 여성이 사회적 맥락 속에서 어떻게 차별적인 진로를 형성해 왔는지를 이해하고자 한다. 이러한 이론적 탐색을 통해 여성과 남성의 진로 발달과 선택 과정에서 나타나는 어려움과 구조적 장벽을 파악하고, 이를 극복할 수 있는 실질적인 방안을 모색해 보고자 한다.

2. 여성과 남성의 진로발달이론

1) 수퍼의 전생애 진로발달이론

여성과 남성의 서로 다른 진로 발달과 선택을 설명할 첫 번째 이론은 수퍼의 전생애 진로발달이론(Super, 1957)과 생애공간이론(Super, 1953)이다. 수퍼는 1950년대부터 이러한 이론을 발전시켰다. 이 시기는 산업화와 사회적 변화가 가속화되던 시기로, 사람들의 직업적 성취가 개인의 정체성 형성에 중요한 역할을 하기 시작한 때였다. 수퍼는 인간의 진로 발달 과정이 단순히 경제적 필요에 의한 것이 아니라 개인의 생애 전반에 걸쳐 다양한 사회적 역할과 가치에 의해 복합적으로 형성된다는 점을 강조하였다. 특히 남성과 여성은 사회적으로 기대되는 역할이 다르기 때문에, 이들의 진로 발달 과정 역시 각기 다른 방식으로 전개될 수 있음을 설명하였다.

수퍼가 이러한 이론에 관심을 가진 이유는, 1950~1960년대에 여성의 사회적 역할이 가정에서 사회로 확장되던 시기였기 때문이다. 그는 진로 발달이 사회문화적 맥락에 의해 어떻게 영향을 받는지 연구하며, 이를 통해 사람들의 직업 선택이 생애 전반에 걸쳐 점진적으로 변화한다고 주장하였다. 그의 연구는 수십 년간의 실증적 분석을 통해 입증되었고, 현재의 진로발달이론의 토대가 되었다. 이러한 수퍼의 이론은 남성과 여성의 서로 다른 진로 발달 과정을 설명하는 데 중요한 통찰을 제공한다.

(1) 수퍼의 전생애 진로발달이론과 생애공간이론

수퍼는 전생애 진로발달이론(Life-Span Career Development Theory; Super, 1957, 1980)과 생애공간이론(Life-Space Theory; Super, 1980)을 통해 남성과 여성이 진로를 어떻게 형성하고 경력을 설계해 나가는지에 있어 성별에 따라 어떠한 차이가 발생하는지를 설명하고자 하였다. 전생애 진로발달이론은 인간의 생애를 성장기, 탐색기, 확립기, 유지기, 쇠퇴기의 다섯 단계로 나누고, 각 단계에서 자아개념의 발달을 중심으로 진로가 어떻게 형성되고 변화하는지를 설명한다. 개인은 성장기부터 쇠퇴기에 이르기까지 다양한 경험과 사회적 상호작용을 통해 자아개념을 구체화하고, 그에 따라 진로를 선택하고 발달시켜 나간다.

한편, 생애공간이론은 이러한 시간적 발달단계를 수평적으로 관통하며, 개인이 삶의 각 시점에서 동시에 수행하는 다양한 사회적 역할이 진로에 어떤 영향을 미치는지를 설명한다. 수퍼는 사람들이 특정 시기에 어떤 역할에 더 많은 에너지를 투입하며, 역할 간 갈등이나 조화가 진로 선택과 경력 유지에 실질적인 영향을 미친다고 보았다. 특히 성별에 따라 사회적으로 기대되는 역할 구성이 다르기 때문에, 남성과 여성은 동일한 생애단계에서도 서로 다른 방식으로 진로를 형성하고 경력을 설계하게 된다. 이러한 점에서 생애공간이론은 진로 발달의 성별 차이를 이해하는 데 중요한 이론적 틀을 제공한다.

① 성장기(Growth, 0~13세)

- 전생애 진로발달이론: 이 시기는 자아개념의 초기 형태가 형성되는 단계로, 아동은 주변 세계와의 상호작용을 통해 자신이 어떤 존재인지, 무엇을 잘하는지를 탐색하기 시작한다. 상상력과 모방을 통해 직업에 대한 흥미와 태도를 개발하고, 자아와 직업 세계 간의 연결이 처음으로 시도된다. 수퍼는 이 시기를 진로 정체감의 기초 형성기로 보며, 주요

발달과업으로 흥미 발견, 능력 인식, 역할 모델 관찰 등을 제시하였다.

- **생애공간이론**: 이 시기의 아동은 자녀, 학생 등의 역할을 수행하면서 사회적 역할에 대한 인식을 갖기 시작한다. 특히 4세 이후부터는 성별에 따른 사회적 기대를 학습하게 되며, 이 과정에서 성별 역할 모델을 통해 진로에 대한 초기 기대와 가능성을 형성한다.

② 탐색기(Exploration, 15~24세)

- **전생애 진로발달이론**: 이 시기는 자아개념을 보다 구체화하고 직업 세계와의 접점을 확대해 나가는 단계이다. 진로 대안을 탐색하고 교육과 훈련을 통해 현실적인 진로 목표를 설정하며, 자아와 직업의 일치를 모색한다. 수퍼는 이 시기의 발달 과업으로 진로 탐색, 실천적 진로 결정, 교육을 통한 준비 등을 제시하였다.
- **생애공간이론**: 학생, 친구, 가족 구성원 등의 역할을 동시에 수행하면서 다양한 역할 간의 균형을 시도하는 시기이다. 여성은 결혼, 출산에 대한 사회적 기대를 진로 선택에 반영하는 경향이 있으며, 남성은 전통적인 사회적 성취 중심의 역할에 대한 기대 속에서 진로를 탐색하는 경향이 있다.

③ 확립기(Establishment, 25~44세)

- **전생애 진로발달이론**: 이 시기는 직업 세계에 본격적으로 진입하여 자신의 위치를 확립하고 안정적인 직무 수행을 통해 성취를 추구하는 단계이다. 초기에는 선택한 진로의 적합성을 검증하고, 이후에는 경력 기반을 구축하며 자아개념을 직업적 정체성과 결합시킨다.
- **생애공간이론**: 직업인, 배우자, 부모 등의 역할이 본격화되며, 이들 간 갈등이나 조화가 진로 유지와 경력 결정에 직접적인 영향을 미친다. 여성은 가족 책임으로 인해 경력의 일시 중단이나 근무 형태의 변화를

겪을 수 있으며, 남성은 조직 내 성취와 승진을 중심으로 한 경력 경로를 따르는 경우가 많다.

④ 유지기(Maintenance, 45~64세)

- **전생애 진로발달이론**: 기존의 직업적 위치를 유지하면서 변화에 적응하고, 경력의 지속성과 직무 만족도를 점검하는 시기이다. 수퍼는 이 시기를 진로 재검토의 시기로 보며, 핵심 과업으로 능력 유지, 역할 강화, 직무 재설계 등을 제시하였다.
- **생애공긴이론**: 중년기에는 직업인뿐 아니라 부모, 돌봄 제공자, 지역사회 구성원 등 다양한 역할을 동시에 수행하게 된다. 여성은 가족 내 돌봄 노동과 직업 유지 간의 조화를 고민하게 되며, 남성은 직업 정체성의 지속 가능성과 조직 내 영향력 유지를 중시하는 경향이 있다.

⑤ 쇠퇴기(Decline, 65세 이후)

- **전생애 진로발달이론**: 이 시기는 직업 활동에서 점차 이탈하고 은퇴를 준비하거나 실행하는 단계이다. 자아개념은 직업 중심에서 벗어나 새로운 정체성을 구성하게 되며, 수퍼는 이 시기를 '이탈기'로 보고, 은퇴 계획 수립, 역할 전환 수용, 삶의 의미 재평가 등을 핵심 과업으로 제시하였다.
- **생애공간이론**: 직업적 역할은 줄어들고, 가족, 지역사회 구성원으로서의 역할이 강화된다. 남성은 은퇴 후 직업 정체성을 유지하려는 경향이 있으며, 여성은 가족 내 기여나 사회 참여를 통해 새로운 정체성을 구성해 나가는 경향이 있다.

(2) 수퍼의 전생애 발달단계에서 여성의 진로 발달과 선택

수퍼는 특히 여성의 진로 발달에 주목하면서, 여성들이 생애주기 동안 겪는 다양한 사회적 역할과 그로 인해 발생하는 갈등을 설명하였다. 여성은 어린 시절부터 사회화 과정을 통해 결혼, 출산, 양육과 같은 생애 역할에 대한 기대를 내면화하게 되며, 이는 진로를 탐색하거나 선택하는 초기 단계부터 진로 결정에 영향을 미친다. 이처럼 여성은 진로를 설계할 때부터 직업 외적인 요소—특히 향후 가정 내 역할 수행 가능성—를 고려하는 경향이 있으며, 이는 남성과 구별되는 중요한 진로 발달의 특징이다.

그러나 이러한 사회적 기대와 역할 내면화는 여성의 진로에 심리적·구조적 제약을 가져오기도 한다. 남성은 사회적으로 직업 중심의 진로 경로를 비교적 일관되게 유지할 수 있는 반면, 여성은 생애과정에서 가사, 양육, 가족 돌봄 등의 역할 수행과 이를 둘러싼 사회적 구조로 인해 경력의 단절이나 조정, 재진입 등의 과정을 거치게 되는 경우가 많다. 이러한 경향은 여성의 진로 경로가 남성에 비해 유동적이고 불안정하게 형성되는 배경이 되며, 진로의 지속성과 주체성이 제한되는 구조적 불리함으로 작용한다.

이러한 관점에서 수퍼는 여성의 진로가 고정된 선형 경로를 따르기보다는 가정과 직업 사이의 반복적인 역할 전환, 진로의 단절과 재구성, 사회적 기대에 따른 조정 등 다양한 변화과정을 겪을 수 있음을 강조하였다. 이에 따라 그는 여성들이 실제 생애과정 속에서 결과적으로 나타내는 진로 양상을 유형화하였으며, 이를 통해 여성 진로의 다층적 현실과 심리적 의미를 이해하고자 하였다.

즉, 여성의 진로 패턴은 개인이 사전에 명확히 인식하고 선택하는 경로라기보다 생애 전반에 걸쳐 직면하는 사회적 역할 변화와 제약 속에서 결과적으로 형성된 진로의 흐름에 따라 사후적으로 분류되는 경향이 있다. 동일한 개인도 생애 어느 시점에서는 '안정된 가사형'에 가까운 경로를 보이다가, 이후 경력 복귀 등을 통해 '단절된 진로형'이나 '이중진로형'의 특성을 보일 수 있다. 이처럼 수퍼의 진로 패턴은 진로의 일관성보다는 유연성과 적응성을 반영하며, 성별에 따라 차별적으로 작용하는 사회문화적 맥락을 분석하는 중요한 틀로 기능한다.

① 안정된 가사형: 결혼 후 직업을 갖지 않고 가사에 전념하는 유형

이 유형의 여성은 가정 내 역할을 중심으로 자아정체성을 형성하며, 사회적으로는 '이상적인 어머니'나 '헌신적인 아내'의 이미지와 연결되는 경우가 많다. 직업을 갖지 않는 선택이 전통적 여성상으로 자연스럽게 수용되던 시대적 분위기에서 비교적 안정적인 삶의 경로로 여겨졌으며, 진로에 대한 고민보다는 가족에의 헌신이 중심 가치로 자리 잡는다.

② 전통적 진로형: 결혼 전까지만 직업을 갖고, 이후에는 가사에 집중하는 유형

결혼 이후 직업 역할이 부차적으로 여겨지는 사회적 기대와 연결되며, 일과 가정 중 가정에 더 큰 비중을 두는 경향을 보인다. 이 유형은 개인의 진로 지속 의지보다는 가족의 요구나 사회적 규범이 진로 경로에 영향을 미친다.

③ 안정된 직업형: 결혼하지 않고 직업에 집중하는 유형

직업을 통한 자아실현이 중심이 되며, 직업적 목표와 자아개념이 긴밀히 연결되어 있다. 가족보다 개인의 경력과 성취를 우선시하며, 꾸준하고 장기적인 진로계획을 추구한다.

④ 이중진로형: 직업과 가정의 역할을 동시에 수행하는 유형

직업적 성취와 가족 책임을 병행하려는 경향이 있으며, 유연근무제나 파트타임 등 다양한 방식으로 두 역할을 조화롭게 유지하려는 노력이 나타난다.

⑤ 단절된 진로형: 출산이나 양육으로 경력이 단절되었다가 다시 복귀하는 유형

경력 복귀 시 자아개념의 재구성이 필요하며, 과거 경력과의 연속성을 회복하거나 새로운 진로 정체성을 형성하는 과정이 동반된다.

⑥ 불안정 진로형: 직업을 불규칙하게 갖다가 그만두는 유형

가정 내 역할이 우선되거나 진로에 대한 동기와 목표가 불명확하여 진입과 이탈이 반복되는 경우가 많다. 구조적 제약보다는 개인적 요인이 경로의 불안정성에 영향을 준다.

⑦ 다중진로 시도형: 여러 직업을 경험하며 고정된 경로를 따르지 않는 유형

진로의 유연성과 다양성을 중시하며, 개인의 삶의 변화나 욕구에 따라 진로 경로를 자유롭게 조정한다. 경력 경로가 획일적이지 않으며, 변화 그 자체가 진로 정체성의 일부가 된다.

(3) 수퍼의 전생애 발달이론과 생애공간이론의 공헌과 한계점

수퍼의 진로발달이론은 전생애 발달이론과 생애공간이론을 통해, 여성들이 결혼, 출산, 양육 등 사회적 역할과 직업 선택 간의 복잡한 상호작용을 체계적으로 분석함으로써 성별에 따른 진로 발달의 차이에 대한 중요한 통찰을 제공하였다(Super, 1957, 1980). 이러한 이론은 여성의 다양한 진로 패턴을 제시함으로써, 현대사회에서 여성들이 겪는 진로 선택의 도전에 대한 이해를 심화시키는 데 기여하였다(Betz & Fitzgerald, 1987). 그러나 이러한 공헌점에도 불구하고, 수퍼의 이론은 하나의 직업에 머무르기보다는 다양한 직업을 경험하거나 필요에 따라 경력 전환을 빈번하게 변경하는 현대의 유연하고 비선형적인 경력 경로를 충분히 반영하지 못한다는 비판을 받으며(Blustein, 1997). 또한 여성들이 성역할 고정관념, 경력 단절, 그리고 가정과 직업 간의 균형을 맞추기 위해 겪는 실질적인 어려움과 그로 인한 고통을 충분히 설명하지 못했다는 비판도 제기된다(Brown, 2002).

생각해 보기

- 지금까지의 경험과 앞으로의 계획을 돌아볼 때, 수퍼의 진로 패턴 중 자신과 가장 가까운 유형은 무엇이라고 생각하나요? 그 이유를 과거 경험, 현재의 상황, 미래의 목표를 바탕으로 자유롭게 설명해 봅시다.
- 앞으로 본인의 진로에서 어떤 선택을 하게 될 것으로 예상하나요? 현재의 직업적 위치와 삶의 상황을 고려하여 직업과 가정 간의 균형을 어떻게 맞춰 갈 계획인지 구체적으로 생각해 봅시다.

2) 갓프레드슨의 제한과 타협 이론

갓프레드슨은 진로 발달과 직업 선택에서 남성과 여성이 서로 다른 선택을 하게 되는 과정을 설명하기 위해 제한과 타협 이론(Gottfredson, 1981)을 제시하였다. 제한과 타협 이론은 직업 선택이 단순히 개인의 능력이나 흥미에 의한 것이 아니라, 성 고정관념, 사회적 기대, 그리고 개인의 자아 개념에 따라 제한된 선택지를 통해 이루어진다는 점을 강조한다. 갓프레드슨이 이 이론에 관심을 가지게 된 배경에는 1970~1980년대 여성의 경제적 참여 확대와 사회적 변화가 중요한 역할을 하였다(Blau & Ferber, 1986). 그 당시에도 여성들은 직업 선택에서 성역할 고정관념과 사회적 기대에 의해 제한을 받았고, 비정규직이나 경력 단절을 경험하는 경우가 많았다. 갓프레드슨은 이러한 구조적 제약이 남성과 여성 모두에게 다르게 작용하며, 특히 어린 시절부터 형성된 성역할 인식이 진로 선택에 큰 영향을 미친다고 설명하였다(Gottfredson, 1981).

(1) 갓프레드슨의 제한과 타협 이론의 진로 선택 단계

갓프레드슨은 제한과 타협 이론을 통해 사람들이 연령에 따라 직업 선택에서 자신에게 적합하지 않다고 여기는 직업들을 제한하고, 사회적 기대와 성역할에 맞춰 타협해 가는 과정을 설명하였다(Gottfredson, 1981). 이 이론은 직업 선택 과정에서 성별, 사회적 지위, 가정환경과 같은 외부 요인들이 어떻게 개인의 진로 선택에 영향을 미치는지를 강조한다. 갓프레드슨의 이론에 따르면, 직업 선택은 네 가지 단계로 나뉜다.

① 서열 획득 단계(3~5세)

이 시기는 아이들이 직업 세계에 대한 초기 인식을 형성하기 시작하는 시기로, 갓프레드슨(Gottfredson, 1981)은 이를 '서열 획득(orientation to size and power)' 단계라고 보았다. 이 단계의 핵심은 아이들이 세상에 다양한 직업이 존재하며, 그 직업들 간에 차이가 있다는 사실을 처음으로 인식한다는 점이다. 아이들은 이 시기부터 '어떤 직업은 더 크고, 더 힘 있고, 더 멋지다'는 식의 인식을 가지게 되며, 직업들 사이의 위상이나 서열을 감각적으로 받아들이기 시작한다. 예를 들어, "의사는 똑똑한 사람이 하는 거야." "소방관은 힘이 센 사람만 될 수 있어." "우리 아빠는 회사 다니니까 멋있어."와 같은 판단을 하기도 한다. 이러한 인식은 주로 부모나 교사의 말, 미디어, 책, 일상적 대화 속에서 자연스럽게 형성되며, 아이들은 그 과정에서 특정 직업에 대한 사회적 이미지와 가치 평가를 받아들이게 된다. 이 시기의 직업 이해는 아직 자신의 흥미나 적성과는 무관하며, 진로를 선택한다기보다는 직업을 통해 세상을 인식하고 이해해 가는 초기 인지 발달 과정이라 할 수 있다. 즉, 서열 획득 단계는 아이가 자신에게 어떤 직업이 맞는지를 고려하기 이전에 사회가 직업에 대해 가지고 있는 위계적 질서나 상징적 의미를 처음 감지하게 되는 시기인 것이다.

② 성역할 획득 단계(6~8세)

이 시기에는 아이들이 성별에 따라 적합하다고 여겨지는 직업을 인식하고, 그에 맞는 직업을 선호하기 시작한다. 성역할에 대한 사회적 기대와 고정관념이 진로 인식에 본격적으로 영향을 미치며, 남자아이는 '남성적인' 직업(예: 과학자, 엔지니어 등)을, 여자아이는 '여성적인' 직업(예: 교사, 간호사 등)을 선호하는 경향이 뚜렷해진다. 이러한 직업 선호는 주변 어른들의 반응, 미디어 이미지, 사회적 메시지를 통해 내면화된 성역할 인식에서 비롯된다(Gottfredson, 1981). 즉, 이 시기에는 아이 스스로가 성별을 기준으로 진로 가능성을 제한하기 시작한다는 점에서 매우 중요한 전환점이 된다.

③ 사회적 가치 획득 단계(9~13세)

이 단계에서는 아이들이 직업의 사회적 지위, 명성, 보상 수준과 같은 사회적 가치 차원을 인식하기 시작한다. 이전 단계까지는 성역할 중심의 제한이 주를 이루었다면, 이제는 직업이 지닌 위상과 사회적 평가, 경제적 조건 등이 진로 선호에 영향을 미친다.

예를 들어, 부모의 직업이나 기대, 가정의 경제적 배경, 주변 어른들의 조언은 특정 직업군에 대한 매력을 높이거나 반대로 진입 장벽이 높다고 느껴지는 직업을 회피하게 만들 수 있다(Gottfredson, 1981). 이 시기에는 진로 선호가 보다 구체화되며, 아이는 자신이 어떤 직업을 '현실적으로 선택할 수 있을지'에 대해 점차 자각하게 된다.

④ 내적 자아 확립 단계(14세 이후)

청소년기에 접어들면서 개인은 자신의 내적 자아를 탐구하고 이를 직업 선택과 연결하기 시작한다. 이 과정에서 개인의 흥미, 가치관, 능력과 같은 내적 욕구는 사회적 기대, 성 고정관념, 현실적 제약과 조율해야 하는 상황에 직면한다. 이러한 조율과정은 종종 갈등을 수반한다(Gottfredson, 2005).

특히 성별에 따른 사회적 기대는 개인의 내적 자아와 직업 선택 간의 중요한 갈등 요인이 될 수 있다. 예를 들어, 성 고정관념이 강한 사회에서는 일부 청소년이 자신의 흥미와 능력에 부합하는 직업보다, 성별에 적합하다고 여겨지는 직업을 선택하도록 압박받을 수 있다. 또한 경제적 배경이나 안정성에 대한 고려는 개인이 자신의 내적 자아를 충족시키는 선택을 제한하기도 한다.

이 단계에서 나타나는 갈등은 개인의 자아정체성 형성 과정에서 중요한 부분이다. 개인은 내적 자아와 외부 기대 간의 조화를 이루기 위해 자신의 우선순위를 정하고, 선택과 타협의 과정을 통해 더 깊이 자신을 이해하고 성장해 나간다. 따라서 이 과정은 내적 자아를 확립하고 미래 방향성을 설정하는 중요한 전환점이 된다.

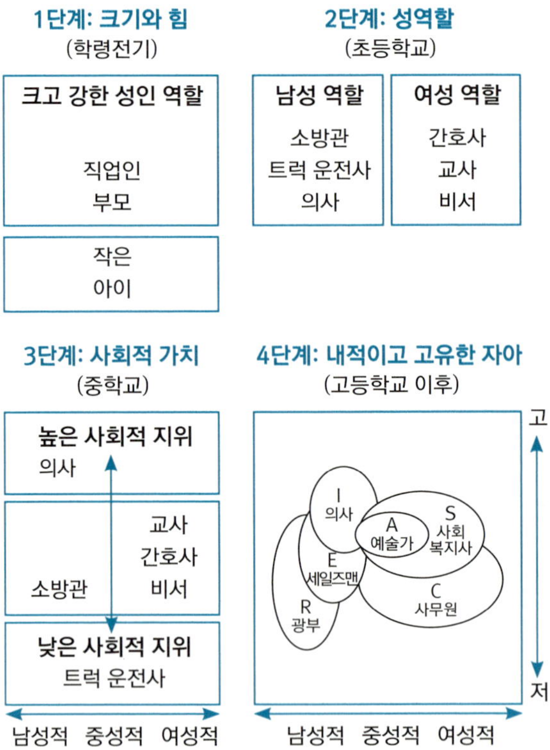

[그림 7-1] 직업적 포부 제한의 4단계

(2) 성별에 따른 진로 발달에서의 제한과 타협

갓프레드슨의 제한과 타협 이론은 성 고정관념과 사회적 기대가 남성과 여성의 직업 선택에 어떻게 영향을 미치는지를 설명한다(Gottfredson, 1981). 이 이론에 따르면, 직업 선택은 단순히 개인의 능력이나 흥미에 의한 것이 아니라 성별에 따른 사회적 기대와 성역할 고정관념에 의해 제한되고 타협된다는 점을 강조한다. 성별에 따라 진로 발달에서의 제한과 타협이 나타나며, 남성과 여성은 각기 다른 방식으로 사회적 기대에 부응하면서 진로를 선택한다.

① 서열 획득 단계에서의 성별에 따른 제한과 타협(3~5세)

이 단계의 핵심은 아이들이 세상에 다양한 직업이 존재하며, 그 직업들 간에 차이가 있다는 사실을 처음으로 인식한다는 점이다. 이때 아이들이 인식하는 '크고 힘 있는 직업'은 대체로 남성이 수행하는 직업으로 제시되며, 자연스럽게 남성 직업이 서열의 상위에 있다는 인식을 형성하게 된다. 반대로 여성 직업은 '도와주는 역할' '가족을 돌보는 일'로 묘사되며 상대적으로 낮은 사회적 위상을 갖는 것으로 인식된다. 예를 들어, "간호사는 여자 선생님이 하는 거야." "엄마는 집에서 일해."와 같은 표현을 통해 아이들은 직업의 사회적 위계뿐 아니라 성별에 따른 역할 구분을 동시에 받아들이게 된다. 이 시점에서 제한과 타협은 명시적 선택이라기보다 사회적 직업 위계와 성 고정관념이 동시에 내면화되는 기초 형성기라 할 수 있다.

이후 단계에서 이루어지는 성역할 기반의 직업 제한은 이러한 초기 인식에 바탕을 두고 점차 구체화된다.

② 성역할 획득 단계에서의 성별에 따른 제한과 타협(6~8세)

6~8세 사이에는 성역할 고정관념이 강화되면서, 여성은 전통적인 여성 직업(간호사, 교사, 비서)을, 남성은 전통적인 남성 직업(과학자, 엔지니어, 변

호사)을 선호하는 경향이 강해진다(Gottfredson, 1981). 성역할 고정관념에 의해 남성과 여성이 각기 다른 직업군을 배제하는 경향이 더욱 뚜렷해지며, 남성과 여성 모두 자신의 성별에 맞는 직업을 선택하려는 제한을 받는다.

③ 사회적 가치 획득 단계에서의 성별에 따른 제한과 타협(9~13세)

이 시기의 아동은 직업에 대해 단순히 '멋짐'이나 '호감' 같은 감각적 기준을 넘어서, 사회적 지위, 안정성, 보상 수준과 같은 현실적인 가치를 인식하기 시작한다.

진로에 대한 판단은 점차 구체화되며, 단순한 흥미보다는 부모, 교사, 또래 친구들과 같은 주변 인물의 기대와 평가를 반영하는 방향으로 변화한다. 또한 이 시기에는 성역할 고정관념 역시 뚜렷해지면서, 여성은 가정과 조화를 이루기 쉬운 안정적이고 돌봄 중심의 직업을, 남성은 높은 지위와 경제적 보상이 큰 직업을 선호하는 경향이 강화된다. 그 결과, 아동은 성별에 따라 진로 가능성을 다르게 인식하게 되며, 사회적 평가 기준에 맞춰 성별에 따른 진로 방향이 구분되기 시작하는 특징을 보인다.

④ 내적 자아 확립 단계에서의 성별에 따른 제한과 타협(14세 이후)

청소년기에 접어들면서 개인은 **자신의 정체성과 자아를 중심**으로 직업을 선택하는 방향으로 나아간다. 이 단계에서는 직업 선택이 단순히 사회적 가치에 의존하는 것을 넘어, 자신이 **추구하는 삶의 목표와 개인적 가치**를 반영하기 시작한다. 여성의 경우 여전히 가정과 직업의 균형을 중시하지만, 자신의 재능과 목표를 고려하여 새로운 선택을 시도한다. 예를 들어, 간호사나 교사 같은 전통적 직업뿐만 아니라 데이터 분석가나 심리 상담사와 같은 새로운 직업에도 관심을 가지게 되는 경향이 나타난다. 남성은 경제적 안정성과 사회적 성공을 목표로 삼으면서도 자신이 중요하게 여기는 가치와 정체성을 반영할 수 있는 직업을 선택하려 한다. 창의적 문제해결을 선호하는 남성은 엔지니어나 스타트업 창업가와 같은 직업을 선택할 가능성이 높다. 이처럼 내적 자아와 직업 선택이 연결되면서 개인은 외부의 기대뿐 아니라 자신의 가치와 목표에 맞는 제한과 타협을 이루게 된다(Gottfredson, 2005).

단계	나이	인식의 초점	성별 관련 인식	주요 특징
1단계: 서열 획득 (3~5세)	유아기	직업의 '크기' '힘' '멋짐' 등 감각적 위계	남성 직업이 더 크고 멋지다고 받아들임	감각적으로 받아들이는 사회적 이미지. 성별 직업 위계의 무의식적 내면화 시작
2단계: 성역할 획득 (6~8세)	아동 전기	성별에 따른 직업 적합성 인식	남아는 '남성적' 직업(과학자, 엔지니어), 여아는 '여성적' 직업(교사, 간호사)을 선호	성 고정관념이 직업 선호에 명시적으로 작용하며, 진로 가능성을 성별에 따라 스스로 제한하기 시작하는 시기
3단계: 사회적 가치 획득 (9~13세)	아동 후기~사춘기 전기	직업의 지위, 경제적 안정성, 사회적 평가 등 현실적인 가치	여성은 안정적이고 돌봄 중심 직업, 남성은 고소득·고지위 직업 선호	구체적 선호와 진로 가능성에 대한 자각이 생기며, 사회적 기대에 따라 진로 범위를 현실적으로 조정하는 시기
4단계: 내적 자아 확립 (14세 이후)	청소년기 이후	흥미, 가치, 능력 등 자아와 진로의 일치 탐색	여전히 성별 기대와의 갈등 존재, 자아와 외부 기대 간 조율 필요	내적 자아와 외적 조건 간의 타협을 통해 진로 정체성 형성. 성 고정관념과 현실 제약을 넘어 진로를 재설계하려는 시도 가능

(3) 갓프레드슨의 제한과 타협 이론의 공헌점과 한계점

갓프레드슨의 제한과 타협 이론은 성 고정관념과 사회적 기대가 직업 선택에 미치는 영향을 체계적으로 설명한 이론이다(Gottfredson, 1981). 이론의 중요한 공헌점은 성 고정관념이 직업 선택에서 어떻게 작용하는지 연령별로 분석하여, 남성과 여성 모두 성별에 따른 제한을 경험한다는 점을 명확히 제시한 것이다. 이를 통해 진로 상담 및 교육에서 성역할 고정관념을 이해하고 이를 극복할 수 있는 방안을 모색할 수 있다(황매향, 2009).

한편, 이 이론은 현대사회의 변화에 따른 성역할 고정관념의 약화와 개인의 주체적인 선택 가능성을 충분히 반영하지 못했다는 한계가 있다(김옥진, 이재창, 2007). 특히 최근의 연구에서는 경력 단절을 경험하는 여성의 비율이 줄어들고 있고(박효진, 은선경, 2012), 남성 또한 감정 노동과 같은 직업에 대한 수용도가 증가하고 있다는 점이 갓프레드슨 이론의 범위를 넘어서고 있다는 비판이 있다(김희영, 유현실, 2022).

생각해 보기

- 갓프레드슨의 이론에 따라 당신의 직업 선택 과정에서 성별에 따른 제한이나 타협이 있었는지 생각해 보고, 이를 어떻게 극복하거나 대응했는지 설명해 보세요. 앞으로의 진로에서 이런 제한을 예상한다면, 이를 어떻게 극복할 수 있을지 계획을 세워 봅시다.
- 성 고정관념에 기반한 사회적 역할은 항상 극복해야 할 대상일까요, 아니면 때로는 개인의 주체적 선택으로 긍정적인 선택이 될 수 있을까요? 갓프레드슨의 이론은 성 고정관념이 직업 선택에 제한을 준다고 보지만, 이러한 역할이 개인적 만족이나 사회적 효율성을 가져다줄 수도 있다는 시각도 있습니다. 당신의 생각은 어떠신가요?

3) 렌트, 브라운과 해켓의 사회인지 진로이론

사회인지 진로이론(Social Cognitive Career Theory, SCCT)은 렌트, 브라운과 해켓(Lent, Brown, & Hackett, 1994)이 밴듀라의 사회인지이론(social cognitive theory; Bandura, 1997)을 기반으로 발전시킨 이론으로, 개인의 진로 선택과

발달 과정에서 사회적 요인과 심리적 요인이 어떻게 상호작용하는지를 설명한다. SCCT에서 사회적 요인에는 사회적 기대, 성역할 고정관념, 사회적 지지(부모, 친구, 멘토 등), 경제적 자원, 그리고 환경적 장벽과 기회가 포함되며, 심리적 요인으로는 자기효능감(self-efficacy), 결과 기대(outcome expectations), 목표 설정(goals)과 같은 개인의 내적 요인이 핵심적으로 작용한다. 이 이론은 밴듀라의 자기효능감, 결과 기대, 목표 설정과 같은 개념을 진로 선택과 발달 맥락에 적용하며, 개인, 환경, 행동 간의 상호작용적 관계를 강조한다.

이 이론에서는 진로 선택이 단순히 개인의 흥미나 능력에 의해 결정되는 것이 아니라 사회적 요소인 성 고정관념과 사회적 기대 등이 개인의 직업 선택과 목표 설정에 중요한 영향을 미치고, 이것이 심리적 요인과 상호작용하여 남성과 여성의 진로 발달 과정에 다르게 나타남을 설명하고 있다. 특히 이론에서는 사회적 요인도 진로 발달에 중요한 역할을 하지만 동일한 사회적 요인의 영향을 받더라도, 자기효능감, 결과 기대, 목표 설정의 세 가지 개인의 심리적 요인에 의해서 그 결과가 달라질 수 있기 때문에 개인의 심리적 요인이 핵심적 요소라 할 수 있다.

따라서 이 장에서는 성 고정관념의 사회적 요소와 개인의 심리적 요인이 어떻게 상호작용하는지를 자기효능감, 결과 기대, 목표 설정의 세 가지 요소로 구분하여 설명함으로써 향후 성별에 따라 개입 가능한 프로그램을 개발, 적용하는 데 있어 시사점을 제공하고자 한다.

(1) 성 고정관념에 영향을 미치는 SCCT의 심리적 요인 세 가지

자기효능감(self-efficacy)은 개인이 특정 직업적 과제를 성공적으로 수행할 수 있다는 믿음을 의미한다. SCCT는 자기효능감이 직업 선택에 중요한 영향을 미친다고 주장하며, 성별에 따른 고정관념이 이 신념에 영향을 미칠 수 있다고 설명한다. 예를 들어, 여성은 STEM(과학, 기술, 공학, 수학) 분야에서 자기효능감을 낮게 느낄 수 있으며, 이는 사회적으로 여성에게 STEM 분야가 덜 적합하다는 메시지가 주입된 결과이다(송주연, 2018). 최근 연구에 따르면 여성의 STEM 분야의 자기효능감을 높이기 위한 멘토링 프로그램과 학습 공동체가 긍정적인 효과를 가져왔으며, 이는 STEM 분야에서 여성의 진입 장벽을 낮추는 중요한 방안으로 제시되고 있다(Rockinson-Szapkiw, Sharpe, & Wendt, 2022). 반면, 남성은 감정 노동이나 돌봄 직업에서 낮은 자기효능감을 경험할 수 있다(하윤주, 민순, 김은아, 2013). 최근에는 남성들이 사회복지사나 간병인과 같은 직업에 더 많이 참여하고 있으나, 여전히 사회적 고정관념이 남아 있어 이러한 직업에서의 성별 불균형이 완전히 해소되지 않고 있다.

결과 기대(outcome expectations)는 특정 직업 선택에서 개인이 기대하는 보상이나 혜택을 의미한다. SCCT에 따르면, 여성은 직업 선택에서 가정과의 병행을 고려하여 유연 근무나 비정규직을 선호할 가능성이 크다. 이는 여성들이 사회적 기대에 따라 전통적으로 가족을 우선시해야 한다는 압박을 느끼기 때문이다. 최근 연구는 코로나19 팬데믹 이후 여성들이 직업과 가정의 균형을 유지하기 위해 재택 근무와 같은 유연 근무 조건을 선호한다는 점을 보여 준다(손연정 외, 2021; Kol & Kurt, 2023). 반면, 남성은 전통적으로 경제적 안정성과 높은 사회적 지위를 기대하며 직업을 선택하는 경향이 있으며, 이로 인해 돌봄이나 감정 노동과 같은 직업을 피할 가능성이 높은 것으로 여겨 왔다(Lent, Brown, & Hackett, 1994). 하지만 현대의 비정형 경력 경로에서는 이러한 결과 기대가 변화할 수 있으며, 남성 또한 일과 가정의 균형을 중시하는 경향이 증가하고 있어 변화를 고려하여 생각해 볼 필요가 있다.

목표 설정(goals)은 개인이 장기적으로 성취하고자 하는 직업적 성과를 의미한다. SCCT는 성별에 따라 설정되는 목표가 달라질 수 있으며, 이는 성역할 고정관념과 사회적 기대에 맞추어 형성된다. 예를 들어, 여성은 직업적 목표를 설정할 때 가정과의 균형을 고려하는 경향이 크며, 남성은 경제적 안정성과 사회적 성공을 중시하는 목표를 설정하는 경우가 많다(Lent, Brown, & Hackett, 1994). 최근 연구에 따르면, 여성들도 점차 경력 발전과 경제적 독립을 중시하며, 경력 개발 목표를 설정하는 경향이 강화되고 있는 것으로 나타난다(박순정, 하규수, 2020).

(2) SCCT의 성별에 따른 진로발달이론의 공헌점과 제한점

SCCT는 개인의 진로 선택과 발달 과정에서 심리적 요인과 사회적 요인이 어떻게 상호작용하는지를 설명하는 이론으로, 성 고정관념과 사회적 기대가 진로 선택에 미치는 영향을 구체적으로 분석할 수 있는 유용한 틀을 제공한다는 점에서 중요한 의미가 있다. 이러한 SCCT는 다음과 같은 공헌점을 가진다.

첫째, SCCT는 성 고정관념이 심리적 요인(자기효능감, 결과 기대, 목표 설정)에 미치는 영향을 체계적으로 설명하여 남성과 여성 간의 진로 발달 차이를 이해하는 데 기여한다. 예를 들어, 여성의 STEM(과학, 기술, 공학, 수학) 분야 진입에서의 자기효능감 부족이나, 남성의 돌봄 직업 기피 현상은 SCCT의 개념을 통해 성 고정관념과 심리적 요인의 상호작용으로 설명할 수 있다(Lent, Brown, & Hackett, 1994). 이러한 분석은 진로 상담과 정책적 개입에서 실질적인 방향성을 제시한다.

둘째, SCCT는 심리적 요인이 비교적 쉽게 환경적 개입으로 변화될 수 있음을 강조하며, 이를 기반으로 진로 상담과 교육 프로그램을 설계하는 데 유용한 도구를 제공한다. 여성의 STEM 분야 참여를 높이기 위한 멘토링 프로그램(유영란, 2014)이나 남성을 대상으로 한 돌봄 직업 자기효능감 강화 프로그램은 SCCT의 이론을 실제로 적용한 사례이다. 이를 통해 SCCT는 성 고정관념을 극복하고 개인의 잠재력을 극대화할 수 있는 다양한 진로 선택과 발달을 촉진한다.

이러한 공헌점이 있지만, SCCT에는 다음과 같은 제한점도 존재한다.

첫째, 현대사회에서 성 고정관념은 점차 약화되고 있으며, 주체적이고 비전통적인 경력 경로가 중요해지는 추세이다. 특히 개인이 다양한 산업과 역할을 넘나들며 경력을 쌓는 비선형 경력 경로(nonlinear career path)는 SCCT의 기존 틀이 충분히 설명하지 못하는 부분이 있다(Lent & Brown, 2013). 이는 빠르게 변화하는 직업 세계에서 단선적인 경력 중심의 이론이 모든 개인의 진로 발달을 포괄하기 어렵다는 한계를 보여 준다.

둘째, SCCT는 주로 개인적 심리 요인(자기효능감, 결과 기대 등)에 중점을 두고 있지만, 디지털 전환, AI 도입, 기술 혁신 등과 같은 급격한 환경적 변화가 진로 선택에 미치는 영향을 반영하는 데 한계가 있다. 현대의 직업 세계에서 환경적 요인은 새로운 기회와 장벽을 형성하며, 이는 개인의 심리적 요인과 긴밀히 상호작용한다. 따라서 SCCT는 이러한 변화하는 환경적 요인을 포괄하기 위해 이론적 확장이 필요하다.

SCCT는 성 고정관념과 심리적 요인의 상호작용을 강조하며 진로 발달을 이해하고 지원하는 데 유용한 도구이지만, 현대사회의 변화된 맥락을 반영하여 확장될 필요가 있다. 이를 통해 SCCT는 더 다양한 개인적·환경적 맥락을 아우르는 통합적 진로 발달 모델로 발전할 가능성을 가지고 있다.

생각해 보기

- 자신의 진로 선택 과정에서 자기효능감이 어떻게 영향을 미쳤는지 생각해 보세요. 진로 선택에 있어 본인이 느낀 능력에 대한 믿음이 선택에 어떻게 작용했는지 분석해 보고, 그 과정에서 성역할 고정관념이 미친 영향도 고려해 봅시다.
- 결과 기대가 당신의 직업 선택에 어떤 영향을 미쳤나요? 경제적 안정성, 사회적 지위 등 특정 결과를 기대하면서 직업을 선택한 경험이 있는지, 그리고 성별에 따른 기대가 그런 결과 기대에 어떻게 영향을 미쳤는지 분석해 봅시다.

3. 성역할 변화에 따른 현대 진로발달이론의 새로운 방향성

1) 진로 적응성과 직업 탄력성

진로 적응성(career adaptability)은 변화하는 직업 환경에서 개인이 자신의 경력을 유연하고 자율적으로 관리할 수 있는 능력을 의미한다. 이는 단순히 변화에 대처하는 것을 넘어, 자신의 가치와 목표를 명확히 인식하고, 이를 바탕으로 직업적 기회를 탐색하며, 도전 과제에 효과적으로 대응하는 포괄적인 역량을 포함한다(Savickas, 2013). 연구에 따르면, 진로 적응성이 높은 사람들은 직업적 성공을 이룰 가능성이 큰데, 이는 이들이 불확실한 상황에서도 목표 지향적인 행동을 유지하고, 새로운 기술 습득이나 네트워크 구축 등 적극적인 경력 관리를 통해 환경 변화에 선제적으로 대응하기 때문이다(김나경, 이경화, 2018). 특히 이러한 능력은 전통적 고용 구조가 변화하고 일자리 안정성이 낮아지는 디지털 시대에서 더욱 중요한 경쟁력이 되고 있다.

직업 탄력성(career resilience)은 직업적 어려움이나 변화에 적응하고 경력을 지속적으로 발전시킬 수 있는 능력을 의미한다. 이는 개인이 직업적 스트레스와 실패에도 불구하고 회복력을 발휘해 자신의 목표를 재설정하거나 새로운 전략을 도입해 나가는 심리적 역량으로 정의된다(Brown & Lent, 2019). 예컨대, 직업 탄력성이 높은 사람들은 조직 변화, 기술 발전, 경기 침체와 같은 외부적 위협에도 불구하고, 긍정적인 태도를 유지하며 새로운 기회를 모색할 가능성이 크다. 이러한 특성은 디지털 시대의 불확실성과 빠른 기술 변화 속에서 특히 중요하다. 디지털 시대에는 기술적 변화와 함께 직업 간 경계가 모호해지고 지속적인 학습과 자기 혁신이 필수적이기 때문에, 직업 탄력성이 경력 성공과 직업 만족도에 긍정적인 영향을 미치는 주요 요인으로 부상하고 있다(이지연, 2017).

2) 디지털 시대의 진로 발달

디지털 환경은 현대 진로 발달에 큰 영향을 미치며, 디지털 리터러시와 기술적 적응력은 직업 선택과 성공에 중요한 요소로 작용한다. 디지털 기술 활용 능력은 성별을 초월한 주요 경쟁력으로, 이를 잘 활용하는 사람들은 전통적인 직업군뿐만 아니라 새로운 직업군에서도 더 많은 기회를 얻고, 직업적 성취도와 만족도가 높다는 연구 결과가 있다(Brown & Keep, 2020). 특히 4차 산업혁명 시대에 인공지능(AI), 빅데이터, 사물인터넷(IoT) 등 기술이 발전하면서 데이터 분석가, 사이버 보안 전문가, AI 엔지니어 등 디지털 역량이 요구되는 직업들이 새롭게 주목받고 있다.

디지털 환경은 성별 격차를 줄이는 데 있어 중요한 역할을 할 잠재력을 가지고 있다. 코로나19 팬데믹 이후 원격 근무와 비대면 업무가 보편화되면서 디지털 기술은 현대 직업 환경에서 필수적인 역량으로 자리 잡았고, 이를 통해 여성들이 전통적으로 낮은 비율로 참여했던 분야에서도 기회가 점차 확대되고 있다(Anderson & Rainie, 2020). 디지털 기술을 기반으로 한 직업군은 기존의 성 고정관념에 의한 제한에서 벗어나 능력 중심의 접근을 통해 보다 평등한 기회를 제공할 가능성이 있다.

그러나 STEM(과학, 기술, 공학, 수학) 분야에서는 여전히 성별 격차가 존재하며, 이는 디지털 환경의 긍정적 영향을 완전히 실현하는 데 한계를 드러낸다(강이수, 2018; 변수연, 2016). STEM 관련 직업에서 여성의 참여율이 상대적으로 낮은 이유는 사회적 고정관념, 교육적 경험의 차이, 그리고 성별에 따른 역할 기대 등이 복합적으로 작용하기 때문이다(Grover & Pea, 2018). STEM 분야에서의 성별 격차를 해소하기 위해서는 디지털 환경의 이점을 적극 활용하면서도 교육적 · 정책적 개입이 필수적이다.

3) 성별 격차와 STEM 분야에서의 과제

STEM(과학, 기술, 공학, 수학) 분야는 디지털 시대를 선도하는 핵심 영역임에도 불구하고, 여성의 낮은 참여율은 여전히 구조적 문제로 남아 있다. 이러한 성별 격차의 원인은 단순히 개인의 선택이 아니라 사회적 구조와 문화적 요인의 복합적 산물로 분석된다.

예를 들어, 여성은 어릴 때부터 수학과 과학에 대한 능력에 대한 낮은 자기효능감을 갖게 되는 경향이 있으며(Bandura, 1997), 이는 진로 결정에 부정적인 영향을 미친다. 또래 및 교사로부터의 기대 차이와 같은 미묘한 사회적 메시지 역시 여성의 STEM 진입을 제한하는 요소로 작용한다(Gunderson et al., 2012). 특히 여성은 STEM 분야에서 '소속감 결여'를 자주 경험하는데, 이는 해당 분야를 남성 중심의 환경으로 인식하게 만들며 진입과 지속 의지를 약화시킨다(Cheryan et al., 2009; Steele, 1997). 이와 같은 인식은 실제 직무 환경에서도 반영되며, 여성은 남성과 동일한 역량을 보유하고 있음에도 불구하고 과소평가되거나 성장 기회를 제한받는 경우가 많다(Nosek et al., 2009).

이러한 문제를 해결하기 위해서는 단순히 여성의 진입 장벽을 낮추는 것 이상의 다층적 접근이 필요하다. 첫째, STEM 교육과정에서 젠더 편향을 점검하고, 수업 자료나 강의 방식에서 무의식적 차별 요소를 제거해야 한다. 둘째, 자기효능감을 높일 수 있도록 초기 학습 단계에서부터 실패에 대한 두려움을 줄이고, 도전적 과제를 성공 경험으로 연결할 수 있는 피드백 구조를 설계해야 한다(Master, Cheryan, & Meltzoff, 2016). 셋째, 조직 차원에서는 여성 과학자나 기술자들이 커리어를 지속할 수 있도록 유연한 근무 조건과 공정한 평가 기준을 마련해야 하며, 이와 함께 실질적 성평등 문화가 정착될 수 있도록 리더십 차원의 노력이 요구된다. STEM 분야의 성별 격차 해소는 단지 특정 집단의 참여 확대를 넘어서, 다양한 관점과 인재가 공존하는 혁신 환경을 조성하는 기반이 된다. 따라서 교육, 조직, 정책의 각 층위에서 젠더 포용성을 강화하려는 노력이 향후 STEM 분야의 지속 가능성과 연결될 것이다.

생각해 보기

- STEM 분야에서 성별 격차를 해소하기 위해 디지털 환경을 어떻게 활용할 수 있을까요? 여러분이 생각하는 STEM 교육에서 가장 중요한 개선점은 무엇인가요?
- STEM 분야에서 여성의 참여를 확대하기 위한 창의적인 아이디어가 있다면 무엇이 있을까요?

직업적 성 고정관념 설문지 활동

다음은 미래 유망 직업군에 대한 성 고정관념을 알아보는 설문지입니다. 설문에 포함된 30개 직업은 미국 노동통계국(BLS) 및 세계경제포럼(WEF)의 2021~2031년 고용 전망 데이터에서 선정한 유망 직업군 목록을 기반으로 하였습니다. 특히 이 직업군은 4차 산업혁명 시대에 과학, 기술, 공학, 수학(STEM) 분야에서 빠르게 성장할 것으로 예상되는 직종들이 포함되어 있습니다. 각 직업에 대해 남성 또는 여성에게 적합하다고 느끼는 정도를 평가해 주시면 되며, 직업에 대해 잘 모르실 경우에는 직업 전망 핸드북(Occupational Outlook Handbook) 웹사이트(BLS Occupational Outlook Handbook)에서 관련 정보를 참고하실 수 있습니다. 온라인으로 설문에 응하시려면, 다음의 사이트에 링크하셔서 설문에 참여하실 수 있습니다(https://forms.gle/LCP8sLUXjfGeBeEHA). 여러분은 설문 결과를 받아 보실 수 있으며, 이 자료는 향후 성 고정관념을 연구하는 데 귀중한 자료로 사용될 것입니다.

직업	여성에게 적합하다(1-5)	남성에게 적합하다(1-5)
데이터 사이언티스트	1-2-3-4-5	1-2-3-4-5
사이버 보안 전문가	1-2-3-4-5	1-2-3-4-5
인공지능(AI) 엔지니어	1-2-3-4-5	1-2-3-4-5
소프트웨어 개발자	1-2-3-4-5	1-2-3-4-5
간호사	1-2-3-4-5	1-2-3-4-5
로봇공학 엔지니어	1-2-3-4-5	1-2-3-4-5
UX/UI 디자이너	1-2-3-4-5	1-2-3-4-5
블록체인 개발자	1-2-3-4-5	1-2-3-4-5
클라우드 컴퓨팅 전문가	1-2-3-4-5	1-2-3-4-5
가상 현실(VR) 개발자	1-2-3-4-5	1-2-3-4-5
증강 현실(AR) 개발자	1-2-3-4-5	1-2-3-4-5
디지털 마케팅 전문가	1-2-3-4-5	1-2-3-4-5
게임 개발자	1-2-3-4-5	1-2-3-4-5
드론 기술 전문가	1-2-3-4-5	1-2-3-4-5
데이터 엔지니어	1-2-3-4-5	1-2-3-4-5
전자상거래 전문가	1-2-3-4-5	1-2-3-4-5
빅데이터 분석가	1-2-3-4-5	1-2-3-4-5
IT 컨설턴트	1-2-3-4-5	1-2-3-4-5
스마트 팩토리 엔지니어	1-2-3-4-5	1-2-3-4-5
스마트 시티 개발자	1-2-3-4-5	1-2-3-4-5
정보 보안 전문가	1-2-3-4-5	1-2-3-4-5
디지털 헬스케어 전문가	1-2-3-4-5	1-2-3-4-5
항공 우주 엔지니어	1-2-3-4-5	1-2-3-4-5
화학 공학자	1-2-3-4-5	1-2-3-4-5
기후 변화 분석가	1-2-3-4-5	1-2-3-4-5
환경 엔지니어	1-2-3-4-5	1-2-3-4-5
바이오테크 연구원	1-2-3-4-5	1-2-3-4-5
생명 공학 엔지니어	1-2-3-4-5	1-2-3-4-5
도시 계획 전문가	1-2-3-4-5	1-2-3-4-5
에너지 시스템 엔지니어	1-2-3-4-5	1-2-3-4-5

토론거리

1. 성역할 고정관념은 남성과 여성 모두에게 직업 선택에서 제약을 가할 수 있습니다. 여러분은 자신의 진로 선택에서 성별에 따른 사회적 기대를 어떻게 느꼈나요? 이러한 고정관념이 개인의 진로 목표에 미치는 영향에 대해 논의해 봅시다.
2. 디지털 기술이 급속히 발전하는 현대사회에서는 직업의 성격과 요구되는 역량이 빠르게 변화하고 있습니다. 디지털 기술 분야에서 남성과 여성의 차별이나 격차는 어떻게 나타나고 있으며, 이를 해결하기 위해 우리는 무엇을 할 수 있을까요?
3. 성역할 고정관념이 무조건 부정적일까요? 성역할 고정관념은 직업 선택에 부정적인 영향을 미치지만, 효율성을 바탕으로 긍정적인 역할을 할 수 있다는 주장도 있습니다. 성역할 고정관념이 진로 발달에서 긍정적으로 작용할 수 있는 상황이 있을까요? 이 점에 대해 토론해 봅시다.

추천 영상 및 영화

- 다큐멘터리 〈Miss Representation〉(2011): 이 다큐멘터리는 미디어가 여성의 이미지와 역할을 어떻게 형성하는지 탐구합니다. 여성들이 직업 선택과 진로 발달에서 성 고정관념에 직면하는 문제를 다루며, 미디어가 여성의 경력 발전에 미치는 부정적인 영향을 조명합니다. 이 다큐멘터리를 통해 미디어 속 여성의 이미지가 직업 선택에 어떤 영향을 미치는지 생각해 봅시다.
- 다큐멘터리 〈The Mask You Live In〉(2015): 이 다큐멘터리는 남성성에 초점을 맞추어, 남성들이 직업 선택에서 성 고정관념에 어떻게 얽매이는지를 탐구합니다. 특히 남성들에게 강요되는 전통적인 성역할이 어떻게 진로 발달에 영향을 미치는지를 보여 줍니다. 이 다큐멘터리를 통해 남성성에 대한 사회적 압박이 직업 선택에 미치는 영향을 생각해 봅시다.
- 영화 〈모나리자 스마일(Mona Lisa Smile)〉(2003): 1950년대의 젊은 여성들이 사회적 기대와 교육을 통해 진로를 결정하는 과정을 다룬 영화입니다. 전통적인 성역할 고정관념에 맞서 자신만의 경력을 개발하려는 여성들의 노력을 보여 줍니다. 이 영화를 통해 전통적인 성역할을 넘어서 진로를 선택하는 것이 왜 도전적인지 생각해 봅시다.

추천 논문과 도서

- 셰릴 샌드버그(Sheryl Sandberg)의 『린 인: 여자는 왜 리더가 되지 못하는가?(Lean In: Women, Work, and the Will to Lead)』에서는 여성들이 직장에서 경력 발전을 위해 겪는 장애물과 성 고정관념을 극복하는 방법을 제시합니다.
- 캐럴 드웩(Carol Dweck)의 『마인드셋: 성공의 새로운 심리학(Mindset: The New Psychology of Success)』에서는 개인의 잠재력 개발을 위한 고정 마인드셋과 성장 마인드셋의 차이를 다루며, 진로 선택에서의 성 고정관념을 극복하는 방법을 제안합니다.

참고문헌

강이수(2018). 4 차산업혁명과 디지털 성별 격차: 여성노동의 쟁점과 현실. 페미니즘 연구, 18(1), 143-179.

김나경, 이경화(2020). 경력단절여성의 자아존중감, 자기결정성, 사회연결망 및 진로적응성의 관계와 비교. 평생교육-HRD 연구, 16(3), 1-29.

김옥진, 이재창(2007). The development and effect of the self-growth group counseling program for increasing of self-concept, self actualization and career maturity. 한국심리학회지: 상담 및 심리치료, 19(3), 635-653.

김희영, 유현실(2022). 중장년 남성 아파트 경비원의 감정노동 경험에 대한 현상학적 연구. 인문사회 21, 13(6), 1469-1484.

박순정, 하규수(2020). 여성의 경제활동 의욕에 영향을 미치는 요인에 대한 연구. Proceedings of Conference on Business Venturing, Fall 2020, 197-202.

박효진, 은선경(2012). 경력단절 경험을 가진 여성의 노동시장 재진입에 영향을 미치는 요인에 관한 연구: 미취학 자녀를 둔 여성의 일-가족양립 정책과 서비스를 중심으로. 한국가족복지학, 17(1), 5-29.

변수연(2016). 이공계 대학생의 이공계 진로 진출 의사에 영향을 끼치는 대학의 구성적 환경 요인 분석: 성별 차이를 중심으로. 교육학연구, 54(1), 375-399.

손연정, 이성희, 정영훈, 노세리(2021). 코로나19 이후 일하는 방식의 변화와 그에 따른 고용영향 분석. 한국노동연구원.

송주연(2018). 수학 관련 진로선택과 수학 수업참여, 수학성취에 대한 성별의 역할: 수학 자기효능감과 과제가치, 과제비용의 매개효과: 수학 자기효능감과 과제가치, 과제비용의 매개효과. 진로교육연구, 31(2), 1-25.

여성가족부(2024). 2024년 여성 고용 및 경제활동 보고서. 여성가족부.

유영란(2014). 공학계열 여대생의 진로태도성숙에 영향을 미치는 핵심요인 규명. 이화여자대학교 박사학위논문.

이지연(2017). 4차 산업혁명을 대비한 청소년 진로교육의 방향. 한국진로교육학회 학술대회지, 65-96.

통계청(2024). 2023년 한국 노동 시장 주요 통계. 통계청.

하윤주, 민순, 김은아(2013). 간호대학생의 자아상과 간호사 이미지 지각과의 관계에서 자기조절 효능감의 조절효과. 한국간호교육학회지, 19(3), 405-412.

황매향(2009). Gottfredson 제한-타협이론의 한국 내담자에 대한 적용가능성 탐색. 진로교육연구, 22(1), 1-17.

Anderson, J., & Rainie, L. (2020). *The future of jobs and jobs training*. Pew Research Center. https://www.pewresearch.org

Bandura, A. (1997). Self-efficacy: The exercise of control. W.H. Freeman.

Baxter, J., & Wright, E. O. (2000). The glass ceiling hypothesis: A comparative study of the United States, Sweden, and Australia. *Gender & Society*, *14*(2), 275-294.

Betz, N. E., & Fitzgerald, L. F. (1987). *The career psychology of women*. Academic Press.

Blau, F. D., & Ferber, M. A. (1986). *The economics of women, men, and work*. Prentice-Hall.

Blau, F. D., & Kahn, L. M. (2000). Gender differences in pay. *Journal of Economic Perspectives*, *14*(4), 75-99.

Blustein, D. L. (1997). A context-rich perspective of career exploration across the life roles. *Career Development Quarterly*, *45*(3), 260-274.

Brown, S. D., & Lent, R. W. (2019). *Career resilience and adaptability in the 21st century*. Wiley.

Cheryan, S., Plaut, V. C., Davies, P. G., & Steele, C. M. (2009). Ambient belonging: How stereotypical cues impact gender participation in computer science. *Journal of Personality and Social Psychology*, *97*(6), 1045–1060.

Dweck, C. S. (2006). *Mindset: The new psychology of success*. Random House.

Eccles, J. S. (1994). Understanding women's educational and occupational choices: Applying the Eccles et al. model of achievement-related choices. *Psychology of Women Quarterly*, *18*(4), 585–609. https://doi.org/10.1111/j.1471-6402.1994.tb01049.x

Gangl, M. (2004). Welfare states and the scar effects of unemployment: A comparative analysis of the United States and West Germany. *American Journal of Sociology*, *109*(6), 1319–1364. https://doi.org/10.1086/381902

Gergen, K. J. (2009). *An invitation to social construction* (2nd ed.). Sage.

Gottfredson, L. S. (1981). Circumscription and compromise: A developmental theory of occupational aspirations. *Journal of Counseling Psychology*, *28*(6), 545–579.

Gottfredson, L. S. (2005). Applying Gottfredson's theory of circumscription and compromise in career guidance and counseling. In S. D. Brown & R. W. Lent (Eds.), *Career development and counseling: Putting theory and research to work* (pp. 71–100). Wiley.

Greenhaus, J. H., & Beutell, N. J. (1985). Sources of conflict between work and family roles. *Academy of Management Review*, *10*(1), 76–88. https://doi.org/10.5465/amr.1985.4277352

Grover, S., & Pea, R. (2018). *STEM education for the 21st century*. Cambridge University Press.

Gunderson, E. A., Ramirez, G., Levine, S. C., & Beilock, S. L. (2012). The role of parents and teachers in the development of gender-related math attitudes. *Sex Roles*, *66*, 153–166.

Kelly, J. (1984). *Women, history and theory: The essays of Joan Kelly*. University of Chicago Press.

Kessler-Harris, A. (2001). *In pursuit of equity: Women, men, and the quest for economic citizenship in 20th-century America*. Oxford University Press.

Kol, C., & Kurt, B. (2023). *The impacts of remote work on employee well-being and gender equality*. Munich Personal RePEc Archive (MPRA) Paper No. 117387. https://mpra.ub.uni-muenchen.de/117387

Korea JoongAng Daily. (2023, March 10). Samsung has most female executives; number climbs across the board. *Korea JoongAng Daily*. https://koreajoongangdaily.joins.com/news/2024-11-11/business/industry/Samsung-has-most-female-executives-number-climbs-across-the-board/2175278

Lent, R. W., & Brown, S. D. (2013). Social cognitive model of career self-management: Toward a unifying view of adaptive career behavior across the life span. *Journal of Counseling Psychology*, *60*(4), 557-568. https://doi.org/10.1037/a0033446

Lent, R. W., Brown, S. D., & Hackett, G. (1994). Toward a unifying social cognitive theory of career and academic interest, choice, and performance. *Journal of Vocational Behavior*, *45*(1), 79-122.

Master, A., Cheryan, S., & Meltzoff, A. N. (2016). Computing whether she belongs: Stereotypes undermine girls'interest and sense of belonging in computer science. *Journal of Educational Psychology*, *108*(3), 424-437.

Nosek, B. A., Smyth, F. L., Sriram, N., Lindner, N. M., Devos, T., Ayala, A., ... & Greenwald, A. G. (2009). National differences in gender-science stereotypes predict national sex differences in science and math achievement. *Proceedings of the National Academy of Sciences*, *106*(26), 10593-10597.

Rockinson-Szapkiw, A. J., Sharpe, K., & Wendt, J. (2022). Promoting self-efficacy, mentoring competencies, and persistence in STEM: A case study evaluating racial and ethnic minority women's learning experiences in a virtual STEM peer mentor training. *Journal of Science Education and Technology*, *31*(3), 386-402.

Sandberg, S. (2013). *Lean in: Women, work, and the will to lead*. Knopf.

Savickas, M. L. (2013). Career construction theory and practice. In S. D. Brown & R. W. Lent (Eds.), *Career development and counseling: Putting theory and research to work* (2nd ed., pp. 147−183). Wiley.

Statistics Korea. (2021). *Supplementary results of the economically active population survey: Economically inactive population*. Statistics Korea. Retrieved from https://kostat.go.kr/board.es?mid=a20105050000&bid=11735&act=view&list_no=419644

Steele, C. M. (1997). A threat in the air: How stereotypes shape intellectual identity and performance. *American Psychologist*, *52*(6), 613−629.

Super, D. E. (1953). A theory of vocational development. *American Psychologist*, *8*(5), 185−190.

Super, D. E. (1957). *The psychology of careers*. Harper & Row.

Super, D. E. (1980). A life−span, life−space approach to career development. In D. Brown & L. Brooks (Eds.), *Career choice and development: Applying contemporary theories to practice* (pp. 282−298). Jossey−Bass.

Tilly, L. A., & Scott, J. W. (1978). *Women, work, and family*. Holt, Rinehart and Winston.

Woolf, V. (1929). *A room of one's own*. Hogarth Press.

World Economic Forum. (2020). *Global gender gap report 2020*. Retrieved from https://www.weforum.org/reports/gender−gap−2020−report−100−years−pay−equality

제8장

여성과 조직

이지영

한성대학교
상상력교양대학 조교수

여성의 사회 진출과 경제 참여가 점차 증가하고 있지만, 여전히 임금 격차, 경력 단절, 유리천장, 일-가정 양립의 어려움 등의 영역에서는 남녀 간 격차에 대한 논의가 계속되고 있다. 제8장에서는 이러한 격차를 심화시키는 요인 중 특히 유리천장과 일-가정 양립의 문제에 초점을 맞추어 살펴본다. 유리천장은 여성의 고위직 진출을 가로막는 보이지 않는 장벽으로, 다양한 조직적·문화적·사회적 요인이 결합해 발생한다. 이에 따라 이 장에서는 유리천장을 형성하는 주요 요인을 분석하고, 이를 극복하기 위한 조직구조적·조직문화적·개인적 차원의 해결 방안을 제시하고자 한다. 또한 일-가정 양립의 중요성과 이에 대한 심리학적 접근을 다루며, 두 영역 간의 경계 관리 전략에 대해 설명한다. 이 장의 목적은 유리천장과 일-가정 양립의 문제를 심층적으로 이해하고, 이를 해결하기 위한 다각적인 방안을 모색하는 데 있다.

1960년대 이후 여성의 사회 진출이 세계적으로 활발해지면서, 한국의 여성들 또한 1980년대 후반부터 경제 발전과 함께 본격적으로 사회 진출을 확대하였다. 한국의 여성 노동 참여율은 1970년대 37.0%에서 1990년대 46.72%로 급격히 증가하였으며,[1] 이후 계속적으로 증가하여 2023년에는 61.4%에 이르렀다.[2] 한국 여성의 다양한 사회 진출 및 경제 참여는 다양한 영역에서의 지표에서 확인 가능하다. 2023년의 통계에 따르면,[3] 여학생의 대학 진학률은 78.3%로 남학생의 대학 진학률 74.3%에 비해 약 4% 높은 비율을 보이고 있으며, 9급 공무원의 취업 현황에서도 남성과 여성의 비율이 각각 43.6%와 56.4%로, 여성의 비율이 더 높은 결과를 나타내고 있다.

그러나 지난 20여 년간 한국에서 여성의 사회적 인식과 역할이 크게 신장했음에도 불구하고, 여전히 가정과 조직 내에서의 성역할, 권리, 권한에 대한 여러 쟁점이 지속적으로 논의되고 있다(대한민국 정책브리핑, 2023). 이에 제8장에서는 이들 논의 중에서 핵심적인 주제로 언급되는 여성의 유리천장 현상과 일-가정 양립의 문제를 심리학적 현상과 이론을 중심으로 다루

1 World Bank Data, https://data.worldbank.org/indicator/SL.TLF.CACT.FE.ZS?locations=KR

2 지표누리, ttps://www.index.go.kr/unity/potal/indicator/IndexInfo.do?cdNo=210&clasCd=2&idxCd=4212&upCd=3

3 https://hrcopinion.co.kr/archives/28187

어 보고자 한다. 이들에 대한 논의는 단순히 이들 자체의 문제를 넘어서, 여성의 경력 단절, 승진, 리더십과 더불어 현재 한국 사회에서 중요한 이슈로 떠오르고 있는 저출산 문제를 다각도로 바라볼 수 있는 실마리를 제공할 수 있다. 또한 여성들이 직장 내에서 유리천장을 극복하고, 가정과 직장에서의 균형을 이룰 수 있는 전략을 모색함으로써, 개인의 경력 발전뿐만 아니라 사회 전반의 구조적 문제해결에도 기여할 수 있을 것이다.

조직에서 여성의 유리 천장과 일-가정 양립에 대한 구체적인 논의에 앞서, 이 장에서는 우선 한국 조직에서 여성의 위치에 대한 현황을 통계적 수치로 확인해 보고자 한다. 한국에서 남녀 격차와 관련된 많은 논쟁 중 하나는 여성의 경제 참여율이 급격히 증가하여 많은 격차를 보이지 않고 있다는 주장과 여전히 조직에서 여성들이 겪는 어려움에 대한 논의이다. 이에 따라 이 장에서는 유리천장과 일-가정 양립에 대한 본격적인 논의에 앞서, 여성과 조직에 관련된 다양한 통계적 수치를 살펴보며 한국 여성의 조직 내 삶의 현황을 조명해 보고자 한다.

1. 숫자로 보는 한국 여성의 조직에서의 현황

첫 번째 지표는 남녀 고용률에 대한 것으로([그림 8-1] 참조), 앞서 언급한 것과 같이 여성 노동 참여율은 2023년 기준 여성 인구의 61.4%로 계속적으로 증가하는 모습을 보이고 있다. 그러나 남성의 고용률은 76.9%로 여전히 여성의 고용률과는 다소 격차를 보이고 있다. 여성의 대학 진학률이 남성에 비해 높은 것을 고려한다면, 대학을 졸업한 여성의 경우 남성보다 취업이 많이 되지 않음을 고려해 볼 수 있다.

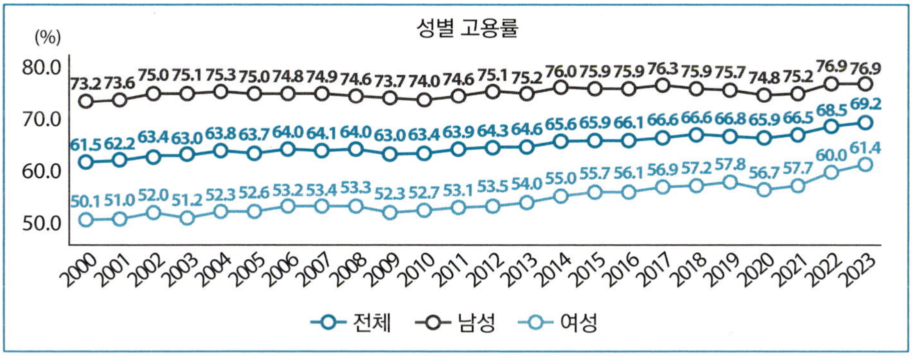

[그림 8-1] 성별 고용률(2023년 발표)

출처: 통계청. 「경제활동인구조사」.

주석: 1) 고용률=(15~64세 취업자 수÷15~64세 인구)×100

2) 고용통계의 모수인구가 등록센서스 기반으로 변경됨에 따라 과거(2000. 7.~2017. 12.) 자료를 보정한 수치임.

두 번째로 살펴볼 지표는 비정규직 근로자의 성별 비율이다([그림 8-2] 참조). 이는 남녀 격차와 함께 가장 많이 언급되는 지표 중 하나이다. [그림 8-2]에 따르면, 여성의 비정규직 비율은 전체 45.5%로 여성 고용의 거의 반이 비정규직으로 이루어져 있으며, 이에 반해 남성은 29%로 성별 격차는 15.7%로 나타났다.

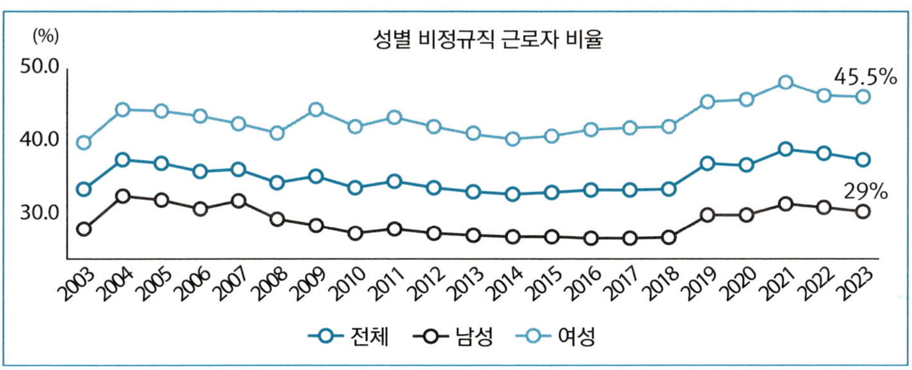

[그림 8-2] 성별 비정규직 근로자 비율

출처: 통계청. 「경제활동인구조사 근로형태별 부가조사」 각 연도 8월.

주석: 1) 비정규직 근로자 비율=(비정규직 근로자 수÷전체 임금 근로자 수)×100

2) 비정규직 근로자는 한시적 근로자, 시간제 근로자, 비전형 근로자 등을 포함함.

세 번째로 살펴볼 지표는 남녀 공무원 비율이다([그림 8-3] 참조). 공무원은 여성의 고용률이 높은 분야 중 하나로 남녀 고용률을 조금 세밀히 살펴볼 필요가 있다. 국가직 여성 공무원의 비율은 2023년 12월 기준 49.8%로 남녀 비율이 거의 동일하다고 평가할 수 있다. 이에 더하여 여성 고위 공무원, 관리자 임용 현황을 살펴보면([그림 8-4] 참조), 2023년 기준 지자체 5급 이상 여성 관리자 비율은 30.8%를 나타냈으며, 공공기관의 여성 관리자도 30.4%로 30%를 넘었다. 그러나 중앙부처 1~3급의 여성 고위공무원은 11.7%로 남성에 비해 높은 수치를 보이고 있지는 않았다.

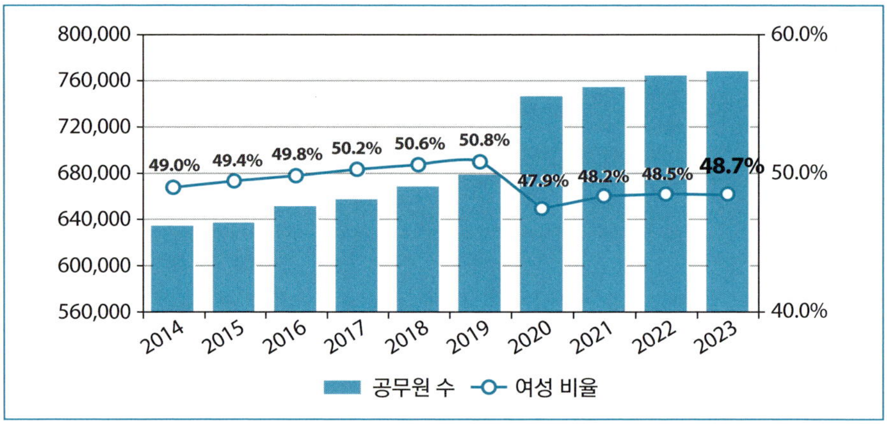

[그림 8-3] 남녀 공무원 비율

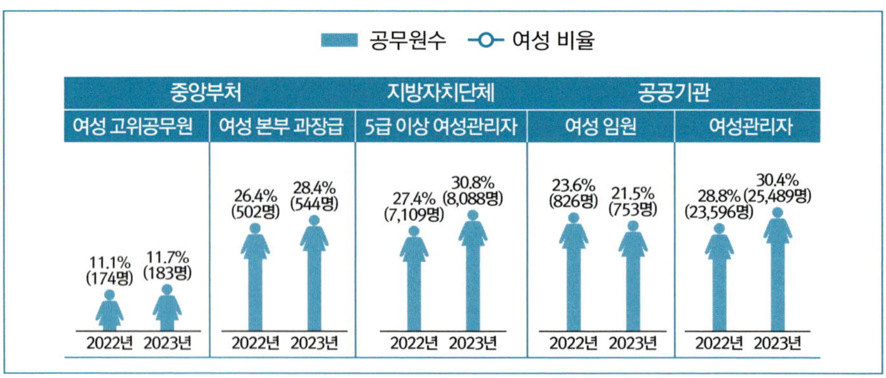

[그림 8-4] 여성 고위공무원 · 관리자 임용 현황(2022~2023년)

출처: 인사혁신처(2024).

이러한 고위직의 남녀 비율 격차는 대기업 및 사기업에서 더욱 두드러진다. 2023년 유니코써치에 따르면, 국내 100대 기업에서 여성 임원 비율은 6%에 불과하며, 특히 조선, 해운, 철강, 에너지, 기계 등 산업에서는 여성 임원이 전혀 없는 기업도 다수 존재한다(연합뉴스, 2023. 11. 23.). 이는 임원 비율에서만 나타나는 것이 아니라, 대기업의 고용 비율에서도 공공조직과는 달리 남녀 비율의 큰 격차를 보인다. 기업의 산업 직종에 따라 남녀 비율에 차이가 있기는 하지만, 평균적으로 여성 비율은 24%이며, 여성 직원의 급여는 남성 직원의 67%에 불과하다. 공공조직이 아닌 대기업에서는 남녀 격차가 상당히 크다는 것을 알 수 있다. 이는 해외 글로벌 기업에서 여성이 38%를 차지하고, 여성 임원이 23.3%에 이르는 것과 차이를 보인다. 결과적으로, 한국의 조직 내에서 남녀 격차는 사기업에서, 그리고 고위직으로 갈수록 두드러진다는 점을 확인할 수 있다.

2. 유리천장의 정의 및 연구 동향

우리는 이러한 고위직에서의 성별 격차를 유리천장(glass ceiling)이라 부른다. 유리천장은 조직 내에서 여성과 소수 민족 출신자들이 고위직에 진출하는 것을 막는 보이지 않는 장벽을 의미하며, 이 용어는 1986년 캐롤 하이모비츠(Carol Hymowitz)와 티모시 쉘하르트(Timothy D. Schellhardt)가 『월스트리트 저널』에서 처음 사용하였다(Hymowitz & Schellhardt, 1986). 이들에 따르면, “사내 문서나 공개회의에서는 명시적으로 언급되지 않지만, 백인 남성 중심의 최고경영진을 유지하기 위한 암묵적이고 은밀한 장벽”으로서 존재해 왔다. 이후 유리천장은 심리학, 여성학, 사회학, 정치학 등 다양한 학문 분야에서 꾸준히 연구되며, 중요한 사회적 문제로 자리 잡았다.

초기 연구들은 주로 조직 내 성별 격차와 남성 중심 구조의 문제를 분석하는 데 집중하였다. 로자베스 모스 칸터(Rosabeth Moss Kanter)의 연구에 따르면, 조직 내 남성 중심의 네트워크와 의사결정 구조가 여성을 배제하는 방식으로 작용하며, 특히 여성의 수가 적을수록 승진에서 더 배제되는 경향이 강하다고 지적하였다(Kanter, 1977). 이러한 구조적 문제는 여성들이 고위직에 도달하는 것을 어렵게 하며, 조직 내 성별 불평등을 심화시키는 요인으로 작용한다.

1990년대부터는 유리천장이 여성들에게 미치는 심리적 영향에 대한 연구가 확장되었다. 이글리와 칼리(Eagly & Carli, 2007)는 여성들이 직장에서 성과를 내면서도 가정 내 역할을 수행해야 하는 이중 부담이 경력 발전에 걸림돌이 된다고 분석하였다. 이 연구는 유리천장이 단순한 조직 내 구조적 문제에 그치지 않고 여성의 개인적 고충과도 밀접하게 연결되어 있음을 보여 준다. 또한 하일먼(Heilman, 2001)은 여성들이 "리더십 직책에 적합하지 않다는 내면화된 성별 편견"이 유리천장을 강화하는 요소로 작용한다고 주장하였다.

최근 연구들은 유리천장이 여성들에게 미치는 장기적인 심리적 부담과 사회적 비용에 초점을 맞추고 있다. 윌리엄스와 뎀프시(Williams & Dempsey, 2014)는 유리천장이 여성들에게 심리적 스트레스를 유발하며, 이로 인해 경력 포기와 같은 결과로 이어질 수 있다고 지적하였다. 이들은 성평등 정책과 리더십 진출을 촉진하는 조직 내 변화가 유리천장을 완화하는 데 중요한 역할을 할 수 있다고 강조하였다.

한국에서도 유리천장에 대한 연구가 지속되고 있다. 예를 들어, 조혜원과 함인희의 연구(2016)에서는 한국 기업의 관리직에서 나타나는 젠더 격차와 유리천장 현상을 분석하였다. 연구에 따르면, 여성 관리자 비율이 점차 증가하고 있음에도 불구하고 여전히 높은 직급으로의 승진 과정에서는 성별 격차가 뚜렷하게 나타난다. 특히 남성 중심의 조직 문화와 승진 네트워크가 여성의 고위직 진출을 저해하는 주요 요인으로 작용하며, 이는 여성들이 승진에서 배제될 가능성을 높이고 조직 내 성별 불평등을 고착화하는 결과를 초래한다. 또한 이 연구에서는 여성 관리직의 증가가 반드시 유리천장의 해소로 이어지는 것이 아니라, 직무 배치와 조직 내 의사결정 권한이 여전히 남성 중심으로 운영되고 있음을 지적하였다. 이는 한국 사회에서 유리천장을 극복하기 위해 보다 심층적인 논의와 정책적 해결책이 필요함을 시사한다.

따라서 유리천장에 대한 연구는 조직적 요인, 심리적 영향, 그리고 사회적 불평등을 중심으로 이루어졌으며, 최근에는 이를 해결하기 위한 정책적 대안에 대한 논의가 활발하게 이루어지고 있다. 다음 절에서는 기존의 연구결과들을 중심으로 유리천장의 이유와 그에 대한 해결 방안을 살펴보고자 한다.

3. 유리천장의 이유

1) 사회경제적 이유: 경쟁의 심화

유리천장이 발생하는 근본적인 이유 중 하나는 기업 내 경쟁의 심화이다. 남성, 여성 구분 없이 대부분의 대기업 구조는 철저하게 피라미드형 승진 구조를 따른다. 신입사원으로 입사한 뒤, 사원에서 대리, 대리에서 과장, 과장에서 부장, 그리고 임원으로 승진하는 과정에서 경쟁은 더욱 치열해진다. 이 과정에서 직급이 높아질수록 승진 가능성은 급격히 줄어들며, 이는 남녀를 불문하고 모든 직원에게 큰 도전 과제가 된다.

2014년 통계자료에 따르면, 대기업에서 신입사원 1,000명 중 4.7명만이 임원으로 승진할 수 있었다. 이는 기업 내에서 승진 경로가 매우 제한적임을 보여 주며, 경쟁적 구조가 심화된다는 점을 나타낸다. 특히 대리에서 과장, 과장에서 부장, 그리고 부장에서 임원으로의 승진과정은 점점 더 협소해지며, 남녀를 불문하고 모든 직원에게 큰 장벽으로 작용한다(뉴시스, 2022. 11. 7.).

그러나 이러한 피라미드 구조 속에서 여성들은 더 불리한 위치에 놓이게 된다. 한국의 가부장적 사회구조와 성역할 고정관념은 여성들이 경쟁적 구조에서 밀리게 되는 주된 이유 중 하나이다(우양호, 2014; 조혜원, 함인희, 2016). 남성 중심의 네트워크와 비공식적 의사결정 구조는 여성들의 승진 기회를 더욱 어렵게 만든다. 또한 여성들은 가정과 직장에서의 이중 부담을 동시에 짊어지기 때문에, 남성에 비해 경쟁에서 불리하게 작용하는 경우가 많다.

삼성전자를 예로 들면, 2022년 기준으로 107명 중 1명이 임원으로 승진할 수 있었으며, 임원이 될 확률은 0.93%에 불과하였다(경향신문, 2023. 11. 27.). 이러한 경쟁 구조는 여성뿐만 아니라 남성들에게도 매우 치열한 환경을 조성하지만, 성차별적 요인이 결합됨으로써 여성에게 더 큰 장벽으로 작용한다. 따라서 유리천장은 단순히 성별 문제로만 설명할 수 있는 것이 아니다. 근본적인 원인은 기업 내 경쟁적 승진 구조에서 비롯되며, 성차별적 요인이 결합되어 여성들에게 더 큰 장벽으로 작용한다.

2) 조직구조주의적 이유: 조직 내 남녀 구성비의 효과

두 번째 이유는 조직구조주의적 이유이다. 조직구조주의적 이유에서 핵심이 되는 요소는 조직 내 남녀 구성 비율이다. 앞서 통계적 수치에서 살펴본 바와 같이, 현재 조직에서의 다수는 남성이 차지하고 있고, 특히 고위직에서 남성과 여성의 비율은 확연히 차이가 나는 경우가 대다수이다. 기존의 연구자들은 조직 내 남녀 구성 비율이 불균형할 때 성별 간의 권력 구조와 역할 분담이 어떻게 달라질 수 있는지를 제안한 바 있다(Kanter, 1977). 칸터(1977)에 따르면, 조직의 소수 집단은 비율에 따라 네 가지 집단으로 구분할 수 있다.

- 단일 집단(uniform): 한쪽 성별로만 구성된 집단
- 편포 집단(skewed): 소수 집단이 전체의 15% 이하를 차지하는 경우
- 우세 집단(tilted): 소수 집단이 15~40%를 차지하는 경우
- 균형 집단(balanced): 남녀 비율이 40~50%로 균형을 이룬 집단

이 집단 가운데 칸터는 편포 집단, 즉 한 집단이 특정 조직에 소수 집단으로 존재할 때에 주목하였는데, 한 집단이 특정 조직에서 소수 집단으로 존재할 때 그 집단의 구성원들은 지배적인 게임의 규칙에 순응하고 환경에 적응하려고 애쓰는 토큰(token)이 된다고 설명하였다. 토큰이란 사전적으로 '상징물'을 의미하는데, 상징물이 된다는 것은 눈에 잘 띄는 특성(visibility)

이 있어 잘하는 것도, 그리고 못하는 것도 눈에 잘 띄는 상징물이 된다는 것이다. 토큰이 되는 것의 가장 큰 문제는 눈에 쉽게 띄게 되어 이중잣대(double bind)로 평가된다는 것이다. 즉, 성과가 뛰어날 경우 그 성공은 개인의 특수성으로 과도하게 부각되고, 성과가 미흡할 경우에는 부정적 평가가 소수자 집단으로 귀인되어 일반되는 경향을 보인다는 것이다. 예를 들어, 파월의 연구(Powell, 1993)에서는 성비 불균형이 조직 내에서 여성들에게 과도한 주목을 받게 하며, 그로 인해 더 높은 평가 기준을 요구받는다고 지적하였다. 또한 엘리(Ely, 1994)는 성비 불균형이 남성 중심 조직에서 여성을 '특이 사례'로 취급하게 만들며, 여성들이 더 큰 압력과 평가 기준에 시달리게 된다고 밝혔다.

이러한 성비 불균형은 남성 중심의 조직 문화와 네트워크를 강화하여, 여성들의 승진과 리더십 발휘를 가로막는 유리천장의 형성에 기여한다(Kanter, 1977). 특히 지배 집단과 소수 집단 간의 차이가 과장될수록 분극화(polarization) 현상이 발생하며, 이로 인해 소수자인 여성들은 남성 중심 네트워크에 진입하기가 매우 어려워진다. 또한 소수 집단은 모두 비슷한 특성을 가진 집단으로 비치며, 조직 내 동화(assimilation) 현상이 일어난다.

특정 소수 성 집단이 일정 규모에 이르면, 즉 편포 집단에서 우세 집단이 되는 15% 이상이 되면, 그 소수 집단은 스스로 자리를 주장하며 조직 내 질적 변화와 문화적 변화를 일으키기 시작한다. 이는 임계점(tipping point)에서 일어나는 급격한 도약을 시사하지만, 이러한 변화는 대개 여성 편포 집단에서 쉽게 일어나지 않는다. 이는 비단 여성이 소수인 조직에서만 일어나는 것이 아니라 남성이 소수인 직종에서도 비슷한 현상이 나타난다. 예를 들어, 간호사나 교사와 같이 남성이 소수인 직종에서는 남성들이 낮은 직무만족도와 높은 스트레스를 보고하기도 한다(송봉기, 2016).

이러한 조직 내 성비는 조직 전체의 비율에서뿐만 아니라 조직 상층부의 여성 비율에서도 중요하다. 왜냐하면 조직의 상층부에 의해 조직 내 규범 및 제도를 포함한 많은 의사결정이 이루어지기 때문에 고위직에 여성의 비율이 적다는 것은 조직 전체에 계속적인 불균형을 가지는 데 주요한 원인이 될 수 있다(Thomas, Plaut, & Scott, 2023).

이처럼 조직 내 성비가 중요하기 때문에 성비 불균형을 해결하기 위한 방안으로 적극적 고용개선조치(Affirmative Action, AA) 제도가 여러 영역에서 제안되었으며, 이는 공공기관과 민간기업 모두에서 성비 불균형 문제를 해결하기 위한 중요한 수단으로 도입되었다. 기존의 연구들에서는 성비 균형 조직이 성비 불균형 조직에 비해 가지는 긍정적 측면들을 보고하면서 조직 내 성비 균형이 조직 차원에서도 효과적임을 보여 주고 있다. 예를 들어, 가이즈먼의 연구(Gysman, 2018)에서는 성비 균형을 이루는 조직이 다양한 시각에서 문제를 해결할 수 있어, 혁신성과 문제해결 능력에서 성비 불균형 조직보다 더 뛰어난 성과를 나타낸다고 보고하였다.

적극적 고용개신조치는 유리천장 극복의 대표석인 방안 중 하나로 다양하게 적용되고 있으며, 구체적인 적용 사례와 긍정적인 영향은 다음에서 다루게 될 유리천장의 해결 방안에서 더 자세히 설명할 것이다.

3) 조직문화적 이유

조직문화는 유리천장 형성에 중요한 요소로 작용한다(van Vianen & Fisher, 2002). 조직문화(organizational culture)란 그 조직만이 가지고 있는 고유한 특성으로, 구성원들이 공유하는 명시적 및 암묵적 규범, 제도, 가치, 신념, 상징물, 그리고 상호작용을 통해 형성된 다양한 요소를 포함한다(Schein, 1985). 이러한 조직문화는 구성원들에게 행동 지침을 제공하며, 조직 내에서 어떻게 행동해야 하는지를 규정한다. 특히 조직문화는 시간이 지남에 따라 쉽게 변화하지 않고 지속적으로 동질화되는 경향을 보이는데, 이는 ASA(Attraction–Selection–Attrition) 이론을 통해 설명될 수 있다(Schneider,

1987). ASA 이론은 조직문화의 동질화 과정을 설명하는 모델로, 세 가지 단계로 이루어져 있다(Schneider, 1987).

- Attraction(유인): 조직은 자신과 유사한 성향을 가진 사람들을 유인한다. 즉, 조직문화에 부합하는 가치관을 가진 사람들이 그 조직에 더 끌리게 되는 것이다.
- Selection(선발): 조직은 자신의 문화와 유사한 성향과 가치관을 가진 사람들을 선발한다. 이 과정에서 조직은 자신과 맞는 사람들을 선발함으로써 조직문화의 동질성을 유지하고 강화한다.
- Attrition(이탈): 조직에 들어온 구성원 중 조직문화와 맞지 않는 사람들은 이탈하게 된다. 이로 인해 조직 내의 문화는 점점 더 동질화되고, 기존의 가치와 규범이 계속해서 강화된다.

ASA 이론에 따르면, 조직문화는 시간이 지나면서 자신과 유사한 성향을 가진 사람들만을 유인하고, 적합하지 않은 사람들은 이탈시키는 과정을 반복하면서 고착화된다. 특히 남성 중심의 조직문화에서는 여성과 같은 소수자들이 배제되기 쉬우며, 이로 인해 여성들이 승진하거나 리더십을 발휘하기 어렵게 되어 유리천장이 형성된다. 유리천장이 지속되는 이유 중 하나는 조직문화의 지속성 때문이다. 남성 중심의 규범과 네트워크가 더욱 강화될수록, 여성들은 조직 내에서 소외되거나 승진 기회를 얻기 어려워지는 상황에 직면한다. 이는 성별 불균형을 더욱 심화시키고, 여성들의 리더십 진출을 가로막는 중요한 장벽이 된다(Ely, 1994; Powell, 1993).

또한 그로스볼드, 브래머와 레이튼(Grosvold, Brammer, & Rayton, 2011)은 조직문화의 성별 불균형이 여성의 고위직 진출에 미치는 영향을 분석하였다. 이 연구에 따르면, 국가 차원의 문화적 특성이 기업 내 여성의 이사회 진출에도 영향을 미치며, 남성 중심의 조직문화가 지속되는 기업에서 여성들은 승진 기회를 갖기 어렵다고 지적하였다. 이는 조직문화의 동질화 과정이 유리천장을 더욱 강화시키는 요인으로 작용한다는 점을 보여 준다.

결론적으로, ASA 이론과 다양한 연구를 통해 조직문화가 유리천장의 형성과 유지에 중요한 역할을 한다는 것을 알 수 있다. 조직문화가 시간이 지남에 따라 남성 중심으로 유지될수록 유리천장은 더욱 공고해지며, 이를 극복하기 위해서는 조직문화의 변화와 정책적 개입이 필요하다(Schneider, 1987).

4) 성역할에 의거한 여성의 어려움

유리천장의 네 번째 이유는 성역할에 의거한 여성으로서의 어려움이다. 여성들은 여전히 가사와 육아의 주된 책임을 맡고 있으며, 이는 직장에서 고위직으로 진출하거나 리더십을 발휘하는 데 큰 장애물이 된다(국미애, 2018; 엄혜경, 성상현, 2017). 통계청 자료에 따르면, 여성들은 남성보다 평균 2배 이상의 시간을 가사와 육아에 할애하고(평균 4.0시간 대 1.7시간), 이로 인해 일-가정 갈등이 남성보다 심각하게 나타난다(통계청, 2020). 이러한 갈등은 여성들이 직장에서 요구되는 네트워크 활동이나 리더십 기회를 잡는 데 제약을 주며, 이는 유리천장을 깨지 못하는 주요한 이유로 작용한다.

이 갈등은 단순히 시간 분배의 문제를 넘어서, 여성들이 직장 내에서 비공식적인 네트워크에 참여할 기회를 놓치는 결과로 이어진다. 승진이나 리더십 발휘를 위해서는 단순한 업무 성과 외에도 인적 네트워크와 비공식적인 의사결정 과정에 참여하는 것이 중요한데, 여성들은 가사와 양육의 책임 때문에 이러한 기회에 충분히 접근하지 못하게 된다. 이는 여성들이 직장에서 리더십 역량을 충분히 발휘할 기회를 제한하고, 결과적으로 고위직에 오르는 길을 막는 요소로 작용한다(강혜련, 최서연, 2001; 주재선, 2015).

가사와 육아, 양육이 여성의 역할로 간주되는 것은 성역할 고정관념에서 비롯될 수 있다. 현대사회에서 맞벌이 가정이 꾸준히 증가하고 있지만, 여전히 가사와 양육이 성역할 고정관념에 따라 여성에게 주로 부담되고 있다. 이러한 부담은 여성에게 과도한 역할을 요구하며, 저출산의 주요 원인 중 하나로 지적되고 있다(Goldscheider, Bernhardt, & Lappegård, 2015). 따라서 가사와 양육을 여성이나 남성의 일이 아닌 가족 모두의 공동 책임으로 인식하는 것이 중요하다. 일-가정 양립에 대한 구체적인 논의는 뒤에서 더 자세히 다룰 것이다.

성 고정관념에 의거해 유리천장이 이루어지는 또 하나의 현상으로 조직에서 이루어지고 있는 이중잣대에 대한 평가가 있다. 성 고정관념에 따르면, 사회적으로 여성에게 기대되는 부드럽고 친절한 성향 때문에 여성 리더가 단호한 리더십을 발휘할 경우 '너무 억세다'는 비판을 받고, 반대로 부드러운 리더십을 보일 경우 '리더십이 부족하다'는 평가를 받는다. 이러한 이중잣대는 여성 리더들이 리더십 발휘와 승진에서 어려움을 겪게 하는 중요한 장애물이다(Eagly & Karau, 2002). 이로 인해 여성들은 승진 기회에서 배제되며, 고위직으로 진출하기 어려운 상황이 만들어진다(Catalyst, 2007).

특히 이러한 이중기준은 여성 리더들에게 비교적 더 높은 기대치를 요구하는 경향이 있다. 여성 리더는 '부드러움과 카리스마 사이'에서 항상 균형을 맞춰야 하고, 너무 부드럽거나 너무 강한 모습을 보일 경우 모두 부정적인 평가를 받을 수 있다. 이러한 사회적 선입견은 여성들이 리더로서 충분한 자질을 가지고 있어도 승진의 기회를 잃게 만드는 요인이 된다.

결론적으로, 성역할 고정관념, 이중적 평가, 그리고 일-가정 갈등은 여성들이 직장에서 유리천장을 깨지 못하는 주요 이유로 작용하고 있다. 이는 여성들이 직장에서 승진하고 리더로서 인정받는 데 큰 제약을 주며, 이를 해결하기 위해서는 사회적 인식 변화가 필요하다. 구체적인 해결 방안은 다음 절에서 다루겠지만, 이 문제를 해결하려면 성역할 고정관념을 깨고, 남성과 여성이 공동으로 가사와 육아에 책임을 지는 인식이 자리 잡는 것이 중요하다.

4. 유리천장의 해결 방안

앞서 살펴본 바와 같이 유리천장의 원인은 매우 복합적이고 상호 연결되어 있다. 성 고정관념, 비공식적인 조직문화, 승진 시스템 등 다양한 요인이 서로 얽혀 작용하여 유리천장을 만들어 낸다. 따라서 한 가지 해결책만으로는 문제를 해결할 수 없으며, 다양한 차원에서 접근하는 해결 방안이 필요하다. 이 장에서는 조직구조주의적 차원, 조직문화적 차원, 정부 차원, 그리고 개인적 차원에서 각각 유리천장을 해결하기 위한 방안을 설명하고자 한다.

1) 조직구조주의적 차원에서의 해결 방안

유리천장을 해결하는 첫 번째 방안으로는 조직구조적 차원에서 여성 임원 비율을 높이는 것이 있다. 여성 임원의 비율은 세계적으로도 임직원이 39.4%인 것에 비하면 23.3%로 여전히 낮은 수준이며, 한국의 경우는 더 심각하다. 세계경제포럼(WEF)의 「2023년 성 격차 보고서」에 따르면, 한국의 여성 임원 비율은 약 7% 미만으로 나타나며, 이는 미국이나 유럽 등 다른 선진국들과 비교해도 상당히 낮은 수치이다(서울대학교 아시아연구소, 2023). 또한 한국의 대기업에서 전체 직원 중 여성의 비율은 평균 약 30%에 달하지만, 2024년 기업분석연구소 리더스 인덱스에 따르면 30대 그룹 내 295개 기업의 1분기 보고서에서 여성 임원 수는 전체 임원의 7.5%라 보고한다. 유리천장의 변화가 있다고 보고하고 있지만 여전히 낮은 수치임은 명백하다.

그렇다면, 왜 여성 임원 비율을 높여야 하는가?

첫째, 여러 연구에 따르면, 여성 임원의 비율는 조직의 성과가 향상에 기여할 수 있다. 수잔 스타웃버그의 연구(Susan Stautberg)에 따르면, 여성 임원이 30% 이상인 이사회는 그렇지 않은 이사회보다 자기자본수익률(ROE),

매출수익률(ROS), 투자자수익률(ROI) 등이 현저히 높아진다고 한다(Chosun Biz, 2016. 10. 24.). 이는 여성 임원이 참여하는 이사회가 더 다양한 관점을 반영할 수 있고, 결과적으로 더 나은 의사결정을 통해 조직의 성과를 개선할 수 있음을 보여 준다.

둘째, 여성 임원 비율을 높이는 것은 조직의 다양성과 혁신을 촉진한다. 젠더를 포함한 집단 다양성은 조직 내에서 다양한 시각을 반영하여 더 복잡한 문제를 해결하는 데 유리하다. 물론, 집단 다양성은 초기 의사소통 과정에서 시간이 오래 걸리거나 갈등을 유발할 수 있지만, 장기적으로 문제 해결 능력과 혁신성을 높이는 데 기여한다(Joshi & Roh, 2009). 다양한 배경과 경험을 가진 임원들이 조직 내 의사결정 과정에 참여할 때 더 나은 해결책을 도출하고, 빠르게 변화하는 비즈니스 환경에서 경쟁 우위를 확보할 수 있다.

마지막으로, 여성 임원 비율을 높이는 것은 조직 내 다른 여성들에게 롤모델을 제공하고 경력 발전에 대한 동기부여를 촉진할 수 있다는 점에서 중요하다. 특히 경력 단절 문제는 여성 이슈 중 하나로 주목받고 있다. 일-가정 갈등이 주요 원인임은 분명하지만, 롤모델 부재로 인해 승진과 성장 가능성에 대한 확신이 부족한 것도 중요한 요인이다.

실리와 싱의 연구(Sealy & Singh, 2010)에 따르면, 여성 임원이 롤모델로서 기능하면 여성 직원들이 경력을 지속하고 성장할 가능성이 높아진다. 이는 조직 내 여성 리더십을 강화하고 성평등 문화를 형성하는 데 기여한다. 반대로, 여성 임원이 부족할 경우 여성들은 경력의 한계를 느끼게 되어 유리천장이 지속될 위험이 있다. 따라서 여성 임원 비율을 높이는 것은 조직 내 여성들의 경력 유지와 승진 동기를 강화하고, 궁극적으로 유리천장을 깨기 위한 필수적인 조치로 여겨진다.

그러나 현실적으로 이러한 변화를 단기간에 이루기란 쉽지 않다. 따라서 이러한 문제를 극복하고 여성 임원의 비율을 증가시키기 위해서는 보다 적극적인 정책적 접근이 필요한데, 대표적인 제도가 적극적 고용개선조치이다. 적극적 고용개선조치는 특정 사회적 집단이 차별받지 않고 고용 및 승진 기회를 공정하게 얻을 수 있도록 법적·정책적으로 지원하는 제도로 필요한 비율만큼 정책적으로 여성 임원을 확보하는 것이다.

여성 임원의 비율을 높이기 위한 정책과 제도는 이미 여러 국가와 기업에서 성공적으로 시행되고 있다. 예를 들어, 노르웨이는 2003년 상장 기업 이사회에 여성 비율을 최소 40%로 규정하는 법안을 도입하였다. 이 법은 여성 임원의 비율을 크게 증가시켰을 뿐만 아니라, 조직 내 성평등 문화를 정착시키는 데 중요한 역할을 하였다. 독일 역시 2016년 상장 기업 이사회에 여성 비율 30% 이상을 의무화하는 법안을 도입해 여성 리더십의 확대를 이루었다. IBM은 여성 리더십 프로그램을 도입하여 여성 임원의 비율을 꾸준히 늘렸고, 그 결과 문제해결 능력과 직원 만족도가 크게 향상되었다. 또한 SAP[4]는 2030년까지 여성 임원 비율을 30%로 늘리겠다는 목표를 설정하고 이를 달성하기 위해 여성 멘토링 프로그램, 공정한 승진 기회 제공, 가족 친화적 정책 등을 실행하고 있다.

이러한 사례들은 여성 리더십을 강화하고 공정한 기회를 제공하는 것이 조직 성과와 혁신에 중요한 역할을 할 수 있음을 입증한다. 더 나아가 여성 임원의 증가를 통해 유리천장을 극복하고 조직 내 성평등 문화를 정착시키는 데 구조적 변화를 촉진해야 한다. 이를 위해서는 법적·정책적 지원뿐만 아니라 조직문화 차원에서의 변화, 즉 여성 리더십을 지원하는 환경 조성과 공정한 승진 시스템 구축이 함께 이루어져야 한다.

4 SAP는 독일에 본사를 둔 세계적인 기업용 소프트웨어 회사로, ERP(전사적 자원 관리) 시스템으로 잘 알려져 있다.

2) 조직문화적 차원에서의 해결 방안: 가족친화적 조직문화로의 개선

유리천장을 해결하는 두 번째 방안으로는 조직문화적 차원에서 성역할에 기반한 기존 문화를 성평등한 가족친화적 조직문화로 개선하는 것이다. 유리천장은 주로 여성들이 고위직으로 승진하는 과정에서 가사와 양육 등 가정에서의 책임이 과도하게 부여되면서 발생한다. 예를 들어, 여성 공무원들은 승진 과정에서 성차별을 느끼는 주요 원인으로 '남성 중심 조직문화'와 함께 '출산 · 육아휴직 사용 불이익'을 지적하였으며(서울신문, 2018. 4. 29.), 여성 직장인들 역시 회사 생활에서 불리함을 느끼는 이유로 '출산 · 육아로 인한 업무 공백 우려'를 가장 많이 꼽았다(조선일보, 2020. 9. 6.). 이러한 요인들은 여성들의 경력 단절을 초래하고, 결과적으로 유리천장을 강화하는 데 기여한다.

이를 해결하기 위해서는 일과 가정의 균형을 중시하는 가족친화적 조직문화가 필수적이며, 성평등한 승진 기회와 공정한 평가 제도가 함께 도입되어야 한다. 즉, 가정과 일의 균형을 보장함으로써 여성들이 직장 내에서 더 공정하게 승진 기회를 얻고, 고위직으로 나아가는 데 필요한 지원을 받을 수 있다.

많은 조직은 수익 창출 등을 목표로 하며, 여전히 장시간 근무, 회식 참여 등 업무 외적인 활동을 충성심의 척도로 요구하는 경우가 있다. 이러한 조직문화는 성평등한 기회를 저해하며, 유리천장을 더욱 공고히 한다. 물론 코로나19 이후로 여성의 사회 진출과 맞벌이가 증가하면서 이러한 조직문화가 완화된 측면도 있지만, 정보 획득을 위한 비공식 네트워킹, 비효율적 업무보고, 업무 외 친교 모임 등 여전히 장시간 근무가 암묵적으로 요구되고 있다. 남성들 역시 이러한 조직문화에서 부정적인 영향을 받을 수 있다. 특히 성역할 고정관념에 따라 남성들이 가족의 양육과 가사에 충분히 참여하지 못하거나, 장시간 근무를 강요받는 경우 조직 내 가족친화적 문화가 조성되지 않으면 피해를 경험할 가능성이 크다(김소영, 2017; 허수연, 김한성, 2019).

이러한 방식의 조직문화는 일과 가정의 조화를 중시하며, 양립을 권장하는 균형 잡힌 조직문화로 변화될 필요가 있다. 조직 내 가족친화적 문화는 가정만 중요한 것이 아니라, 업무의 성과와 만족도 또한 함께 고려하여 구성원 모두가 조화를 이룰 수 있는 환경을 조성하는 데 초점이 맞춰져야 한다. 조직문화의 변화는 단순히 몇 가지 제도를 도입하는 것만으로 이루어지는 것이 아니라, 조직 전반에 걸쳐 문화를 변화시키는 접근이 요구된다.

조직문화(organization culture)란 특정 집단이 공유하는 행동 양식, 규범, 제도, 가치 등을 포함하는 개념으로, 한 사회의 주요 행동 양식이나 상징 구조, 정치 · 경제 · 법, 문학 · 예술, 도덕 · 종교 · 풍속 등 인간의 산물이 포함된다(Duncan, 1989). 조직문화는 사회 속에서 사람들이 살아가며 만들어 낸 행동양식과 규범, 풍속 등을 모두 포함하는 포괄적인 개념이며 실제이기 때문에, 조직문화를 바꾼다는 의미는 단순히 한가지 요소의 변화만으로는 어렵고 전반적 · 전체적으로 가치, 생활양식, 규범, 상징 등 복합적이고 전체적인 변화를 통해서만 변화를 이끌어 낼 수 있다.

조직문화 변화를 위해서는 그 구성요소를 층위별로 체계적으로 분석하고 접근하는 방식이 필요하다. 대표적인 분석 틀로는 샤인(Edgar H. Schein)의 조직문화 4층 모형이 있다. 샤인은 조직문화를 가시성과 근원성에 따라 4개의 층으로 구분하며, 1층은 '인간에 대한 기본 가정', 2층은 '문화적 핵심 가치', 3층은 '제도 및 규범', 4층은 '문화적 인공물'로 구성된다고 보았다. 1층은 비가시적이고 가장 근원적인 기반으로, 위로 올라갈수록 가시적이지만 상대적으로 영향력은 감소한다. 일반적으로 변화는 4층 문화적 인공물과 3층 제도 및 규범과 같은 가시적 요소에서 먼저 시도되며, 이후 2층과 1층으로 점차 확장되어야 한다.

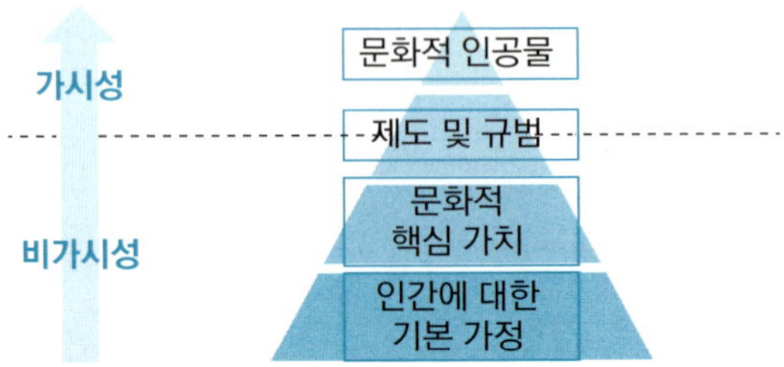

[그림 8-5] 샤인의 조직문화 요소

그다음으로 구체적으로 조직에서 실행할 수 있는 방안에 대해서 각 층별로 살펴보고자 한다.

(1) 4층: 문화적 인공물의 변화

문화적 인공물은 조직의 가치와 규범, 제도를 시각적으로 표현하는 수단으로, 많은 경우 2층과 3층의 변화가 이루어지면서 이를 드러내는 방식으로 활용된다. 하지만 2층과 3층의 변화는 시간이 소요되기 때문에, 초기에는 상징적인 메시지를 통해 가족친화적 조직문화를 알리는 것이 효과적일 수 있다. 예를 들어, '패밀리 퍼스트(Family First)'라는 슬로건을 내세우거나 육아 공간을 마련해 일-가정 양립을 지원하는 조직임을 시각적으로 보여 주는 것이다. 문화적 인공물은 외부에도 강력한 메시지를 전달할 수 있다. 포스터, 홍보 영상, 공식 웹사이트 등에서 성평등과 가족친화적 문화를 강조함으로써 조직의 이미지를 개선하고 잠재적 구성원에게 긍정적 인식을 줄 수 있다. 예를 들어, 구글(Google)은 다양성과 포용성을 강조하는 포스터와 오피스 디자인을 통해 협력적이고 가족친화적인 조직문화를 상징적으로 보여 주고 있다(Dobbin & Kalev, 2022; Google, 2023).

또한 직원 참여를 유도하는 캠페인도 효과적인 방법이다. 예를 들어, '가족의 날(Family Day)' 운영이나 '자녀 동반 근무일(Bring Your Child to Work Day)' 같은 행사는 구성원들이 가족친화적 문화를 체험하게 하고, 조직의 가치에 대한 내적 공감을 형성하는 데 기여할 수 있다. 이러한 활동은 단순한 상징적 변화에 그치지 않고, 구성원 간 유대감과 조직문화의 방향성을 공유하는 데 실질적인 영향을 미친다.

(2) 3층: 규범과 제도의 변화

규범과 제도는 조직 구성원의 행동에 직접 영향을 미치며, 조직문화의 실질적 변화를 견인하는 핵심 요소이다. 명시적 규범과 제도는 정책, 근무제도, 평가 절차 등 문서화된 방식으로 존재하며, 이를 공정하게 설계하는 것이 중요하다. 예를 들어, IBM은 성과 중심의 승진 제도를 통해 여성의 고위직 진출을 장려하고 있고(Kossek & Distelberg, 2009), 삼성전자는 유연근무제와 육아휴직을 확대해 일-가정 양립을 지원하고 있다.

그러나 명시적 제도만으로는 충분하지 않다. 장시간 근무를 미덕으로 여기거나 육아휴직 사용자를 비공식적으로 불이익 주는 관행 등 암묵적 규범은 성평등 문화를 저해하는 장애물이 될 수 있다(Williams, Blair-Loy, & Berdahl, 2013). 이를 변화시키기 위해서는 리더의 태도 변화가 중요하다. 경영진이 유연근무제나 육아휴직을 직접 활용하고 이를 긍정적으로 공유하면, 구성원들에게 강력한 메시지를 줄 수 있다.

또한 성인지 감수성 교육이나 포용성 워크숍을 정기적으로 운영함으로써 조직 구성원들이 암묵적 규범의 문제를 인식하고, 이를 개선하는 문화를 조성해야 한다. 제도와 규범의 변화는 명시적 측면과 암묵적 측면이 함께 작동할 때 실질적 효과를 발휘하며, 이를 통해 가족친화적이고 성평등한 조직문화를 정착시킬 수 있다.

(3) 2층: 핵심 가치의 변화

핵심 가치는 조직문화의 중심축을 이루는 요소로, 구성원들의 행동과 의사결정에 중요한 기준이 된다. 핵심 가치는 규범과 제도, 문화적 인공물의 기반이 되며, 조직문화 변화는 이 가치의 명확화에서 출발한다. 그러나 현실에서는 핵심 가치가 단지 선언에 그치고 실제로는 작동하지 않는 경우가 많다. 홈페이지에 공표된 가치와 조직 내부에서 실제로 작동하는 가치 간의 불일치(working value gap)는 조직문화 변화의 걸림돌이 된다(Argyris, 1990).

예를 들어, 성평등과 포용을 핵심 가치로 내세우면서도 승진 과정에서 성별이나 배경이 암묵적으로 작용한다면, 해당 가치는 선언적 구호에 불과하다. 따라서 조직은 핵심 가치를 단순한 문구에 머물게 하지 않고, 실질적으로 작동하도록 재검토하고 명확히 해야 한다.

가족친화적 문화를 정착시키기 위해서는 일·가정 양립, 성평등, 다양성과 같은 가치를 핵심 가치로 설정하고, 이를 구현할 구체적 실행 방안을 수립해야 한다. 핵심 가치는 다음과 같은 방식으로 작동할 수 있다.

- **정기적 점검**: 구성원 피드백과 설문조사를 통해 핵심 가치가 실제로 조직에서 작동하는지 정기적으로 점검하고, 불일치가 발견되면 개선 조치를 취한다.
- **구체화 및 내재화**: 핵심 가치를 구체적인 행동 지침으로 제공하고, 성과 평가·승진 등 주요 제도와 연결해 실제 행동에 영향을 줄 수 있도록 한다.
- **교육 및 리더십 역할**: 성인지 감수성 훈련, 다양성 교육을 통해 핵심 가치를 체화할 수 있도록 지원하며, 리더가 모범적으로 실천할 수 있도록 유도한다.

(4) 1층: 인간에 대한 기본 가정의 변화

샤인의 조직문화 모형에서 가장 아래층에 해당하는 '인간에 대한 기본 가정(basic assumptions)'은 세상과 인간을 어떻게 이해하고 바라보는지에 대한 무의식적인 믿음과 전제이다. 이는 조직문화의 가장 근원적이고 비가시적인 차원으로, 구성원들의 사고방식과 행동에 깊은 영향을 미치며, 외부의 변화나 제도적 개입만으로는 쉽게 바뀌지 않는다.

예를 들어, '리더는 남성일수록 안정적이다.' '여성은 감성적이어서 합리적인 판단이 어렵다.' 또는 '인간은 본래 경쟁적이며 자기 이익을 우선시한다.'는 식의 전제는 조직 내에서 암묵적으로 공유되며, 구성원 간 신뢰와 협력보다는 성과 중심의 경쟁 구조를 강화하거나 특정 집단에 대한 편견으로 이어질 수 있다.

따라서 진정한 조직문화의 변화는 이러한 인간에 대한 기본 가정을 점검하고 재구성하는 데까지 나아가야 한다. 이를 위해 구성원들이 스스로 가지고 있는 전제와 인식을 반성하고, 조직 차원에서 성평등, 다양성, 포용에 대한 근본적인 담론을 지속적으로 형성할 필요가 있다. 구성원 간 열린 대화를 장려하고, 리더가 모범을 보이며 변화의 필요성을 내재화시키는 방식이 중요하다. 이러한 과정은 시간이 오래 걸리지만, 조직문화의 뿌리를 바꾸는 가장 근본적인 접근이다.

생각해 보기

- 유한킴벌리, 토스랩, 올디너리매직, Google, Microsoft, Johnson & Johnson, 삼성전자 e는 일-가정 양립을 지원하는 가족친화적 조직문화로 잘 알려져 있습니다. 이들 기업이 제공하는 가족친화적 정책에는 어떤 것들이 있는지 조사해 봅시다.
- 이들 기업 중 하나를 선택하여 그 회사의 가족친화적 조직문화를 샤인의 4층 모형(문화적 인공물, 제도 및 규범, 문화적 핵심 가치, 인간에 대한 기본 가정)을 통해 분석해 봅시다.
  - ▶ 4층(문화적 인공물): 육아 지원 시설, 포용적 오피스 디자인, 포스터 등
  - ▶ 3층(제도 및 규범): 유연근무제, 공정한 평가 제도 등
  - ▶ 2층(문화적 핵심 가치): 일-가정 균형, 다양성과 포용성
  - ▶ 1층(인간에 대한 기본 가정): 직원이 성별에 상관없이 동등한 가치를 지님
- 분석한 사례를 바탕으로 우리 사회가 성평등, 가족친화적 조직문화 개선을 위해 적용하거나 발전시켜야 할 점을 제안해 봅시다. 구체적으로 현재 한국 기업에서 부족한 부분과 이를 보완하기 위한 실질적인 방안을 제시해 봅시다(예: 유연근무제 확산, 남성 육아휴직 활성화, 암묵적 규범 변화 등).

3) 정부 차원의 정책 및 제도를 통한 개선 노력

지금까지 한국에서는 성평등을 위한 다양한 정책과 제도가 마련되고 시행되어 왔으며, 이는 여성의 사회적 · 경제적 참여를 촉진하는 데 기여하였다. 2001년 제정된 「여성발전기본법」(2015년 「양성평등기본법」으로 개정)부터 2005년 「남녀고용평등법」 전부개정에 따른 육아휴직제도 강화, 2019년 「공공기관의 운영에 관한 법률 시행령」 개정에 따른 성별 임금 현황 공시 의무화, 그리고 2022년 성평등 정책 5개년 계획 수립까지 다양한 법적 기반이 성평등한 노동 환경 조성에 기여해 왔다(〈표 8-1〉 참조). 또한 유연근무제, 남성 육아휴직제도 등의 가족친화적 제도는 여성들이 가사와 직장을 병행할 수 있도록 도와줌으로써 점진적으로 여성의 노동시장 참여율을 높였다.

그러나 이러한 노력에도 불구하고, OECD 통계에 따르면 한국은 여전히 여성 고위직 비율에서 하위권에 속하며, 성별 임금 격차 역시 OECD 평균보다 큰 상황이다(OECD, 2023). 유리천장은 여전히 존재하고 있으며, 여성들의 고위직 진출을 가로막는 주요 요인으로 남아 있다. 이를 해결하기 위해서는 추가적인 제도적 노력이 요구된다. 특히 정부 차원에서의 정책적 개입뿐만 아니라 기업과의 협력을 통해 양성평등 문화를 구축하는 것이 필수적이다. 이를 통해 정부와 기업 모두가 성평등을 실현하기 위한 공동의 목표를 이룰 수 있을 것이다. 다음은 한국에서 유리천장을 해결하기 위해 필요한 구체적인 정책 방안들이다.

(1) 성별 할당제 의무화

공공기관뿐만 아니라 민간 기업에도 일정 비율 이상의 여성이 고위직에 진출할 수 있도록 성별 할당제를 의무화하는 방안이다. 앞서 조직구조적 차원에서 여성 임원의 증가가 조직의 의사결정 질을 향상시키고, 성과 및 혁신성을 강화하는 데 긍정적인 영향을 미친다는 연구결과를 확인하였다.

그러나 이러한 변화가 조직 차원에서만 실현되기에는 한계가 있다. 기업은 단기적인 성과 압박이나 기존의 문화적 고정관념으로 인해 자발적으로 성별 균형을 달성하기 어려운 경우가 많다. 따라서 정부 차원에서 성별 할당제를 제도화하고, 이를 기업 정책과 연계하여 실행할 수 있도록 적극적으로 지원해야 한다.

사례를 통해 성별 할당제의 효과를 살펴보면, 노르웨이는 2003년 「Gender Quota Law」를 도입하여 상장 기업 이사회의 여성 비율을 40% 이상으로 의무화하였다. 이 정책은 여성의 이사회 참여율을 크게 증가시키는 데 기여했으며, 여성 임원의 증가가 기업의 의사결정 다각화를 이끌어 내고 성과를 개선하였다(Teigen, 2012). 이와 유사하게, 프랑스는 2011년 상장 기업에 성별 할당제를 도입하여 성평등한 이사회 구성을 강화했으며, 이후 여성 고위직 비율이 점진적으로 증가하는 성과를 거두었다(Babcock, 2019).

한국에서도 공공기관뿐 아니라 민간 부문으로 성별 할당제를 확대 적용할 필요가 있다. 특히 여성 고위직 비율이 극도로 낮은 특정 산업(예: 제조업, IT 산업 등)을 대상으로 우선적으로 할당제를 적용하거나, 일정 규모 이상의 기업에 대해 성별 균형 목표를 설정하도록 의무화할 수 있다. 이를 효과적으로 실행하기 위해서는 성별 비율 준수 여부를 정기적으로 평가하고, 성과가 우수한 기업에 대해 세제 혜택, 정부 지원금, 가족친화 인증 등 실질적인 인센티브를 제공하는 방안도 함께 고려해야 한다.

(2) 남성 육아휴직 의무화

남성 육아휴직 의무화를 통해 가정 내 성별 역할 분담을 촉진하는 방안이다. 현재 한국에서도 남성 육아휴직제도가 존재하지만, 실제 사용률은 매우 낮아 여성들의 경력 단절을 방지하는 데 한계가 있다. 이는 남성 중심의 조직문화와 육아휴직 사용에 따른 암묵적 불이익이 주요 원인으로 작용하고 있다.

해외의 경우 육아휴직을 의무화하여 저출산과 일-가정 양립의 문제를 해결한 사례들을 살펴볼 수 있다. 아이슬란드는 남성 육아휴직을 의무화하여 남성들이 가정에서의 역할을 수행하도록 장려하며 여성들의 직장 복귀율을 높이고, 경력 단절을 예방하는 데 기여하였다(Pfau-Effinger, 2012). 스웨덴도 남성 육아휴직 사용률이 꾸준히 증가하면서 가정 내 성별 역할 분담이 강화되었으며, 여성들이 직장에서 더 많은 기회를 얻는 기반을 마련하였다. 이는 남성과 여성이 가정과 직장에서의 책임을 공유함으로써 가정 내 평등과 직장에서의 성평등을 동시에 달성한 성공적인 사례로 평가받고 있다.

한국에서도 다양한 방법을 통해 남성 육아휴직 활성화를 고려할 수 있다. 우선, 기업 내 남성 육아휴직 사용률을 평가하고 이를 근거로 세제 혜택과 같은 인센티브를 제공하는 방안을 도입할 수 있다. 예를 들어, 남성 육아휴직 사용률이 높은 기업에는 정부 차원의 세제 감면이나 지원금을 제공하여 기업이 가족친화적 문화를 형성하도록 유도할 수 있다. 이러한 인센티브는 기업이 육아휴직 사용을 장려하는 환경을 조성하는 데 실질적인 동기가 될 것이다.

다음으로는 조직 내 인식 개선 캠페인을 통해 남성 육아휴직 사용을 적극적으로 장려해야 한다. 조직 내에서 남성 육아휴직이 성과나 직무 안정성에 부정적인 영향을 미치지 않는다는 메시지를 지속적으로 전달하고, 교육 및 캠페인을 통해 암묵적 규범을 변화시키는 노력이 필요하다. 특히 조직 내 리더들이 육아휴직을 직접 사용하고 이를 홍보하는 사례는 구성원들에게 강력한 메시지를 전달할 수 있다. 또한 육아휴직을 경험한 남성 근로자들의 사례를 공유함으로써 육아휴직이 개인의 성장과 조직 내 성과에 미치는 긍정적인 영향을 강조하는 것도 효과적인 전략이 될 수 있다.

마지막으로, 육아휴직 후 직장 복귀를 원활하게 지원하는 정책을 마련해야 한다. 많은 남성이 육아휴직을 선택하지 않는 이유 중 하나는 휴직 후 업무 공백에 대한 부담과 불확실성 때문이다. 이를 해결하기 위해 육아휴직

후 원활한 업무 복귀를 지원하는 프로그램을 도입할 필요가 있다. 예를 들어, 복귀 직후 일정 기간 동안 업무 적응 프로그램을 운영하거나, 복귀자의 직무 연계를 원활하게 하기 위한 멘토링 제도를 도입하는 것이 도움이 될 수 있다.

(3) 성평등 고용 컨설팅 및 모니터링 프로그램

기업들이 성평등한 채용과 승진 제도를 도입하고 이를 체계적으로 운영할 수 있도록 정부 차원의 성평등 고용 컨설팅 및 모니터링 프로그램을 도입하는 방안이다. 이는 기업 내부의 성평등 문화를 정착시키고, 실질적인 성별 격차를 해소하는 데 중요한 역할을 할 수 있다.

해외 사례를 보면, 스웨덴은 정부 주도로 기업들에게 성평등 지표를 평가하고 이를 공시하도록 하는 모니터링 시스템을 운영하며, 공정한 채용과 승진 프로세스를 유지하는 기업에 세제 혜택을 제공하고 있다(Andersson, 2015). 또한 영국은 일정 규모 이상의 기업이 성별 임금 격차를 공개하도록 의무화하여 기업의 성평등 수준을 투명하게 평가할 수 있도록 하고 있다(Miller, 2019). 이러한 정책들은 기업들이 자발적으로 성평등한 인사 정책을 도입하고, 여성의 경력 개발을 적극 지원하도록 유도하는 역할을 한다.

한국에서도 성평등 고용 실태를 정기적으로 평가하고 성평등 지표를 공개하는 제도를 도입할 필요가 있다. 예를 들어, 기업의 성별 고용 현황, 승진 비율, 임금 격차 등을 평가하고 이를 공시하도록 함으로써 기업 내부의 성평등 문화를 정착시킬 수 있다. 아울러, 성평등한 고용 관행을 유지하는 기업에게 세제 혜택과 정부 지원 사업 우선권을 제공함으로써 기업들이 보다 적극적으로 성평등 정책을 도입하도록 유도할 수 있다.

이러한 제도적 지원은 여성의 경력 지속 가능성을 높이는 중요한 발판이 될 뿐만 아니라, 기업이 공정한 고용 환경을 조성하는 데 실질적인 동기를 부여할 수 있다. 성평등 고용 컨설팅 및 모니터링 프로그램은 단순한 규제의 차원을 넘어, 기업들이 스스로 성평등한 조직문화로 나아갈 수 있도록 돕는 중요한 정책적 수단이 될 것이다.

표 8-1 한국의 유리천장 해결과 관련된 주요 정책 및 제도(연도별)

연도	정책/제도	설명
2001	「여성발전기본법」 제정	여성의 인권 보장과 양성평등 실현을 위한 기본 법률. 이후 2015년「양성평등기본법」으로 전면 개정
2005	「남녀고용평등법」 전부개정	부모 모두 육아휴직 가능하도록 변경. 입법 취지에 맞춰 육아휴직 대상과 권리 확대
2007	여성인력개발 및 양성 지원 사업 실시	여성의 퇴직 후 재취업 및 경력 개발을 지원하는 사업 시작
2010	공공기관 성별 균형 채용 정책 강화	공공부문에서 성별 균형을 확보하기 위한 채용 목표제 도입
2015	「양성평등기본법」 시행	「여성발전기본법」을 대체하여 양성평등 실현을 목표로 하는 정책적 기반 강화
2019	「공공기관 운영법 시행령」 개정	공공기관 경영공시 항목에 성별 임금 현황 공개를 의무화하여 성별 임금격차 해소 기반 마련
2021	제4차 양성평등 정책 기본계획 수립	여성의 경제활동 참여 확대를 위한 5개년 계획 발표
2022	제1차 성평등 노동 시장 로드맵 수립	여성 고용 확대 및 노동시장 내 성별 격차 해소를 위한 중장기 전략 발표
2024	제2차 성평등 노동 시장 로드맵 수립 예정	성평등 노동시장 정착과 양성평등 지원 체계 강화를 위해 로드맵 발굴 및 시행 예정

4) 개인적 차원에서 유리천장을 극복하기 위한 노력

유리천장의 극복은 단순히 개인의 문제가 아니다. 구조적이고 문화적인 변화가 선행되어야 하며, 이를 위해 정부와 기업 차원의 정책적 개입이 필수적이다(Teigen, 2012). 그러나 이러한 변화는 하루아침에 이루어지기 어려운 만큼, 현실 속에서 유리천장을 극복하기 위한 개인들의 노력이 중요한 역할을 한다. 유리천장을 극복하기 위한 개인적 차원의 전략으로는 사례 공유를 통한 노하우 전수, 멘토와 네트워크 활용, 롤모델 설정, 일-가정 양립 전략 수립, 그리고 자기계발 전략 등이 있다.

예를 들어, 사례 공유를 통한 노하우 전수는 조직 내 여성들이 서로의 경험과 극복 방법을 공유하면서 실질적인 도움을 줄 수 있는 전략이다. 정선영, 손승연과 이시영의 연구(2024)에서는 여군 리더들이 자신이 겪은 조직 내 어려움과 극복 경험을 후배들과 공유함으로써 후배들의 경력 개발에 긍정적인 영향을 미쳤다고 보고하였다. 또한 위텐버그-콕스와 메잇랜드의 연구(Wittenberg-Cox & Maitland, 2008)에서도 여성 간 사례 공유가 리더십 역량 강화를 촉진하고, 실질적인 경력 발전 기회를 제공하는 데 기여한다고 분석하였다.

멘토와 네트워크 활용도 유리천장을 극복하는 데 중요한 요소로 작용한다. 아이바라, 카터와 실바의 연구(Ibarra, Carter, & Silva, 2010)에서는 공식적인 멘토링 관계뿐만 아니라 비공식적인 네트워크를 적극 활용한 여성들이 더 높은 직급으로 승진할 가능성이 증가하는 것으로 나타났다. 국내 연구에서도 손원호와 양재영(2023)은 여성 스포츠 지도자들을 대상으로 한 연구에서, 멘토링과 네트워킹을 적극적으로 활용한 여성들이 전문성을 향상시키고 승진 기회를 확대하는 효과를 경험했다고 보고하였다.

롤모델 설정 또한 유리천장을 극복하는 개인적 전략 중 하나이다. 엘라이, 아이바라와 콜브의 연구(Ely, Ibarra, & Kolb, 2011)에서는 여성 리더들이 조직 내에서 롤모델을 설정할 때 후배 여성들의 경력 의지와 목표 설정이 향상되는 것으로 나타났다. 신수영, 박지성과 옥지호의 국내 연구(2020)에서도 여성 리더들이 롤모델로서 후배들에게 동기를 부여하고, 이를 통해 조직 내 여성 인재의 성장과 유리천장 극복에 기여한다는 점을 확인하였다.

마지막으로, 일-가정 양립 전략 수립 역시 유리천장 극복에 있어 중요한 역할을 한다. 그린하우스와 뵈텔의 연구(Greenhaus & Beutell, 1985)에서는 일과 가정의 균형을 유지하는 것이 직무 만족도와 조직 몰입도에 긍정적인 영향을 미친다고 분석하였으며, 한 · 미 금융기업의 여성 관리자들을 대상으로 한 오지현(2017)의 연구에서도 일과 가정의 균형을 효과적으로 관리하는 여성들이 직무 중심의 인상 관리 행동을 통해 조직 내에서 긍정적인 평가를 받는 것으로 나타났다.

이처럼 다양한 연구는 유리천장을 극복하기 위한 개인적 노력이 중요한 역할을 한다는 점을 시사한다. 이들 가운데 우리는 다음 장에서 일-가정 양립에 대해 살펴보고자 한다. 일-가정 양립의 문제는 맞벌이가 증가하는 현대사회에서 핵심적인 개인적 전략 방안으로 여겨질 수 있다. 일-가정 양립의 연구 흐름과 이론적 배경을 살펴봄으로써 지금의 현실에 적용 가능한 부분에 대해 검토해 보고자 한다.

5. 일-가정 양립

1) 일-가정 양립 연구 방향

일-가정 양립은 개인의 삶의 질뿐만 아니라 조직의 생산성과 지속 가능성에도 중요한 영향을 미치는 요소로, 맞벌이 가구 증가, 저출산 · 고령화 등 사회적 변화 속에서 더욱 주목받고 있다. 일과 가정의 균형을 이루지 못할 경우 개인의 직무 만족도 저하, 스트레스 증가, 경력 지속성 약화 등 다양한 부정적 결과를 초래할 수 있으며(Allen et al., 2000), 이는 기업과 사회 전체에도 부담으로 작용할 수 있다. 이러한 중요성으로 인해 심리학을 포함한 다양한 학문 분야에서 일-가정 양립에 대한 연구가 활발히 진행되어 왔다.

일-가정 양립 연구는 1970~1980년대부터 본격적으로 시작되었으며, 특히 Greenhaus와 Beutell(1985)은 일-가정 갈등(work-family conflict) 개념을 정립하면서 관련 연구의 초석을 마련하였다. 이후 1990년대부터는 단순한 갈등 개념을 넘어, 일과 가정이 서로 긍정적인 영향을 줄 수 있다는 '일-가정 촉진(work-family enrichment)' 개념이 등장하면서 연구의 범위가 확장되었다(Greenhaus & Powell, 2006a). 최근에는 기술 발전과 노동 환경의 변화로 인해 일과 가정의 경계를 조절하는 방식에 대한 연구가 활발히 진행되며, '일-가정 경계관리(work-family boundary management)'가 주요한 연구 주제로 부각되고 있다(Kreiner, Hollensbe, & Sheep, 2009).

이러한 연구들은 개인이 일과 가정의 균형을 이루는 과정에서 경험하는 갈등과 촉진 요인을 분석하고, 이를 효과적으로 관리하기 위한 전략을 제시하는 데 초점을 맞추고 있다. 다음에서는 일-가정 양립을 설명하는 세 가지 주요 개념인 일-가정 갈등, 일-가정 촉진, 그리고 일-가정 경계관리에 대해 보다 구체적으로 살펴보고자 한다.

2) 일-가정 양립에서의 세 가지 개념: 일-가정 갈등, 일-가정 촉진, 일-가정 경계관리

일-가정 양립의 중요성이 증가함에 따라 개인 수준에서 이를 연구하는 심리학적 접근도 활발히 이루어지고 있다. 연구에서는 일-가정 양립을 설명하는 세 가지 주요 개념으로 '일-가정 갈등(work-family conflict)' '일-가정 촉진(work-family enrichment)', 그리고 '일-가정 경계관리(work-family boundary management)'를 제시하며, 각각 부정적 영향, 긍정적 영향, 그리고 경계를 조절하는 방식에 초점을 맞추고 있다(Allard, Haas, & Hwang, 2007).

이 중 일-가정 갈등 연구는 일-가정 양립 연구에서 가장 많은 비중을 차지하며, 그 영향력이 매우 강력한 것으로 나타났다. Greenhaus와 Beutell (1985)이 개념을 정립한 이후, 일-가정 갈등은 직장과 가정에서 요구하는 역할이 충돌할 때 발생하는 심리적 갈등으로 연구되었으며, 일-가정 양립이 개인의 삶의 질뿐만 아니라 조직의 성과와도 밀접하게 연결된다는 점이 강조되면서 연구가 확장되었다. 연구에서는 장시간 근무, 높은 직무 요구, 조직 내 비협조적 환경 등이 일-가정 갈등을 유발하는 주요 요인으로 밝혀졌으며(Frone, Russell, & Cooper, 1992), 이러한 갈등이 개인의 스트레스 증가, 직무 만족도 저하, 건강 악화, 그리고 조직 몰입 감소로 이어지는 강력한 부정적 영향을 미친다는 점이 다수의 연구에서 확인되었다(Allen et al., 2000). 또한 일-가정 갈등이 단순히 개인적인 차원의 문제가 아니라 가정과 직장이라는 두 환경이 상호작용하는 구조적 문제로 볼 수 있다는 점에서, 조직이 이를 어떻게 관리하느냐에 따라 결과가 달라질 수 있다는 논의도 이루어지고 있다(Kossek et al., 2011).

반면, 1990년대 이후 연구자들은 일과 가정이 반드시 갈등적인 관계가 아니라, 서로 긍정적인 영향을 미칠 수도 있다는 개념을 강조하면서, 일-가정 촉진 연구가 본격적으로 이루어지기 시작하였다(Greenhaus & Powell, 2006b). 일-가정 촉진은 개인이 다양한 역할을 수행하면서 한 영역에서 얻은 자원이 다른 영역에서 긍정적인 영향을 미칠 수 있다는 점을 강조하며(Barnett & Hyde, 2001), 이러한 자원에는 기술 습득, 심리적 안정감, 정서적 자원 등이 포함될 수 있다. 예를 들어, 직장에서의 리더십 경험이 가정 내 의사소통 기술을 향상시킬 수 있으며, 가정에서의 정서적 지원이 업무 몰입도를 높이는 데 기여할 수 있다는 연구결과가 보고되었다(Wayne et al., 2007). 그러나 일-가정 촉진 연구는 여전히 일-가정 갈등 연구에 비해 상대적으로 연구 비중이 낮으며, 많은 연구가 갈등의 부정적 영향을 중점적으로 다루고 있다는 점에서 연구적 균형이 필요하다는 지적도 제기되고 있다

(Eby et al., 2005).

최근에는 일과 가정의 관계를 단순히 갈등이나 촉진이라는 결과로만 구분하는 것이 아니라, 개인이 두 영역의 경계를 어떻게 조절하고 관리하는지에 따라 일과 가정의 관계가 달라질 수 있다는 점에 주목하는 연구가 증가하고 있다(Kreiner, Hollensbe, & Sheep, 2009). 연구자들은 이를 일-가정 경계관리 개념으로 정리하면서, 개인이 일과 가정의 역할을 수행하는 과정에서 두 영역 간의 경계를 설정하고 조절하는 방식이 일-가정 양립에 중요한 영향을 미친다는 점을 강조하고 있다. 초기 연구에서는 통합(integration)과 분리(segregation)라는 두 가지 전략을 중심으로 논의가 이루어졌으며, 통합 전략을 사용하는 개인들은 특정 장소나 시간에 얽매이지 않고 유연하게 두 역할을 수행하는 반면, 분리 전략을 사용하는 개인들은 업무와 가정의 역할을 엄격히 구분하여 한 영역이 다른 영역에 미치는 영향을 최소화하려는 경향을 보인다고 설명되었다(Nippert-Eng, 1996).

이후 연구에서는 개인의 선호와 환경에 따라 경계관리 방식이 더욱 다양하게 나타날 수 있으며, 단순히 통합과 분리라는 이분법적 접근을 넘어서야 한다는 논의가 확대되었다. 크라이너, 홀런즈브와 쉽(Kreiner, Hollensbe, & Sheep, 2009)은 투과성(permeability), 조절(control), 유연성(flexibility) 등의 개념을 추가하며, 개인이 자신의 환경과 요구에 맞게 경계를 설정하는 능력이 일-가정 양립에 미치는 영향을 분석하였다. 예를 들어, 경계의 투과성이 높을 경우 직장에서 발생한 스트레스가 가정으로 쉽게 전이될 가능성이 크며, 반대로 경계를 능동적으로 조절하는 사람들은 갈등을 줄이고 두 영역을 효과적으로 관리할 가능성이 높다는 연구결과가 보고되었다(Matthews & Barnes-Farrell, 2010).

이처럼 일-가정 경계관리는 기존의 일-가정 갈등 및 촉진 개념보다 더욱 실질적인 시사점을 제공할 수 있는 개념으로 평가되며, 개인의 전략뿐만 아니라 조직과 사회의 지원이 어떻게 이루어지느냐에 따라 그 효과가 달라질 수 있다는 점이 강조되고 있다(Kossek & Lautsch, 2012). 따라서 조직에서는 직원들이 스스로 적절한 경계를 설정할 수 있도록 유연한 근무환경과 자율성을 제공하는 것이 중요하며(채연주, 윤세준, 2012), 개인 역시 자신의 환경과 요구에 맞는 경계 설정 방식을 조정함으로써 일과 가정 간 상호작용을 보다 효과적으로 조절할 필요가 있다(Desrochers & Sargent, 2004).

3) 개인적 전략으로서 일-가정 경계관리

일-가정 경계관리는 개인이 직장과 가정의 역할을 수행하는 과정에서 두 영역 간의 경계를 어떻게 설정하고 조절하는지에 따라 일과 가정의 관계가 달라질 수 있다는 점을 강조하는 개념이다(Desrochers & Sargent, 2004). 기존 연구들이 일-가정 갈등과 촉진의 결과에 초점을 맞추었다면, 최근 연구들은 개인이 능동적으로 경계를 조절함으로써 갈등을 줄이고 촉진을 강화할 수 있다는 점을 강조하며, 이에 대한 실질적인 전략이 연구되고 있다(Kreiner, Hollensbe, & Sheep, 2009).

경계관리 전략에 대한 연구는 크게 두 가지 흐름으로 발전해 왔다.

첫째, 초기 연구들은 경계관리 유형을 '통합(integration)과 분리(segregation)'라는 이분법적 개념으로 구분하면서, 개인이 두 영역을 얼마나 분리하거나 혼합하는지가 일-가정 양립의 주요 결정 요인이라는 점을 분석했다(Nippert-Eng, 1996). 통합 전략을 선호하는 사람들은 업무와 가정의 역할을 동시에 수행하려는 경향이 있는 반면, 분리 전략을 선호하는 사람들은 두 영역의 경계를 명확히 유지하며, 한 영역에서의 역할을 다른 영역에 영향을 미치지 않도록 관리한다.

둘째, 이후 연구에서는 단순한 통합-분리의 구분을 넘어서, 개인이 자신의 환경과 상황에 맞게 경계를 조절하는 다양한 요소를 고려해야 한다는 점이 강조되었다(Kreiner, Hollensbe, & Sheep, 2009). 개인이 선택할 수 있는 경계관리 전략은 단순히 한 가지 방식으로 고정되는 것이 아니라, 조직의 문화, 직무의 특성, 개인의 성향과 생활환경에 따라 유연하게 조절될 필요가 있다. 예를 들어, 매튜스와 반즈-패럴(Matthews & Barnes-Farrell, 2010)은 개인이 경계를 조절하는 방식에는 투과성(permeability), 조절(control), 유연성(flexibility) 같은 요소가 포함된다고 제안하였으며, 개인이 자신의 직무와 가정 상황에 맞게 이를 조합하여 최적의 전략을 설정할 수 있다고 보았다.

이러한 연구들은 결국 일-가정 경계관리를 효과적으로 활용하는 것이 중요하며, 개인이 자신의 경계관리 유형을 인식하고 이에 맞는 전략을 활용하는 것이 필요하다는 점을 시사한다. 따라서 다음에서는 개인이 자신의 상황에 맞게 분리 전략과 통합 전략을 효과적으로 활용하는 방안과, 이를 뒷받침하는 기업 제도 및 최근 연구에서 강조하는 투과성, 조절, 유연성을 어떻게 적용할 수 있는지를 살펴보고자 한다.

개인이 일과 가정의 경계를 명확하게 구분하고 싶은 경우, 즉 분리 전략을 선호하는 경우라면 업무와 가정의 역할이 서로 간섭하지 않도록 하는 제도를 활용하는 것이 효과적이다. 이를 위해 기업에서는 고정 근무시간제 및 근무시간 외 업무 연락 제한 정책을 도입할 수 있다. 기업이 명확한 근무시간을 설정하고, 근무시간 이후 업무 관련 연락을 제한하는 제도를 시행하면, 분리 전략을 선호하는 직원들은 퇴근 후 업무를 완전히 단절하고 가정에 집중할 수 있는 환경을 조성할 수 있다(Sonnentag & Fritz, 2015). 또한 사무실 근무 중심 정책도 경계를 유지하는 데 효과적이다. 연구에 따르면, 사무실에서 일하는 직원들이 재택근무자보다 업무와 가정의 역할을 더 쉽게 분리할 수 있는 것으로 나타났다(Golden, Veiga, & Dino, 2008). 기업이 업무 집중 시간을 보장하는 제도를 운영하면, 직원들은 업무시간을 최대한 활용하여 업무를 완료하고, 이후 가정에서의 시간을 방해받지 않을 수 있다(Newport, 2016).

반대로, 통합 전략을 선호하는 개인이라면 업무와 가정의 역할을 유연하게 조정하면서도 효과적으로 활용할 수 있는 방법을 고민해야 한다. 유연근무제 및 시차 출퇴근제는 통합 전략을 선호하는 개인들에게 매우 유용한 제도이다. 연구에 따르면, 유연근무제는 직장과 가정의 역할을 조정할 수 있는 기회를 제공하여, 일-가정 양립을 돕는 데 효과적인 것으로 나타났다(Shockley & Allen, 2012). 예를 들어, 시차 출퇴근제, 원격근무, 하이브리드 근무 방식을 활용하면, 가정의 요구에 맞춰 업무 일정을 조정할 수 있으며, 업무 몰입도를 유지하는 데도 도움이 될 수 있다.

가정에서도 통합 전략을 활용하는 방식으로 가족과의 시간을 조정할 수 있다. 예를 들어, 업무 중간에 짧은 가족 시간(예: 점심시간에 가족과 함께 식사하기, 아이와 함께 산책하기 등)을 포함하면, 가정 역할을 병행하면서도 일의 연속성을 유지할 수 있다. 연구에서는 통합 전략을 효과적으로 활용하는 개인들이 업무와 가정 간 시너지 효과를 극대화하는 경향이 있다고 보고하였다(Wayne et al., 2007). 또한 업무와 가정의 역할을 조화롭게 연결하기 위해 직장 내 및 가정 내 네트워크를 적극적으로 활용하는 것이 필요하다. 예를 들어, 직장에서의 동료 및 상사와의 협력을 통해 업무 조율을 원활하게 하고, 가정에서는 배우자 및 가족 구성원과의 협력을 통해 역할 분담을 조정하는 것이 도움이 될 수 있다(Kossek et al., 2011). 특히 직장 내에서 가족친화적인 문화를 조성할 경우, 통합 전략을 활용하는 개인들의 만족도와 생산성이 더욱 높아지는 것으로 나타났다(Hammer, Pichler, et al., 2009).

최근 연구에서는 단순한 분리와 통합 전략을 넘어, 투과성, 조절, 유연성과 같은 개념을 통해 개인이 자신의 환경에 맞는 경계관리 방식을 설정할 수 있다는 점을 강조하고 있다. 투과성(permeability)은 업무와 가정의 경계가 얼마나 쉽게 허물어지는지를 의미하며, 투과성이 높은 경우 직장에서 발생한 스트레스가 가정으로 쉽게 전이될 가능성이 크다(Matthews & Barnes-Farrell, 2010). 반면, 투과성이 너무 낮으면 두 영역 간의 유연한 전환이 어려워질 수 있기 때문에, 적절한 조절이 필요하다. 이를 위해 개인이 업무시간과 가정시간을 명확히 나누되, 필요할 때 적절히 융통성을 발휘하는 전략이 효과적일 수 있다. 조절(control)은 개인이 자신의 업무와 가정 역할을 조정하는 능력을 의미하며, 조절력이 높은 개인들은 자신의 우선순위를 명확하게 설정하고 업무와 가정 간 전환을 효과적으로 수행할 가능성이 높다(Kossek et al., 2011). 이를 위해 일정한 업무 및 가정 관련 루틴을 설정하고, 조직 내에서 자신의 필요를 명확히 전달하는 것이 중요하다. 유연성(flexibility)은 예상치 못한 일정 변화나 돌발적인 업무 요구에도 얼마나 빠르게 적응할 수 있는지를 의미하며(Kreiner, Hollensbe, & Sheep, 2009), 기업이 제공하는 유연근무제, 탄력적 출퇴근제, 원격근무제도 등을 적극적으로 활용하면 효과적으로 일-가정 균형을 유지할 수 있다. 연구에 따르면, 유연한 근무환경을 제공하는 기업일수록 직원들의 일-가정 양립 만족도가 높은 것으로 나타났다(Kossek & Lautsch, 2012).

결국, 개인은 자신의 성향과 환경을 고려하여 분리 전략과 통합 전략 중 자신에게 맞는 방식을 선택하고, 기업이 제공하는 다양한 제도를 효과적으로 활용할 필요가 있다. 또한 투과성, 조절, 유연성을 적절히 활용하면 더욱 효과적인 일-가정 경계관리가 가능하다. 기업 역시 직원들이 자신의 성향에 맞게 일과 가정의 역할을 조절할 수 있도록 다양한 정책을 제공하고, 이를 실질적으로 활용할 수 있도록 조직문화를 조성할 필요가 있다.

일-가정 경계관리에 대한 설문지

다음은 크라이너, 홀런즈브와 쉽(Kreiner, Hollensbe, & Sheep, 2009), 매튜스와 반즈-패럴(2010)의 경계관리 전략에 의거한 설문 문항입니다. 가정을 갖지 않은 사람의 경우, 일-가정 경계관리에 이를 적용하여 설문에 1점(전혀 그렇지 않다)에서 5점(매우 그렇다)으로 응답해 주십시오.

- **투과성(permeability): 직장과 가정 또는 직장과 개인 생활의 경계가 쉽게 허물어지는 정도**
  - 나는 직장에서의 스트레스가 다른 삶의 영역(가정/여가/개인 생활)에 쉽게 영향을 미친다.
  - 나는 여가 시간 중에도 직장과 관련된 문제를 신경 쓰곤 한다.
  - 나는 직장에서 개인적인 문제(가족 문제, 건강 등)를 해결하는 것이 자연스럽다.
- **통합(integration): 직장과 개인 생활을 유동적으로 혼합하여 관리하는 정도**
  - 나는 여가를 즐기는 동안에도 직장과 관련된 일을 처리할 수 있다.
  - 나는 여러 역할을 동시에 수행하는 것이 어렵지 않다.
  - 나는 직장 일과 개인적인 활동(가족, 여가, 취미 등)을 유동적으로 혼합하여 관리한다.
- **조절(control): 직장과 개인 생활의 경계를 자율적으로 설정하고 관리하는 능력**
  - 나는 특정 시간에는 직장과 삶의 다른 역할(가정/여가/개인 생활)을 명확하게 구분하려고 한다.
  - 나는 필요에 따라 직장과 다른 삶의 영역의 경계를 조절할 수 있다.
  - 나는 직장 문제를 여가나 다른 삶의 활동에 끌어들이지 않으려고 노력한다.
- **유연성(flexibility): 예기치 않은 변화에 적응하고, 경계를 상황에 따라 조정하는 능력**
  - 나는 업무 시간이나 장소에 대한 유연성이 높아, 여가나 다른 활동에 대한 요구를 쉽게 조절할 수 있다.
  - 나는 직장과 삶의 다른 영역의 경계를 유동적으로 조정할 수 있는 능력이 있다.
  - 나는 직장과 다른 역할의 요구를 동시에 관리할 수 있는 유연성을 가지고 있다.

토론거리

1. 유리천장과 일-가정 양립에 대한 경험 및 인식: 주변에서 유리천장이나 일-가정 양립 문제로 어려움을 겪는 사람들을 본 적이 있나요? 혹은 드라마나 영화에서 이러한 상황을 접한 적이 있나요? 그때 어떤 점이 인상적이었고, 본인은 그런 상황에 처한다면 어떻게 대처할 것 같나요?
2. 유리천장을 마주할 때의 선택과 전략: 여러분이 미래에 직장생활을 계속하면서 유리천장과 같은 장벽에 부딪힌다면, 그 상황에서 어떻게 대응할 것 같나요? 직장 내 장벽을 극복하기 위해 개인적으로 준비할 전략이나 대안으로 생각해 볼 수 있는 경력 계획이 있나요?
3. 저출산과 일-가정 양립 문제에 대한 정책 제안: 저출산 문제와 일-가정 양립 문제는 한국 사회에서 심각하게 논의되고 있습니다. 지금까지 시행된 정부의

정책(예: 육아휴직제도, 유연근무제, 현금 지원 등)을 정리해 보고, 본인이 생각하기에 추가로 필요한 정책이나 더 나아질 수 있는 부분에 대해 제안해 봅시다. 어떤 변화가 사회에 긍정적인 영향을 줄 수 있을까요?

추천 영상 및 영화

- 영화 〈82년생 김지영〉(2019): 주인공 김지영은 일과 육아 사이에서 자신의 경력을 포기하고 살아가지만, 내면의 갈등과 사회적 고정관념에 맞서 싸우며 자신을 찾아가는 과정을 그립니다. 이 영화를 통해 일-가정 양립의 현실과 성역할 고정관념이 개인의 삶에 미치는 영향을 생각해 봅시다.
- 영화 〈인턴〉(2015): 이 영화는 현대 직장 문화 속에서 세대와 성별 간의 차이를 다루며, 일과 가정을 동시에 관리하려는 젊은 여성 CEO의 이야기를 중심으로 펼쳐집니다. 특히 주인공이 일과 가정의 균형을 맞추기 위해 고군분투하는 모습은 현대 여성들이 겪는 현실적인 고민을 반영합니다.
- EBS 다큐멘터리 〈다큐멘터리 K-인구대기획 초저출생: 조용한 혁명, 일, 가정, 시간〉(2023): 이 다큐멘터리는 저출산 문제를 심층적으로 다루며, 특히 '아빠의 돌볼 권리'를 강조하는 새로운 시각을 제시합니다. 스웨덴, 프랑스, 이스라엘 등 여러 국가의 사례를 통해 일과 가정의 균형을 맞추기 위한 정책과 사회적 변화를 소개합니다. 이를 통해 남성의 육아 참여가 사회적 변화를 이끌어 낼 수 있는 방법을 생각해 볼 수 있습니다.

추천 논문 및 도서

- 마가리타 마요(Margarita Mayo)의 『유리천장을 깨다(Breaking Through: Women Surpassing the Glass Ceiling)』: 이 책은 유리천장 현상을 극복한 다양한 여성 리더의 사례를 분석하고, 고위직에 진출하기 위한 전략과 리더십 개발 방법을 제시합니다. 특히 조직 내 성평등을 실현하기 위한 실천적 접근법을 강조하고 있어, 학습자들에게 실제적인 통찰을 제공합니다.
- 애너벨 윌리엄스(Annabelle Williams)의 『왜 여성은 더 적게 벌까?(Why Women Are Poorer Than Men and What We Can Do About It)』(2022): 이 책은 직업 세계에서의 성별 임금 격차를 다루며, 여성들이 더 나은 경력 기회를 잡기

위한 실질적인 조언을 제공합니다. 경제적 불평등의 구조적 원인과 이를 극복하기 위한 개인적 · 사회적 전략을 제시하고 있습니다.

- 제프리 H. 그린하우스와 게리 N. 파웰(Jeffrey H. Greenhaus & Gary N. Powell)의 「Work-Family Balance: A Review and Extension」(2006): 이 논문은 일과 가정의 균형을 이론적으로 체계화하고, 다양한 개인 · 조직 차원의 요인이 균형에 어떻게 영향을 미치는지를 분석합니다. 일-가정 경계관리의 중요성과 균형을 이루기 위한 실질적인 해결 방안을 제시하고 있습니다.
- 매들린 E. 하일만(Madeline E. Heilman)의 「Description and Prescription: How Gender Stereotypes Prevent Women's Ascent Up the Organizational Ladder」(2001): 이 논문은 성별 고정관념이 직장에서 여성의 승진을 방해하는 심리적 메커니즘을 분석합니다. 유리천장 형성과정을 심층적으로 이해하는 데 도움을 주며, 조직 내 성평등 실현을 위한 인식 변화의 필요성을 강조합니다.

참고문헌

고용노동부(2005). 남녀고용평등법 전부개정법률 공포(법률 제7748호). 국가법령정보센터.

강혜련, 최서연(2001). 기혼여성 직장-가정 갈등의 예측변수와 결과변수에 관한 연구. 한국심리학회지: 여성, 6(1), 23-42.

경향신문(2023. 11. 27.). 대기업 직원이 임원 될 확률 0.83%…임원 최다는 삼성전자.

국미애(2018). 경력단절여성, 왜 직장을 그만두는가. 여성학연구, 28(1), 251-282.

기획재정부(2019). 공공기관의 운영에 관한 법률 시행령 일부개정령(대통령령 제29932호). 국가법령정보센터.

김소영(2017). 조직 내 여성의 리더십 발휘에 영향을 미치는 성 고정관념과 이중잣대. 한국사회학회지, 51(2), 45-69.

뉴시스(2022. 11. 7.). 대기업 '신입사원 → 임원' 승진 확률 0.83%…삼성전자는?.

대한민국 정책브리핑(2023). 여성의 사회적 인식과 역할 변화. 대한민국 정책브리핑. Retrieved from https://www.korea.kr/news/policyNewsView.do?newsId=148898765

매일경제(2024. 8. 19.). 아빠 육아휴직 간다니 "1년 쉬겠다고?"…국내기업 인식 여전히 참담해.

서울대학교 아시아연구소(2023). 아시아의 성평등…한국은 어디까지 왔나? 아시아브리프, 4(23). https://snuac.snu.ac.kr/?p=46279

서울신문(2018. 4. 29.). 여성 공무원 10명 중 8명 "유리천장이 승진 막아".

송봉기(2016). 남자간호사의 역할갈등과 직무만족도, 이직의도에 관한 연구. 이화여자대학교 임상보건과학대학원 석사학위논문.

손원호, 양재영(2023). 국내 여성 스포츠지도자들의 직업적 사회화와 유리천장 인식. GRI 연구논총, 25(1), 107-128.

신수영, 박지성, 오지호(2020). 여성관리자의 조직몰입을 높이기 위한 기업의 내부요인 탐색. 한국콘텐츠학회논문지, 20(9), 296-307.

엄혜경, 성상현(2017). 일-가정 갈등 그리고 가정-일 갈등이 기혼여성관리자의 주관적 경력성공에 미치는 영향: 일-가정 양립 제도의 조절효과를 중심으로. 여성연구, 93(2), 35-70.

연합뉴스(2023. 11. 23.). "국내 100대기업 여성임원 작년보다 36명 증가…6%대 첫 진입".

오지현(2017). 여성 고위직 진출 촉진 및 장애요인 분석 연구: 은행권 여성임원 사례를 중심으로. 기업교육과 인재연구, 19(3), 87-127.

우양호(2014). 우리나라 공직사회의 양성평등 문제에 대한 새로운 접근: 양가적 성차별 이론의 규명. 행정논총, 52(1), 271-301.

이영철(2021). 가족친화적 조직문화가 조직몰입과 직장만족 및 이직의도에 미치는 영향: 가정생활 만족의 매개효과를 중심으로. 한국콘텐츠학회논문지, 21(3), 285-295.

이정아(2021). 한국 사회의 유리천장 현상과 성별 임금 격차의 원인 분석. 한국사회복지연구, 30(1), 22-38.

인사혁신처(2024). 2024 공공부문 통합인사 연차 보고서.

장인수(2020). 일-가정 양립 지원 제도의 효과성과 한계. 여성정책연구, 25(3), 75-102.

정선영, 손승연, 이지영(2024). 유리천장 깨뜨리기: 여군 리더를 통해 살펴본 개인적 전략의 현상학적 분석. 아시아여성연구, 63(2), 179-209.

조선일보(2020. 9. 6.). 양성평등 시대라지만, 여성직장인 64% “여전히 유리천장 존재”.

조성은, 이영철, 강혜련(2006). 여성 경력단절의 심리적 요인과 대처 방안. 심리학연구, 15(4), 521-539.

조혜원, 함인희(2016). 기업 관리직의 젠더 격차와 “유리천장” 분석. 한국사회정책, 23(1), 49-81.

주재선(2015). 2015년 여성의 사회적 지위향상 점검. ISSUE PAPER, 2015(2), 1-12.

채연주, 윤세준(2012). 통합과 분리: 경계활동으로 살펴본 일과 삶의 균형. 인사조직연구, 20(2), 147-174.

통계청(n.d.). 고용률. 국가통계포털 지표누리. Retrieved from https://www.index.go.kr/unity/potal/indicator/IndexInfo.do?cdNo=210&clasCd=2&idxCd=4212&upCd=3

통계청(2020). 2019년 생활시간조사 결과. https://kostat.go.kr/board.es?mid=a10301010000&bid=11748&act=view&list_no=366014

통계청(2023). 고용률: 15세 이상 인구의 경제활동참가 비율. 국가통계포털 지표누리. https://www.index.go.kr/potal/main/EachDtlPageDetail.do?idx_cd=4212

한경닷컴(2022. 4. 19.). “성평등 인식 개선됐지만…가사 · 돌봄 여전히 ‘여성 몫’”.

한국여성정책연구원(2015). 성평등 정책 현황과 개선 방안. 한국여성정책연구원.

허수연, 김한성(2019). 맞벌이 부부의 가사노동 시간과 분담에 관한 연구. 한국가족복지학, 64, 5-29.

Adams, R. B., & Ferreira, D. (2009). Women in the boardroom and their impact on governance and performance. *Journal of Financial Economics*, *94*(2), 291-309.

Allard, K., Haas, L., & Hwang, C. P. (2007). Exploring the paradox: Experiences of flexible working arrangements and work-family conflict among managerial fathers in Sweden. *Community, Work & Family*, *10*(4), 475-493.

Allen, T. D., Herst, D. E. L., Bruck, C. S., & Sutton, M. (2000). Consequences associated with work-to-family conflict: A review and agenda for future research. *Journal of Occupational Health Psychology*, *5*(2), 278-308.

Andersson, J. (2015). The effectiveness of gender equality monitoring programs in Sweden: A case study of corporate compliance and performance. *Scandinavian Journal of Management, 31*(3), 330–345.

Argyris, C. (1990). *Overcoming organizational defenses: Facilitating organizational learning*. Allyn and Bacon. https://www.worldcat.org/title/overcoming-organizational-defenses-facilitating-organizational-learning/oclc/20490696

Babcock, L. (2019). Gender quotas and the crisis of the mediocre man: Theory and evidence from Sweden and France. *American Economic Review, 109*(4), 120–124.

Barnett, R. C., & Hyde, J. S. (2001). Women, men, work, and family. *American Psychologist*, *56*(10), 781–796.

Bishu, S. G., & Alkadry, M. G. (2017). A systematic review of the gender pay gap and factors that predict it. *Administration & Society, 49*(1), 65–104.

Catalyst. (2007). *The double-bind dilemma for women in leadership: Damned if you do, doomed if you don't*. Catalyst.

Chosun Biz(2016. 10. 24.). [이코노미조선] 한경희 대표 "여성 이사 비율 높을수록 기업 재무성과 좋아".

Chou, Y. (2017). Unveiling office design evolution: Google's trend-setting office design transformations. *Medium*. Retrieved from https://medium.com/@thefuturedesign/unveiling-office-design-evolution-googles-trend-setting-office-design-transformations-a4dfbe93f69

Desrochers, S., & Sargent, L. D. (2004). Boundary/border theory and work-family integration. *Organization Management Journal*, *1*(1), 40–48.

Dobbin, F., & Kalev, A. (2022). Are diversity programs merely ceremonial? Evidence from Google's diversity strategy. *Administrative Science Quarterly, 67*(2), 257–290.

Duvander, A. Z., & Johansson, M. (2019). Parental leave use for different fathers: A study of the impact of three Swedish parental leave reforms. *International Journal of Social Welfare, 28*(4), 360–372.

Eagly, A. H., & Carli, L. L. (2007). *Through the labyrinth: The truth about how women become leaders*. Harvard Business School Press.

Eagly, A. H., & Karau, S. J. (2002). Role congruity theory of prejudice toward female leaders. *Psychological Review*, *109*(3), 573−598.

Eby, L. T., Casper, W. J., Lockwood, A., Bordeaux, C., & Brinley, A. (2005). Work and family research in IO/OB: Content analysis and review of the literature (1980−2002). *Journal of Vocational Behavior, 66*(1), 124−197.

Ely, R. J. (1994). The effects of organizational demographics and social identity on relationships among professional women. *Administrative Science Quarterly, 39*(2), 203−238. https://doi.org/10.2307/2393234

Ely, R. J., Ibarra, H., & Kolb, D. M. (2011). Taking gender into account: Theory and design for women's leadership development programs. *Academy of Management Learning & Education*, *10*(3), 474−493.

Ely, R. J., & Thomas, D. A. (2001). Cultural diversity at work: The effects of diversity perspectives on work group processes and outcomes. *Administrative Science Quarterly, 46*(2), 229−273. https://doi.org/10.2307/2667087

Frone, M. R., Russell, M., & Cooper, M. L. (1992). Antecedents and outcomes of work−family conflict: Testing a model of the work−family interface. *Journal of Applied Psychology*, *77*(1), 65−78.

Gates, M. (2020). *The moment of lift: How empowering women changes the world*. Flatiron Books.

Golden, T. D., Veiga, J. F., & Dino, R. N. (2008). The impact of professional isolation on teleworker job performance and turnover intentions. *Journal of Applied Psychology, 93*(6), 1412−1421.

Goldscheider, F., Bernhardt, E., & Lappegård, T. (2015). The gender revolution: A framework for understanding changing family and demographic behavior. *Population and Development Review, 41*(2), 207−239.

Google. (2023). *Google's diversity annual report*. https://about.google/belonging

Greenhaus, J. H., & Beutell, N. J. (1985). Sources of conflict between work and family roles. *Academy of Management Review*, *10*(1), 76−88.

Greenhaus, J. H., & Powell, G. N. (2006a). When work and family are allies: A theory of work–family enrichment. *Academy of Management Review*, *31*(1), 72–92.

Greenhaus, J. H., & Powell, G. N. (2006b). Work–family balance: A review and extension. *Journal of Management, 32*(6), 1103–1127. https://doi.org/10.1177/0149206306294430

Grosvold, J., Brammer, S., & Rayton, B. (2011). Board diversity in the United Kingdom and Norway: An exploratory analysis. *Business Ethics: A European Review, 20*(1), 73–89.

Haas, L., & Hwang, P. (2019). Policy is not enough–the influence of the gendered workplace on fathers'use of parental leave in Sweden. *Community, Work & Family, 22*(1), 58–76.

Hammer, L. B., Kossek, E. E., Yragui, N. L., Bodner, T. E., & Hanson, G. C. (2009). Development and validation of a multidimensional measure of family supportive supervisor behaviors (FSSB). *Journal of Management, 35*(4), 837–856.

Hastings, R. (2020). *No rules rules: Netflix and the culture of reinvention*. Penguin Press. https://www.penguinrandomhouse.com/books/634353/no-rules-rules-by-reed-hastings-and-erin-meyer

Heilman, M. E. (2001). Description and prescription: How gender stereotypes prevent women's ascent up the organizational ladder. *Journal of Social Issues, 57*(4), 657–674. https://doi.org/10.1111/0022-4537.00234

HRCO Opinion. (2023). 2023년 대학 진학률 및 9급 공무원 취업 현황. Retrieved from https://hrcopinion.co.kr/archives/28187

Hymowitz, C., & Schellhardt, T. D. (1986, March 24). *The glass ceiling: Why women can't seem to break the invisible barrier that blocks them from the top jobs*. The Wall Street Journal, 1D.

Ibarra, H., Carter, N. M., & Silva, C. (2010). Why men still get more promotions than women. *Harvard Business Review*, *88*(9), 80–85.

Joecks, J., Pull, K., & Vetter, K. (2012). Women on boards and firm performance: What exactly constitutes a "critical mass"? *School of Business & Economics*, Tuebingen University.

Johnson, L. (2019). *Women at the top: Strategies for success in the workplace*. HarperCollins.

Joshi, A., & Roh, H. (2009). The role of context in work team diversity research: A meta-analytic review. *Academy of Management Journal*, *52*(3), 599-627.

Kanter, R. M. (1977). *Men and women of the corporation*. Basic Books.

Kossek, E. E., & Distelberg, B. (2009). Work-family flexibility and the employment relationship. *Industrial and Organizational Psychology, 2*(4), 416-439. https://doi.org/10.1111/j.1754-9434.2009.01160.x

Kossek, E. E., Hammer, L. B., Kelly, E. L., & Moen, P. (2014). Designing work, family & health organizational change initiatives. *Organizational Dynamics, 43*(1), 53-63. https://doi.org/10.1016/j.orgdyn.2013.10.007

Kossek, E. E., & Lautsch, B. A. (2012). Work-family boundary management styles in organizations: A cross-level model. *Organizational Psychology Review*, *2*(2), 152-171.

Kossek, E. E., Pichler, S., Bodner, T., & Hammer, L. B. (2011). Workplace social support and work-family conflict: A meta-analysis clarifying the influence of general and work-family-specific supervisor and organizational support. *Personnel Psychology*, *64*(2), 289-313.

Kreiner, G. E., Hollensbe, E. C., & Sheep, M. L. (2009). Balancing borders and bridges: Negotiating the work-home interface via boundary work tactics. *Academy of Management Journal*, *52*(4), 704-730.

Matthews, R. A., & Barnes-Farrell, J. L. (2010). Development and initial evaluation of an enhanced measure of boundary flexibility for the work and family domains. *Journal of Occupational Health Psychology*, *15*(3), 330-346.

Mayo, M. (2018). *Breaking through: Women surpassing the glass ceiling*. Palgrave Macmillan.

Miller, L. (2019). Gender pay gap transparency in the UK: Evaluating corporate compliance and outcomes. *Journal of Business Ethics, 162*(4), 853–875.

Newport, C. (2016). *Deep work: Rules for focused success in a distracted world*. Grand Central Publishing.

Nippert–Eng, C. E. (1996). *Home and work: Negotiating boundaries through everyday life*. University of Chicago Press.

Nishii, L. H. (2013). The benefits of climate for inclusion for gender–diverse groups. *Academy of Management Journal, 56*(6), 1754–1774. https://doi.org/10.5465/amj.2009.0823

OECD. (2023). *Gender equality in the labor market: Policies and progress in OECD countries*. OECD Publishing.

Pfau–Effinger, B. (2012). Women's employment in the institutional and cultural context. *International Journal of Sociology and Social Policy, 32*(9/10), 530–543.

Powell, G. N. (1993). *Women and men in management* (2nd ed.). Sage Publications.

Sandberg, S. (2013). *Lean in: Women, work, and the will to lead*. Knopf.

Schein, E. H. (1985). *Organizational culture and leadership*. Jossey–Bass.

Schneider, B. (1987). The people make the place. *Personnel Psychology*, *40*(3), 437–453.

Sealy, R., & Singh, V. (2010). The importance of role models and demographic context for senior women's work identity development. *International Journal of Management Reviews, 12*(3), 284–300.

Shockley, K. M., & Allen, T. D. (2012). Motives for flexible work arrangement use. *Journal of Occupational Health Psychology, 17*(4), 408–421.

Sonnentag, S., & Fritz, C. (2015). Recovery from job stress: The stressor–detachment model as an integrative framework. *Journal of Organizational Behavior, 36*(S1), S72–S103.

Teigen, M. (2012). Gender quotas for corporate boards in Norway: Innovative gender equality policy. In F. Engelstad & M. Teigen (Eds.), *Firms, boards and gender quotas: Comparative perspectives* (pp. 29–57). Emerald Group Publishing Limited.

Thomas, D. A., Plaut, V. C., & Scott, M. A. (2023). *Diversity as strategy*. McKinsey & Company. Retrieved from https://www.mckinsey.com/featured-insights/diversity-and-inclusion/diversity-as-strategy

van Vianen, A. E., & Fisher, A. H. (2002). Illusory correlation and gender stereotyping: A case study. *Social Psychology Quarterly*, *65*(3), 400-415.

Wayne, J. H., Grzywacz, J. G., Carlson, D. S., & Kacmar, K. M. (2007). Work-family facilitation: A theoretical explanation and model of primary antecedents and consequences. *Human Resource Management Review, 17*(1), 63-76.

Williams, J. C., Blair-Loy, M., & Berdahl, J. L. (2013). Cultural schemas, social class, and the flexibility stigma. *Journal of Social Issues, 69*(2), 209-234. https://doi.org/10.1111/josi.12012

Williams, J. C., & Dempsey, R. (2014). *What works for women at work: Four patterns working women need to know*. NYU Press.

Wittenberg-Cox, A., & Maitland, A. (2008). *Why women mean business: Understanding the emergence of our next economic revolution*. Jossey-Bass.

World Bank. (n.d.). *Labor force participation rate, female (% of female population ages 15+) (modeled ILO estimate)-Korea, Rep*. The World Bank. Retrieved from https://data.worldbank.org/indicator/SL.TLF.CACT.FE.ZS?locations=KR

제6부

여성과 정신건강

제9장

여성과 심리장애

신나영

경기대학교
범죄교정심리학과 조교수

여성은 생물학적 요인, 사회적 요인, 문화적 요인 등으로 인해 특정 심리장애에 보다 취약할 수 있다. 우울장애, 불안장애, 섭식장애 등 일부 심리장애는 남성보다 여성에게 더 많이 발생한다. 월경, 임신, 출산, 폐경 등 여성으로서 경험하는 생물학적 변화, 여성에 대한 사회적 기대, 성역할 등 다양한 요인이 복합적으로 작용하여 심리장애의 발생과 증상에 영향을 미칠 수 있다. 여성으로서 경험하는 차별과 폭력, 경제적 불평등 또한 여성의 심리적 안녕에 부정적인 영향을 미칠 수 있다. 여성의 심리장애를 이해하는 것은 효과적인 치료뿐 아니라 성평등을 촉진하는 계기가 될 것이다. 이번 장에서는 여성에게 보다 빈번히 발생하거나 남성과 차이를 보이는 심리장애를 중심으로 증상의 특성과 원인, 관련 이슈 등을 살펴보고자 한다.

이 장의 차례는 다음과 같다.

지난 수십 년간 여성이 남성에 비해 보다 신경증적이고 심리장애에 취약하다는 고정관념이 존재해 왔다. 그러나 여성의 유병률이 남성에 비해 높은 심리장애는 제한적이다. 우울장애나 섭식장애 등 일부 심리장애는 여성의 유병률이 높은 반면, 신경발달장애나 조현병 등 다른 심리장애는 남성의 유병률이 높다. 여성은 사춘기의 시작과 함께 월경, 임신, 출산, 폐경 등을 경험하면서 여성 호르몬의 급격한 변화를 경험하게 된다. 호르몬의 변화는 정서 상태와 관련된 신경전달물질 체계에 영향을 주어 불안이나 우울과 같은 부정적인 정서를 유발하거나 악화시킬 수 있다. 외모와 체형에 대한 문화적 압력은 신체에 대한 불만족과 섭식 문제로 이어질 수 있다. 여성에게 보다 빈번히 발생하는 성적 학대와 가정폭력, 데이트 폭력은 심리장애에 대한 위험을 높인다.

1. 심리장애와 성차

심리장애는 현저한 고통과 기능의 손상 및 부적응을 야기하는 심리적 상태를 일컫는다. 심리장애의 진단은 미국과 우리나라에서 주로 사용하는 『정신질환 진단 및 통계 편람(Diagnostic and Statistical Manual of Mental Disorders, DSM)』이나 세계보건기구의 『국제질병분류(International

Classification of Diseases, ICD)』에 기초해 내려진다. 불안장애, 우울장애, 양극성장애, 성격장애 등 심리장애의 범주는 다양하며 원인과 치료방법 또한 다양하다. 심리장애가 발생하는 주요 원인으로는 유전, 기질, 뇌영역 기능 이상 등 생물학적 요인, 불안정 애착, 학대, 방임 등 환경적 요인, 사회적 불평등과 사회적 지지 부족 등 사회문화적 요인 등이 알려져 있다. 그러나 특정 요인만으로 심리장애의 발생을 설명할 수 없으며, 다양한 요인이 상호작용하여 증상이 발생한다고 보는 것이 타당하다.

우리나라에서 심리장애 진단을 위해 사용되는 DSM-5는 '성별과 관련된 진단적 쟁점' 섹션을 마련해 연구들에서 밝혀진 심리장애에서의 성차에 대해 기술하고 있다. 〈표 9-1〉에서 볼 수 있듯이 심리장애 중 여성의 유병률이 남성보다 높은 장애는 주요우울장애, 제2형 양극성장애, 분리불안장애, 범불안장애, 외상후 스트레스 장애, 급성 스트레스 장애, 전환장애, 신경성 폭식증, 불면장애, 경계선 성격장애 등이다. 반면, 지적장애, 자폐스펙트럼장애, 주의력결핍 과잉행동장애, 조현병, 자기애적 성격장애, 강박적 성격장애, 성도착장애 등은 남성의 유병률이 여성보다 높다. 성도착장애는 여성의 유병률이 가장 낮은 심리장애로, 특히 자신의 성기를 타인에게 노출함으로써 쾌감을 느끼는 노출장애나 이성의 물품에서 쾌감을 느끼는 물품음란장애는 여성에서 극히 드물게 나타난다. 이 장에서는 성별에 따라 차이를 보이는 심리장애를 중심으로 주요 증상과 치료방법을 개관하고 여성에게서 나타나는 특성을 살펴보고자 한다.

표 9-1 DSM-5의 성별과 관련된 진단적 쟁점에 기술된 장애별 여성의 특성

심리장애	유병률 높은 성별	여성의 주요 특성
지적장애	남성	• 뇌손상에 대한 낮은 취약성이 남성보다 낮은 유병률에 기여함

자폐스펙트럼장애	남성	• 지적장애가 동반되기 쉬우며, 지적 손상이나 언어 지연이 없는 여성은 과소 진단될 가능성 있음
주의력결핍 과잉행동장애	남성	• 부주의 증상이 남성보다 많음
틱장애	남성	• 지속성 틱장애가 있는 여성은 불안과 우울을 경험할 가능성이 높음
조현병	남성	• 발병 연령이 남성보다 늦음 • 정동 증상과 정신병적 증상은 더 많고 음성증상과 와해는 더 적게 나타남 • 사회적 기능이 보다 잘 유지됨
제1형 양극성장애	유사	• 급성 순환성과 혼재성 양상이 더 많이 나타남 • 우울증이 더 많이 나타나고, 섭식장애와 알코올사용장애 공존률이 더 높음
제2형 양극성장애	여성	• 혼재성 우울증이 있는 경조증과 급속 순환성이 더 많음 • 출산은 경조증의 위험 요인이며 대개 출산 초기에 발생함 • 산후 경조증은 산후에 '고양감'을 경험한 여성의 약 50%에서 나타나는 우울증의 전조증상일 수 있음
주요우울장애	여성	• 자살시도 가능성은 더 높지만 자살 성공률은 더 낮음
분리불안장애	여성	• 여아들이 학교 가는 것을 더 싫어하거나 회피함
사회불안장애	–	• 우울장애, 양극성장애, 불안장애가 공존하는 경우가 많음
공황장애	여성	• 공황발작이 더 많이 나타남
범불안장애	여성	• 다른 불안장애와 단극성 우울장애가 동반되는 비율은 더 높고 물질사용장애가 동반되는 비율은 더 낮음

강박장애	–	• 발병 연령이 더 늦음 • 청결 증상을 더 많이 보이고 금기시된 생각이나 균형 맞추기 증상은 덜 보임 • 분만기에 강박사고로 인해 양육을 회피하는 것과 같은 모자 관계에 해로운 증상이 나타날 수 있음
외상후 스트레스 장애	여성	• 증상을 더 오랜 기간 경험함 • 강간이나 대인관계적 폭력과 관련된 외상 사건의 경험이 위험 요인 중 하나임
급성 스트레스 장애	여성	• 여성의 생물학적 특성이 위험 요인 중 하나임 • 강간이나 대인관계적 폭력과 관련된 외상 사건의 경험이 위험 요인 중 하나임
신경성 폭식증	여성	• 남성은 소수만이 치료를 받고 연구가 많지 않음
품행장애	남성	• 여성이 거짓말, 무단결석, 가출, 물질사용, 성매매와 같은 문제를 더 보이는 데 반해, 남성은 싸움, 도둑질, 공공기물 파손, 학교 규율 문제를 더 많이 보임 • 신체적 공격성보다 관계적 공격성을 더 많이 보임
알코올사용장애	남성	• 같은 음주량일지라도 여성의 혈중 알코올 농도가 더 높을 수 있으며, 간 질환 등 신체적 건강에 보다 부정적인 영향을 미칠 수 있음
도박장애	유사	• 슬롯머신이나 빙고 도박이 더 흔하고, 카드나 스포츠 경마 도박은 덜 흔함
알츠하이머성 경도 신경인지장애	–	• 연령이 더 높고 의학적 상태가 더 많으며, 독거할 가능성이 더 높음
반사회성 성격장애	남성	• 여성에서 과소 진단된다는 우려가 있음
경계성 성격장애	여성	• 여성이 압도적으로 많음

2. 주요우울장애

1) 주요 증상과 치료

주요우울장애(Major Depressive Disorder, MDD)는 우울한 기분, 흥미나 관심의 저하, 수면의 변화, 체중의 변화, 정신운동성 초조나 지체, 활력 상실, 피로, 무가치감, 죄책감, 집중력 감소, 우유부단함, 자살 사고 등의 증상이 2주 이상 나타나면 진단한다(APA, 2013). 2006년에 18~64세의 우리나라 국민을 대상으로 한 전국정신질환 역학조사에서 주요우울장애의 평생 유병율은 5.6%이었다(조맹제 외, 2009). 증상이 심각할 경우 망상이나 환청과 같은 정신증(psychosis)이 동반되기도 한다. 자살에 대한 생각이 계속 떠오를 수 있으며 자살 시도 가능성과 자살 위험률이 높다. 만성화되는 경우가 많으며 재발도 흔하다. 위험 요인으로는 초기 성인기, 여성, 낮은 사회경세적 지위, 별거와 이혼 등이 있다.

약물치료제인 항우울제(antidepressants)는 세로토닌의 작용을 촉진하는 선택적 세로토닌 재흡수 억제제(Selective Serotonin Reuptake Inhibitors, SSRIs), 세로토닌과 노르에피네프린 수준을 증가시키는 세로토닌-노르에피네프린 재흡수 억제제(Serotonin-Norepinephrin Reuptake Inhibitors, SNRIs), 삼환계 항우울제(Tricyclic Antidepressants, TCAs) 등이 주로 사용된다. 심리치료로는 일상생활에서 긍정적인 활동을 촉진함으로써 우울 증상을 완화시키는 행동 활성화(behavioral activation) 치료, 우울증을 유발하는 왜곡된 사고의 변화에 초점을 두는 인지행동치료(cognitive behavior therapy), 대인관계에서의 문제해결과 변화를 도모하는 대인관계치료(Interpersonal Psychotherpy, IPT) 등이 활용되고 있다.

2) 주요우울장애와 여성

여성의 유병률이 남성에 비해 약 1.5~3배 정도 높다고 알려져 있다. 반면, 증상이나 재발률, 치료반응 등에 있어서 남녀 간 차이는 분명하지 않다(APA, 2013). 여성의 유병률이 높은 원인에는 생물학적 요인, 사회적 요인, 심리적 요인 등이 관련된다(Accortt, Freeman, & Allen, 2008).

월경, 출산, 폐경에 따른 여성 호르몬의 변화는 우울한 기분을 초래할 수 있다. 호르몬 변화가 크지 않은 사춘기 이전과 호르몬 변화가 거의 종료되는 노년기에는 남녀 간 유병률에 큰 차이가 없는데, 이는 호르몬 변화가 장애의 유병률에 기여함을 시사한다(Sprock & Yoder, 1997). 첫 출산을 한 여성 중 80%가 출산 후에 기분의 변화를 경험하며(Friedman, 2009), 약 13%의 출산 여성이 한 달 이내에 산후우울증(postpartum depression)을 경험한다(O'Hara & Swain, 1996). 산후우울증을 겪는 여성들은 대개 크게 심각하지 않고 장기간 지속되지 않는 주요우울장애 증상들(예: 식욕부진, 수면 부족, 낮은 자존감, 주의집중의 어려움 등)을 경험한다. 그러나 일부 여성들은 자살을 시도할 정도의 심각한 증상을 경험하기도 한다. 유전적 요인과 출산에 따른 스트레스 등이 산후우울증에 영향을 미치는 것으로 알려져 있으며, 여성 호르몬인 에스트로겐의 급격한 변화 또한 증상의 발현에 영향을 미칠 수 있다(Hendrick, Altshuler, & Suri, 1998). 여성에게만 진단되는 우울장애인 월경전 불쾌 장애(premenstrual dysphoric disorder)는 여성 호르몬의 변화가 우울증과 관련될 수 있음을 보여 준다. 이 장애는 월경 시작 일주일 전부터 우울한 기분, 흥미저하, 주의집중의 어려움, 식욕 및 수면의 변화 등과 같은 불쾌한 심리상태가 나타나다가 월경의 시작과 함께 수일에 걸쳐 증상이 서서히 완화되는 특징을 보인다. 장애의 진단기준을 충족하는 여성은 2~9%에 불과하지만, 여성의 85%는 진단기준에 포함된 증상들 중 최소 1개의 증상을 경험한다(Clayton, 2008). 월경전 불쾌감 장애의 원인은 아직 명확히 밝혀지지 않았으나, 월경주기에 따른 여성 호르몬의 주기적 변화가 기분과 관련된 신경전달물질인 세로토닌이나 도파민 등에 작용한 것이 영향을 미칠 수 있다(Halbreich, 2003).

여성으로서 삶에서 경험하게 되는 스트레스 또한 주요우울장애의 위험요인이다. 아동기에 겪은 성적 학대(sexual abuse)는 우울증을 포함해 불안장애나 섭식장애, 외상후 스트레스 장애 등 여러 심리장애에 대한 취약성을 높인다(Chen et al., 2010). 친밀한 파트너 폭력(Intimate Partner Violence, IPV)에 노출된 여성은 주요우울장애 발생 위험이 2~3배 높고 산후우울증 위험도 1.5~2배 높다(Beydoun et al., 2012).

기혼 여성에게 배우자와의 갈등은 우울증 발생 위험을 높인다. 남성의 경우 이혼이나 별거가 우울장애 위험 요인인 반면, 여성은 부부갈등 자체가 위험 요인으로 작용할 가능성이 높다. 특히 주부의 역할을 수행하는 여성이 배우자의 지지를 상실하는 것은 큰 심리적 고통을 야기할 수 있다(Bebbington, 1998). 맞벌이 여성의 경우에는 부부갈등 자체보다 전통적인 여성의 역할에 대한 압력으로 인해 성역할에 대한 부담이 증가될 때 우울해질 수 있다(Piccinelli & Wilkinson, 2000).

여성에게 대인관계 갈등은 우울증을 유발하는 보다 강력한 요인으로 작용한다. 사회적으로 여성은 타인에게 순응하고 배려하는 역할을 수행하도록 장려된다. 이로 인해 여성은 친밀한 관계에 대해 보다 큰 가치를 두는 것을 학습하게 되고, 대인관계 갈등 상황에서 더 큰 심리적 고통을 경험할 수 있다(Fincham et al., 1997). 따라서 배우자, 친구 등 주변 사람들의 사회적 지지(social support)는 여성의 우울증 예방과 치료 모두에 있어 중요하다.

3. 양극성장애

1) 주요 증상과 치료

양극성장애는 수일에서 수 주 동안 지속되는 조증이나 경조증 상태가 우울증 상태와 동반되어 나타나는 심리장애이다. 과민한 기분, 과장된 자신감, 수면 욕구 감소, 정신운동 항진, 주의산만, 목표 지향적 활동 증가, 쾌락적 활동에의 몰두 등과 같은 증상이 일정 기간 발현되면 조증이나 경조증 삽화로 진단한다. 조증 상태에서는 정신병적 증상(psychosis)이 동반될 수 있고 기능 손상이 현저한 반면, 경조증 상태에서는 정신병적 증상이 없고 기능 손상이 뚜렷하지 않다. 조증 삽화가 동반되면 제1형 양극성장애(Bipolar I)로 진단하고, 조증 삽화 없이 경조증 삽화만 동반되면 제2형 양극성장애(Bipolar II)로 진단한다. 조증 삽화나 경조증 삽화, 주요우울삽화 진단기준을 충족하지 않으면서 고양된 기분 상태와 우울한 기분 상태가 순환하면서 2년 이상 지속되면 순환성장애(cyclothymia disorder)로 진단한다.

제1형 양극성장애의 1년 유병률은 최대 0.6%이며, 제2형 양극성장애는 0.3%이다(APA, 2013). 순환성장애 유형이 가장 흔하며 평생 유병률이 0.4~1%이다(APA, 2013). 모든 연령에서 나타날 수 있으나, 청소년기 초기부터 성인기 초기에 시작되는 경우가 가장 많다(APA, 2013). 대개 조증이나 경조증 상태보다 우울증 상태로 시작되는 경향이 있어서 주요우울장애 등 다른 심리장애로 잘못 진단될 때가 많다. 제1형과 제2형 양극성장애의 평생 자살률은 32~36%로 일반 인구보다 10배 이상이 높다(APA, 2013). 조증이나 경조증 상태보다 우울증 상태에서 자살할 위험이 훨씬 높으며 술과 같은 물질을 남용하면 자살 위험이 높다. 개인마다 경과가 다르지만 재발이 빈번하며 만성화되는 장애이다.

다양한 요인이 양극성장애에 영향을 미친다. 유전의 영향이 강력한 장애로 알려져 있는데 같은 기분장애에 속하는 주요우울장애보다 유전의 영향력이 크다(Belmaker & Agam, 2008). 신경전달물질로는 세로토닌, 노르에피네프린, 도파민이 영향을 미치는 것으로 보고되었다. 이 외에도 다양한 생물학적 요인이 증상의 발생과 관련된다는 연구들이 존재한다(Grande et al., 2016). 어떤 생물학적 요인이 장애를 일으키는지 명확히 밝혀지지 않았으나, 생물학적 요인이 장애의 발생에 중요한 영향을 미치는 것은 분명한 것 같다. 그러나 생물학적 요인만으로는 장애의 원인을 설명할 수 없으며, 발병 직전에 사별, 대인관계 문제, 실직, 이혼 등과 같은 생활 스트레스가 선행되는 경우가 많다(Hosang et al., 2012). 신체적 학대나 성학대 등 아동기 외상(trauma) 경험은 대다수 심리장애에서 위험 요인으로 작용하는데, 양극성장애 환자의 경우에도 약 절반이 아동기에 외상을 경험한 것으로 나타났다(Garno et al., 2005).

생물학적 요인이 강력하게 작용하는 만큼, 양극성장애에서 가장 우선되는 치료는 약물치료이다. 주요 약물치료제에는 기분조절제(mood stabilizer), 비전형 항정신병약물(atypical antipsychotic), 항경련제(anticonvulsants) 등이 있다. 기분조절제인 리튬(lithium)은 이 장애에 일차적으로 사용되는 약물이다. 급성으로 조증 상태가 나타났을 때는 대개 리튬과 비전형 항정신병약물을 처방한다. 리튬은 급성 주요우울삽화 상태에서도 처방되는데, 항우울제에 비해 양극성장애 환자의 자살을 예방하는 데 보다 효과적인 것으로 알려져 있다. 항우울제는 양극성장애 환자가 복용했을 때 조증이 유발될 위험이 있어 신중하게 처방되어야 한다. 심리치료는 단독치료보다 약물치료와 병행될 때가 많다. 대표적인 심리치료적 접근으로는 장애에 대한 이해와 대처를 위한 심리교육(psychoeducation), 사고의 변화를 통해 기분과 행동의 변화를 꾀하는 인지행동치료(cognitive-behavioral therapy), 대인관계 문제해결 능력을 향상시키는 대인관계 및 사회리듬치료(Interpersonal and Social Rhythm Therapy, IPSRT) 등이 적용되어 왔다.

2) 양극성장애와 여성

제1형 양극성장애는 유병률에 있어 남녀 간에 큰 차이가 없지만 제2형 양극성장애는 여성에게 더 많이 발생한다(APA, 2013). 남녀 모두에서 우울증 상태가 조증이나 경조증 상태보다 많이 나타나지만, 여성이 우울증 상태를 보다 많이 경험한다(APA, 2013). 여성은 조증 상태가 우울증 상태보다 뒤늦게 나타나는 경우가 많아 양극성장애가 아닌 주요우울장애로 잘못 진단되기도 한다. 주요우울장애로 오진단 받아 항우울제를 처방받게 되면 약물로 인해 조증이나 경조증이 유발될 위험이 있다(Leibenluft, 1996). 여성들은 남성보다 계절의 영향을 더 받는데, 가을과 겨울보다 봄과 여름에 증상을 경험할 가능성이 높다. 아울러 남성에 비해 알코올사용장애와 섭식장애와 같은 심리장애를 함께 지닐 가능성이 높다. 다른 심리장애와 비슷하게 여성 환자들은 남성보다 자살을 시도할 가능성이 높고, 자살에 성공할 가능성은 남성보다 높거나 비슷하다(Akiskal & Tohen, 2005).

여성 호르몬의 급격한 변동이 증상에 영향을 미칠 수 있다. 월경 전후에 기분 상태가 악화될 수 있으며 임신 말기나 출산 후 수 주 이내에 증상이 발생하기도 한다(Sharma et al., 2008). 출산 후 수유로 인해 안정적인 수면을 취하기 어려운 점과 육아의 어려움은 출산 후 재발의 위험을 높일 수 있다.

양극성장애 환자가 임신 초기에 리튬을 복용하면 기형아를 출산할 위험이 높아지기 때문에 임신 가능성이 있는 여성에게는 치료에 대한 세심한 접근이 필요하다. 먼저 환자에게 임신으로 인한 위험 및 이점에 대한 정보가 제공되어야 하며, 출산 계획을 고려해 치료 계획을 세워야 한다(Parial, 2015). 치료 계획을 논의할 때 배우자가 참여하는 것이 도움이 될 수 있다. 그러나 절반 정도의 여성 환자들은 사전 계획 없이 임신하는데, 임신으로 인해 약물치료를 중단하면 출산 후에 증상이 재발될 위험이 높기 때문에 임신 중에도 태아에게 가장 안전한 방식으로 치료를 유지하는 것이 중요하다. 약물치료 외에도 스트레스를 관리할 수 있도록 개입하는 것이 도움이 될 수 있으며, 출산 후에는 적절한 수면을 유지하여 일주기 리듬이 안정화될 수 있도록 돕는 것이 필요하다.

4. 불안장애

불안장애는 통제할 수 없는 과도한 불안으로 인해 사회적 기능, 직업 기능, 개인적 기능이 심각하게 손상되는 심리장애이다. 분리불안장애, 선택적 함구증, 범불안장애, 공황장애, 특정공포증, 광장공포증, 사회공포증 등이 불안장애에 포함된다(APA, 2013). 다른 심리장애에 비해 발생률이 높은 장애 중 하나이다. 대개 아동기부터 성인 초기에 주로 발생한다. 여성이 남성보다 더 빈번히 경험하며, 특히 범불안장애와 분리불안장애가 그러하다(Kessler et al., 1994). 이 장에서는 불안장애들 중 여성의 특성이 상대적으로 많이 연구된 범불안장애, 사회불안장애, 공황장애에 대해 살펴보고자 한다.

1) 범불안장애와 여성

범불안장애(Generalized Anxiety Disorder, GAD)는 통제하기 어려운 과도한 걱정이 6개월 이상 지속되어 일상생활에서 적절히 기능하지 못하는 장애이다. 자신이나 주변 사람들의 건강, 불운, 사고부터 집안일과 같은 사소한 일에 이르기까지 수많은 일상 활동에 대해 지나치게 걱정한다. 지나친 걱정으로 인해 초조함, 불면증, 근육긴장, 주의집중 약화, 과민, 피로감 등 불안과 관련된 신체적 증상과 인지적 증상들이 나타난다. 청소년기 이전에는 진단기준을 충족할 만큼 심각한 걱정과 불안이 나타나는 경우는 드물며, 노인보다 젊은 성인이 보다 심각한 증상을 경험한다(APA, 2013). 부정정서를 많이 느끼는 기질과 위험한 상황을 회피하려는 성향이 장애에 대한 위험성을 높인다.

일차적인 약물치료제로는 세로토닌 재흡수 억제제(SSRIs)와 같은 항우울제가 사용된다. 심리치료로는 인지행동치료가 효과적이라고 알려져 있다. 인지행동치료는 과도한 걱정을 초래하는 왜곡된 사고(예: 위험은 항상 존재한다, 위험한 상황에 적절히 대처하지 못할 것이다)와 걱정에 대한 신념(예: 걱정하면 위험을 막을 수 있다)을 탐색하고 이완훈련과 노출 기법을 통해 위험한 상황에 대한 불안감을 낮추는 것을 목표로 한다. 치료효과를 높이기 위해 약물치료와 심리치료를 병행하는 것이 효과적일 수 있다(Bandelow et al., 2012).

여성의 범불안장애 평생유병률은 남성의 2~3배로 전체 환자의 55~60% 이상이 여성이다(APA, 2013). 여성이 남성에 비해 증상이 심각하고 기능의 손상 정도도 크다(Kendler et al., 1992). 여성은 남성에 비해 신체 증상, 피로감, 근육긴장 등의 증상을 더 많이 보이고(Vesga-López et al., 2008), 부정 정서를 더 많이 경험하며(Clark, Watson, & Mineka, 1994), 완치율도 낮다(Yonkers et al., 2003). 공존하는 심리장애에서도 성차가 발견되는데, 남성은 술, 담배, 마약과 같은 물질남용이 주로 동반되는 데 반해, 여성은 만성 우울장애나 다른 불안장애를 동반하는 경우가 더 많다. 임신, 출산 등이 장애에 미치는 영향은 명확하지 않으나, 임신 초기와 말기에 증상이 악화될 수 있다(Teixeira et al., 2009). 출산 후 범불안장애를 지닌 여성들은 출산한 일반 여성에 비해 성적 공포와 회피, 신체상에 대한 자의식, 주요우울장애 비율이 높다(Grigoriadis et al., 2011).

2) 사회불안장애와 여성

사회불안장애(social anxiety disorder)는 사회공포증(social phobia)이라고

도 불렸으며 무대 공포증이나 발표 불안 등으로 표현되기도 한다. 발표나 모임 등 자신의 수행이 타인에게 관찰될 수 있는 사회적 상황에서 강렬한 공포를 느끼는 장애이다. 사회적 상황에 대한 공포와 불안은 사회적 상황에 대한 회피로 이어지고 일상생활의 적응에 큰 어려움을 초래한다. 사회공포증 환자들은 다른 사람들에게 부정적인 평가를 받을까 봐, 다른 사람들에게 자신의 불안 증상이 보일까 봐 두려워한다. 수줍음이 많은 기질이 장애에 취약성을 높이는 요인 중 하나이며, 다른 사람 앞에서 당혹스러움을 경험한 스트레스 사건이 증상을 발생시킬 수 있다. 1년 유병률이 약 7%로 알려졌으며(APA, 2013), 만 25세 이상에서 첫 증상이 발생하는 경우는 드물다. 대개 만성화 경과를 밟는다(Yonkers et al., 2003). 약물치료제로는 주로 선택적 세로토닌 재흡수 억제제(SSRIs)가 사용되며, 심리치료인 인지행동치료가 일차적 치료단계에서 고려된다. 인지행동치료는 왜곡된 사고의 수정과 함께 공포스러운 사회적 상황에 점진적으로 노출시킴으로써 사회적 상황에 대한 불안을 낮추는 것을 목표로 한다.

사회불안장애는 남성보다 여성에게 더 많이 발생한다. 남성은 데이트 공포가 많은 데 반해, 여성은 공공장소에서의 식사나 음주, 다른 사람이 지켜보는 상황에서 글쓰기, 다른 사람과 대화하는 것 등 불안을 느끼는 상황이 보다 다양하다(APA, 2013). 남성 환자들이 자신의 불안을 완화시키기 위해 물질남용과 같은 외현화된(externalized) 대처 방식에 의존할 가능성이 큰 데 반해, 여성 환자들은 우울장애와 같은 내재화된(internalized) 장애를 동반할 가능성이 크다.

아동기에 경험한 외상(trauma)은 남성보다 여성의 사회불안장애에 더 큰 위험으로 작용한다. 특히 친족에 의한 성적 학대와 부모 간 반복적인 언쟁은 여성에게만 사회불안장애의 위험 요인으로 작용한다(Magee, 1999). 사춘기 또한 사회불안장애의 위험이 높아지는 시기이다. 사춘기에 시작되는 월경은 여자 청소년들의 사회적 민감성을 증폭시킬 수 있으며, 이 시기에 경험한 외상이 불안장애에 대한 취약성을 높일 수 있다(Weingarden & Renshaw, 2012). 임신 중에 사회불안장애 발생 위험이 다소 높아지며, 임신 기간 중에 사회불안장애를 경험하면 출산 후 우울증에 빠질 가능성이 높아진다(Coelho et al., 2011).

3) 공황장애와 여성

공황장애는 예상치 못한 공황발작(panic attack)을 반복적으로 경험하는 장애이다. 공황발작 시 환자는 빠른 심박동, 발한, 떨림, 호흡 곤란, 메스꺼움, 어지럼증과 같은 강렬한 신체 증상을 경험하며 극심한 공포나 통제력을 상실할 것 같다고 느낀다. 유전, 불안민감성(anxiety sensitivity), 신체감각에 대한 과민성 등이 증상의 발현에 영향을 미친다고 알려져 있다. 치료를 위해 약물치료와 인지행동치료가 가장 널리 사용된다. 약물치료제로는 선택적 세로토닌 재흡수 억제제(SSRIs), 벤조디아제핀 계열의 항불안제가 사용된다. 인지행동치료는 사소한 신체감각을 위험하다고 인지하는 사고를 수정하는 한편, 상담장면에서 공황발작과 유사한 증상을 유발한 뒤 신체적으로 나타나는 반응을 재해석하도록 돕는다.

100명 중 약 5명이 평생 1회 이상 공황장애를 경험하는데, 여성의 유병률이 남성보다 높다. 발생 연령이나 증상의 심각도 등에서는 남녀 간에 차이가 없다(APA, 2013). 여성 환자들은 남성 환자들에 비해 동반자 없이 집 밖에 나가는 것을 보다 어려워하며 공황발작이 예상되는 장소를 회피하는 성향이 강하다. 남성보다 주요우울장애, 범불안장애, 신체증상장애 등이 동반되는 비율이 높다(Jalnapurkar, Allen, & Pigott, 2018).

여성 호르몬의 변동 기간이 공황장애 증상의 변화와 관련이 있다(Bandelow & Domschke, 2015). 높은 불안민감성과 부정적인 스트레스는 공황장애의 위험 요인인데, 이러한 위험 요인들이 월경 전 여성 호르몬 변화로 인한 심리적 및 신체적 변화와 맞물리게 되면 공황장애 증상이 발현될 수 있다. 월경 주기 동안 공황 증상이 악화되는 경우 월경 시작 전에 치료를 강화하는 것이 도움이 될 수 있다(Nillni, Toufexis, & Rohan, 2011).

5. 섭식장애

섭식장애는 신경성 식욕부진증과 신경성 폭식증, 폭식장애를 포함한다. 이들 섭식장애 중 여성에서 두드러지게 많이 발생하는 신경성 식욕부진증과 신경성 폭식증에 대해 살펴보고자 한다.

1) 주요 증상과 치료

신경성 식욕부진증(anorexia nervousa)은 거식증으로 더 잘 알려져 있다. 체중 증가에 대한 두려움으로 인해 음식의 섭취를 지나치게 제한하는 장애이다. 뚱뚱해지는 것에 대한 두려움이 커서 음식 섭취를 극도로 제한할 뿐만 아니라 과도하게 운동하거나 하제를 사용하는 등 체중 증가를 막는 행동을 지속한다. 이로 인해 체질량지수(Body Mass Index, BMI)가 18 이하인 저체중 상태를 보인다. 심각한 저체중 상태에도 불구하고 자신이 뚱뚱하다고 지각하는 경향이 있고 살찌는 것에 대한 병리적인 두려움을 지닌다. 지나친 음식 섭취 제한과 저체중 상태로 인해 빈혈, 피부 변색, 저혈압, 변비, 장폐색, 골다공증 등 합병증이 나타날 수 있으며, 심한 경우 사망할 수도 있다.

신경성 폭식증(bulimia nervousa)은 폭식 후 체중 증가에 대한 두려움으로 과도한 운동이나 구토 등과 같이 체중 증가를 막기 위한 행동을 반복하는 장애이다. 짧은 시간에 많은 양의 음식을 먹으며 구토나 하제 등을 사용해 섭취한 음식을 없애려고 시도한다. 하루에도 몇 번씩 구토할 수 있으며, 이로 인해 구토에 사용하는 손가락에 굳은살이 생기고 치아의 법랑질이 부식될 수 있다. 대개 정상 체중을 유지하나 월경 주기가 불규칙해지는 등 신체적 문제가 초래된다.

이 두 섭식장애의 원인은 다양하다. 주요 원인으로는 유전, 부정정서성, 억제력 부족, 완벽주의 성향, 통제감에 대한 욕구, 날씬한 체형을 이상화하는 문화, 날씬함에 대한 사회적 압력, 다이어트 행동이 주는 보상 등이 알려져 있다(Nevid, Rathus, & Greene, 2013). 인지행동치료는 두 장애의 주요 치료법이다. 신경성 식욕부진증의 경우, 체중 손실로 인한 의학적 상태가 심각하면 입원치료를 먼저 고려할 수 있다. 인지행동치료에서는 규칙적인 식사 패턴을 회복하는 것에 우선적으로 초점을 둔다. 건강한 식습관을 교육하고 매끼 정해진 양의 음식을 규칙적으로 섭취하게 하며, 섭취 후 체중 증가를 막으려는 행동을 금지한다. 이와 함께 체형과 체중에 대한 왜곡된 사고를 수정하고 잘못된 섭식 행동을 촉발하는 감정을 다룰 수 있도록 돕는다. 우울과 불안이 동반되면 선택적 세로토닌 재흡수 억제제(SSRIs)나 삼환계 항우울제(TCAs) 등의 약물이 처방된다.

2) 섭식장애와 여성

신경성 식욕부진증과 신경성 폭식증은 대부분 젊은 여성에게 발생한다(Hoek, 2006). 특히 신경성 폭식증은 남성에게 드물다(APA, 2013). 이로 인해 섭식장애 연구들 또한 대부분 여성을 대상으로 하였다. 일부 연구에 따르면, 남성 환자들은 근육질의 체형을 갖지 못하는 것에 대해 두려움이 많은 반면, 여성 환자들은 날씬함에 대한 욕구와 신체상 불만족 수준이 보다 높다(Limbers, Cohen, & Gray, 2018). 아울러 여성은 남성보다 체중 조절 방법으로 음식 제한과 구토를 더 많이 사용하는 경향이 있다(Anderson & Bulik, 2004). 증상에서 나타나는 이러한 성차는 이상적인 체형에 대한 남녀 간의 차이를 반영하는 것일 수 있다. 즉, 여성은 체중의 감소를 추구하는 데 반해, 남성은 적절한 체중과 근육의 유지를 추구하는 것일 수 있다.

섭식장애의 발생 위험이 점차 높아지는 시기는 자기평가에 있어 외모의 중요도가 커지는 사춘기이다. 여성의 섭식장애 발생률이 남성보다 높아지는 시점 또한 사춘기이다. 만 20세 미만 청소년의 약 13%가 섭식장애를 경험한다(Stice, Becker, & Yokum, 2013). 초경 이후 여성의 신체는 임산과 출산을 준비하기 위해 체지방이 증가하는데, 갑작스럽게 늘어난 체지방을 줄이기 위해 체중 감량 노력이 시도될 수 있다. 문제는 체중 감량에 성공한 후에도 보다 마른 체형을 위해 체중과 상관없이 다이어트가 반복되고 지속된다는 데 있다.

사회문화적 모델(sociocultural model)은 날씬한 체형을 여성의 이상적인 체형으로 간주하는 문화가 섭식장애와 관련된다고 주장한다. 서구에서 날씬한 체형을 이상적으로 간주하기 시작한 시점이 20세기인데 여성의 섭식장애 발생률이 높아지기 시작한 시점 또한 20세기인 것이 이 주장을 뒷받침한다(Keel & Klump, 2003). 날씬한 체형을 선호하는 서구 문화의 영향을 받지 않은 나라에서는 섭식장애 환자들이 전혀 없었다는 사실 또한 이러한 주장을 지지한다. 날씬한 여성을 이상화하는 미디어에 더 많이 노출될수록, 날씬한 체중을 칭찬하는 가족과 주변인들이 많을수록 날씬한 체형에 대한 여성들의 노력은 지속되고 반복될 가능성이 크다(Martínez-González et al., 2003).

그러나 마른 체형을 강조하는 사회문화적 분위기만으로 섭식장애를 설명하기 어렵다. 사회문화적 규준을 개인이 얼마나 내면화하느냐에 따라 체형의 중요성에 대한 인식이 개인마다 다를 수 있기 때문이다. 불안과 같은 부정정서를 보다 많이 느끼는 성향, 완벽주의 성향 등이 섭식장애의 발생에 영향을 미치는 개인 내 심리적 요인으로 알려져 있다(Sharan & Sundar, 2015).

6. 외상후 스트레스 장애

1) 주요 증상과 치료

외상후 스트레스 장애(Post-Traumatic Stress Disorder, PTSD)는 위협적인 외상 사건에 노출된 후 다양한 스트레스 반응이 나타나면서 일상적인 기능과 적응이 손상되는 장애이다. 여기에서 외상(trauma)은 전쟁, 자연재해, 심각한 사고 등 큰 심리적 고통을 초래한 사건을 일컫는다. 환자들은 외상 사건에 노출된 후 침습적인 기억이나 악몽의 형태로 외상 사건을 재경험하고 외상과 관련된 대상이나 상황을 회피하며 불안, 우울, 과각성, 불면 등 정서적 및 생리적 반응을 1년 이상 지속적으로 경험한다. 증상은 외상 사건 직후 나타날 수도 있고 훨씬 이후에 뒤늦게 나타날 수도 있다. 외상 사건을 직접 경험했을 때뿐 아니라 사건을 목격하였거나 간접적으로 알게 되었을 때도 증상이 발생할 수 있다.

많은 사람이 평생 살면서 외상 사건을 경험하지만 PTSD로 발전하는 사람은 10% 정도에 불과하다. 외상에 직접적으로 노출되거나 외상의 심각도가 크면 장애로 발전할 위험이 커진다. 장애의 발생에 영향을 미치는 요인으로는 유전, 공포를 활성화시키는 뇌 영역의 이상 등 생물학적 요인, 아동기 학대, 사회적 지지 자원의 부족, 과거 심리장애 병력 등 개인적 요인이 작용한다고 알려져 있다(Nevid, Rathus, & Greene, 2013).

PTSD의 주요 심리치료 기법은 인지행동치료이다. 인지행동치료는 안전한 치료장면에서 고통스러운 외상 사건에 반복적으로 노출시킴으로써 회피 행동을 중단하고 외상 사건과 연합된 불안을 감소시키는 데 초점을 둔다. 공포를 가장 적게 느끼는 상황에서부터 공포를 가장 많이 느끼는 상황까지 위계 목록을 정하고 심상적으로 노출하거나 실제 상황에서 노출을 시도한다. 아울러 외상 사건에 대한 왜곡된 사고를 수정하여 외상 사건에 대한 부정적인 감정과 생각을 완화시킨다.

2) 외상후 스트레스 장애와 여성

외상은 남성이 더 많이 경험하지만 외상후 스트레스 장애는 여성에게 더 많이 발생하고 더 오랜 기간 지속된다(APA, 2013). 이는 외상 후 증상이 급격히 나타났다가 한 달 이내에 사라지는 급성 스트레스 장애에서도 그러하다. 외상이 매우 심각한 경우에는 증상의 발병에 있어 성차가 크지 않지만, 여성이라는 점이 장애의 위험 요인 중 하나인 것은 분명하다(Perkonigg et al., 2000).

여성과 남성이 주로 경험하는 외상 사건은 다소 다르다. 남성은 싸움, 사고, 전쟁, 무기 위협과 같은 외상을 보다 많이 경험하는 반면, 여성은 성희롱, 성학대와 같은 외상에 더 많이 직면한다. 여성의 유병률이 높은 것에 대한 원인은 아직 명확히 밝혀지지 않았지만, 경험한 외상 사건의 유형이나 외상에 대한 반응이 성차와 관련된다. 여성이 남성에 비해 가장 빈번하게 경험하는 외상은 성적 학대와 친밀한 파트너 폭력(intimate partner violence)이다(Nemeroff et al., 2006). 어린 시절에 경험한 성적 학대는 신체적 학대보다 PTSD로 이어질 위험이 높다(Bennice et al., 2003). 친밀한 파트너 폭력은 배우자나 연인으로부터 가해진 폭력인데, PTSD 환자의 약 1/3이 이 폭력으로 인한 외상과 관련된다는 연구결과도 있다(Stein & Kennedy, 2001). 외상 경험 후 사회적 지지를 받는 것은 PTSD로의 발전을 막는 데 매우 중요하다. 그러나 여성은 남성에 비해 가족들이나 지인들로부터 지지적인 반응을 덜 받고 부정적인 반응을 더 많이 받는다(Andrews, Brewin, & Rose, 2003). 사회적 지지의 부족이 이 장애에 대한 여성의 취약성을 높이는 데 기여하는 것으로 보인다.

7. 성격장애

성격장애(personality disorders)는 지나치게 부적응적인 성격 특성으로 인해 고통을 유발하는 사고와 행동이 지속적으로 나타나 일상생활의 기능을 손상시키는 장애이다. 『정신질환의 진단 및 통계 편람(제5판)(DSM-5)』에서는 성격 특성에 따라 장애를 A군, B군, C군으로 분류하고 있다. A군에는 기괴하거나 독특한 행동 및 사고를 보이는 조현성 성격장애, 조현형 성격장애, 편집성 성격장애가 포함된다. B군에는 충동적이거나 감정적인 특성을 지닌 반사회적 성격장애, 경계선 성격장애, 자기애성 성격장애, 연극성 성격장애가 포함된다. C군에는 불안 및 두려워하는 인지와 행동을 특징으로 하는 의존적 성격장애, 회피성 성격장애, 강박성 성격장애가 포함된다. 10개 성격장애는 남녀 모두에서 나타날 수 있으나, 자기애성 성격장애와 강박성 성격장애는 남성에게 보다 빈번히 나타나는 반면, 경계선 성격장애와 의존적 성격장애는 여성에게 더 많이 나타난다(APA, 2013).

1) 경계선 성격장애와 여성

경계선 성격장애(borderline personality disorder)는 버림받는 것에 대한 극도의 불안을 지니며 자기정체성이 확고하지 못하고 불안정한 정서 상태를 보인다. 버림받을 것으로 예상되는 상황에서 통제할 수 없는 강렬한 분노와 불안을 느끼고 버림받는 것에 대한 두려움으로 인해 자해행동이나 물질 남용과 같은 자기파괴적 행동을 감행한다. 선하다고 극찬했던 타인이 자신에게 소원해졌다고 느끼는 순간 악한 사람으로 깎아내리는 등 대인관계가 불안정하다. 심각한 스트레스 상황에서 망상이나 환각과 같은 정신증(psychosis)이 일시적으로 나타날 수 있으며, 자살이나 자해 시도도 흔하다. 유병률은 1.6~5.9%이며 젊은 성인에게 많이 나타난다. 파괴적이고도 충동적인 행동들로 인해 정신과를 여러 차례 방문할 가능성이 높다. 청년기에 자살 위험성이 가장 높다가 연령이 증가할수록 대인관계와 직업 기능이 안정되는 경향이 있다(APA, 2013). 그러나 충동성이나 강렬한 정서는 평생 지속된다.

성격장애 중 유전의 영향력이 비교적 강력한 장애이며 어린 시절의 성적 학대나 방임 등이 위험 요인으로 보고되었다. 변증법적 행동치료(Dialectical Behavior Therapy, DBT)가 효과적이라고 알려져 있다. 이 치료는 자신의 현재 상태를 있는 그대로 인식하고 수용하는 마음챙김 기법을 활용하여 심리적 고통에 대한 인내력을 높이고 감정조절과 대인관계를 개선시키는 데 초점을 둔다.

환자의 75%가 여성으로, 여성이 훨씬 많다. 그러나 여성의 유병률이 높은 것이 여성들이 전문가의 도움을 더 많이 찾는 경향이 있어서인지, 진단기준의 편향으로 인한 것인지, 여성이 장애의 위험 요인에 더 많이 노출되기 때문인지는 명확하지 않다. 남성 환자들은 여성 환자들에 비해 공격적이고 충동적인 행동과 같은 외현화된 증상을 많이 보이는데, 이로 인해 경계선 성격장애보다 반사회적 성격장애로 진단될 가능성이 있다. 반면, 여성 환자들은 정서적 불안정, 만성적인 공허감, 불안정한 대인관계 등 내재화된 증상을 더 많이 보인다. 아울러 여성은 우울장애, 불안장애, 섭식장애, 심리적 고통이 신체적 증상으로 대체되어 나타나는 신체증상장애가 동반되는 비율이 더 높다(Bozzatello et al., 2024; Qian et al., 2022).

성적 학대는 경계선 성격장애의 주요 위험 요인으로 여성 환자들에게서 빈번히 발견된다. 특히 어린 시절의 성적 학대는 이 장애의 핵심적인 위험 요인 중 하나이다. 그러나 어린 시절뿐만 아니라 성인기에 경험한 성적 학대 비율 또한 다른 성격장애에 비해 경계선 성격장애에서 높다. 성적 학대 경험을 지닌 환자들은 예후가 나쁘며 자살 시도도 더 빈번하고 외상후 스트레스 장애를 동반할 가능성이 높다(de Aquino Ferreira et al., 2018). 어린 시절의 성적 외상 경험은 경계선 성격장애와 강력히 연관되어 있으며, 이러한 맥락에서 이 장애를 성격의 장애로 볼 것인지, 외상의 장애(disorder of trauma)로 볼 것인지에 대한 논의가 존재한다(Macintosh, Godbout, & Dubash, 2015).

2) 의존적 성격장애와 여성

의존적 성격장애(dependent personality disorder)는 타인의 돌봄이나 도움 없이 혼자서 일상적인 판단이나 의사결정을 할 수 없다고 생각하여 대인관계에 매달리고 복종하는 행동 패턴을 보이는 장애이다. 옷 입는 것과 같은 사소한 일에서부터 직업 결정에 이르기까지 일상생활에 대한 결정과 책임을 타인에게 맡긴다. 타인이 자신을 지지하지 않을까 봐 자기주장을 하지 않으며 돌봄을 받을 수 있다면 불쾌한 일도 마다하지 않는다. 혼자 남겨지는 것에 대한 극도의 두려움이 있으며 친밀한 관계가 끝나면 다른 관계를 급히 찾는다. 미국에서 보고된 유병률은 0.6%이다. 양육자와의 불안정 애착, 과잉보호적 양육, 권위주의적 양육 등이 자기에 대한 부적절감을 높임으로써 이 장애의 발달에 기여할 수 있다. 어린 시절에 심각한 질병을 앓았던 경험과 불안한 상황에 대한 높은 회피 성향 또한 위험 요인으로 작용한다(Disney, 2013).

남녀 간 유병률에 차이가 있는지는 명확히 밝혀지지 않았으나, 임상장면에서 여성에게 더 많이 진단된다. 그러나 특정한 사회적 직업 없이 주부로서 가정과 자녀를 돌보는 여성에게 이 장애를 진단하는 것이 타당한지에 대한 논쟁이 있다(Disney, 2013). 전통적인 성역할에 순종적인 여성일수록 이 장애로 진단될 가능성이 크기 때문이다. 일부 연구자들은 심리장애의 진단기준이 남성 중심적으로 편향되게 만들어졌으며, 의존적 성격장애의 진단기준 또한 전통적인 여성의 성역할을 반영하는 것에 불과하다고 주장한다.

의존성이 여성의 성역할에 어느 정도 반영되어 있는 것이라면 동일한 수준의 의존적 성향에 대해 남성보다는 여성에게 문화적으로 보다 관대할 수 있다. 실제로 의존적 성격장애로 진단받은 여성은 남성에 비해 우울 증상과 자살 사고, 물질남용을 더 적게 보인다(Loas et al., 2005).

토론거리

1. 여성의 심리장애에 있어 생물학적 요인과 사회문화적 요인 중 어떤 요인이 보다 중요하게 작용한다고 생각합니까?
2. 임신, 출산, 폐경 등 생애주기의 변화는 여성의 정신건강에 큰 영향을 미칩니다. 이에 대한 사회적 지원이 충분하다고 생각합니까? 여성의 심리적 안녕을 위해 어떤 사회적 지원이 필요하다고 생각합니까?
3. 폭력에 노출된 경험은 여성의 정신건강에 장기적으로 심각한 영향을 미쳐 심리장애의 위험성을 높입니다. 폭력과 범죄에 노출된 여성이 심리적 안정을 회복하기 위해 어떤 대책과 정책이 필요하다고 생각합니까?

추천 영상 및 영화

- 경계선 성격장애: 영화 〈베티블루 37.2(Betty Blue)〉(1988), 〈위험한 정사(Fatal Attraction)〉(1988)
- 산후우울증: 영화 〈툴리(Tully)〉(2018), 〈82년생 김지영〉(2019)
- 섭식장애: 영화 〈투더본(To The Bone)〉(2017), 〈씬(Thin)〉(2004)

추천 도서

- 필리스 체슬러(Phyllis Chesler)의 『여성과 광기(Woman and Madness)』(2021)
- 조남주의 『82년생 김지영』(2016)

참고문헌

조맹제, 장성만, 함봉진, 정인원, 배안, 안준호, 손정우, 홍진표, 배재남, 이동우, 조성진, 박종익, 이준영, 김진영, 전홍진, 이해우, 이영문, 원승희(2009). 한국 주요정신장애의 유병률 및 관련요인: 2006 전국정신질환역학조사. 신경정신의학, 48(3), 143-152.

Accortt, E. E., Freeman, M. P., & Allen, J. J. (2008). Women and major depressive disorder: Clinical perspectives on causal pathways. *Journal of Women's Health*, *17*(10), 1583-1590.

Akiskal, H. S., & Tohen, M. (2005). Bipolarity in women: Therapeutic issues. In S. L. McElroy, L. M. Arnold, & L. L. Altshuler (Eds.), *Bipolar psychopharmacotherapy: Caring for the patient*. Wiley.

American Psychiatric Association (APA). (2013). *Diagnostic and statistical manual of mental disorders* (5th ed.). APA.

Anderson, C. B., & Bulik, C. M. (2004). Gender differences in compensatory behaviors, weight and shape salience, and drive for thinness. *Eating Behavior*, *5*, 1-11.

Andrews, B., Brewin, C. R., & Rose, S. (2003). Gender, social support, and PTSD in victims of violent crime. *Journal of Traumatic Stress*, *16*, 421-427.

Bandelow, B., & Domschke, K. (2015). Panic disorder. In D. Stein & B. Vythilingum (Eds.), *Anxiety disorders and gender*. Springer, Cham.

Bandelow, B., Sher, L., Bunevicius, R., Hollander, E., Kasper, S., Zohar, J., & Möller, H.-J. (2012). Guidelines for the pharmacological treatment of anxiety disorders, obsessive-compulsive disorder and posttraumatic stress disorder in primary care: Corrigendum. *International Journal of Psychiatry in Clinical Practice, 16*(3), 242.

Bebbington, P. E. (1998). Sex and depression. *Psychological Medicine, 28*, 1-8.

Belmaker, R. H., & Agam, G. (2008). Major depressive disorder. *New England Journal of Medicine*, *358*(1), 55-68.

Bennice, J. A., Resick, P. A., Mechanic, M., & Astin, M. (2003). The relative effects of intimate partner physical and sexual violence on post-traumatic stress disorder symptomatology. *Violence and Victims*, *18*(1), 87-94.

Beydoun, H. A., Beydoun, M. A., Kaufman, J. S., Lo, B., & Zonderman, A. B. (2012). Intimate partner violence against adult women and its association with major depressive disorder, depressive symptoms and postpartum depression: A systematic review and meta-analysis. *Social Science & Medicine*, *75*(6), 959–975.

Bozzatello, P., Blua, C., Brandellero, D., Baldassarri, L., Brasso, C., Rocca, P., & Bellino, S. (2024). Gender differences in borderline personality disorder: A narrative review. *Frontiers in Psychiatry*, *15*, 1320546.

Chen, L. P., Murad, M. H., Paras, M. L., Colbenson, K. M., Sattler, A. L., Goranson, E. N., Elamin, M. B., Seime, R. J., Shinozaki, G., Prokop, L. J., & Zirakzadeh, A. (2010, July). Sexual abuse and lifetime diagnosis of psychiatric disorders: Systematic review and meta-analysis. In *Mayo clinic proceedings*, *85*(7), 618–629.

Clark, L. A., Watson, D., & Mineka, S. (1994). Temperament, personality, and the mood and anxiety disorders. *Journal of Abnormal Psychology*, *103*, 103–116.

Clayton, A. H. (2008). Symptoms related to the menstrual cycle: Diagnosis, prevalence, and treatment. *Journal of Psychiatric Practice*, *14*, 13–21.

Coelho, H. F., Murray, L., Royal-Lawson, M., & Cooper, P. J. (2011). Antenatal anxiety disorder as a predictor of postnatal depression: A longitudinal study. *Journal of Affective Disorder*, *129*, 348–353.

de Aquino Ferreira, L. F., Pereira, F. H. Q., Benevides, A. M. L. N., & Melo, M. C. A. (2018). Borderline personality disorder and sexual abuse: A systematic review. *Psychiatry Research*, *262*, 70–77.

Disney, K. L. (2013). Dependent personality disorder: A critical review. *Clinical Psychology Review*, *33*(8), 1184–1196.

Fincham, F. D., Beach, S. R. H., Harold, G. T., & Osborne, L. N. (1997). Marital satisfaction and depression: Different causal relationships for men and women? *Psychological Science*, *8*, 351–357.

Friedman, S. H. (2009). Postpartum mood disorders: Genetic progress and treatment paradigms. *American Journal of Psychiatry*, *166*(11), 1201–1204.

Garno, J. L., Goldberg, J. F., Ramirez, P. M., & Ritzler, B. A. (2005). Impact of childhood abuse on the clinical course of bipolar disorder. *The British Journal of Psychiatry*, *186*(2), 121–125.

Grande, I., Berk, M., Birmaher, B., & Vieta, E. (2016). Bipolar disorder. *The Lancet*, *387*(10027), 1561–1572.

Grigoriadis, S., de Camps Meschino, D., Barrons, E., Bradley, L., Eady, A., Fishell, A., Mamisachvili, L., Cook, G. S., O'Keefe, M., Romans, S., & Ross, L. E. (2011). Mood and anxiety disorders in a sample of Canadian perinatal women referred for psychiatric care. *Archives of Women's Mental Health*, *14*(4), 325–333.

Halbreich, U. (2003). The etiology, biology, and evolving pathology of premenstrual syndromes. *Psychoneuroendocrinology*, *28*(suppl 3), 55–99.

Hendrick, V., Altshuler, L. L., & Suri, R. (1998). Hormonal changes in the postpartum and implications for postpartum depression. *Psychosomatics*, *39*(2), 93–101.

Hoek, H. W. (2006). Incidence, prevalence and mortality of anorexia nervosa and other eating disorders. *Current Opinion Psychiatry*, *19*, 389–394.

Hosang, G. M., Korszun, A., Jones, L., Jones, I., McGuffin, P., & Farmer, A. E. (2012). Life–event specificity: Bipolar disorder compared with unipolar depression. *The British Journal of Psychiatry*, *201*(6), 458–465.

Jalnapurkar, I., Allen, M., & Pigott, T. (2018). Sex differences in anxiety disorders: A review. *Journal of Psychiatry Depression and Anxiety*, *4*(12), 3–16.

Keel, P. K., & Klump, K. L. (2003). Are eating disorders culture–bound syndromes? Implications for conceptualizing their etiology. *Psychological Bulletin*, *129*(5), 747.

Kendler, K. S., Neale, M. C., Kessler, R. C., Heath, A. C., & Eaves, L. J. (1992). Generalized anxiety disorder in women: A population–based twin study. *Archives of General Psychiatry*, *49*, 267–272.

Kessler, R. C., McGonagle, K. A., Zhao, S., Nelson, C. B., Hughes, M., Eshleman, S., Wittchen, H. U., & Kendler, K. S. (1994). Lifetime and 12-month prevalence of DSM-III-R psychiatric disorders in the United States: Results from the National Comorbidity Survey. *Archives of General Psychiatry*, *51*, 8-19.

Leibenluft, E. (1996). Women with bipolar illness: Clinical and research issues. *American Journal of Psychiatry*, *153*(2), 163-173.

Limbers, C. A., Cohen, L. A., & Gray, B. A. (2018). Eating disorders in adolescent and young adult males: Prevalence, diagnosis, and treatment strategies. *Adolescent Health Medicine and Therapeutics*, *9*, 111.

Loas, G., Guilbaud, O., Perez-Diaz, F., Verrier, A., Stephan, P., Lang, F., Bizouard, P., Venisse, J. L., Corcos, M., Flament, M. F., & Jeammet, P. (2005). Dependency and suicidality in addictive disorders. *Psychiatry Research*, *137*(1-2), 103-111.

Macintosh, H. B., Godbout, N., & Dubash, N. (2015). Borderline personality disorder: Disorder of trauma or personality: A review of the empirical literature. *Canadian Psychology/Psychologie Canadienne*, *56*(2), 227.

Magee, W. J. (1999). Effects of negative life experiences on phobia onset. *Social Psychiatry and Psychiatric Epidemiology*, *34*, 343-351.

Martînez-González, M. A., Gual, P., Lahortiga, F., Alonso, Y., Irala-Estévez, J. D., & Cervera, S. (2003). Parental factors, mass media influences, and the onset of eating disorders in a prospective population-based cohort. *Pediatrics*, *111*(2), 315-320.

Nemeroff, C. B., Bremner, J. D., Foa, E. B., Mayberg, H. S., North, C. S., & Stein, M. B. (2006). Posttraumatic stress disorder: A state-of-the-science review. *Journal of Psychiatric Research, 40*(1), 1-21.

Nevid, J. S., Rathus, S. A., & Greene, B. A. (2013). *Abnormal psychology in a changing world*. Pearson.

Nillni, Y. I., Toufexis, D. J., & Rohan, K. J. (2011). Anxiety sensitivity, the menstrual cycle, and panic disorder: A putative neuroendocrine and psychological interaction. *Clinical Psychology Review*, *31*(7), 1183–1191.

O'Hara, M. W., & Swain, A. M. (1996). Rates and risk of postpartum depression–A meta–analysis. *International Review of Psychiatry*, *8*, 37–54.

Parial, S. (2015). Bipolar disorder in women. *Indian Journal of Psychiatry*, *57*(Suppl 2), S252–S263.

Perkonigg, A., Kessler, R. C., Storz, S., & Wittchen, H. U. (2000). Traumatic events and post–traumatic stress disorder in the community: Prevalence, risk factors and comorbidity. *Acta Psychiatrica Scandinavica*, *101*(1), 46–59.

Piccinelli M., & Wilkinson G. (2000). Gender differences in depression: Critical review. *British Journal of Psychiatry*, *177*, 486–492.

Qian, X., Townsend, M. L., Tan, W. J., & Grenyer, B. F. (2022). Sex differences in borderline personality disorder: A scoping review. *Plos One*, *17*(12), e0279015.

Sharan, P., & Sundar, A. S. (2015). Eating disorders in women. *Indian Journal of Psychiatry*, *57*(Suppl 2), S286–S295.

Sharma, V., Khan, M., Corpse, C., & Sharma, P. (2008). Missed bipolarity and psychiatric comorbidity in women with postpartum depression. *Bipolar Disorders*, *10*(6), 742–747.

Sprock, J., & Yoder, C. Y. (1997). Women and depression: An update on the report of the APA task force. *Sex Roles, 36*, 269–303.

Stein, M. B., & Kennedy, C. (2001). Major depressive and post–traumatic stress disorder comorbidity in female victims of intimate partner violence. *Journal of Affective Disorders*, *66*, 133–138.

Stice, E., Becker, C. B., & Yokum, S. (2013). Eating disorder prevention: Current evidence–base and future directions. *International Journal of Eating Disorders*, *46*(5), 478–485.

Teixeira, C., Figueiredo, B., Conde, A., Pacheco, A., & Costa, R. (2009). Anxiety and depression during pregnancy in women and men. *Journal of Affective Disorders*, *119*, 142–148.

Vesga–López, O., Schneier, F. R., Wang, S., Heimberg, R. G., Liu, S. M., Hasin,

D. S., & Blanco, C. (2008). Gender differences in generalized anxiety disorder: Results from the National Epidemiologic Survey on Alcohol and Related Conditions (NESARC). *Journal of Clinical Psychiatry*, *69*, 1606-1616.

Weingarden, H., & Renshaw, K. D. (2012). Early and late perceived pubertal timing as risk factors for anxiety disorders in adult women. *Journal of Psychiatric Research*, *46*, 1524-1529.

Yonkers, K. A., Bruce, S. E., Dyck, I. R., & Keller, M. B. (2003). Chronicity, relapse, and illness course of panic disorder, social phobia, and generalized anxiety disorder: Findings in men and women from 8 years of follow-up. *Depression and Anxiety*, *17*, 173-179.

제10장

여성과 심리상담

홍상희

이화여자대학교
마음E센터 특임교수

여성은 남성에 비해 심리상담 및 심리치료(이하에서는 심리상담으로 통일하여 지칭할 것임)를 더 많이 받으며, 전문가(professional)로서 해당 영역에 더 많이 관여하는 것으로 알려져 있다. 이번 장에서는 심리상담 분야에서 두드러지는 여성의 특징과 여성들이 경험하는 어려움을 살펴보고, 가부장적 가치를 반영하고 있는 심리상담이론들에 대한 대안 중 하나인 여성주의상담에 관하여 살펴볼 것이다.

이 장의 차례는 다음과 같다.

현대적 의미의 심리상담은 프로이트(Sigmund Freud)의 정신역동이론으로부터 시작되었다. 프로이트는 심리적 증상이나 심리적 원인에서 비롯된 신체적 증상을 치료하기 위하여 환자와 대화를 하는 방법(talk therapy)을 고안하였다. 또한 그는 심리성적 발달이론을 정립하여 여성과 남성이 거치게 되는 다른 발달 경로에 관한 구체적인 설명을 제시하였고, 남근선망(penis envy)과 같은 개념을 개발하여 그 시대의 여성 환자들에게서 보이는 남성에 대한 열등감 등의 심리적 특성을 분석하고자 시도하였다. 그러나 이와 같은 이론들은 여성의 심리를 정확하게 이해하고 여성들이 겪는 심리적 어려움들에 대한 효과적인 해결 방안을 제시하는 데 오히려 방해가 된다는 비판을 받아 왔다(Seligman & Reichenberg, 2014). 프로이트 이후 인간의 심리적 발달과 문제들을 설명하기 위하여 다양한 이론이 개발되었으나, 여성에 대한 편견이나 고정관념을 반영하고 있어서 여성에게 도움이 되지 않거나, 심지어 해를 끼치는 경우들이 반복되는 경향이 있었다. 이에 이 장에서는 심리상담 분야에 존재했던 여성에 대한 편견과 차별에 대하여 살펴보고, 그 대안으로 시작되고 발달해 온 여성주의상담에 대하여 소개할 것이다.

1. 심리상담에서 여성과 남성

대부분의 사회에서 여성이 남성에 비하여 심리상담과 같은 정신건강서비스를 더 많이 이용하는 경향을 보이며, 이러한 성차는 다양한 사회계층에서 드러난다(예: Wendt & Shafer, 2016). 여성이 심리상담을 더 많이 받는 경향은 정신건강과 관련된 도움 추구 행동(help seeking behavior)이라는 개념으로 설명되며, 여성이 남성보다 도움 추구에 대하여 더 긍정적 태도를 보인다는 경험적 연구(예: 김혜경, 2012; Wendt & Shafer, 2016)에서도 확인할 수 있다. 심리적으로 고통을 느낄 때, 여성은 남성에 비하여 심리상담이나 정신건강의학과를 찾아가고자 하는 의향을 더 많이 가지고 있다는 것이다.

그렇다면 도움 추구 행동에 영향을 미치는 것은 무엇일까? 여러 연구를 살펴보면 성 고정관념과 전통적 성역할이 주된 요인으로 제시된다(예: Wendt & Shafer, 2016). 자신의 문제나 약점을 타인에게 드러내고 도움을 추구하는 행동은 연약함과 연관되는 여성의 성역할에는 부합하지만, 강함과 연관되는 남성의 성역할과는 맞지 않는다. "남자는 길을 잃었을 때 다른 사람에게 물어보지 않는다."라는 말이 있을 정도이다(Tannen, 2012). 여성들이 전통적 여성의 역할을 평생에 걸쳐 강요받는 것과 같이, 남성들도 약한 모습을 보여서는 안 된다는 압력을 주변과 사회로부터 받으며 사회화된다(Worell & Remer, 2004). 이와 같이 평생에 걸쳐 사회화된 결과로 남성들은 심리상담을 받는 것을 남자답지 못한 일로 인식하고 기피하게 되는 것으로 볼 수 있다.

여성들은 심리적 고통을 경험할 때 남성들에 비하여 전문적 도움을 받고자하는 경우가 더 많지만, 오히려 여성이기 때문에 효과적인 상담을 받지 못할 가능성도 존재한다. 이하에서 구체적인 내용을 살펴보도록 하겠다.

2. 심리상담에서 드러나는 성 고정관념과 전통적 성역할

1) 남성을 기준으로 삼음

오랫동안 명성을 지켜 온 심리이론들을 살펴보면, 남성을 기준으로 설정하고 그 기준과 다른 여성의 특성은 다름이 아닌 결함과 열등함으로 해석하는 경향이 있음을 알 수 있다. 심리이론들은 사람들을 이해하고 그들이 겪는 심리적 고통에 대한 효과적인 개입을 개발하기 위한 기반이 되는데, 이처럼 여성에게 맞지 않고, 더 나아가 여성을 폄하하는 데 사용되는 이론들로 인하여 여성의 심리적 고통을 다룰 수 있는 심리학의 학문적이고 전문적인 기반이 훼손되어 온 것이다. 이 장의 앞에서 설명한 바와 같이, 프로이트의 발달이론에서는 남성의 발달과정을 기준으로 제시하고, 여성은 남성의 발달과정과는 다른 발달을 보이기 때문에 기준이 되는 발달과정에서 이탈한 존재로 설명하고 있다. 여성과 남성의 차이를 여성이 정상에서 이탈한 것으로 인식하고 설명하는 프로이트 이론이 형성되는 데에는 가부장적이고 보수적인 문화를 토대로 한 프로이트의 이해와 해석이 중요한 역할을 하였다.

연구참가자로부터 수집한 자료를 바탕으로 하는 실증적 연구에서도 주로 남성에게서 발견할 수 있는 특징을 기준으로 삼아 그와 다른 여성의 특징은 열등하다는 결론으로 이어지는 경우를 찾아볼 수 있다. 대표적인 예로, 아동의 도덕성 발달에 대한 콜버그(Kohlberg, 1958)의 이론이 있다. 콜버그의 이론은 실제로 아동을 대상으로 한 연구를 바탕에 두고 있으며, 해당 이론에 따르면 남자들이 여자들보다 더 높은 도덕성 발달단계에 이르는 경향이 있다고 설명한다. 그러나 이후 여아들의 도덕성 발달에 대한 연구를 수행한 길리건(Carol Gilligan)에 의하여 콜버그의 연구는 남아들만을 대상으로 이루어졌으며, 도덕성 발달에서 보이는 성차에 대하여 전혀 고려하지 않고 남성의 기준에 여성을 맞춰서 설명한 것이었음이 드러났다. 길리건은 여성의 도덕성 발달의 특징을 제시하기 위하여 여성을 대상으로 연구를 수행하였다. 그 결과 윤리 원칙을 중심으로 하는 콜버그의 이론과는 달리, 돌봄의 가치를 중요시하는 도덕성 발달에 관한 이론을 개발하였다(Gilligan, 1997).

심리상담자를 포함한 정신건강 전문가들도 정신건강 영역에서 남성을 기준이자 정상으로 삼는 현상이 반복되어 왔다. 그로 인하여 동일한 증상을 호소하는 내담자나 환자라 하더라도 성별에 따라서 다른 임상적 판단을 내리는 경향을 보인다(Broverman et al., 1970; Seem & Clark, 2006). 1970년대 미국에서 이루어진 한 연구 결과에 따르면, 정신건강 전문가들이 여성과 남성 모두 성 고정관념에 맞는 모습을 보이는 사람을 심리적으로 건강하다고 인식하고 있었으며. 성별이 구분되지 않는 어른에 대해서는 남성에게 부여된 성 고정관념과 유사한 특성을 가진 경우에 건강하다고 인식하였다(Broverman et al., 1970). 예를 들어, 독립적이고 경쟁적인 모습을 보이는 남성이나 성별을 특정할 수 없는 성인은 심리적으로 건강하다고 인식하였으나, 같은 모습을 보이는 여성은 심리적 문제가 있는 것으로 인식한 것이다. 이러한 정상성과 관련된 이중기준(double standard)에 대한 연구는 시간이 흐른 이후에도 반복하여 이루어졌고, 씸과 클라크의 연구(Seem & Clark, 2006)에서는 과거에 비하여 성 고정관념이 약화된 모습과 여전히 여성을 성인 혹은 성인 남성의 기준에서 벗어난 존재로 인식하는 측면이 함께 드러났다.

2) 성 고정관념과 전통적 성역할 강화

심리상담에서 성 고정관념과 전통적인 성역할을 강요하는 일들도 반복하여 관찰되고 있다. 그러한 상황은 내담자의 심리적 고통을 강화할 수 있다는 점에서 문제가 된다. 실제로 미국에서 이루어진 한 연구(Owen, Tao, &

Rodolfa, 2010)에서 여성들이 심리상담을 받을 때 상담자가 여성들의 능력, 특성, 선호에 대해서 고정관념이 담긴 말이나 행동을 하는 경우가 있었고, 비혼 상태인 여성 내담자에게 결혼하기를 바라거나 혼인 상태에 있는 내담자가 이혼하지 않기를 바란다는 점을 암시하는 경우가 존재한다는 점이 드러났다. 오웬, 타오와 로돌파의 연구(Owen, Tao, & Rodolfa, 2010)에서 여성 내담자가 남들에게 공격적으로 보이지 않도록 하기 위하여 자기주장을 줄이도록 상담자가 제안하는 경우도 있었다고 하였다. 다시 말해, 내담자의 심리적 고통의 원인을 전통적 성역할 규범 준수 여부에서 찾고, 성 고정관념과 전통적인 여성 성역할에 맞는 행동과 선택을 하는 것을 해결방법으로 제시한 것이다. 효과적인 상담을 위해서는 상담자와 내담자가 신뢰할 수 있는 관계를 형성하는 것이 중요한데, 이처럼 고정관념을 드러내는 상담자는 내담자에게 신뢰하기 어려운 인상을 줄 수 있어서 신뢰로운 상담관계를 형성하는 능력도 저하된다. 이런 상황에서 내담자는 개인적 어려움을 드러내는 것을 주저하여 적절하게 도움을 받지 못하거나 최악의 경우 바람직한 변화가 일어나기 전에 상담을 중단하게 될 수도 있다는 점에서 문제가 된다.

3) 젠더화된 심리적 고통에 대한 이해 부족

심리적 고통이 성별에 따라 다르게 드러나는 경우가 있다. 정신장애에 대한 진단기준과 관련 정보를 담고 있는 『정신질환의 진단 및 통계 편람(제5판 수정판, DSM-5-TR)』(American Psychiatric Association, 2023)을 보면 진단에 따라 유병률에서 성차가 있거나 같은 진단이어도 여성이나 남성에 따라 두드러지는 증상이 다른 경우들에 대한 설명이 제시되어 있다. 예를 들어, 우울증의 경우 여성이 남성보다 2:1의 비율로 더 많이 겪는 것으로 알려져 있으며(Salk, Hyde, & Abramson, 2017), 여성이 주로 호소하는 증상들은 즐거움을 느끼기 어려움, 슬픔, 무망감, 피로감, 수면 문제 등인 반면, 남성의 경우 여성들이 보이는 증상 외에도 폭력적이거나 통제적인 언행, 짜증과 분노, 일과 스포츠에 과도한 시간 소비 등의 증상을 보일 수 있다(Mayo Clinic, 2024). 임상적 진단에서의 성차에 관한 추가적인 내용은 이 책의 제8장을 참조하기 바란다.

정신장애에서 보이는 성차와 관련하여, 여성과 관련된 내용에 관한 전문적인 논의나 연구가 부족하여 근거로 활용할 수 있는 지식이 충분하게 생산되지 않았거나, 고정관념을 바탕으로 왜곡된 지식이 형성되어 여성 내담자들이 적절한 도움을 받지 못하는 점이 문제가 되어 왔다(Brannon, 2012). 또한 오래전부터 전문가들은 여성이 보이는 증상에 관하여 신체적이고 생리적인 원인을 발견하지 못할 때 이를 꾀병으로 취급하거나, 여성은 이해하기 어려운 존재라는 반응을 보이는 경향이 있었다(Herman, 2007). 예를 들어, 심리적 외상(trauma)으로 인하여 발생하는 증상으로 이해할 수 있는 운동 마비, 기억 상실, 경련 등의 증상군에 대해 오랫동안 의사들은 그 원인을 발견하지 못하였고, 여성들이 주로 이러한 증상을 보였기 때문에 남성에게는 없는 자궁으로 인한 증상이라고 판단하고 움직이는 자궁이라는 뜻의 히스테리라고 이름을 붙였던 역사가 존재한다(Herman, 2007). 성역할에 맞지 않는 증상을 보일 때 전문가로부터도 인정받지 못하는 것은 여성뿐만 아니라 남성에게도 발생하였다. 예를 들어, 과거 외상후 스트레스 장애에 대한 연구와 관심이 미비하던 시기에 전쟁에 참여했던 퇴역 군인들이 오늘날 외상후 스트레스 장애로 볼 수 있는 공포에 사로잡힌 반응을 보였을 때, 전문가들은 꾀병이나 개인의 의지 부족이라고 판단하여 그들에게 윤리적 문제가 있다고 비난을 하였다(van der Kolk, 2020).

4) 심리상담에서 발생하는 성적 착취

심리상담은 상담자와 내담자 사이의 신뢰로운 상담관계를 근간으로 하여 이루어지며, 상담관계의 질은 상담의 과정과 결과에 상당한 영향을 주게 된다(Orlinsky, Rønnestad, & Willutzki, 2004). 실제로 인간중심상담이나 관계문화치료와 같이 상담자가 내담자와의 관계를 잘 형성하여 내담자가 바람직하게 생각하는 방향으로 변화할 수 있도록 촉진하기 위한 다양한 상담 이론과 기법이 존재한다. 그럼에도 불구하고 상담관계에서 문제가 발생하여 상담의 결과에 부정적인 영향을 미칠 가능성이 있으며, 그중 심각한 수준으로 부정적 영향을 야기할 수 있는 사건이 바로 상담자가 내담자를 성적으로 착취하는 것이다.

심리상담에서 발생하는 성적 착취는 더 많은 권력을 가진 사람이 자신보다 적은 권력을 가진 사람의 경계를 침범한다는 점에서 일반적인 성적 착취와 닮아 있다. 상담자와 내담자 사이의 관계에서 상담자는 전문가로서 권위를 가지게 되고, 심리상담을 시작하고 내담자의 신뢰를 얻게 되면서 내담자에 대한 영향력이 커지게 된다. 이러한 영향력을 적질하게 활용하여 내담자가 긍정적으로 변화할 수 있도록 촉진하는 것이 상담자의 역할이지만, 성적 착취 등을 통하여 영향력을 남용하고 오용하게 되는 경우, 내담자의 삶에 장기간에 걸친 부정적 결과를 남기게 된다(Pope, 2001).

여성주의상담자들은 심리상담 내에서 발생하는 여성 내담자에 대한 성적 착취에 대하여 주목하고 이를 해결하기 위한 사회적 변화가 필요하다는 주장을 하였고, 이후 미국심리학회에서 1970년대 중반에 '성편견과 성역할 고정관념에 대한 태스크포스'를 구성하여 남성 상담자들이 여성 내담자를 성적으로 유혹하거나 성적 대상으로 보는 문제가 빈번하게 발생하고 있음을 지적하며 비성차별적인 심리상담에 대한 가이드라인을 만들기 위한 근거로 사용하였다(Evans, Kincade, & Seem, 2020). 이러한 노력으로 인하여 상담자 윤리 규정에 성적 착취를 금지한다는 내용이 포함되었고, 상담자들이 내담자를 성적으로 착취할 수 있는 가능성에 대하여 주의하고 경계할 수 있는 제도적인 바탕이 형성되었다. 이는 국내 심리상담에도 영향을 주었다. 심리상담자에게 자격을 부여하고 윤리적인 활동을 격려 및 감시하는 학회의 윤리 규정을 살펴보면, 내담자에 대한 성적 착취를 금지할 뿐만 아니라 내담자와의 상담관계가 끝나고 나서도 최소 3년 이상은 성관계를 맺지 않도록 하고 있으며, 그 이후에 성적 관계를 맺을 시 착취가 아니라는 입증을 상담자가 하도록 명시하고 있다(한국상담심리학회, n.d; 한국상담학회, n.d.).

이처럼 내담자에 대한 성적 착취를 금지하는 윤리 규정이 강화되는 등 상담자들이 경각심을 갖도록 하기 위한 제도적인 노력 이후에 성적 착취가 줄어들었지만, 근절되지는 않은 것으로 보인다. 가해자는 남성이 많고 피해자는 여성이 많은 일반적인 성폭력과 유사하게, 남성 상담자와 여성 내담자 관계에서 성적 착취가 발생하는 경우들이 지속적으로 보고되고 있다(예: 서울신문, 2019. 5. 30.). 상담관계에서 발생한 성착취로 인하여 내담자들은 결과적으로 전문적 도움을 받지 못할 뿐만 아니라, 피해를 다루고 심리적 고통으로부터 벗어나기 위한 추가적인 노력을 들여야 하는 어려움을 겪게 된다. 또한 심리상담에 대한 사회적인 신뢰도 역시 저하되어 심리상담 전문가들이 집단적인 수준에서 피해를 입게 되는 측면도 있다.

지금까지 여성들이 심리상담에서 도움을 받고자 할 때 방해가 되는 네 가지 요인으로 남성을 기준으로 삼고, 성 고정관념과 전통적 성역할을 강화하며, 젠더화된 심리적 고통에 대한 이해가 부족하고, 상담에서 성적 착취가 발생하는 측면에 대하여 살펴보았다. 이러한 요인에 대한 대안으로 시작되고 발전해 온 것이 바로 여성주의상담이다. 이하에서는 여성주의상담에 대하여 구체적으로 살펴볼 것이다.

3. 여성주의상담

1) 정의와 원리

널리 알려진 상담이론(예: 정신분석, 인간중심상담, 인지행동치료 등)이 소수의 전문가에 의하여 개발된 것과는 달리, 여성주의상담은 여러 여성주의상담 전문가의 참여와 기여를 통하여 형성되고 발전해 왔다(Corey, 2010). 그래서 학자에 따라 여성주의상담에 대하여 설명할 때 약간의 차이를 보인다. 여기에서는 대표적인 세 가지 정의를 제시하였다.

『여성주의상담의 전복적 대화: 젠더와 권력의 정복(Subversive Dialogues Theory in Feminist Therapy)』(2012), 『여성주의 상담: 이론과 적용(Feminist Therapy)』(2020)을 저술한 로라 브라운(Laura Brown)은 여성주의상담을 여성주의 철학과 분석, 여성 및 젠더심리학과 관련한 다문화 관점을 기반으로 상담자와 내담자의 삶과 사회적·정서적·정치적 환경에서 여성주의적 진보와 번영 및 사회 변화를 이루기 위한 전략과 해결 방법을 제시하는 상담이라고 정의하였다. 미국에서 출판된 여성주의상담 교과서인 『여성주의상담 개론: 사회적·개인적 변화를 위한 전략(Introduction to Feminist Therapy: Strategies for Social and Individual Change)』을 집필한 에반스, 킨케이드와 씸(Evans, Kincade, & Seem, 2020)은 여성만이 아니라 모든 인간에 대한 내적 억압과 외적 억압을 없애는 데 초점을 맞추는 상담이라고 정의하였다. 마지막으로, 국내 여성주의상담 전문가인 김민예숙(2011)은 여성주의 철학에 입각하여 여성 및 사회적 소수자의 권력 강화를 조력하고 사회를 변화시키려는 상담이라고 하였다.

이 세 가지 정의를 통합해 보면, 여성주의상담의 정의에서 다음의 세 가지 강조점을 찾아볼 수 있다. 첫째, 여성주의 철학을 기반으로 하고 있다는 점이다. 여성주의 철학은 성차별적인 억압을 뿌리 뽑기 위하여 가부장제 사회에서 남성들이 누리는 특권과 여성들에 대한 억압을 분석하는 과정에서 발전한 사상이다. 구체적인 내용은 이 책의 제1장 '여성심리학 개관'에 자세히 설명되어 있으니 참조하기 바란다. 둘째, 여성뿐만 아니라 소수자, 더 나아가 모든 인간이 여성주의상담을 받고 혜택을 누릴 수 있다는 점이다. 여성주의상담에서 강조하는 내담자 집단은 사회적인 소수자로, 사회적인 억압을 경험하는 사람들이다. 셋째, 개인의 변화뿐만이 아니라 사회의 변화를 추구한다는 점이다. 사회의 변화를 추구하는 면은 개인의 심리적 고통과 증상에 집중하는 다수의 상담이론과 비교할 때 상당한 차이를 보이는 부분이다. 종합하자면, 여성주의상담은 여성주의 철학을 바탕으로 여성뿐만 아니라 다양한 소수자를 내담자로 만나서 그들의 변화뿐만 아니라 억압적인 사회의 변화도 함께 추구하는 상담이라고 할 수 있다.

여성주의상담의 원리는 이러한 정의를 바탕으로 여성주의상담이 지향해야 하는 가치를 담고 있으며, 원리 역시 학자에 따라 구체적인 내용에서 약간의 차이가 있다. 에반스, 킨케이드와 씸(2020)은 다음과 같이 네 가지로 정리하였다.

① **개인적인 것은 정치적인 것**: 개개인들이 경험하는 문제들은 개인에게서 비롯된 것이 아니라 그들이 살고 있는 사회적 · 정치적 · 시대적 맥락에 근거를 둔 보편적인 문제로 본다.

② **평등한 관계**: 상담자와 내담자 관계에 있는 권력 차이를 인식하지 못하면 상담자가 권력을 남용하게 될 수 있고, 그 결과 내담자가 도움을 받지 못하거나 해를 입을 수 있다. 현실적으로 상담관계가 완전히 평등할 수는 없음에도 불구하고 불필요한 권력 차이를 줄이는 것의 중요성을 강조하기 위하여 "상담자와 내담자는 평등을 지향한다."라고 작성하기도 한다(여성주의상담연구회, 2017).

③ **여성의 경험 존중하기**: 전통적인 심리학에서 남성의 경험을 중심에 두고 여성의 경험 혹은 소수자들의 경험에 대해서는 가치를 부여하지 않는

경향이 있기 때문에, 여성과 소수자들의 경험을 가치 있고 정상적인 것으로 보고 존중하는 것을 강조한다.

④ 권력 강화: 여성주의상담에서는 증상을 병리화하고 이를 없애는 것에 집중하기보다 여성들이 자신이 원하는 방향으로 삶을 변화시키고 삶에 제약이 되는 현실을 바꿔 나가도록 필요한 자원을 가지고 활용하는 것을 강조한다.

2) 발달과정

우리나라에서는 1970년대 후반에 대학에서 여성학 강의가 시작되며 여성주의 의식을 높일 수 있는 교육적 배경이 형성되었고, 1980년대에 사회활동가들이 가정폭력, 즉 남편이 아내에게 행사하는 폭력의 심각성을 알리고 가정폭력의 사회적 · 제도적 해결을 추구하며 1983년에 창립된 여성단체인 여성의 전화가 여성주의상담을 활용하여 가정폭력으로 피해를 경험한 여성들을 지원하기 시작한 것이 여성주의상담의 태동에 계기가 되었다(강문순, 2003; 김민예숙, 2011). 여성주의상담을 활용하여 남편으로부터 폭력을 입은 여성들이 겪는 심리적인 어려움에 공감하고 그들이 호소하는 문제의 심각성을 타당화하며, 가정폭력 피해를 해결해 나갈 수 있는 개인적이고 사회적인 방안을 모색해 나간 것이다. 국내 여성주의상담 발달에 영향을 미친 미국의 경우에도 1960년대에 인종, 민족, 성별 등을 기반으로 한 정치적 차별에 강력하게 반대하는 시민권 운동이 확산되면서 여성인권운동이 시작되었으며, 그러한 흐름 속에서 여성주의상담이 탄생하였다(Brown, 2020). 그 과정에서 중요한 역할을 담당한 것 중 하나가 바로 의식향상 집단(consciousness raising group)이다. 여성인권운동에 참여하던 여성들이 자연스럽게 모이면서 의식향상 집단이 시작되었고, 그 안에서 자유롭게 개인적인 이야기를 나누며 자신들이 겪고 있는 어려움이 개인적 결함으로 인한 것이 아니라 여성을 둘러싼 사회적 조건으로 인하여 발생한 결과라는 깨달음을 얻었다(Brown, 2020). 그 후 의식향상 집단에 참여한 여성 상담자들은 1970년대에 여성주의상담자 공동체를 형성하여 여성주의상담을 만들어 가는 주역이 되었다(Brown, 2020). 국내와 미국에서 여성주의상담의 초기 역사를 살펴보면, 가부장적이고 성차별적인 사회에 대항하는 시민운동이 중요한 배경이 되었음을 알 수 있다.

이후 교육을 통하여 여성주의상담이 이어져 왔는데, 다수의 상담이론 교육이 이루어지는 방식과는 다른 특징을 보인다. 국내에서 여성주의상담이 시작된 이후 여성운동의 결과로 「여성폭력방지기본법」이 제정되었고, 피해자를 지원하기 위하여 법에 근거하여 가정폭력 전문상담원 교육, 성폭력 전문상담원 교육, 성매매 전문상담원 교육을 실시하게 되었는데 100시간으로 이루어진 각 교육에서 약 3~7시간 정도가 여성주의상담을 가르치는 데 할애되고 있다(김민예숙, 2011). 이와 같은 상담원 교육은 주로 여성단체나 복지사업을 하는 기관에서 제공하고 있으며, 상대적으로 여성주의상담을 가르치는 대학 내 교육과정은 드문 편이다. 그 외에도 한국여성심리학회 산하 여성주의상담연구회에서도 여성주의상담 교육을 제공하고 있다(여성주의상담연구회, 2023).

여성주의상담이 시작된 이래로 여성주의상담이 더 확산되고 남성 상담자들도 참여하는 등의 발전을 이루었으며, 여성주의상담에서 고유하게 강조되었던 상담 개입이나 윤리적 원칙들(예: 상담 전에 내담자의 권리를 명시한 동의서를 받음)이 타 상담이론에서도 중요한 윤리적 요소로 자리를 잡는 등(Hare-Mustin et al., 1979) 전반적인 심리상담의 영역으로 확산되어 왔다.

3) 여성주의상담의 변화 기제

각 상담이론에는 내담자의 변화를 촉진하는 고유한 원칙과 방식이 있다.

여성주의상담은 크게 두 가지 원칙을 반영하고 있다. 바로 여성주의 의식 향상과 내담자의 권력 강화이다(Brown, 2020). 이하에서 두 가지 변화 기제에 대하여 자세히 살펴보도록 하겠다.

(1) 여성주의 의식 향상

여성주의상담에서는 내담자가 여성주의 의식을 가지도록 돕는 것을 강조한다. 여성들이 경험하는 다수의 어려움은 여성주의 관점으로 해석하고 이해할 때 해소될 가능성이 높기 때문이다. 여성주의 의식 향상의 효과를 이해하기 위해서는 여성주의 정체성에 관한 연구결과를 참조할 수 있다. 해외 연구들에서 여성주의 정체성의 발달단계가 높은 경우, 다시 말해 여성주의 의식을 가진 경우, 높은 자존감(Fischer & Good, 2004), 자기효능감(Foss & Slaney, 1986), 학업적 성취(Valenzuela, 1993)로 연결되었으며, 여성주의 정체성 발달단계가 낮은 경우와 달리 성차별 경험 이후 섭식장애를 경험하지 않았다(Sabik & Tylka, 2006)는 연구결과를 발견할 수 있다. 국내 연구에서도 20, 30대의 결혼하지 않은 여성을 대상으로 하였을 때, 여성주의 정체성 발달 수준이 낮은 경우에는 일상적으로 발생하는 성차별 경험이 많을수록 자존감이 낮아졌으나, 정체성 발달 수준이 높은 경우 성차별 경험이 자존감에 영향을 주지 않은 것으로 드러났다(최이현, 2020). 동일한 수준의 성차별 경험을 하는 경우, 여성주의 정체성 발달 수준이 높을수록 자존감에 부정적인 영향을 덜 받게 되는 것이다.

여성주의 의식이 향상되는 과정을 여성주의 정체성 발달과정으로 이해할 수 있으며, 이는 여성주의 정체성 발달 모델로 이론화되었다(Downing & Roush, 1985). 다우닝(Downing)과 루시(Roush)의 여성주의 정체성 발달 모델은 미국에서 흑인들이 사회적 소수자이자 사회적으로 차별받고 있음을 인식하고, 건설적인 방향으로 차별을 다루어 나갈 수 있는 역량이 향상되는 과정을 설명할 수 있는 흑인 정체성 발달 모델을 참고하여 만들어졌다. 여성주의 정체성 발달 모델의 구체적인 내용은 〈표 10-1〉에 제시되어 있으며, 수동적 수용(passive acceptance), 눈뜸(revelation), 빠져듦-확산(embeddedness-emanation), 통합(synthesis), 적극적 전념(active commitment)의 다섯 단계로 이루어져 있다.

여성주의 정체성 발달 모델을 적용할 때, 초기 단계에서 발달을 통해 상위 단계로 가는 일방향적이고 불가역적인 특징을 보이지 않을 수도 있다(Worell & Remer, 2004). 예를 들어, 가부장적 문화와 사회 시스템에 대한 통찰을 바탕으로 성폭력을 근절하고자 적극적으로 사회운동에 참여하는 한 이성애자 여성이 남자 친구와 함께 길을 걸을 때에는 그가 여자 친구인 자신을 충분히 보호해 주지 않는다는 성 고정관념에 기반한 불만을 느낄 수 있다. 즉, 반성폭력 사회운동에서는 적극적 전념 단계에 있지만, 남자 친구와의 관계에서는 수동적 수용 단계에 있는 것이다. 이처럼 삶의 영역이나 주제에 따라 여러 단계의 특성이 동시에 나타날 수 있기 때문에 발달단계(stages)가 아닌 차원(dimensions)으로 설명하기도 한다(Fischer & Good, 2004). 특히 피셔(Fischer)와 굿(Good)은 해당 연구에서 여성주의 정체성 발달 모델의 다섯 가지 차원 중 눈뜸에서 분노를 통한 심리적 고통이 야기되는 경로가 존재한다고 설명하였다.

표 10-1 여성주의 정체성 발달 모델

단계	특징
수동적 수용	• 전통적 성역할과 차별을 수동적으로 수용함 • 전통적 성역할을 따르는 것이 유익하다고 믿음 • 남성을 여성보다 우월한 존재로 여김
눈뜸	• 일련의 위기가 촉매제가 되며, 자신과 역할에 대한 의문을 가지게 되고, 분노와 죄책감을 느낌 • 이원적 사고를 함 • 남성에 대하여 부정적으로 인식함

빠져듦-확산	• 다른 여성들과 연결감을 느끼고 새로운 정체성을 긍정하고 강화시킴 • 상대적인 사고를 더 많이 하게 되고 남성들과 조심스럽게 상호작용함
통합	• 진정성 있고 긍정적인 여성주의자 정체성 발달 • 성역할을 초월 • 세상과 유연하게 잠정적인 평화 협정을 맺음 • 남성을 개인으로 평가함
적극적 진념	• 여성주의자 정체성을 공고하게 함 • 성차별이 없는 사회를 형성하기 위하여 의미 있는 행동에 전념함 • 개인의 상황에 맞고 합리적인 행동을 함 • 남성이 여성과 평등하지만, 여성과 똑같은 것은 아니라고 여김

출처: Downing & Roush (1985).

남성이 여성주의 의식을 갖게 되는 경우에 관해서는 어떻게 설명할 수 있을까? 가부장제에서 여성은 사회적 위치로 인하여 억압을 받는 반면, 남성은 남성이라는 사회적 위치로 인한 특권(male privilege)을 가지게 된다. 그러나 모든 여성이 자신이 경험하는 억압을 알아차리는 것이 아닌 것과 같이 남성도 가부장제 사회에서 살면서 주어진 특권을 알아차리기 어렵다(McIntosh, 1988). 그뿐만 아니라 남성으로서 특권이 있다 하더라도 개개인의 상황에 따라 인종, 계급, 성적 지향, 장애 등 다양한 요인으로 인해 소외되고 중심에서 밀려나게 되면서 남성으로서 특권이 희석되기 때문에 인식하기 어려울 수 있다는 설명도 있다(Coston & Kimmel, 2012). 여성주의상담에서는 여성과 여성 내담자에 관한 연구와 논의가 더 활발했기 때문에 남성의 여성주의 의식이나 남성 특권에 관한 경험적 연구는 적은 편이며 앞으로 관심을 가지고 연구가 이루어져야 할 부분으로 남아 있다.

(2) 내담자의 권력 강화

여성주의상담의 목표는 내담자의 권력 강화이다(Brown, 2012). 권력 강화는 영어 단어인 empowerment를 번역한 것으로, 더 많은 능력, 권한, 힘을 갖는 것을 의미한다. 여성주의상담에서는 내담자들이 상담에 와서 호소하는 고통은 주로 사회의 다수가 따르는 가치(예: 가부장제, 자본주의, 능력주의 등)를 중심으로 이루어지는 구속, 억압, 차별로 인하여 자신이 바라는 삶을 추구할 수 있는 힘을 박탈당했기 때문에 야기된다고 가정한다. 따라서 그러한 힘을 기르도록 돕는 것이 상담자의 중요한 역할이 된다. 이처럼 여성주의상담에서 권력은 중요한 개념이기 때문에 여러 여성주의상담자가 정의를 내리고 구체적으로 설명하기 위한 시도를 해 왔다. 그 내용을 종합해 보자면 현재 고통을 적절하게 다루어서 자신이 원하는 변화를 이루어 가기 위해 필요한 자원이나 능력을 가지고 이를 활용하는 것이라고 할 수 있다(Brown, 2012; Worell & Remer, 2004). 그 변화는 개인 내적인 변화뿐만 아니라 대인관계, 사회 및 정치 제도와 관련된 것으로 확대될 수 있다고 설명한다(Jordan et al., 2018). 예를 들어, 성폭력 피해 이후 분노, 수치심, 불안으로 힘들어하는 여성이 있다면, 이때 필요한 권력은 강렬하고 부정적인 감정을 진정시킬 수 있는 심리적 기술, 사법제도 등을 통해 가해자를 처벌하기 위한 정보, 그 과정에서 도움을 줄 수 있는 전문가에 대한 접근성, 위로와 도움을 줄 수 있는 가까운 사람들이 될 것이다.

권력을 여러 방식으로 분류하여 설명하기도 한다. 브라운(2020)은 권력을, ① 신체(예: 자신의 신체와 연결감을 느끼는 것, 자신이나 타인을 해치지 않는 범위 내에서 신체적인 욕구를 충족시키는 것), ② 개인 내 심리(예: 자신의 생각을 알아차리고 현실성과 유용성을 검토하는 것, 심리적 유연성), ③ 대인관계와 사회적 맥락(예: 타인들과 친밀감을 형성하고 유지하는 것), ④ 영성과 실존(예: 외부 상황이 힘든 경우에도 삶의 의미를 찾고 유지할 수 있는 것)이라는 네 가지 영역으로 나누어 설명하였고, 이처럼 다양한 영역에서의 권력 강화를 고려해야 한다고 하였다. 또한 존슨(Johnson, 1976)은 권력을 사용 방식에 따라서 나누어 설명하였는데, ① 직접 사용 대 간접 조종, ② 구체적이고 개인적인 능력 사용(예: 무거운 짐을 나를 때 자신의 힘을 써서 옮김) 대 관계에서의 호감 사용(예: 무거운 짐을 나를 때 힘이 센 사람에게 부드럽게 부탁), ③ 권력을 드러내고 유능해 보이는 전략 사용 대 권력을 감추고 무능해 보이는 전략 사용으로 구분하여 설명하였다. 더 나아가 존슨은 여성들이 간접 조종, 관계에서 호감 사용, 권력을 감추고 무능해 보이는 전략을 주로 사용하는 경향이 있으며, 그러한 권력 사용 방식으로 인하여 자신이 원하는 것을 달성하는 경우에도 스스로 성취했다는 자신감이나 유능감을 느끼기 어려워 자존감이 낮아지는 결과로 이어진다고 설명하였다.

4) 여성주의상담의 개입방법

다양한 상담이론으로 훈련을 받은 전문가들이 여성주의상담을 개발하고 발전시켰기 때문에 여성주의상담에서는 다양한 개입방법, 즉 상담 기법을 활용할 수 있다. 그중에 여성주의상담의 고유한 개입방법인 권력 분석과 성역할 분석에 대하여 살펴보도록 하겠다.

(1) 권력 분석

권력 분석은 내담자가 상담을 받게 된 문제 및 어려움과 관련된 권력과 무력을 분석하고, 권력을 강화시킬 수 있는 방법을 발견하기 위하여 활용할 수 있는 개입방법이다. 권력 분석을 실행하는 여러 가지 방법이 있으며, 여기에서는 권력의 수레바퀴([그림 10-1] 참조)를 활용하는 방법을 제시하고자 한다. 권력의 수레바퀴는 내담자의 정체성이나 특성에 따라 권력을 갖게 되는 경우(중앙의 가로선을 기준으로 위쪽), 무력하게 되는 경우(중앙의 가로선을 기준으로 아래쪽)를 시각화한 것이다. 바퀴살(선)에는 어떠한 특성이 권력으로 이어지거나 무력으로 이어지도록 하는 사회적인 문화나 기준들이 제시되어 있다. 예를 들어, '매력적인'이 권력과 연결되고 '매력 없는'이 무력과 연결되는 것은 외모에 근거하여 차별하는 사회문화를 기준으로 이루어지는 것이다. [그림 10-1]에 나와 있는 내용 외에도 사람과 상황에 따라 다양한 내용을 찾을 수 있다.

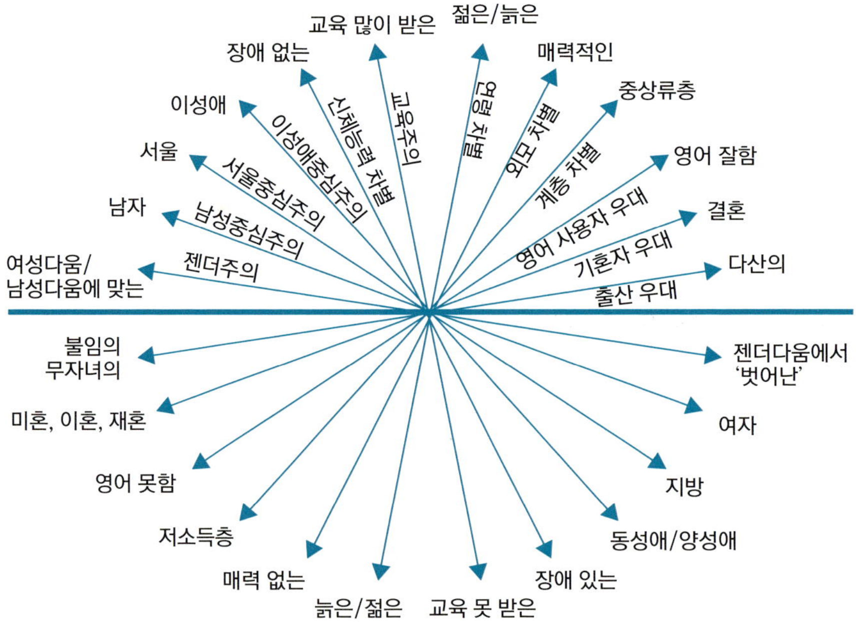

[그림 10-1] 권력의 수레바퀴

출처: Brown (2012), 저자의 허락을 받고 실음.

예를 들어, 지방에 거주하는 중산층 이성애자 여성으로, 짧은 머리에 중성적인 옷을 입고 다녀서 한눈에 성별을 구별하기 어려운 외모를 가진 20대 중반의 A가 있다고 해 보자. 권력의 수레바퀴에서 찾아본다면 '여성' '지방' '젠더다움에서 벗어난'의 측면에서 A는 아래쪽에 있는 무력의 자리에 놓이게 되고, '중상류층' '이성애' '장애 없는'의 측면에서 위쪽의 권력의 위치에 놓이게 된다. 참고할 점은, A가 일상에서 자신이 가진 권력이나 무력을 알아차리지 못할 수 있다는 점이다. A는 다수의 사람이 그러하듯 자신에게 장애가 없다는 것이 권력이 될 수 있다고 생각해 본 적도 없을 수 있다. 그러나 다리에 부상을 입고 휠체어를 타고 다녀야 하는 사람이 대중교통을 이용할 때 어려움을 겪게 되고, 방문하려고 하는 건물에 휠체어로 들어갈 수 있는 입구가 잘 되어 있는지 여부를 미리 고민해야 한다는 점을 고려해 본다면, 그러한 어려움이 없는 경우에 권력의 위치에 처하게 된다는 것을 이해할 수 있을 것이다.

이처럼 권력의 수레바퀴를 사용하여 내담자가 현재 겪고 있는 어려움과 관련된 내담자의 권력 혹은 무력을 찾아 권력이 있는 특징을 의식적으로 활용하고, 무력을 느끼게 하는 특징 중에서 권력을 갖게 하는 특징으로 바꿀 수 있는지를 검토해서 가능한 경우 변화해 갈 수 있는 방법을 모색할 수 있다. 사람들은 자신에게 이미 있는 자원이나 장점을 충분히 인식하지 못해서 이를 활용하지 못하는 경우도 많기 때문에, 그런 경우라면 권력의 수레바퀴를 활용하여 자신의 자원과 장점을 알아차리고 활용하도록 동기를 부여할 수 있다. 더불어 자신의 문제와 관련된 다양한 사회적 요인을 충분히 검토하기보다 자신을 비난하며 더욱 무기력해지는 경우도 빈번한데, 이러한 경우에도 권력의 수레바퀴를 활용한 권력 분석이 도움이 된다. 자신을 무력하게 만드는 특징과 그 특징이 무력의 위치에 놓이도록 하는 사회문화적 기준을 발견할 때 자기 비난을 멈추고 현재의 사회문화 속에서 가능한 변화를 추구하거나, 자신을 무력하게 하는 사회문화 자체를 변화시키기 위하여 주의와 노력을 집중하도록 동기를 부여할 수 있다. 권력 분석의 마지막 단계에서는 권력의 수레바퀴가 고정되어 있는 것이 아니며 굴러갈 수 있다는 점을 내담자가 기억하고 변화를 추구할 수 있도록 돕는 것이 중요하다.

(2) 성역할 분석

사람들에게 심리적 고통이 발생하는 흔한 경우 중 하나는 바로 자신의 소망, 의지, 선호와 맞지 않는 역할을 수행해야 할 때이다. 여성주의상담에서는 대다수의 여성 내담자가 고정된 성역할로 인하여 심리적 문제를 겪게 된다는 점에 주목하였고, 이를 직접적으로 다루기 위하여 성역할 분석을 상담 개입방법으로 활용하고 있다(Worell & Remer, 2004).

성역할 분석은 다음의 순서에 따라 실행할 수 있다(김민예숙, 2012).

첫 번째 단계에서는 내담자의 호소 문제와 관련된 성역할 메시지를 드러내서 확인한다. 예를 들어, 첫째 딸로서 부모님의 기대에 맞게 모범적으로 행동하고 동생들에게도 좋은 언니가 되기 위해 노력해 온 결과로 번아웃이 온 30대의 내담자가 있다면, "맏딸로서 부모님의 기대에 따라 행동하고 동생들에게도 본보기가 되어야 한다."라는 메시지를 내면화하였음을 발견한다.

두 번째 단계에서는 그 메시지를 지켰을 때와 지키지 않았을 때의 이익과 손해를 분석한다. 부모님의 기대에 따라 산다면, 부모님으로부터 인정받고 가족 관계를 원만하게 유지할 가능성이 높다. 대신 자신이 아닌 타인이 바라는 것에만 집중하고 자신이 원하는 것에 대해서는 관심을 충분히 쏟지 못하기 때문에 긴장감과 피로도가 높아지고, 자신이 원하는 삶과는 멀어지게 될 수 있다. 그로 인하여 우울감과 무력감도 겪게 될 수 있다. 반대로, 그 메시지를 지키지 않으면 자신에게 집중하고 자신이 원하는 바를 실현하기 위하여 에너지를 집중할 수 있어서 전반적인 만족감이 높아질 수 있지만, 가족들로부터 '이기적이다'와 같은 부정적인 이야기를 들을 수 있고, 가족과의 관계가 나빠질 수도 있다.

세 번째 단계에서는 변화 여부를 결정하게 된다. 그 메시지를 계속 따를 것인지 아니면 새로운 메시지로 변경할 것인지를 결정하는 것이다. 모든 결정에는 긍정적 결과와 부정적 결과가 따르기 때문에 이 단계는 어려울 수 있다. 따라서 현재의 문제를 해결하고 개선하기 위해서 무엇이 도움이 될 수 있는지 분석할 필요가 있다. 자신보다는 타인의 필요와 의견을 더 중요하게 생각하는 삶을 살며 자존감이 낮아진 경우라면, 자신을 먼저 존중하고 돌보겠다는 결단을 내리고 이를 실천하지 않는 한 긍정적인 변화가 생기기 어려울 것이다.

마지막으로, 변화를 결심했다면 자신에게 필요한 새로운 메시지를 만들고, 새로운 메시지를 지지해 줄 수 있는 사람과 실천 전략을 찾아본다. 현재 예시의 경우에는 "내가 원하는 것을 명확하게 하고 이를 실현하는 것을 내 삶의 우선순위로 삼는다."와 같은 내용을 새로운 메시지로 정할 수 있을 것이다. 이어서 새로운 메시지에 동의하고 변화하도록 응원해 줄 수 있는 사람들을 구체적으로 떠올려 보고, 새로운 메시지를 일상에서 실현해 나갈 수 있는 방법을 최대한 구체적으로 작성해 보도록 한다.

5) 여성주의상담의 효과

어떠한 상담이론이 누구에게 어떻게 효과가 있는지 근거를 밝히는 것은 심리상담 분야에서 중요한 관심사이며, 주요 연구주제이다. 특히 심리학 분야에서 내담자의 특성, 문화, 선호를 고려하는 임상적 전문성을 바탕으로 개인에게 가장 적합한 상담을 제공해야 한다는 관점인 근거기반상담(evidence based practice; APA Presidential Task Force on Evidence-Based Practice, 2006)이 강조되고 있는 오늘날, 여성주의상담의 효과를 밝히고자 하는 노력은 더욱 중요해지고 있다. 다음에서 여성주의상담을 통하여 내담자들의 심리적 어려움이 개선되고 삶에 긍정적인 변화가 있었는지에 관한 국내외 연구들을 구체적으로 살펴보도록 하겠다.

먼저 대상을 살펴보면, 다양한 여성에게 여성주의상담이 효과가 있음을 보여 주는 연구들이 있다. 예를 들어, 여자 대학생(박애선, 1994), 중년기 여성(김은아, 2012) 이혼한 여성(유경희, 김기중, 2004), 가정폭력 생존자 여성(이

영호, 박지윤, 2014), 성폭력 생존자 여성(김옥희, 김갑숙, 2006), 우울증이 있는 성인 여성(Rungreangkulkij et al., 2021)이 여성주의상담을 받은 경우 효과를 경험하였다. 대다수의 연구에서 여성을 대상으로 하였으나, 가정폭력 가해자인 남성이 경험한 상담효과에 관한 연구(이정윤, 박재연, 2018)도 있었다.

그렇다면 여성주의상담을 통하여 구체적으로 어떤 변화가 발생하는가? 연구결과들을 살펴보면, 우울, 불안, 생활 만족도, 자신감, 자기 사랑, 자기주장성, 자아존중감, 자아효능감, 여성주의 정체성, 기존의 가치체계를 비판 없이 받아들이는 태도 등에서 변화가 있었다(김옥희, 김갑숙, 2006; 박애선, 1994; 유경희, 김기중, 2004; 이영호, 박지윤, 2014). 다시 말해, 여성주의상담을 통하여 부정적인 심리적 증상 등을 완화시키고, 가부장제의 영향을 받아 형성된 부정적인 자기개념이 긍정적으로 변하며, 자신의 필요를 충족하기 위한 적극적 행동능력이 향상될 수 있다. 한편, 여성주의상담의 목표는 내담자의 여성주의 의식을 향상시키고 권력을 강화하는 것이므로, 개인성과척도(Personal Progress Scale; Johnson, Worell, & Chandler, 2005)나 임파워먼트 척도(김성회, 김정미, 2004)를 활용하여 우울, 불안과 같은 개별적인 심리적 문제가 아닌 다양한 심리 영역에서의 권력 강화 여부를 측정할 수도 있다. 여성주의상담과 여성주의상담이 아닌 상담의 효과를 비교한 한 연구결과에 따르면, 여성주의상담을 받은 내담자들이 단기 상담(4회기 이하)과 중장기 상담(7회기 이상)에서 모두 권력 강화 요인들이 다른 상담을 받은 내담자들에 비해 의미 있는 수준으로 증진되었다(Chandler et al., 1999: Brown, 2020에서 재인용).

근거기반상담의 개념에서 볼 수 있는 바와 같이, 동일한 상담이론을 활용하는 경우에도 상담의 효과는 개인의 특성과 그들이 속한 사회의 특징 및 임상가의 전문성에 따라 달라질 수 있다(APA Presidential Task Force on Evidence-Based Practice, 2006). 따라서 사회 속의 다양한 집단에 대한 여성주의상담의 효과에 대한 연구를 지속해 나가며 경험적 정보를 축적할 필요가 있다. 또한 여성주의상담은 내담자와 상담자 개인의 특성에 맞추는 것을 강조하기 때문에 매뉴얼로 만들어서 구조화하기 어려운 특성이 있으며, 상담효과 연구에서 주로 사용하는 무선화된 임상실험(randomized clinical trial)을 활용하기 어려울 수 있다(Brown, 2020). 따라서 내담자와 상담자의 고유한 경험을 드러내는 질적 연구를 활용하여 여성주의상담의 효과를 드러내는 방식도 유용할 것이다.

6) 여성주의상담의 새로운 과제

오늘날의 성차별과 성 고정관념은 과거에 비하여 현저히 줄어들었다고 볼 수 있음에도 불구하고, 여전히 사람들의 삶을 제약하고 잠재성 실현에 방해가 되고 있다. 또한 사회가 변화하면서 새로운 차별과 억압의 형태가 발생하고 있기 때문에 이에 대한 연구와 개입이 필요하다. 예를 들어, 현대의 성차별은 과거에 비해 알아보기 어려운 교묘한 양상을 띠고 있으며(Nadal, 2008), 온라인과 인공지능 등 과거에는 존재하지 않았던 기술을 매개로 한 성착취와 성폭력이 더 많이 발생하고 있다. 이와 같이 새로운 현상에 대한 분석과 이해가 먼저 이루어져야 할 필요가 있다.

여성주의상담에서는 구체적 상담 기법보다는 여성주의 철학이 중요하기 때문에(Brown, 2012) 상담 기법의 정교화에 소홀한 측면이 있다. 따라서 다양한 주제와 상황에 적절한 성역할 분석과 권력 분석을 더욱 구체화하고 정교화시킬 수 있을 것이며, 여성주의 철학과 일치하는 타 이론의 상담 기법을 활용하고 이에 관한 연구를 수행하는 것도 필요하다.

여성주의상담을 활용하여 여성에 대한 차별과 억압 외에도 다른 종류의 차별과 억압으로 인한 심리적 어려움을 겪고 있는 사람들을 도울 수 있을 것이다. 오늘날 기존의 심리학이 남성이나 백인과 같이 사회적으로 더 많이 대표되어 온 집단의 사람들을 대변해 온 현실을 비판하면서, 다문화 사회정의 상담역량(Ratts et al., 2016)을 강조하고 사회적으로 소외되고 억압받는 집단의 사람들을 효과적으로 돕기 위한 전문가들의 노력이 이어지고 있다. 따라서 여성주의상담은 이러한 흐름과 결합하여 심리학 내에서 관심을 받지 못하거나 왜곡된 관점으로 다루어져 왔던 소수자들의 심리적 안녕과 정신건강을 향상하기 위한 중요한 자원으로 활용될 수 있을 것이다.

토론거리

1. 여러분이 알고 있는 심리학 이론이나 개념 중에서 여성 혹은 남성으로서 자신의 경험을 이해할 수 있도록 도와주는 경우가 있었나요? 반면에 자신에게 잘 맞지 않는 경우가 있었나요? 구체적으로 어떤 이론이 어떤 측면에서 잘 맞거나 맞지 않았는지 나눠 봅시다.
2. 이 장에서 여성주의상담의 기법 중 하나로 권력의 수레바퀴를 활용한 권력 분석을 소개하였습니다. 여기에서 현재 내가 무력을 경험하는 원천과 권력을 경험하는 원천을 하나씩 찾아보고 나에게 미치는 영향에 대하여 나눠 봅시다.
3. 또 다른 여성주의상담의 기법으로 성역할 분석을 소개하였습니다. 여러분들이 내면화한 성역할을 찾아서 성역할 분석을 해 보고 그 내용을 함께 나눠 봅시다.

추천 영상 및 영화

- 광고 〈여자답게 위스퍼〉: 실험을 통해 소녀에 대한 일반적인 고정관념과 이에 관한 부정적 편견을 드러낸 후, 소녀들이 고정관념에 얽매이지 않고 자기 자신으로 자유롭게 살아가며 스스로를 긍정적인 존재로 인식할 수 있도록 격려하는 내용입니다(https://www.youtube.com/watch?v=kYoZcGQaEVA)
- 영화 〈82년생 김지영〉(2019): 결혼 후 전업주부이자 어머니로 사는 30대 여성이 겪게 되는 일상적인 억압과 차별을 담고 있는 영화입니다. 여성을 향한 사회적 차별과 억압, 또한 그것들을 내면화하는 과정과 결과에 대하여 이해할 수 있도록 도와줍니다.
- 영화 〈안토니아스 라인〉(1995): 딸과 단둘이 살고 있는 안토니아가 보수적인 동네에 정착하여 딸과 함께 자신이 원하는 삶을 살아가고, 억압받으며 살아

가는 다른 여성들을 도와서 함께 행복한 삶을 살아 나가는 내용을 담고 있는 영화입니다. 여성을 향한 사회적 차별과 억압에도 불구하고 다른 여성들과 함께 행복하게 살아가는 삶을 간접적으로 경험할 수 있습니다.

추천 논문 및 도서

- 주디스 허먼(Judith Herman)의 『트라우마: 가정폭력에서 정치적 테러까지』(최현정 역, 2022): 트라우마와 외상후 스트레스 장애에 관하여 여성주의적 관점으로 분석하고 치유의 방법을 제시하고 있습니다.
- 클라리사 핀콜라 에스테스(Clarissa Pinkola Estés)의 『늑대와 함께 달리는 여인들: 원형 심리학으로 분석하고 이야기로 치유하는 여성의 심리(Women Who Run with the Wolves: Myths and Stories of the Wild Woman Archetype)』(손영미 역, 2013): 칼 융(Carl Jung)의 원형심리학을 토대로 여성의 심리적 발달단계를 잘 보여 주는 남미의 설화들을 소개한 도서입니다. 여성으로 살아가는 과정에서 반드시 거치게 되는 삶의 단계와 그 단계를 잘 넘어가기 위하여 도움이 되는 원형적인 지혜가 담겨 있습니다.
- 신지수의 『나는 오늘 나에게 ADHD라는 이름을 주었다』(2021): 임상심리사인 저자가 ADHD 진단을 받은 본인의 경험을 바탕으로 쓴 도서입니다. ADHD 진단과 치료에서 젠더 편향이 드러나기 때문에 여자아이와 성인 여성들이 적절한 진단과 치료를 받기 어려운 사회적 맥락을 드러내고 나아가야 할 방향을 제시하고 있습니다.
- 김민예숙의 『여성주의상담: 구조화 모델 워크북』(2013): 여성주의상담을 소개하고 실제로 할 수 있는 방법을 구체적으로 소개한 국내 도서입니다.
- 로라 브라운의 『여성주의상담: 이론과 적용』(정애경 외 공역, 2020): 미국심리학회에서 발행한 상담이론 시리즈 중 여성주의상담에 관한 책으로, 여성주의상담의 배경, 구체적인 내용, 효과 등 다양한 주제를 다루고 있습니다.

참고문헌

강문순(2003). 여성주의 상담의 원리와 전망: 내담자와 상담자의 경험을 중심으로. 계명대학교 대학원 여성학과 석사학위논문.

김민예숙(2011). 미국과 한국의 여성주의상담 역사 비교 분석. 한국심리학회지: 여성, 16(2), 197-218.

김민예숙(2013). 여성주의상담: 구조화 모델 워크북. 한울아카데미.

김성회, 김정미(2004). 여성 임파워먼트 척도 개발. 상담학연구, 5(2), 307-324.

김옥희, 김갑숙(2006). 여성주의 집단미술치료가 성폭력 생존자의 자존감과 불안에 미치는 효과. 미술치료연구, 13(2), 311-335.

김은아(2012). 여신(女神)원형과 젠더(gender) 개념을 결합한 여성주의 집단상담 프로그램 개발과 효과. 서울불교대학원대학교 석사학위논문.

김혜경(2012). 대학생의 상담전문가에 대한 도움요청 연구: 도움요청태도가 도움요청의도에 미치는 영향. 청소년복지연구, 14(1), 93-111.

박애선(1994). 여성주의 집단상담이 여대생의 여성주의 정체성 발달수준과 적응변인에 미치는 영향. 숙명여자대학교 대학원 박사학위논문.

서울신문(2019. 5. 30.). "대통령 표창까지 받은 유명 상담사, 그루밍 성폭력 가해자였습니다".

여성주의상담연구회(2017). 여성주의상담자 훈련 과정: 초급 자료집.

여성주의상담연구회(2023). '여성주의상담자 훈련과정: 중급 3기'가 열립니다. https://cafe.daum.net/feministca/5WfW/177

유경희, 김기중(2004). 여성주의 집단상담이 이혼(별거)여성의 심리적 적응에 미치는 효과. 한국심리학회지: 여성, 9(1), 103-119.

이영호, 박지윤(2014). 가정폭력 피해여성의 자아존중감과 자기효능감 향상에 여성주의 집단상담이 미치는 효과. 교류분석상담연구, 4(2), 79-103.

이정윤, 박재연(2018). 여성주의/인지행동 통합모델 집단상담 프로그램이 가정폭력 가해자의 태도와 행동에 미치는 효과. 예술인문사회융합멀티미디어논문지, 8(11), 297-306.

최이현(2020). 여성들의 일상 속 성차별 경험과 자아존중감의 관계. 한양대학교 상담심리대학원 석사학위논문.

한국상담심리학회(n.d.). 상담심리사 윤리강령. https://krcpa.or.kr/member/sub01_5.asp#

한국상담학회(n.d.). 사단법인 한국상담학회 윤리강령. https://counselors.or.kr

American Psychiatric Association (APA). (2023). DSM-5-TR 정신질환의 진단 및 통계 편람(제5판 수정판) [*Diagnostic and statistical manual of mental disorders* (5th ed., text rev.)]. (권준수, 김붕년, 김재진, 신민섭, 신일선, 오강섭, 원승희, 이상익, 이승환, 이헌정, 정영철, 조현상, 김민아 공역). (원저는 2022년에 출판).

APA Presidential Task Force on Evidence-Based Practice. (2006). Evidence-based practice in psychology. *The American psychologist*, *61*(4), 271-285. DOI: 10.1037/0003-066X.61.4.271

Brannon, L. (2012). 젠더 심리학: 여성과 남성에 대한 심리학적 이해(원서 6판). [*Gender: Psychological perspectives* (6th ed.)]. (홍주연, 조성원 공역). 한티미디어. (원저는 2010년에 출판).

Broverman, I. K., Broverman, D. M., Clarkson, F. E., Rosenkrantz, P. S., & Vogel, S. R. (1970). Sex-role stereotypes and clinical judgments of mental health. *Journal of Consulting and Clinical Psychology*, *34*(1), 1-7. https://doi.org/10.1037/h0028797

Brown, S. L. (2012). 여성주의상담의 전복적 대화: 젠더와 권력의 정복 (*Subversive dialogues theory in feminist therapy*). (김민예숙, 강문순, 손연주 공역). 한울아카데미. (원저는 1994년에 출판).

Brown, S. L. (2020). 여성주의상담: 이론과 적용 [*Feminist therapy* (2nd ed.)]. (정애경, 김은하, 윤은희, 이지연 공역). 학이시습. (원저는 2018년에 출판).

Corey, G. (2010). 심리상담과 치료의 이론과 실제(제8판). [*Theory and practice of counseling and psychotherapy* (8th ed.)]. (조현춘, 조현재, 문지혜, 이근배, 홍영근 공역). 시그마프레스. (원저는 2009년에 출판).

Coston, B. M., & Kimmel, M. (2012). Seeing privilege where it isn't: Marginalized masculinities and the intersectionality of privilege. *Journal of Social Issues*, *68*(1), 97-111. doi:10.1111/j.1540-4560.2011.01738.x

Downing, N. E., & Roush, K. L. (1985). From passive acceptance to active commitment: A model of feminist identity development for women. *The Counseling Psychologist*, *13*(4), 695-709.

Estés, C. P. (2013). 늑대와 함께 달리는 여인들: 원형 심리학으로 분석하고 이야기로 치유하는 여성의 심리 (*Women Who Run with the Wolves: Myths and Stories of the Wild Woman Archetype*). (손영미 역). 이루. (원저는 1996년에 출판).

Evans, K. M., Kincade, E. A., & Seem, S. R. (2020). 여성주의상담 개론: 사회적 · 개인적 변화를 위한 전략 (*Introduction to feminist therapy: Strategies for social and individual change*). (김민예숙 역). 한울아카데미. (원저는 2011년에 출판).

Fischer, A. R., & Good, G. E. (2004). Women's feminist consciousness, anger, and psychological distress. *Journal of Counseling Psychology*, *51*(4), 437-446.

Foss, C. J., & Slaney, R. B. (1986). Increasing nontraditional career choices in women: Relation of attitudes toward women and responses to a career intervention. *Journal of Vocational Behavior*, *28*(3), 191-202.

Gilligan, C. (1997). 다른 목소리로: 심리이론과 여성의 발달 (*In a different voice: Psychological theory and women's development*). (허란주 역). 동녘. (원저는 1982년에 출판).

Hare-Mustin, R. T., Marecek, J., Kaplan, A. G., & Liss-Levinson, N. (1979). Rights of clients, responsibilities of therapists. *American Psychologist*, *34*(1), 3. doi:10.1037/0003-066X.34.1.3

Herman, J. (2007). 트라우마: 가정폭력에서 정치적 테러까지 (*Trauma and recovery: The aftermath of violence-from domestic abuse to political terror*). (최현정 역). 플래닛. (원저는 1997년에 출판).

Johnson, D. M., Worell, J., & Chandler, R. K. (2005). Assessing psychological health and empowerment in women: The personal progress scale revised. *Women & Health*, *41*(1), 109-129. https://doi.org/10.1300/J013v41n01_07

Johnson, P. (1976). Women and power: Toward a theory of effectiveness. *Journal of Social Issues*, *32*(3), 99-110.

Jordan, J. V., Kaplan, A. G., Stiver, I. P., Surre, J. L., & Miller, J. B. (2018). '여성'의 자아: 관계-속-자아 (*Women's growth in connection: Writings from the stone center*). (홍상희, 이주연 공역). 한울아카데미. (원저는 1991년에 출판).

Kohlberg, L. (1958). *The Development of Modes of Thinking and Choices in Years 10 to 16*. Ph. D. Dissertation, University of Chicago.

Mayo Clinic. (2024). *Male depression: Understanding the issues*. Retrieved from https://www.mayoclinic.org/diseases-conditions/depression/in-depth/male-depression/art-20046216

McIntosh, P. (1988). *White privilege and male privilege: A personal account of coming to see correspondences through work in women's studies*. Wellesley Centers for Women.

Nadal, K. L. (2008). Preventing racial, ethnic, gender, sexual minority, disability, and religious microaggressions: Recommendations for promoting positive mental health. *Prevention in Counseling Psychology: Theory, Research, Practice and Training*, *2*(1), 22-27.

Orlinsky, D. E., Rønnestad, M. H., & Willutzki, U. (2004). Fifty years of process outcome research: Continuity and change. In M. J. Lambert (Ed.), *Bergin and Garfield's handbook of psychotherapy and behavior change* (5th ed., pp. 307-390). Wiley.

Owen, J., Tao, K., & Rodolfa, E. (2010). Microaggressions and women in short-term psychotherapy: Initial evidence. *The Counseling Psychologist*, *38*(7), 923-946.

Pope, K. S. (2001). Sex between therapists and clients. In J. Worrell (Ed.), *Encyclopedia of women and gender: Sex similarities and differences and the impact of society on gender* (vol. 2, pp. 955-962). Academic Press.

Ratts, M. J., Singh, A. A., Nassar-McMillan, S., Butler, S. K., & McCullough, J. R. (2016). Multicultural and Social Justice Counseling Competencies: Guidelines for the counseling profession. *Journal of Multicultural Counseling and Development*, *44*(1), 28-48. https://doi.org/10.1002/jmcd.12035

Rungreangkulkij, S., Kaewjanta, N., Kotnara, I., & Saithanu, K. (2021). Voices of Thai women who received gender-sensitive empowerment counseling. *Journal of International Women's Studies*, *22*(1), Article 19.

Sabik, N. J. & Tylka, T. L. (2006). Do feminist identity styles moderate the relation between perceived sexist events and disordered eating?. *Psychology of Women Quarterly*, *30*, 77-84. https://doi.org/10.1111/j.1471-6402.2006.00264.x

Salk, R. H., Hyde, J. S., & Abramson, L. Y. (2017). Gender differences in depression in representative national samples: Meta-analyses of diagnoses and symptoms. *Psychological Bulletin*, *143*(8), 783–822. https://doi.org/10.1037/bul0000102

Seem, S. R., & Clark, M. D. (2006). Healthy women, healthy men, and healthy adults: An evaluation of gender role stereotypes in the twenty-first century. *Sex Roles*, *55*, 247–258.

Seligman, L., & Reichenberg, L. W. (2014). 상담 및 심리치료의 이론(제4판) [*Theories of counseling and psychotherapy: Systems, strategies, and skills* (4th ed.)]. (김영혜, 박기환, 서경현, 신희천, 정남운 공역). 시그마프레스. (원저는 2013년에 출판).

Sue, D. W., & Sue, D. (2011). 다문화 상담: 이론과 실제. [*Counseling the culturally diverse: Theory and practice* (5th ed.)]. (하혜숙, 김태호, 김인규, 이호준, 임은미 공역). 학지사. (원저는 2008년에 출판).

Tannen, D. (2012). 그래도 당신을 이해하고 싶다: 말만 하면 다투는 커플들의 필독서 (*You just don't understand: Women and men in conversation*). (정명진 역). 한언. (원저는 1990년에 출판).

Valenzuela, A. (1993). Liberal gender role attitudes and academic achievement among Mexican-Origin adolescents in two Houston Inner-City Catholic Schools. *Hispanic Journal of Behavioral Sciences, 15*(3), 310–323. https://doi.org/10.1177/07399863930153002

van der Kolk, B. (2020). 몸은 기억한다: 트라우마가 남긴 흔적들(개정판) (*The body keeps the score: Brain, mind, and body in the healing of trauma*). (제효영 역). 을유문화사. (원저는 2015년에 출판).

Wendt, D., & Shafer, K. (2016). Gender and attitudes about mental health help seeking: Results from national Data. *Health & Social Work*, *41*(1), e20–e28, https://doi.org/10.1093/hsw/hlv089

Worell, J., & Remer, P. (2004). 여성주의 상담의 이론과 실제: 여성의 힘을 키워주는 상담여행 [*Feminist perspectives in therapy: Impowering diverse women* (2nd ed.)]. (김민예숙, 강김문순 공역). 한울아카데미. (원저는 2002년에 출판).

제7부

여성과 폭력 및 범죄

제11장 여성과 폭력

제11장

여성과 폭력

박경은

세명대학교

상담심리학과 부교수

이 장에서는 여성 폭력의 범주와 유형별 분류를 살펴보고, 여성 폭력을 이해하기 위한 체계론적 관점을 소개한다. 또한 여성에 대한 폭력이 시작된 역사적 배경을 이해함으로써 여성 폭력의 정의와 구성 개념이 갖는 함의를 고찰해 본다. 이와 함께 여성 폭력 주제에서 절대 다수를 차지하는 폭력피해 여성의 심리적 영향을 소개하고, 이들의 치유와 회복을 위한 사회적·임상적 과정과 요소들을 살펴본다.

이 장의 차례는 다음과 같다.

1. 여성 폭력의 현실과 관점

1) 여성 폭력의 범주와 유형

여성 폭력은 폭력의 범주와 범죄 형태에 따라 여러 유형으로 나눌 수 있다. 전통적으로 폭력 피해는 신체적 폭력에만 국한되어 있었으나, 최근에는 그 범위가 확장되었다. 초기의 분류에서는 성적 및 신체적 폭력이 강조되었고(강효진, 2009; 서경현, 2008; Graves et al., 2005; Makepeace, 1981), 이로 인해 심리적 · 정서적 폭력은 상대적으로 간과되는 경향이 있었다. 이에 따라 스트라우스(Straus, 2004)는 폭력 범주를 신체적 · 성적 · 정신적 · 언어적 폭력으로 분류할 것을 제안하였으며, 정신적 폭력이 다른 폭력 유형에 비해 심각한 폐해를 초래한다는 연구결과(McLewin & Muller, 2006)가 주목받기 시작하였다. 또한 폭력의 핵심에는 상대방을 조정하고 통제하려는 의도가 있음을 강조하면서, 통제적 폭력의 문제에도 주목하게 되었고(Amar & Gennaro, 2005), 폭력의 범주에서도 통제적 유형을 별도로 분류하기 시작하였다.

현재 WHO, UN 등 국제기관의 분류 기준에 따르면 여성 폭력은 신체적 · 성적 · 정서적 · 통제적 · 경제적 폭력으로 구분된다. 국내에서도 2021년에 처음 실시된 여성폭력실태조사는 3년마다 진행될 예정이며, 이 기준을 따르고 있다. 신체적 폭력에는 물건을 던지거나, 흉기로 위협하거나, 밀치거나,

힘껏 떠미는 행위가 포함된다. 성적 폭력에는 원치 않는 성관계를 강요하거나, 외모에 대한 성적 비유를 하거나, 특정 신체 부위를 반복적으로 쳐다보는 행위 등이 있다. 정서적 폭력에는 면박을 주거나 모멸감을 주는 행위, 비하적인 표현이나 욕설, 고함치기, 물건을 던지는 등의 겁주는 행동이 포함된다. 통제적 폭력에는 친구나 가족과의 연락을 금지하거나, 위치를 지나치게 묻는 행위, 외출을 막거나 감금하는 행동 등이 있다. 경제적 폭력에는 금융 자원의 사용을 제한하거나, 양육비 및 생활비 지급 책임을 회피하여 경제적 어려움을 초래하는 행위, 직장이나 교육을 받지 못하게 하는 경우가 포함된다.

특히 친밀한 파트너 폭력(Intimate Partner Violence, 이하 IPV)은 여러 형태의 폭력을 통해 여성을 통제하고, 수치심과 두려움 등의 부정적 정서를 유발하여 폭력적인 관계를 지속시키는 특성이 있다. 틴 보이스(Teen Voice, 2006)는 이를 '폭력의 굴레'라 명명하며, 주된 내용은 [그림 11-1]에 제시하였다. 여기서는 신체적 · 성적 · 경제적 폭력 외에도 통제적 및 정신적 폭력을 더욱 세분화하여 설명한다. 예를 들어, 연인의 일상과 의식주를 통제하는 행위를 '통제하기'로, 관계적 자원을 차단하는 행위를 '소외시키기'로 분류한다. 이러한 세분화가 중요한 이유는 친밀한 관계에서 '소외시키기'는 단순히 행위자의 욕구 충족을 넘어 피해 여성의 관계적 자원을 제한하고 객관적 판단의 기준을 박탈하기 때문이다. 이는 폭력적인 관계를 지속시키고 피해 여성이 상대에 대한 의존도를 높이기 때문에 더욱 문제가 될 수 있다. 또한 정신적 폭력을 감정적 폭력, 비난과 부인, 위협으로 나누어 본 것은 폭력 행위가 피해 여성에게 수치심, 양가감정, 죄책감, 두려움 등을 촉발한다는 점에서 의미가 있다. 이는 행위 중심이 아닌 피해 여성의 심리적 영향을 반영한 폭력 범주 분류의 중요성을 강조한다.

여성 폭력은 범죄 형태에 따라 분류할 수 있으며, 2018년 12월에 제정되어 2019년에 시행된 「여성폭력방지기본법」(이하 「여성폭력방지법」)에서 그 내용을 확인할 수 있다. 이 법은 가정폭력, 성폭력, 성매매, 성희롱, 지속적인 괴롭힘, 기타 친밀한 관계에 의한 폭력, 정보통신망을 이용한 폭력(제3조 제1호)을 포함하고 있다. 이는 기존의 가정폭력, 성폭력, 성매매 범죄 규정을 확장하여 스토킹, 데이트 폭력, 온라인 그루밍 범죄를 여성 폭력의 유형으로 포함한 점에서 의미가 있다. 그러나 법 제정 이후 남성을 배제했다는 비판과 함께, 여성 폭력의 개념과 정의 및 범주가 여전히 모호하다는 지적이 있다. 또한 '친밀한 관계'에 대한 법적 정의를 어떻게 내릴 것인지에 대한 논의도 남아 있다(정도희, 2023). 예를 들어, 통제적 및 경제적 폭력이 '기타 친밀한 관계'에서 발생했을 때 이를 다룰 법적 근거가 부족하다. 이로 인해 법 제정의 목표인 여성의 신체적 · 정신적 안녕과 안전 권리가 충분히 보장되지 않고 있다.

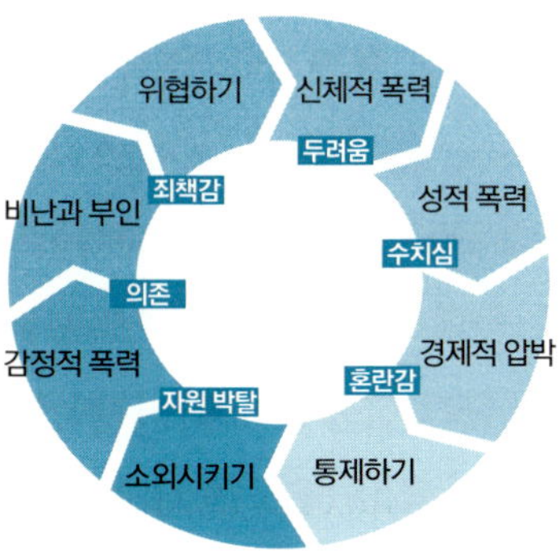

신체적 폭력	밀기, 넘어뜨리기, 물기, 발로 차기, 뺨 때리기, 목 조르기, 머리 잡아당기기, 벽이나 땅으로 밀어붙이기, 물건 던지기
성적 폭력	원하지 않는 성관계 요구하기, 모욕적인 성폭력을 행사하기, 성적 및 신체적으로 부정적 평가하기
경제적 압박	경제활동을 제한하기, 학교 및 직장에 나가지 못하도록 하기, 갖고 있는 재산(경제적 자원)을 모두 압수하기
통제하기	자신과만 시간을 보내도록 강요하기, 의복 제한하기, 일상을 통제하며 보고하도록 하기
소외 시키기	가족이나 친구를 못 만나게 하기, 다른 이성과 대화하지 못하게 하기, 주변 친구들과 접촉하지 않도록 하기
감정적 폭력	이름을 부르며 소리치기, 대중 앞에서 잘못을 말하도록 하기, 강한 수치심을 느끼도록 모욕주기
비난과 부인	상처를 준 후 모든 것이 네 잘못이기 때문에 그에 상응한 대가를 치른 것이라고 말하며 사랑 표현하기, 책임 전가하기
위협하기	거짓 루머를 퍼트리기, 자살을 종용하며 가족 · 친구 등을 위해하거나 살인하겠다고 위협하기, 떠나지 못하게 위협하기

[그림 11-1] 친밀한 관계에서의 여성 폭력 범주

출처: Teen Voice(2006)를 참조하여 재구성.

폭력의 범주와 유형 분류에 관한 논의는 무엇을 폭력으로 정의할 것인지에서 시작된다. 현재 통제적 폭력을 하위 유형으로 구분하여 측정하면서, 폭력의 중심에 통제(control)가 있었는지, 그것이 신체적 폭력으로 이어졌는지에 대한 논쟁이 이어지고 있다. 이 논쟁은 여성주의적 관점에서 젠더 불균형이 남성의 권력과 통제의 시도를 초래하고, 그 결과 여성의 희생으로 이어진다는 의견과, 여성 또한 남성과 같은 방식으로 통제적이고 폭력적이라는 주장을 둘러싸고 여전히 치열한 논쟁이 진행되고 있다. 이와 관련된 내용은 뒤에서 자세히 다룰 예정이다. 존슨(Johnson, 2006)은 친밀한 관계에서의 폭력을 통제와 폭력에 따라 네 가지 유형으로 분류함으로써 이론적 편향성을 극복할 수 있다고 주장하였다. 이후 관련 연구자들은 그의 유형론을 받아들여 현상 이해를 확장해 나가는 추세이다.

그의 분류에 따르면, 첫 번째 유형은 한 사람이 통제와 폭력을 행사하고 상대는 아무런 폭력을 행사하지 않는 친밀한 테러리즘(intimate terrorism)이다. 두 번째 유형은 한 사람이 통제와 폭력을 행사하고 상대는 통제가 없는 폭력을 행사하는 폭력적 저항(violent resistance)이다. 세 번째 유형은 두 사람이 모두 통제와 폭력을 행사하는 상호 폭력적 통제(mutual violence control)이며, 네 번째 유형은 두 사람 모두 통제는 없고 한 사람만 폭력을 행사하는 상황적 커플 폭력(situational couple violence)이다. 존슨(2006)은 이들을 통제 중심의 폭력과 상황적 맥락에 따른 폭력으로 나누었으며, 통제적인 유형이 상대적으로 적기 때문에 더 많은 사례가 필요하다고 지적하였다. 켈리와 존슨(Kelly & Johnson, 2008)은 상황적 폭력이 대다수 커플 폭력 유형을 대표한다고 주장하였다. 한편, 이러한 유형 분류에 따라 위험 수위를 판단할 수 없다는 연구결과(Aizpurua et al., 2021; Kelly & Johnson, 2008)도 있지만, 성별 이분법적인 관점에서 누가 더 빈번하고 위험한 폭력을 행사하는지를 분석하는 연구가 계속되고 있다. 따라서 폭력의 위험 정도와 법적 기준 마련을 위한 논쟁은 계속될 것으로 보인다.

2) 여성 폭력 실태와 현황 분석

국내 여성폭력실태조사는 「여성폭력방지법」에 근거하여 여성가족부에서 실시하는 조사로(제12조 제2항), 2019년 12월 법 시행 이후 2021년에 첫 조사가 이루어졌으며, 3년 주기로 진행될 예정이다. 기존의 성폭력, 가정폭력, 성매매 관련 조사와 별도로, 여성폭력실태조사의 가장 큰 변화는 친밀한 관계에서의 폭력 피해를 폭력 범주별로 통계치로 산출하고, 최근 사회문제로 대두된 온라인 그루밍 피해 경험도 조사한 점이다. 이 절에서는 2021년 여성가족부에서 발간된 여성폭력실태조사의 주요 결과를 간략히 살펴보고, 조사 결과의 함의를 함께 생각해 보겠다.

상술한 조사에서는 만 19세 이상의 성인 여성 7,000명을 대상으로 여성폭력 피해 경험에 대한 전반적인 현황을 제시하였다. 결과에 따르면, 여성폭력의 가장 대표적인 유형은 친밀한 파트너 폭력(IPV)으로, 평생 동안 한 가지 이상의 신체적 · 성적 · 정서적 · 통제 · 경제적 폭력을 경험한 비율이 16.1%로 나타났다. 폭력 유형별로는 정서적 폭력이 61.9%, 신체적 폭력이 52.5%, 성적 폭력이 27.9%, 통제가 21.8%, 경제적 폭력이 10.5%로 집계되었다.

데이트(교제) 폭력을 경험했다고 응답한 여성들은 평생 동안 과거 및 현재 파트너로부터 성적 폭력을 43.2%, 신체적 폭력을 37.8%, 정서적 폭력을 36.4%, 통제를 26.1%, 경제적 폭력을 2.1% 경험한 것으로 나타났다. 피해 당시의 대응으로는 '아무런 대응을 하지 못했다'는 응답이 가장 많았으며, 도움을 요청하지 않은 비율은 통제 피해(87.3%), 성적 폭력(86.4%), 정서적 폭력(81.0%), 경제적 폭력(76.2%), 신체적 폭력(73.5%) 순이었다. 소수이기는 하지만 도움을 요청한 경우에는 가족이나 친척에게 알린 비율이 가장 높았다.

스토킹 피해는 평생 동안 경험한 비율이 2.5%, 지난 1년간의 피해 비율은 0.2%로 나타났으며, 가해자는 전혀 모르는 사람이 32.8%, 헤어진 전 연인이 14.7%, 현재의 파트너가 10.4%로 집계되었다. 스토킹 유형에서는 '기다리거나 지켜보기' 행동이 62.4%로 가장 많았고, '접근하거나 진로 방해'가 47.2%, '우편 또는 전화 등을 이용한 물건, 영상, 문자 보내기'가 30.7%로 나타났다. 스토킹에 대한 당시 대응으로는 '가해자와 마주치지 않기 위해 피해 다니기'가 44.5%로 가장 많았고, '주변 사람들과 상의'가 37.2%, '스토킹 중단을 요구'한 경우가 31.0%, '주위 사람들에게 도움을 요청'한 경우가 24.8%, '경찰 등 수사기관에 의뢰'한 경우가 18.6%로 나타났다.

온라인 그루밍 피해 경험은 만 14~18세 여자 청소년 1,000명을 대상으로 조사한 결과, 70%의 응답자가 낯선 사람과 1:1 대화를 해 본 적이 있으며, 일상 대화는 97.4%, 외모나 신체 관련 대화는 10.5%, 얼굴이나 전신 사진의 교환 요청은 8.8%, 성적 대화는 7.9%로 나타났다. 성인과 1:1 대화를 나눈 경험이 있는 응답자는 34.7%, 성적 대화를 나눈 경우는 27.7%, 대화 후 통화하거나 사진을 교환한 경우는 13.3%, 오프라인 만남으로 이어진 경우는 15.6%였다. 성인과 1:1 대화 경험이 있었던 347명 중 28.8%(전체의 10.0%)는 온·오프라인에서 성적 요구를 받은 것으로 나타났다. 주목할 점은 10명 중 8명의 여자 청소년이 온라인 그루밍에 대해 모르거나 그 정의를 알지 못한다고 응답했고, 10명 중 9명은 자신들에게 접근한 성인들이 처벌 대상이라는 사실을 전혀 모르거나 정확히 알지 못하였다.

이상의 결과를 통해 볼 때, 현 실태의 문제점과 제도의 한계는 다음과 같다. 먼저 여성 폭력은 주로 친밀한 관계에서 발생하지만, 이를 포괄할 수 있는 제도가 미비하다. 특히 데이트 폭력은 「가정폭력범죄의 처벌 등에 관한 특례법」(약칭: 「가정폭력처벌법」)으로 가해자 처벌 및 피해자 보호에 제한이 있어, 기존 법안으로의 편입 및 특별법 제정을 위한 새로운 논의가 필요하다. 「스토킹범죄의 처벌 등에 관한 법률 시행령」(약칭: 「스토킹처벌법 시행령」)은 2021년 제정과 시행으로 사회적 경각심을 일으킨 효과가 있었으나,

실효성이 부족하다는 비판이 계속되고 있다.

가장 큰 문제는 온라인 그루밍 피해를 비롯해 여성 폭력 전반에 걸쳐 피해를 경험한 여성들이 이를 문제로 인식하지 않거나 적절한 도움을 요청하지 않는다는 점이다. 여성가족부에서 2022년에 실시한 가정폭력 실태조사에서도 피해자들은 '별다른 대응을 하지 않았다'(53.5%), '심각하지 않다고 생각한다'(46.1%), '그 순간만 넘기면 될 것 같았다'(40.7%)고 응답하여, 문제에 대한 인식과 대응이 폭력의 재생산으로 이어지고 있음을 알 수 있다. 서울시 여성가족재단의 조사(강희영, 박순주, 2017)에서도 데이트 폭력 경험이 있는 피해자의 약 53%가 가해자와 결혼했다고 응답하였다. 이는 피해를 자각하지 못하는 여성 폭력에 대한 인식 부족과 피해자다움에 대한 요구로 인한 2차 피해의 두려움, 그리고 적절한 도움을 받을 수 없다는 신뢰 부족이 영향을 미쳤을 것으로 추측된다. 따라서 이에 대한 깊은 성찰과 대책이 필요하다.

3) 여성 폭력에 대한 체계론적 관점

'여성 폭력은 왜 일어나는가?' '가해 및 피해는 어떻게 이해할 수 있을까?' '여성 폭력 문제해결의 방법은 무엇인가?' 등의 질문에 답하기 위해서는 여성 폭력 현상을 체계론적 관점에서 이해할 필요가 있다. 체계론은 미시적 · 거시적 차원의 상호작용을 통해 복합적이고 과정적인 현상을 이해하도록 돕는다. 즉, 하나의 현상은 개인, 가족, 사회, 국가 등과의 유기적 연결망의 상호작용 결과물로 끊임없이 변화하며 새로운 경험을 창출한다. 하웨이와 오닐(Harway & O'Neil, 1999)은 여성에 대한 남성의 폭력을 이해하기 위해 일곱 가지 체계론적 구성요소를 제시하였으며, 이를 여성 폭력에 초점을 맞추어 재구성한 내용을 [그림 11-2]로 표현하였다.

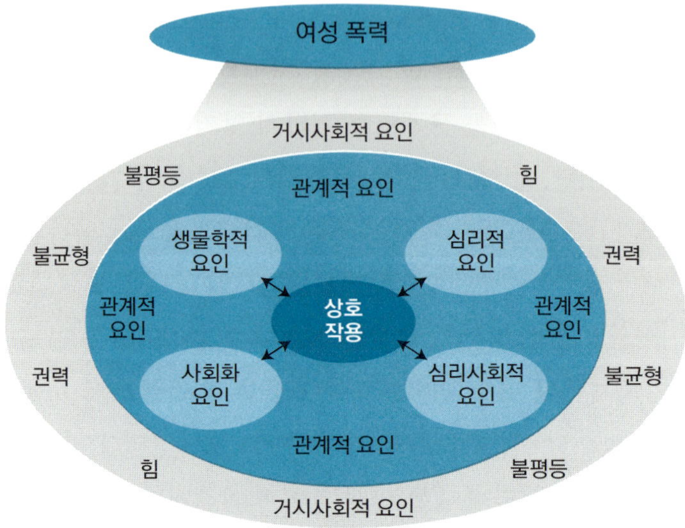

[그림 11-2] 체계적 관점의 여성 폭력에 관여하는 요소들

거시사회적 요인은 사회, 경제, 정치, 문화 등 다양한 사회환경적 요인을 포함하며, 이러한 환경은 역사를 통해 관습으로 전승된다. 여기에는 가부장제도, 성차별적 억압, 빈곤, 실업, 인종주의, 계층주의, 동성애 혐오 등이 포함된다. 이러한 거시적 환경은 권력 불균형이 모든 하위체계에 영향을 미쳐 구조의 안정성에 기여한다. 관계적 요인은 갈등이나 폭력이 발생한 상황적 맥락을 의미하며, 폭력에 관여한 주체들의 상호작용과 의사소통 방식이 여기에 포함된다. 이 상호작용은 세대 간의 경험, 두 사람의 과거 상호작용, 일상에서의 소통 방식 등을 포괄하며, 이러한 관계 역학은 모든 체계가 관여된 복잡한 역동성을 나타낸다. 가족 환경, 성격, 가치관 등이 상호작용하며, 거시적 환경의 권력이 내재된 가치관은 사회화를 거치며 각 개인의 심리적 요인, 소통 방식 등에 영향을 미친다. 이 모든 체계의 상호작용 결과로 여성 폭력이 발생한다.

생물학적 요인은 폭력에 관여하는 신경해부학적 · 호르몬적 · 진화론적 요소를 설명한다. 예를 들어, 남성 호르몬인 테스토스테론, 여성의 월경전 증후군과 관련된 에스트로겐, 세로토닌, 노르에프네프린, 도파민, 모노아민 옥시디아제(MAO) 등의 호르몬, 전두엽 기능장애, 뇌 반구의 기능장애, 두부 손상의 병력 등이 관계 폭력에 영향을 미친다. 그러나 생물학적 요인은 단독으로 설명될 수 없으며, 사회적 · 문화적 요인과 함께 해석될 때 설득력이 강해진다. 사회화 요인은 남성과 여성이 사회에서 각자의 성역할 정체성을 내재화한 정도와 이로 인해 폭력에 기여하는 역동을 설명한다. 남성의 폭력에 익숙해진 여성은 외모지상주의에 따라 자신을 평가하고, 가족과 사회를 위해 희생하며, 남성보다 낮은 사회적 성취를 당연하게 여기는 남성우월주의 이데올로기의 영향을 받는다. 남성 또한 이상화된 남성성에 도달하지 못할 것에 대한 두려움, 권력 상실에 대한 불안, 정형화된 성역할 정체성이 위협받을 때 느끼는 불안을 폭력으로 해소해 온 역사적 영향이 있다.

심리사회적 요인은 인구통계학적 특성인 나이, 직업 유무, 경제적 수준, 사회적 지위, 사회적 고립, 술과 약물 남용, 스트레스원 등이 심리적 의식과 무의식에 미치는 영향과 관련된다. 폭력의 세대 간 전수는 많이 연구된 주제 중 하나로, 가정폭력은 사회경제적 수준(SES)이 낮은 집단에서 빈번하게 발생한다. 이를 직접 경험하거나 목격한 개인은 상황을 해석할 수 있는 다양한 인지적 대안을 갖지 못하고 정서 조절의 경험이나 자원을 얻지 못하게 된다. 이는 다시 세대 간 전수로 이어져 배우자 관계에서의 갈등 해결 및 의사소통 방식의 미숙함을 초래한다. 심리적 요인은 폭력 경험에 영향을 미치는 인지적 · 정서적 · 행동적 결함을 포함하며, 우울증, 낮은 자존감 등의 정신적 질환과 성역할 갈등, 문제해결 능력 부족 등이 이에 해당한다.

토론거리

〈서론〉

1. 성별 이분법적인 관점에서 이루어지고 있는 폭력의 범주와 유형 분류에 대한 연구자들 사이의 의견 차이에 대하여 논의해 봅시다.
2. 여성 폭력 통계자료를 볼 때, 현행 우리나라 폭력방지 및 처벌법 제도의 한계를 논의해 봅시다.
3. 여성 폭력에 관여하는 체계론적 관점에서의 각 요소들을 시대적 맥락에서 분석해 봅시다.

2. 여성 폭력의 역사와 관점

1) 여성 폭력의 역사적 배경

여성에 대한 폭력은 상당히 오랜 역사를 가지고 있다. 약 2~3천 년 전 고대 로마 시대에는 남편이나 아버지가 여성을 억압하고 통제하기 위해 폭력을 행사할 수 있었고, 심지어 생명을 빼앗는 것도 허용되었다(Gelles & Cornell, 1990). 또한 종교적 관습에 따라 마녀를 화형에 처하는 등 여성에 대한 학대 행위는 종교적 · 사회적 규범 내에서 정당화되었다. 당시 남성은 여성에 대해 절대적인 힘과 권력을 행사할 수 있었다. 1768년 블랙스톤(Blackstone)에 의해 영국에서는 남성이 '엄지손가락보다 굵지 않은 막대'를 사용한 신체적 체벌이 허용되는 법이 제정되었고, 이는 미국과 영국 등지로 확산되었다. 그러나 1871년 미국 앨라배마주에서 처음으로 아내 구타를 위법으로 규정하는 법 개정이 통과되면서 새로운 변화의 물꼬가 트였다. 이를 계기로 여성의 인권이 서서히 향상되기 시작했으나, 여전히 여성 노예는 투표권을 가지지 못하였다. 이러한 제한은 1920년대 헌법 개정 이전까지 지속되었다.

학계에서도 한때 여성의 인권은 주목받지 못하였다. 그러나 1980년대 이후, 가정폭력 분야에 대한 학문적 관심을 촉구한 리처드 겔레스(Richard Gelles)와 머레이 스트라우스(Murray Straus)를 필두로 여성 폭력에 대한 사회적 관심이 폭발적으로 증가하기 시작하였다. 특히 겔레스는 피해 여성들을 지원하기 위해 전국 규모의 전담 조직인 전국여성기구(National Organization for Women, 이하 NOW)를 설립하여 회장직을 맡았고, 시민운동과 아동 인권 보호 운동 외에도 여성 인권 보호와 향상에 큰 기여를 하였다. 학문적 관심과 더불어 사회적 인식 변화가 일어나면서 피해 여성 보호뿐만 아니라 인권 향상의 필요성에 대한 목소리가 커졌다. 이에 따라 여성 쉼터와 보호소가 늘어났고, 1977년에는 보스턴에서 가해 남성을 위한 치료 프로그램이 신설되어 가정폭력 문제에 대처하기 위한 사회적 움직임이 활발해졌다.

1979년 「여성에 대한 모든 형태의 차별 철폐 협약(CEDAW)」의 제12조와 제19조에서 여성에 대한 폭력을 범죄로 규정하기 시작하였다. 이어 1993년 12월 20일 제85회 유엔 총회에서는 '여성에 대한 폭력 철폐 선언'이 발표되며, 여성 폭력이 젠더 불평등의 결과임을 분명히 밝혔다. 이 선언은 여성을 열등한 존재로 비하하고 종속적으로 여겼던 과거의 관행을 철저히 경계하고, 여성 인권 신장을 위한 범국가적 인식 개선과 자유 선언의 필요성을 강조하였다. 유엔은 전 세계적으로 여성이 온전한 권리와 인권을 보장받지 못한 역사를 지적하며, 젠더 위계와 권력 구조에서 비롯된 여성 차별에 대한 감수성 증진이 필요하다고 촉구하였다. 일부 국가(인도, 파키스탄, 스리랑카, 네팔 등)에서는 여전히 여성을 종속물로 여기는 관행이 지속되고 있으며, 유엔은 이러한 관행의 중단을 요구하고 있다.

국내에서 여성 폭력과 관련된 논의(민경자, 2015)는 1990년대로 거슬러 올라간다. 1997년 대한민국은 외환위기(IMF)를 겪으면서 실업자가 증가했고, 이와 함께 아내 구타(battering) 사례도 증가했다는 통계가 있다. 당시 보건복지부의 자료에 따르면, 위기상담 전화 이용 건수가 매달 급증해 몇 달 사이에 3배 이상 증가했다고 하였다. 같은 해 제정된 「가정폭력방지 및 피해자보호 등에 관한 법률」(약칭: 「가정폭력방지법」)을 바탕으로 여성 관련 단체들은 피해 여성 지원에 나서기 시작하였다. 국내에서 가정 내 여성 폭력이 심각했음에도 적절한 보호와 조치가 부족했던 상황에서 여러 여성단체가 법 제정의 필요성을 지속해서 요구해 왔다. 이에 따라, 여성에 대한 폭력을 범죄로 규정하고 사회적 약자로서의 여성을 보호하는 법률이 1997년 12월 13일 「가정폭력범죄의 처벌 등에 관한 특례법」과 1997년 12월 31일 「가정폭력방지 및 피해자 보호 등에 관한 법률」로 제정되었다.

여기에는 '가해자에 대한 법적 교정과 처벌' '피해자 보호 조치' '가정폭력 예방 조치' '피해자 및 신고인에 대한 신변 보호' 등의 내용이 포함되었다. 이는 가정폭력을 단순히 가정 내 문제로 보지 않고, 사회 전체가 함께 해결해야 할 사회문제로 인식하게 된 결과였다. 그러나 1997년 제정 이후, 이 제도의 주요 목표를 '건강한 가정'의 육성에 두면서 가해 남성의 온전한 변화를 보증할 수 없는 상황에서도 피해자에게 가정으로의 복귀를 종용하는 경우가 있었다. 피해자가 충분히 회복되지 않은 상태에서 가정으로의 복귀를 권유하는 것은 제도의 취지를 제대로 반영하지 못한다는 비판이 이어졌다. 이에 따라 2006년에는 '건강한 가정 육성'을 삭제하고 '가정폭력 예방과 피해자 보호 및 지원'을 주목적으로 변경하였다. 그러나 이후에도 피해 여성 보호에서 벗어나 직업훈련 및 주거 지원을 중심으로 한 정책이 시행되었으나, 그 성과는 미미하였다. 이에 따라 여성들이 자립할 수 있도록 실질적인 '자립' 중심의 정책이 필요하다는 목소리가 계속되었다(신나래, 박언주, 2018).

아직도 피해자의 배제와 피해 여성들의 자립지원금 부족, 보호시설 퇴소자에 대한 임대주택 입주 자격 부여 문제 등 해결해야 할 여러 문제가 산재해 있다. 이와 더불어 현행 제도가 '가정의 회복'을 지향할 것인지, 아니면

'가해자에 대한 강력한 처벌'과 '피해자의 자립'을 돕는 방향으로 나아가야 할 것인지에 대한 사회적 논의가 계속되고 있다. 예를 들어, '가해자 교정 치료 프로그램'은 가해자 처벌에 주목적이 있으므로 주관 부처를 달리해야 한다는 비판이 지속된 결과, 2019년에는 여성가족부에서 법무부로 운영 주체가 이관되기도 하였다. 그러나 여전히 '전국가정폭력상담소협의회'(이하 전가협)에서는 '가해자 교정 치료 프로그램'의 목적이 '가정의 회복'이 궁극적으로 '피해자 지원'을 위한 것이라는 견해와 이에 반대하는 의견 사이에 팽팽한 견해 차이가 존재한다. 이러한 목적을 주장하지 않는 가정폭력 상담소들은 전가협을 탈퇴하여 '여성 인권 실현을 위한 전국가정폭력상담소 연대'(이하 여성 인권 상담소 연대)를 발족하고 독자적인 목소리를 내고 있다. 궁극적인 목적과 취지는 서로 양립 가능한 합의점을 찾아갈 수 있으나, '가정의 회복'이라는 전제는 여전히 많은 논란을 일으키고 있는 주제임은 분명하다.

2) 여성 폭력의 정의와 구성 개념

여성 폭력(Violence Against Women, 이하 VAW)은 여성에 대한 젠더 기반의 폭력(gender-based violence)으로 정의할 수 있다. 여성 폭력에 대한 논의는 앞서 소개한 가정폭력의 역사적 흐름 속에서 출현하였기 때문에, 폭력에 대한 정의를 구성하는 개념들 또한 이러한 맥락적 이해를 바탕에 두어야 한다. 배우자 폭력, 결혼폭력, 부부폭력, 아내 학대, 파트너 학대 등의 용어로 총칭되는 친밀한 관계에서의 폭력은 신체적 폭력에 국한되는 경향이 '폭력'에 대한 정의에서 발견된다. 예컨대, 다음의 정의들에서 이러한 공통점을 발견할 수 있다. "폭력은 의도를 가지고 수행되는 행동이거나 다른 사람에게 신체적 상처를 입히고자 하는 인지된 의도이다."(Gelles & Straus, 1979) 또는 "폭력은 악의가 있거나 해를 끼칠 의도를 가지고 행해지는 모든 형태의 공격적이고 신체적인 행위이다."(Gelles, 1985) 이 외의 연구자들도 폭력을 신체적 완력(힘)에 의한 비합법적 행위 및 상해를 입히는 육체적 힘으로 정의하고 있다.

이러한 정의 안에는 사회정치적 목적이 숨어 있다. 여성에 대한 폭력을 지칭할 때, 영어 표현으로는 학대(abuse), 폭력(violence), 구타(battering) 등이 혼용되는 경향이 있다. 그러나 앞서 소개한 정의들은 주로 구타(battering)에 초점을 맞추고 있다. 이는 여성 폭력에 대한 사회적 경각심을 불러일으키기 위해, 오랜 역사적 고통의 뿌리가 되었던 여성 '구타'로 인한 희생을 강조하려는 목적이 있었다. 이로 인해 여성 폭력을 사회적으로 주목시키는 데 성공할 수 있었다. 반면, 앞서 언급한 바와 같이 정신적 · 성적 · 통제적 · 경제적 폭력의 범주들은 그 심각성이 덜 강조되었다. 이에 따라 여성 폭력을 정의하는 개념의 재정의 필요성이 제기되었고, 학대(abuse)는 상대적으로 덜 심각한 심리적 · 정서적 피해에 초점이 맞춰진 것이 아니냐는 비판이 나왔다. 따라서 이들을 포괄할 수 있는 좀 더 광의적 차원에서 폭력(violence)이라는 개념을 사용하는 데 대한 합의가 이루어지고 있다.

현재까지도 여성 폭력의 정의에 대한 논의가 활발하게 이루어지고 있으나, 지금까지 합의된 개념들을 포괄하는 차원에서 앤 갠리(Ann Ganley, 1995)의 정의에 주목할 수 있다. 그는 가정폭력을 "청소년이나 성인이 그들의 애인 혹은 배우자에게 경제적 위협뿐 아니라 신체적 · 성적 · 심리적 공격을 포함한 폭행과 위협 행동 중 하나를 가하는 것"이라고 정의한다. 이 정의에 따르면, 크게 두 가지 관점에서 현행 우리나라의 제도와 범위에 중요한 함의가 있다고 볼 수 있다.

첫째, 가정폭력의 대상자를 법 제도권 안에 있는 배우자 등 가족에 한정하지 않는다는 점이다. 현행 미국 사법 제도에서는 IPV 관계망 안에서 친밀함의 기준에 따라 처벌법을 규정하고 있다. 여기에는 성소수자 간의 폭력이나 데이트 폭력 문제도 포함된다. 그러나 국내 「가정폭력처벌법」에는 데이트 폭력과 관련된 처벌조항이 포함되어 있지 않아, 대상자에 대한 정의를 다시 구성할 필요성이 강조된다.

둘째, 폭력의 범주에서 경제적 · 신체적 · 성적 · 심리적 공격을 포괄하며, 이들 중 한 가지 형태만 존재하더라도 그것을 폭력으로 정의한다는 점이다. 달리 말해, 단 한 번의 심리적 폭력 또한 폭력으로 간주할 수 있다는 것이다. 그러나 여기에서 이러한 질문이 생길 수 있다. 폭력의 심각성을 나누는 기준은 무엇인가?(Walby & Towers, 2018) 예를 들어, 상대에게 욕 한마디 한 것을 폭력으로 간주해 처벌해야 할 행위로 볼 것인지에 대한 논의가 내두될 수 있다. 친밀한 관계에서의 폭력은 하나의 유형으로만 발생하기도 하지만, 수위가 낮은 폭력이 점차 그 수위를 높여 가며 점진적으로 발전하는 형태를 보이기도 한다(박경은, 유영권, 2017). 다시 말해, 정서적 · 통제적 폭력이 언어적 · 신체적 · 성적 폭력으로 그 수위를 높일 수 있다. 그러나 우리는 심각한 수준의 폭력이 있어야 문제가 발생했다는 인식을 하게 될 뿐, 상대적으로 경미한 언어적 · 정서적 · 통제적 폭력은 폭력으로 인식하지 않는 경향이 있다.

특히 애인이나 가족 간에 벌어진 일들은 여전히 사랑싸움이나 가정일로 치부되기 일쑤이며, 갈등이나 다툼이 폭행치사나 죽음의 결과를 초래하지 않는 이상 큰 문제로 여기지 않는다. 이러한 인식에 영향을 미친 요소로는, 구타(battering)에 초점을 맞춰 온 역사적 배경과 친밀한 관계에서 이루어지는 폭력을 사랑의 한 형태로 미화해 온 사회문화적 영향이 있다. 예를 들어, 터프한 남자 주인공과 비련의 여자 주인공이 만나 그려 내는 애틋한 로맨스는 문화적으로 남성의 폭력을 멋지게, 여성의 희생을 아름답게 포장하는 데 영향을 미쳤다(정윤주, 2008). 따라서 여성 폭력을 정의할 때, 이 담론을 형성해 온 역사적 · 시대적 · 사회적 · 문화적 영향을 함께 점검할 필요가 있다.

3) 여성은 피해자이기만 한 것인가

젠더 불균형론을 주장하는 이들에 맞서 젠더 균형론을 주장하는 연구로, 스트라우스가 1975년과 1985년에 실시한 전국 실태조사 결과를 언급하지 않을 수 없다. 스트라우스는 그의 동료들과 함께 10년간 두 차례에 걸쳐 미국 전역에서 가정폭력 조사 연구를 수행하며 남성과 여성의 폭력 비율을 수치화한 결과를 제시하였다. 스트라우스(1979)는 이 조사를 위해 갈등책략척도(Conflict Tactic Scale, 1979)를 77문항으로 구성하고, 아내와 남편이 각각 가해와 피해 정도를 7점 리커트 척도로 체크하도록 하였다. 그 결과, 두 번째 연구에서는 1,000명당 약 120명, 즉 약 12%의 부부가 폭력을 경험한 것으로 나타났으며, 상대에게 상해를 입히는 심각한 수준의 폭력 발생률은 1,000명당 63명으로, 전국 단위로 계산할 경우 약 350만 명이 피해를 입은 것으로 보였다.

남녀 차이에 관한 조사에서 아내들은 남편보다 더 심각한 수준(칼 또는 총 사용 등)으로, 더 빈번하게 위험한 형태의 폭력을 행사했다고 응답하였다. 이러한 결과에 따라 스트라우스와 겔레스(1990)는 여성 또한 남성만큼이나 폭력적임을 주장하며, 가정폭력을 해석해 온 젠더 불균형론에 일침을 가하였다. 그들의 견해를 뒷받침하듯, 여성이 폭력을 시작하거나 훨씬 더 빈번하고 위험한 폭력을 행사한다는 연구결과(Archer, 2002; Melton & Belknap, 2003)도 제시되었고, 이로 인해 남성은 '가해', 여성은 '피해'라는 젠더 권력의 위계를 중심으로 한 이분법적 인식(Bell & Naugle, 2008; Hsieh, Feng, & Shu, 2009)이 더욱 비판받게 되었다. 이에 따라 스트라우스(2008, 2011)는 친밀한 관계에서의 폭력은 일방향 폭력(one-way violence)이 아닌 양방향 폭력(bidirectional violence)이라는 관점을 제시하며 젠더 균형론적인 입장을 견지하고 있다.

이후 관련 주제들은 여성이 신체적 폭력을 더 행사한다는 견해(Archer,

2000) 외에도, 여성이 남성보다 통제적인 폭력을 더 행사한다는 연구들(강희순, 이은숙, 2014; 김래은, 구상미, 최선미, 2020; 장정윤, 강지연, 2017; 조옥형, 김춘경, 2021; Stets & Hammons, 2002)이 이어지면서, 여성 폭력의 중심에는 힘과 권력(power)의 문제가 내재해 있다는 젠더 불균형론적 설명이 힘을 잃기 시작하였다(Emery, Thapa, & Wu, 2017). 이에 대한 반박으로 스트라우스는 자신의 연구결과에서 여성들이 폭력 피해 경험을 축소해서 보고했을 가능성을 배제하지 않으며, 여성은 폭력 피해를 최소화하고 남성 폭력을 정당화하는 경향이 있기 때문에(Mills, 1985), 폭력에 대한 주관적 경험과 객관적 지표 사이의 차이를 비판적으로 성찰하지 않고 성 중립적인 폭력 해석을 그대로 수용하는 오류를 범하고 있다고 지적한다(Dobash et al., 1992). 그러나 남성 또한 사회적으로 부여된 남성성의 가치관에 따라 자신의 폭력 피해 경험을 적게 드러냈을 것이라는 견해(Wu et al., 2011), 남성은 여성보다 데이트 폭력 상황이 덜 발생한다고 인식하며(오주령, 박지선, 2019), 여성은 데이트 폭력 상황을 더욱 심각하게 받아들인다는 견해(김래은, 구상미, 최선미, 2020) 등이 혼재해 있어 이와 관련된 논쟁은 계속해서 팽팽한 대립을 이어갈 것으로 예상된다.

여성이 남성보다 더 많은 폭력을 행사하는지, 양방향 폭력이 이루어지고 있는지에 대한 논쟁에 이어, 여성의 폭력을 인정하는 차원에서 여성 폭력의 동기와 목적에 대한 견해 차이 또한 팽팽하다. 도바쉬와 도바쉬(Dobash & Dobash, 2004)는 여성 폭력이 남성의 폭력을 방어하기 위한 목적에 의해 발생한다고 주장한다. 서경현과 안귀여루(2007)는 이를 '공격적 피해 여성'이라는 개념을 통해, 피해를 입으면서도 공격적인 특성을 보이는 여성들이 순수한 피해자(victims only)가 아니며, 상대의 폭력을 폭력으로 응징하거나 폭력에 대한 방어로서 공격적인 행동을 하는 '공격적 피해자(aggressive victims)'라고 설명하였다. 한편, 다른 연구들은 남성의 폭력이 전제되지 않는 상황에서도 여성이 먼저 폭력 행동을 시작하거나, 자신의 목적을 달성하기 위해 폭력을 행사한다고 지적하였다(Kamimura et al., 2016; Melton & Belknap, 2003). 이렇듯 여성 폭력의 동기에 대한 견해 차이 또한 지속적인 논쟁을 이어 갈 것으로 보인다.

3. 폭력 피해 여성에 대한 이해

1) 피해 여성의 정신건강

피해 여성은 다양한 정신건강의 어려움을 겪는다. 우울증, 불안, 수면장애를 비롯해 타인에 대한 신뢰 감소와 같은 문제들이 나타나며(여성가족부, 2021), 외상후 스트레스 장애(PTSD) 및 신체화 증상도 발생할 수 있다(Walker, 1979, 1984, 1995). 학습된 무기력으로 인한 심한 우울감과 무력감은 수면 및 식욕 문제, 전반적인 에너지 수준의 저하를 초래하고, 울적하고 슬프며 흥미를 상실한 기분장애를 동반할 수 있다. 또한 범불안장애 및 공황장애를 비롯한 다양한 불안 관련 증상이 나타날 수 있으며, 두통, 소화불량, 위장장애, 만성 피로감 등의 신체화 증상도 나타날 수 있다. 반복된 폭력을 경험한 여성은 심한 죄책감과 수치심으로 괴로움을 호소하기도 한다. 이 단원에서는 피해 여성의 여러 정신건강 문제 중에서 외상후 스트레스 장애(PTSD), 죄책감, 그리고 수치심의 세 가지 주요 심리 증상에 대해 알아보도록 하겠다.

(1) 피해 여성의 외상후 스트레스 장애(PTSD)

첫 번째로 주목할 증상은 외상후 스트레스 장애(PTSD)이다. 외상후 스트레스 장애로 진단되기 위해서는 네 가지 주요 특징이 전제되어야 한다. 첫째, 외상후 스트레스 반응을 유발할 직간접적인 외상 사건(traumatic event)

이 있어야 한다. 둘째, 침습적 사고의 영향으로 플래시백 현상(flashbacks)이 발생하며, 그 당시의 경험이 현재의 경험으로 재현된다. 셋째, 과각성 및 과경계 상태가 지속되어 주위의 작은 자극에도 심하게 반응한다. 넷째, 불편한 감정이나 생각을 유발할 수 있는 비슷한 경험이나 상황을 회피하고, 일상적인 활동과 사람들까지도 피하게 된다.

워커(Walker, 2012)는 이러한 PTSD의 핵심 증상을 폭력 피해 여성의 경험에 대입하여 인지장애, 과각성, 회피 행동으로 분류한다. 첫째, 인지장애는 폭력이 있는 상황에서 분별력 있는 사고가 기능하지 못하게 하며, 침습적 사고와 망각 증상이 나타나는 것을 의미한다. 폭력 피해 여성들은 어린 시절 가정폭력을 경험한 경우가 많다고 알려져 있으며(박하나, 장수미, 2012; 신혜섭, 2006; 최윤경, 2012), 이는 또 다른 친밀한 관계에서 폭력이 발생할 때 과거 해결되지 않은 경험의 잔재가 플래시백으로 나타나 혼란에 빠지고 현실 판단 능력이 저하되는 인지장애로 이어질 수 있다.

둘째, 과각성은 신체적 긴장이 지속되며 불안한 심리를 일상적인 것으로 경험하게 되는 것을 의미한다. 지속적인 불안은 수면, 섭식 등 기본적인 생명유지 활동에도 영향을 미친다. 또한 불안을 다루는 과정에서 충동성과 분별력의 어려움이 수반되어, 가해 남성의 폭력문제를 다룰 수 있는 사람은 오직 자신뿐이라는 비합리적 사고를 강화하기도 한다.

셋째, 회피 행동은 우울감이 심화할 때 더욱 두드러진다. 위험한 상황을 견뎌 온 방어 기제로서 부인과 억압을 많이 사용하고, 가족과 친구 등의 관계로부터 철수하는 모습을 보인다. 또는 매우 바쁜 일상을 만들어 자신을 돌아보고 성찰하는 시간을 축소하기도 한다.

여기서 과각성과 회피 증상은 양극성장애로 진단될 우려가 있으므로, 워커(2012)는 이를 경계할 필요가 있다고 강조한다. 여성은 가해 남성으로부터 촉발된 두려움과 공포를 회피하고 억압하면서 폭력이 발생했을 당시 느껴야 할 적응적 정서를 지연시킨다. 따라서 폭력이 있음에도 상당히 차분한 모습을 보이며, 남성의 분노를 잠재우기 위해 노력하거나 남성을 자극할 수 있는 요인들을 차단하고, 외부에 폭력 사실이 드러나지 않도록 숨기려는 노력을 기울인다. 남성의 분노가 몰고 온 끔찍한 폭력 사건이 지난 이후에야 홀로 물리적으로 안전한 공간에 있을 때, 억압했던 두려움과 공포를 다시 경험할 수 있다. 그러므로 조증과 울증의 형태로 나타날 수 있는 과각성과 회피 증상을 양극성으로 판단하지 않도록 유의해야 한다. 보다 정확하고 신중한 심리 증상에 대한 평가와 이해를 위해서는 6개월 이상의 충분한 시간적 여유를 두고 심리적 변화과정을 살펴보는 것이 필요하다.

피해 여성이 보이는 증상들은 DSM(『정신질환의 진단 및 통계 편람』) 진단 기준에 따라 외상후 스트레스 장애(PTSD)로 진단될 수 있으나(Campbell & Kendall-Tackett, 2004; Sabina & Straus, 2008; Walker, 2012), 다음의 특수성으로 인해 일반 PTSD와는 다를 수 있다. 우선, 친밀한 관계에서 발생한 외상 사건(traumatic event)은 친밀함을 전제로 한 관계적 맥락에서 발생했다는 점에서 일반 외상 경험과 구별된다.

이를 위해 먼저 트라우마 증상의 핵심 기제를 이해할 필요가 있다. 트라우마는 외상으로 인한 통제력 상실로 경험하는 안전(safety)과 안정(security)의 위협을 의미한다. 즉, 인간은 위협에 직면했을 때 투쟁(fight) 또는 도피(flight) 반응을 통해 불안과 두려움, 긴장감을 다룰 수 있다. 그러나 이러한 적응적인 대처 기제가 작동하지 않을 경우 부동화(freeze) 반응이 나타난다. 이는 자신의 신체를 통제하거나 인지적 · 정서적 반응을 조절하지 못한 결과로 이해할 수 있다. 따라서 '통제력 상실'은 트라우마 반응에 관여하는 주요한 기제라 할 수 있다.

그러나 피해 여성은 단회적 사건으로서의 폭력이 아닌 순환적 사건으로서의 친밀한 관계 안에서 폭력을 경험한다. 따라서 관계적 맥락에서 이루어지는 통제력 상실은 단순히 관계 효능감의 상실로 끝나지 않는다. 피해 여성은 자신만의 생존 기제로 독특한 심리적 과정을 형성하는데, 이는 자신의 통제력을 상대 남성에게 전가하면서 더 깊은 사랑의 감정을 느끼는 것과 관련된다. 이것은 친밀한 관계 안에서 신체적 폭력을 경험한 여성들 중 폭력적인 관계를 지속하거나 중단하는 데 있어 '로맨틱한 성향'과 '자기효능감'에서 차이가 있는 것과 관련된다(Follingstad, Neekerman, & Vormbrock, 1988). 즉, 자신의 통제력을 유지하고 효능감을 느끼며 로맨틱한 성향이 적었던 여성들은 폭력적인 관계를 더 빨리 청산하는 경향이 있었지만, 통제력을 내어 주고 폭력을 합리화하며 강한 헌신을 보인 여성들은 폭력이 있음에도 그 안에서 더 깊은 사랑을 느꼈다.

이것은 왜곡된 사랑으로 자리 잡는다. 따라서 일반 PTSD에서 전형적인 증상으로 분류할 수 없는 특수성이 폭력 피해 여성들에게서 성(sex)의 문제나 친밀감 이슈로 더욱 두드러지게 나타날 수 있다. 또한 자신의 신체 이미지(body image)가 상당히 왜곡되며, 이로 인해 폭력적인 성관계 및 착취적인 성적 관계를 반복할 가능성이 있다. 이러한 특성은 피해 여성이 보이는 피동적인 모습으로, 반복된 심리적·정서적·신체적 위협으로부터 더 쉽게 조종당하고, 원하지 않는 성관계 및 모욕적인 경험들을 내면화하게 된다. 이 과정에서 소외된 상황 속에서 자신의 신체와 성적 경험을 왜곡할 가능성이 커진다. 여기에는 자신의 성을 활용하여 친밀감을 얻고, 이를 통해 불안을 다루려는 심리적 역동이 포함된다. 이처럼 친밀한 관계에서 폭력의 순환을 경험한 피해 여성의 증상은 PTSD의 증상과 비교될 수 있으며, 이를 설명한 워커의 견해(Walker, 2006)를 요약하면 〈표 11-1〉과 같다.

표 11-1 폭력 피해 여성의 증상과 PTSD의 차이

증상	피해 여성 증상	PTSD 증상
삶의 다양한 영역에서 두려움을 느낀다.	YES	YES
이러한 증상이 4주 이상 지속된다.	YES	YES
직장이나 다른 중요한 삶의 영역에서의 활동에 영향을 받는다.	YES	YES

실제적인 위협, 원하지 않는 성관계, 비하, 소외 등의 학대로부터 더욱 쉽게 조종당한다.	YES	NO
자신의 신체상이 왜곡되고, 신체화된 건강상의 문제가 발생한다.	YES	NO
성적인 친밀감의 이슈들이 있다.	YES	NO

출처: Walker (2006).

(2) 피해 여성의 죄책감

폭력에 시달리고 있는 여성을 만난 임상 현장의 전문가들은 아마도 가장 이해하기 힘들고 변화시키기 어려운 심리적 호소 문제로 '죄책감'을 꼽을 것이다. 피해 여성 상담을 하는 동안 상담자는 폭력에 대한 책임이 명백히 가해 남성에게 있다는 점을 분명히 전달하지만, 내담자는 이를 잘 받아들이지 못하거나, 받아들였다 하더라도 다시 가해 남성과 재결합해 책임을 나누려는 모습을 보일 때가 많다. 이는 폭력의 문제를 자신의 문제로 치환하는 자기합리화의 기제로 단순히 해석될 수 없다. 폭력적인 관계를 지속하거나 종료한 이후에도 피해 여성이 호소하는 죄책감의 역동은 그리 간단하지 않다. 피해 여성의 죄책감은 '심리 내적인 죄책감(intarpsychic guilt)'과 '대인관계적인 죄책감(interpersonal guilt)'으로 구분하여 이해할 수 있다(Carnì et al., 2013).

먼저, 심리 내적인 죄책감은 프로이트(Sigmund Freud)의 정신분석과 대상관계 이론의 관점에서 이해할 수 있다. 정신분석이론에 따르면, 인간은 심리성적 발달단계에 따라 자아의 구조적 틀을 형성해 간다. 이 과정에서 남근기에는 성역할 정체감을 형성하고, 옳고 그름의 기준으로 기능하는 초자아의 역할을 획득한다. 초자아는 가정에서뿐만 아니라 사회의 규범과 규율을 내면화하여 사회에 잘 적응하도록 돕는 기능을 한다. 그러나 초자아가 자아 또는 원초아와 균형을 이루지 못하고 지나치게 검열하고 비판한다면,

이때 느껴지는 죄책감은 자기처벌(self-punishment)로 기능할 것이다.

한편, 대상관계이론에서 설명하는 죄책감은 보다 복잡한 역동을 보여 준다. 이 이론은 애착 대상에 대한 사랑의 상실에 대한 두려움이 죄책감을 유발한다고 설명한다. 따라서 죄책감은 슬픔의 또 다른 산물로, 핵심 감정을 숨기는 역할을 한다(Prinz & Nichols, 2010). 이 죄책감은 자기(self)를 위협하며, 스스로에 대한 자기처벌(punishment)을 강화한다. 핵심은 사랑하는 대상의 상실 경험이 유발한 슬픔으로, 이 슬픔은 자신을 지탱해 온 애착이 회복되지 않을 수 있다는 불안과 사랑하는 대상이 돌아오지 않을 것이라는 두려움의 죄책감을 수반한다. 따라서 죄책감은 슬픔과 불안, 두려움이 동반된 특성으로 나타난다. 마치 어린아이가 부모의 사랑이 사라졌을 때 슬퍼하며 애착 대상이 돌아오지 않을 것에 대한 불안과 두려움을 느끼는 것처럼, 피해 여성 또한 상대의 사랑이 가학적일지라도 그 사랑이 사라진 것에 대한 슬픔과 그 사랑이 돌아오지 않을 것에 대한 불안을 느끼며 자신을 처벌하는 죄책감을 경험하는 것이다.

대인관계적인 죄책감은 유기적 생명체들이 연결된 관계적 맥락에서 느끼는 이타성(altruistic tendencies)과 밀접하게 관련될 때가 많다. 본래 죄책감은 사회적 약속으로 정의된 규칙과 규범을 어겼을 때 잘못된 행위에 대해 유발되는 감정으로 설명할 수 있다. 즉, 사회적 관계를 구성하는 공동체 구성원들의 합의가 사회문화적 규범과 역할을 만들어 내고, 그 기준에서 벗어난 행실이 사회적 안위를 훼손하는 결과를 초래했을 때 우리는 죄책감을 느낀다. 이는 자신의 잘못을 뉘우치고, 다시금 사회의 안전과 안녕을 유지하기 위해 행실을 바로잡는 계기가 된다. 그러나 우리는 사회가 요구하는 도덕과 규범을 어기지 않더라도 죄책감을 느낄 때가 있다. 가장 대표적인 예로는 전쟁의 참상을 목격하거나, 경쟁에서 패배한 상대를 바라볼 때 느끼는 죄책감이 있다. 이를 생존자 죄책감 또는 승리자의 죄책감이라고도 한다. 즉, 상대의 죽음이나 패배에 자신이 실질적으로 관여하지 않았더라도 내재한 이타성 때문에 상대의 고통을 함께 느끼고 슬퍼하며 책임을 공유하려는 경향이 있다.

이러한 점에서 피해 여성이 호소하는 죄책감은 자신의 가장 친밀한 대상에게서 느끼는 정서적 고통에 비례할 수 있다. 가해 남성은 불안정한 심리 상태를 폭력적으로 드러내며 고통을 호소하고, 여성은 그 고통에 반응하기 위해 죄책감을 느낀다. 이 죄책감은 상호의존적인 고통을 분담하는 역할을 한다. 리켈 등(Lickel et al., 2005)은 상호의존적인 관계의 정도에 따라 고통을 호소하는 타인에게서 느끼는 죄책감의 수준이 달라질 수 있다고 하였다. 예를 들어, 매스컴을 통해 다른 국가의 전혀 모르는 사람이 재난으로 희생되었다는 소식을 듣는 것, 그리고 나와 가장 긴밀한 관계를 맺고 있는 사람이 재난으로 고통받고 있다는 사실을 알게 되었을 때의 심리적 반응은 다를 것이다. 따라서 상호의존이 깊은 가족과 연인 사이에서 특히 이타성이 큰 여성은 자신의 희생을 감내하고라도 상대의 고통에 더 깊이 공감하며, 고통에 대한 책임을 함께 지려는 동기가 더욱 강하게 일어날 수 있다.

(3) 피해 여성의 수치심

수치심은 자기(self) 가치에 대한 느낌으로, 뿌리 깊고 고통스러운 특성을 지닌다. 이 수치심은 내면화된 이상적 자기(ideal self)와 실제 자기(real self) 사이의 괴리감에 의해 촉발된다(Carní et al., 2013). 우리는 흔히 수치심을 느낄 때 쥐구멍이라도 있으면 숨고 싶은 심정을 느낀다고 말한다. 이는 수치심이 중요한 타인과의 유대감이나 결속력에 부정적인 영향을 미치지 않도록 하는 기능을 한다. 더불어 이상적 자기와 실제 자기 사이의 괴리감을 메우기 위해 노력하도록 만든다. 그러나 내면화된 이상적 자기가 잘못되었거나 과도한 경우 괴리감을 극복하는 것은 불가능하고, 수치심을 유발한 대상이 유익하지 않다면 수치심을 극복하려는 노력은 무의미할 수 있다.

데이트 성폭력을 경험한 여성들이 자신을 무가치한 존재로 인식하고 왜곡된 자기상을 형성해 간 것을 발견할 수 있다(Jackson, Cram, & Seymour, 2000). 이들은 억압되고 강요당한 느낌과 자신의 통제력을 발휘할 수 없었던 무력감을 느꼈으며, 감정 조절의 실패를 경험하며 분노 등의 감정을 더 많이 느꼈다. 이러한 분노는 자신의 수치심을 가리기 위해 촉발된다. 따라서 분노는 수치심을 숨기기 위한 방어수단으로 이해할 수 있다. 이는 성폭력에만 국한되지 않으며, 정서적 · 신체적 · 통제적 폭력 등의 다양한 폭력에 노출된 피해 여성들에게서 나타날 수 있다.

이 분노는 이상적 자기와 실제 자기 사이의 괴리감이 자극되는 순간, 이상적 자기를 보호하기 위한 방편으로 표출된다(Carní et al., 2013). 또한 수치심을 느끼지 않기 위해 타인에 대한 의심, 적개심, 공격성 등을 나타낼 수도 있다. 따라서 피해 여성들이 두 사람의 관계 역동에서뿐만 아니라 일상에서 경험하는 감정 조절의 실패는 자극된 수치심에 기인한다는 점을 이해할 필요가 있다. 한편, 수치심은 자신을 감추려는 회피 행동을 하거나 손상된 자기 가치를 회복하기 위한 행동을 동기화하는 특성이 있다(De Hooge, Zeelenberg, & Breugelmans, 2011). 이로 인해 여성은 남성과의 관계에서 수치심이 자극되는 순간 회피적인 행동을 보일 수 있으며, 이는 또 다른 자극이 되어 남성의 폭력적 행동을 유발할 수 있다. 그러면 더욱 깊은 수치심이 유발되고, 이를 방어하기 위한 행동이 이어지면서 폭력과 수치심, 회피와 분노 등의 반응이 순환하며 고통이 심화된다.

여기서 이상적 자기에 대한 여성의 인식이 어디에서 기인하는지를 살펴볼 필요가 있다. 앞서 죄책감에 대한 이해에서 '이타성'을 설명한 바가 있다. 여성은 생물학적 · 진화론적 · 사회론적 측면에서 이타성을 강화해 온 뿌리 깊은 역사가 있다. 여성에 대한 사회문화적 가치관은 가부장적 이데올로기와 결속되어 순종적이고 희생적인 여성상을 강조해 왔다. 따라서 여성은 희생적이고 이타적인 모습을 이상적 자기로 내사하게 되었으며, 폭력을 인내하고 견디며 순종하는 자세로 고통을 감내해 왔다. 이는 후에 설명할 여성의 이타적 망상과 긍정적 환상에 영향을 미쳐, 자신의 희생과 인내로 현재의 폭력을 견뎌 내고 남성을 교화할 수 있을 것이라는 기대를 양산한다. 결과적으로, 이는 인내와 희생의 자기상을 이상적 자기로 추앙하는 결과로 이어진다. 따라서 앞서 언급한 것처럼, 내면화된 이상적 자기가 잘못되었거나 수치심을 유발한 대상이 병리적 의존성을 강화하고 있다면, 그 수치심을 유발한 근본적인 출발점에서 다시 성찰할 필요가 있다.

2) 피해 여성은 왜 떠나지 않는가

오랫동안 일반인을 비롯한 많은 임상 현장 전문가는 폭력적인 관계를 지속하는 여성들의 환경적 및 심리적 요인에 대해 궁금증을 가져왔다. 이와 관련하여 반복되는 폭력을 묵인하거나 인내하며 관계를 지속하는 피해 여성의 특성을 여러 가지 관점에서 이해할 수 있다. 그중에서도 가장 먼저 주목할 주제는 저명한 페미니스트 심리학자 워커(1984)의 견해이다. 그는 4년에 걸쳐(1978~1981년) 435명의 피해 여성과 인터뷰를 진행하며 '매 맞는 여성 증후군(Battered Woman Syndrome, 이하 BWS)'이라는 개념을 소개하였다. 이 개념은 폭력의 순환이론(cycle theory of battering)과 학습된 무기력 이론(learned helplessness theory)을 접목하여 피해 여성이 왜 폭력적인 관계에 머무는지를 설명한다.

폭력의 순환이론에서는 친밀한 관계 안에서 발생하는 폭력의 단계와 특성을 세 가지로 소개한다.

첫 번째 단계는 긴장 형성(tension building)이다. 이 단계는 마치 살얼음판 위를 걷는 것과 같다. 남성은 수위가 높지 않은 언어적·감정적·신체적 폭력을 행사하며 여성을 학대하기 시작한다. 위험을 감지한 여성은 긴장이 더 고조되지 않도록 남성의 폭력에 소극적으로 반응하고, 그의 비위를 맞추며 화를 풀어 주거나 기분을 좋게 하려는 시도를 한다. 그러나 남성은 자신의 폭력이 여성에게 미칠 영향을 염려하며 불안을 느끼고, 이로 인해 폭력의 수위를 높여 가면서 여성을 통제한다. 이 단계에서 두 사람은 모두 자신의 통제력을 최대한 발휘하고 있다는 믿음을 갖는다.

두 번째 단계는 폭발 및 급성(the acute battering incident)이다. 이 단계에서는 긴장감이 최고조에 이르러 남성은 자신을 통제할 수 없을 정도로 여성에게 폭력을 행사한다. 이로 인해 극심한 구타 사건이 발생하며, 경찰이 출동하여 사건을 진압하기도 한다. 긴장의 정점을 지나면, 그 긴장이 가라앉는다. 이 과정에서 여성은 극심한 공포와 두려움에 압도되어 해리 상태에 빠지거나 극도의 침착함을 보이며 폭발적인 상황을 인내했다는 통제감을 느낀다. 그러나 이 단계에서 두 사람은 모두 극도의 스트레스로 인해 쇼크 상태를 경험하고, 남성은 자신이 한 일을 잘 기억하지 못한다. 여성은 출동한 경찰 앞에서 남성을 공격하기도 하는데, 이는 또 다른 긴장감을 만들지 않으면서 남성을 자극하지 않으려는 시도일 수 있다.

토론거리

〈여성 폭력의 역사와 관점〉

1. 가정의 회복이라는 전제 아래, 가정폭력의 문제를 해결해 나갈 수 있는 실효성 있는 정책을 제안해 봅시다.
2. 여성 폭력을 정의할 때, 구타(battering)를 주요한 정의 요소로 포함시킨 배경에 대해 논의해 봅시다.
3. 여성이 더욱 폭력적일 수 있다는 연구들에 대한 견해를 논의해 봅시다.

세 번째 단계는 긴장 완화와 사랑의 회복(loving contrition)이다. 극도로 치달았던 감정이 누그러진 남성은 자신의 행동을 반성하고 용서를 구하며, 사랑과 애정을 담은 표현으로 여성을 달랜다. 그는 다시는 그러한 행동을 하지 않겠다고 약속하며, 여성이 집을 나갔던 경우에는 그녀가 돌아오기를 기대하며 가족이나 주변 친구들의 도움을 요청하거나 아이를 이용하기도 한다. 이때 남성은 상당히 진중하고 진심 어린 태도를 유지하기 때문에 피해 여성은 이전에 느꼈던 고통이 보상받는 느낌을 받는다. 이로 인해 여성이 두 사람 사이에서 촉발된 긴장이 완화되고 사랑이 회복되었다고 생각하게 되어, 남성을 떠나야 할 필요성을 덜 느끼게 된다.

그러나 워커가 소개한 폭력의 순환 개념에서 보듯, 두 사람의 긴장과 폭발, 화해의 사이클은 다시 반복되는 양상을 보인다. 이 과정에서 여성은 심한 우울과 무력감을 호소하고, 폭력에 대응하기 위한 적극적인 대처 행동을 보이지 않게 된다(Walker, 1984, 1995). 피해 여성의 이러한 심리적 반응은 '학습된 무기력'으로 이해할 수 있다. 셀리그만(Martin Seligman)이 소개한 사회학습이론에 따르면, 반복적으로 전기 충격에 노출된 개는 이후 도망갈 수 있는 상황에서도 여전히 고통스러운 상태에 머무르는 모습을 보여 준다. 이처럼 친밀한 관계에서 반복되는 폭력과 학대에 노출된 피해 여성은 이러한 폭력의 굴레가 끝날 것이라는 믿음을 상실하고, 주어진 관계적 맥락이 변화하지 않는 상황에서 통제력을 잃게 되어 학습된 무기력에 빠지게 된다(Few & Rosen, 2005). 결과적으로, 폭력적인 관계를 중단하지 못하게 된다. 이러한 폭력의 순환과 매 맞는 여성 증후군(BWS)의 다양한 과정 및 반응을 한눈에 볼 수 있도록 요약하면 [그림 11-3]과 같다.

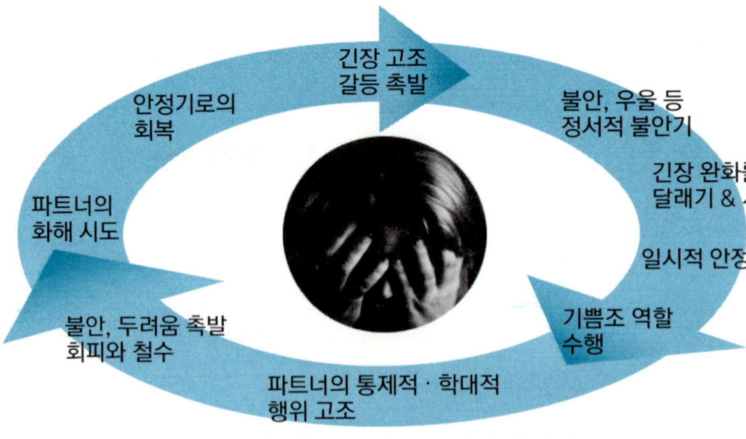

[그림 11-3] 폭력의 순환과정

출처: Walker(1984) 참조.

앞서 소개한 워커(1984)의 견해는 피해 여성이 학습된 무기력에 빠져 가해 남성에게 의존하게 되는 관계적 구조를 강조한다. 이러한 관점은 피해 여성을 환경의 지배에 수동적으로 반응하는 존재로 묘사함으로써, 여성의 주체성을 약화시켰다는 비판을 받았다. 이로 인해 곤돌프와 피셔(Gondolf & Fisher, 1988)는 여성을 '생존자'이자 '도움을 구하는 자'로서, 학대를 당하며 무력하게 머무는 존재가 아닌 적극적인 행위의 주체로 강조하였다. 이러한 주장에 힘을 실어 준 호프(L. A. Hoff, 1990)의 '살아남은 자 이론'은 여성이 심리적 무력감에 빠졌거나 정신적 폐해를 입은 존재가 아니라, 폭력 속에서도 수체적인 선택과 결정을 통해 현재를 살아내고 있는 위기 관리자(crisis manager)임을 강조한다. 즉, 여성은 폭력 속에서도 관계를 지속하며 자신의 생명을 지키고 아이를 돌보며 생존해 온 존재라는 것이다. 또한 폭력적인 관계를 끝내지 못한 이유가 의지의 부족이 아닌 사회적 자원과 연계의 부족이라는 짐을 주장하였다. 이들의 견해는 여성을 피해자 중심의 관점으로 하락시켰던 이전의 관점에 반향을 일으키며, 여성의 주체성과 긍정성을 회복하는 데 기여하였다.

이 외에도 샥터와 겐리(Schacter & Genley, 1995)는 여성이 폭력적인 관계를 지속하는 요인으로 가해 남성에 대한 두려움, 대안의 부재, 고용 및 경제적 자원의 부족, 심리적 결함, 그리고 관계 유지에 대한 문화적 · 가족적 · 종교적 믿음이 주요한 역할을 한다고 보았다. 또한 문제의 원인이 자신에게 있다는 귀인(기인)의 양식과 가해 남성이 변화할 것이라는 믿음도 영향을 미친다고 설명하였다. 특히 상대 남성에 대한 믿음을 구성하는 인지적 편향은 다양한 개념으로 연구되어 왔다. 예를 들어, 긍정적 환상(Taylor & Brown, 1988), 긍정적 편향(Kearns, J. N., & Fincham, 2005b), 이타적 망상(이정은, 2007) 등의 개념으로 소개된 인지적 편향은 비합리적 신념으로, 생각이 사실에 부합하지 않더라도 그 신념을 고수하는 점에서 역기능적이라고 할 수 있다.

크루거, 챈과 로즈(Kruger, Chan & Roese, 2009)는 긍정적 환상을 크게 세 가지 측면으로 설명한다. 첫째, 긍정적 환상이 작동하는 경우 자신의 단점은 덜 인식하고 강점에 더욱 집중하는 경향이 있다. 둘째, 즐겁고 행복한 일은 과대평가하고, 고통스럽고 힘든 일은 과소평가한다. 마지막으로, 폭력적인 상황과 환경을 통제할 수 있다는 환상을 갖게 된다. 이러한 긍정적 편향은 교제하는 동안 관계의 깊이가 깊어질수록 더욱 심화하는 경향이 있다(Badenes-Sastre et al., 2025). 또한 이타적 망상(altruistic delusion)은 노력과 희생으로 파트너의 변화를 이끌 것이라고 믿는 비합리적 신념을 의미한다(이정은, 2007). 이러한 인지적 편향은 앞서 소개한 폭력의 순환과 학습된 무기력으로 인해 극심한 우울 및 통제력 상실의 느낌을 덜 갖게 하는 것으로 보인다. 므셋피, 머피와 심슨의 연구(Msetf, Murphy, & Simpson, 2007)에 따르면, 지속적인 실패와 좌절은 무력감과 우울감을 가져올 수 있지만, 우울감이 낮은 피해 여성들은 통제에 대한 과장된 믿음을 가지고 자신을 둘러싼 상황과 행동의 결과에 상당히 예민하게 반응하는 경향이 있었다.

토론거리

〈폭력 피해 여성에 대한 이해〉

1. 폭력 피해 여성들이 보이는 PTSD는 전형적인 증상으로 나타나지 않는다. 이를 설명해 보고, 상담 현장 또는 주변의 다양한 사례를 통해 관련된 증상을 나누어 봅시다.
2. 피해 여성들이 호소하는 수치심과 죄책감에 대해 논의해 봅시다.
3. 폭력의 굴레를 반복하는 여성들에 대한 자신의 견해를 설명하고, 주변에서 경험한 관련 사례가 있다면 나누어 봅시다.

4. 피해 여성의 치유와 회복

1) 폭력에서 벗어나는 과정

워커(1984)는 피해 여성들이 보이는 심리적 적응과 변화의 과정을 네 단계로 소개하였다. 첫 번째 단계는 부인(denial)이다. 이 단계에서 피해 여성은 자신에게 일어난 문제를 부정하며 관계에 아무런 문제가 없다고 생각한다. 남성이 행사한 폭력과 학대 또한 우연히 일어난 일시적인 사건이라고 여기며, 합리화를 통해 문제를 축소하려 한다. 두 번째 단계는 죄책감(guilt)에 휩싸이는 단계이다. 이 단계에서 여성은 두 사람 사이의 문제가 있음을 인정하지만, 그 원인은 자신에게 있다고 주장한다. 남성이 심리적으로 자신을 지배하며 내세운 비난의 목소리를 내면화하거나, 남성의 기분을 상하게 한 요인이 자신의 잘못이라고 생각한다. 세 번째 단계는 깨달음(enlightenment)이다. 이 단계에서 여성은 앞선 단계에서 느꼈던 죄책감에서 벗어나 책임 소재와 문제의 심각성을 인식하기 시작한다. 또한 이유를 불문하고 폭력을 행사하는 것은 정당하지 않다고 생각하며, 문제를 일으킨 남성을 변화시킬 방안을 모색한다. 네 번째 단계는 책임성(responsibility)을 갖는 단계이다. 여성은 이전 단계들에서 자신의 합리화와 남성을 변화시키려는 노력이 큰 효과가 없음을 자각하고, 변화의 주체는 자신뿐이라는 사실을 깨닫는다. 이로 인해 남성과의 관계를 정리하고, 새로운 선택을 할 것인지 진지하게 고민한다.

그러나 새로운 선택은 깨달음과 굳건한 결심만으로는 온전한 행동 변화를 이끌어 내지 못한다. 책임을 실현하며 행동 변화를 만들어 나가는 과정에서 위스트와 메리트-그레이의 연구(Wuest & Merritt-Gray, 1999)가 주목할 만하다. 이들은 가해 남성으로부터 피해 여성이 자신을 되찾는 과정을 네 단계로 소개한다. 첫 번째 단계는 폭력에 맞서기(counteracting abuse)이다. 이 단계에서 여성은 학대와 폭력에 맞서 피해를 줄이기 위해 노력한다. 이는 여성을 피해자가 아닌 생존자이자 도움을 요청하는 존재로 바라보아야 한다는 주장과 일맥상통하며, 여성의 행위 주체성이 적극적으로 발현되는 과정이다. 두 번째 단계는 벗어나기(breaking free)이다. 이 과정은 상당히 고통스럽고 힘든 여정으로 비유될 수 있다. 여성은 관계를 청산하려는 결심과 떠나려는 행동이 실패하며, 이전 관계로 돌아가 다시 떠나기를 반복하는 과정을 겪는다. 세 번째 단계는 돌아가기를 멈추기(not going back)이다. 비로소 이 단계에 이르러 여성은 어떠한 위험과 위협이 있더라도 버티며 떠나려는 행동을 마무리한다. 마지막 네 번째 단계는 전진하기(moving on)이다. 이 단계에서 여성은 기나긴 고통의 여정에서 벗어나 자기 삶의 주체성을 온전히 회복하는 여정으로 나아간다.

여기서 우리가 더욱 주목해야 할 점은 폭력에서 벗어나는 과정이 단회적이지 않다는 것이다. 이 과정에는 폭력을 견디며 인내하는 과정 및 돌아가기와 떠나기를 반복하는 과정이 포함된다. 자일스와 큐린(Giles & Curreen, 2007) 또한 가정폭력을 경험한 여성이 폭력에서 벗어나는 과정에서 먼저 폭력을 견디며 통제력을 발휘하는 단계가 있음을 제시하였다. 이후 자립의 동기를 강화하며 자원을 확보하고 삶의 의미를 찾으며 자기 존재 의식을 회복하는 과정이 이어진다고 하였다. 김주현(2006) 또한 가정폭력을 인식하고 대처하는 단계에서 폭력적인 관계를 떠날 결심을 하고 행동으로 나아가며, 이후 자신의 주체적 삶을 구축하여 생존을 확보하는 단계로 진행된다고 밝혔다. 따라서 폭력적인 관계에서 책임의 소재를 분명히 인식하고 주체적인 삶을 살기로 결단하는 과정은 한 번의 결심으로 이루어질 수 없음을 이해할 필요가 있다. 폭력에서 벗어나는 과정은 지속적인 실패와 결단의 연속을 하나의 패턴으로 수용하는 과정이라 할 수 있다.

2) 폭력에서 벗어나는 요소들

이러한 변화의 과정에 관여하는 요소들은 다음 연구를 통해 몇 가지를 생각해 볼 수 있다. 러즈벌트(Rusbult, 1983)는 폭력이 계속되는 상황에서 관계를 지속하거나 중단하는 과정을 살펴보기 위해 34쌍의 커플을 7개월 동안 추적 관찰하였다. 그 결과, 29%인 10쌍이 폭력적인 관계를 종료한 것으로 나타났으며, 이를 설명하기 위해 사회심리학에서 제안한 상호의존이론(Kelley & Thibaut, 1978)을 확장한 투자모델 개념을 접목하였다. 투자모델은 관계 만족(relationship satisfaction), 대안의 질(quality of alternatives), 헌신의 정도(investment size)를 세 가지 핵심 요소로 삼는다.

첫 번째 요소인 관계 만족은 현재 관계의 이득과 손실을 평가하고 기대수준과 비교하여 그 결과를 산출한다. 즉, 보상(reward)과 손실(cost)은 현재 관계의 성과(R−C)를 나타내며, 이를 자신의 기대를 나타내는 비교수준(Comparison Level, 이하 CL)과 대조하는 것이다. 그 결과, $R-C>CL$이면 관계 만족을, $R-C<CL$이면 관계 불만족을 나타낸다. 관계 만족은 긍정적인 정서와 감정을 불러일으켜 관계를 지속하는 요소로 작용한다.

두 번째 요소인 대안의 질은 현재 파트너에게 느끼는 유대감이나 친밀감을 대체할 수 있는 다른 관계적 자원의 질적 수준을 말한다. 즉, 가족, 친구, 또는 연인으로 발전할 수 있는 다른 파트너가 현재 관계를 대체할 수 있는 정도를 의미한다. 폭력적인 관계를 지속하는 요인을 탐구한 연구들(Agnew, Piquero, & Cullen, 2009; Rusbult et al., 2006)은 피해 여성이 가해 남성에게 의존하게 되는 독특한 심리적 기제를 이해해야 한다고 강조한다. 피해 여성이 파트너와의 관계에서 경험한 애착과 의존의 정도는 객관적 기준으로 평가할 수 있는 관계적 질과는 무관하다. 즉, 폭력적인 대상이라도 강한 심리적 애착(attachment)이 발달한 경우(Arriaga & Agnew, 2001)는 대안이 되는 관계적 자원들이 긍정적인 질적 관계를 제공하더라도, 폭력적인 관계 속에서 느끼는 친밀감과 안정감 등의 질적 경험을 대체할 수 없다.

마지막으로 세 번째 요소인 헌신은 현재 파트너와 관계를 지속하려는 욕구와 결심을 의미한다. 헌신의 정도에 따라 상대의 기대와 요구에 맞추어 자신의 기대나 행동을 조정할 수 있다. 헌신은 관계를 지속할지의 여부를 결정하는 중요한 요소로, 관계 만족과 상호작용하여 현재 관계에 영향을 미친다. 이와 관련하여 스트루브(Strube, 1988)는 '심리적 함정'이라는 개념을 통해 폭력이 계속되지만, 관계를 위해 투자한 것을 정당화하기 위해 헌신하게 되는 과정을 설명하였다. 심리적 함정에 빠진 피해 여성은 자신의 노력을 증명하기 위해 학대적인 관계에 몰두하게 된다. 따라서 자신의 노력이 현재 관계에 미치는 영향이 적다는 것을 깨닫는 순간 비로소 현재 관계를 유지할지 끝낼지를 결정할 수 있다. 이러한 헌신은 관계 만족과 큰 상관이 없으며(Rusbult, 1983), 만족이 낮더라도 헌신의 수준은 높게 나타날 수 있다. 이러한 요소들을 종합해 볼 때, 피해 여성이 폭력에서 벗어나는 과정은 [그림 11-4]와 같이 정리할 수 있다.

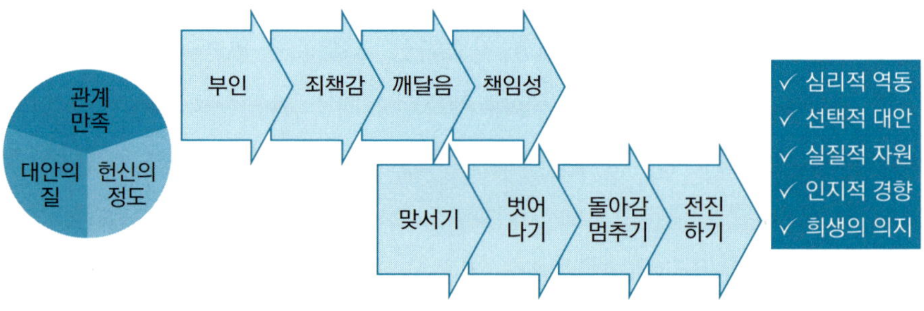

[그림 11-4] 폭력에서 벗어나는 과정과 요소들

3) 온전한 치유와 성장을 위한 접근

피해 여성의 온전한 치유는 무엇을 의미할까? 과거의 폭력 경험을 잊고 정서적 고통에서 벗어나 폭력 없는 삶으로 돌아가는 것을 뜻할까? 피해 여

성의 온전한 치유는 무엇을 '치유'로, 무엇을 '성장'으로 볼 것인지에 대한 논의에서 시작할 수 있다. 앞서 우리는 피해 여성이 겪는 외상후 스트레스 장애, 죄책감, 수치심 등의 고통이 오랜 시간 폭력에서 벗어나기 위한 과정에 있음을 살펴보았다. 폭력 이후의 삶에서도 해결되지 않은 애착 문제, 가학적 관계에 대한 집착 등이 또 다른 위험을 초래할 수 있다면, 피해 여성을 위한 교육과 자립 훈련만으로 폭력의 끝을 선언할 수 있을지 의문이 든다. 이러한 점에서 우리는 먼저 피해 여성의 '회복'과 '치유'를 구성하는 요소들을 살펴볼 필요가 있다.

피해 여성의 치유와 성장은 폭력의 끝에서 시작되는 것이 아니라, 폭력과 함께하는 여정이자 과정으로 이해할 수 있다. 앞서 피해 여성을 만나 본 전문가들은 이들이 왜 계속해서 폭력적인 관계를 끝내지 못하고 제자리걸음을 하는지 이해하기 어려운 경우가 많다고 언급하였다. 이들을 조력하는 전문가들은 이러한 모습들로 인해 답답함과 안타까움을 느끼며, 때로는 무력감 등의 감정을 인식하지 못하기도 한다. 이런 순간을 마주할 때 전문가들이 가장 먼저 성찰해야 할 것은 이러한 감정이 어떠한 당위적 사고에서 비롯되었는지를 살펴보는 것이다. 또한 여성이 폭력적인 관계를 벗어나는 과정은 단회적 사건으로 일어나지 않으며, 순환적으로 반복되는 고통과 변화의 연속적 과정임을 기억해야 한다. 전문가들은 작은 변곡점들을 환히 비추고, 공감적 지지와 격려를 통해 새로운 변화의 활로를 함께 개척해야 한다.

패럴(Farrell, 1996)은 폭력적인 관계를 종료한 지 1년 이상 된 여성 7명과의 인터뷰를 통해 회복과정에 관여한 네 가지 요소로 '유연함(flexibility)' '자각(awakening)' '관계(relationship)' '역량 증진(empowerment)'을 강조하였다. 맥도널드와 디커슨(McDonald & Dickerson, 2013)은 학대적 관계에서 벗어난 여성 21명의 경험을 바탕으로 주체적 삶의 행동 실천에 초점을 맞추어 '자립' '사회적 역할에의 도전' '관계에서의 협상력' '자녀 보호' '안전하고 지지적인 환경 조성' '자기보살핌'을 제시하였다. 이러한 요소들을 종합해 볼 때, 회복 여정에서 자신의 현 상황을 직시하고, 폭력의 책임 소재를 분명히 하며, 자신과 자녀의 안전을 보장하고, 유연하고 탄력적인 사고로 관계적 및 사회적 역량을 키워 나가는 것이 핵심이라고 할 수 있다.

심리적인 적응과 변화의 과정에 좀 더 세밀하게 초점을 맞추면, 허우 등(Hou et al., 2013)이 회복과정에서 경험하는 요소로 제안한 '수치심을 느끼고 수용하는 것(feeling shame)' '완전하지 않은 자기를 인식하는 것(recognizing the imperfect self)' '통제력을 갖는 것(creating mastery)' '도움 주기 행동을 통한 자기를 발견하는 것(self-discovery through prosocial behavior)'이 상당한 의미를 지닌다고 본다. 앞서 수치심은 여성의 분노를 자극하거나 회피 행동을 촉발하는 핵심 감정으로 설명되었다. 따라서 전문 조력자는 여성의 수치심이 자극되는 행동 반응에 대한 기본적인 이해를 갖추고, 이를 자극하거나 비난하지 않는 태도를 훈련할 필요가 있다. 수치심의 문제를 다루기 위해서는 동감(sympathy) 표현을 경계하고, 깊이 있는 수준의 공감을 넘어 타당화(validation) 전략을 사용하는 것이 필요하다. 이를 위해 전문가의 진실성이 필수적이다. 마르틴 부버(Martin Buber)의 표현대로, 전문 조력자는 피해 여성을 타자화(I and thou)하는 것을 경계하고, 인간 삶의 고통을 함께 공명할 수 있는 존재론적 일치성을 느끼며 피해 여성이 경험해 온 삶의 궤적들을 온전히 이해해야 한다. 이는 여성의 삶에서 폭력이 경험되었고, 그것에 최선을 다해 반응했으며, 현재 존재한다는 사실로 그녀의 경험과 반응이 모두 타당하다는 깊이 있는 이해를 전달하는 것이다.

이때 여성은 완전하지 않은 자기를 인식하고 수용할 수 있으며, 수치심이나 죄책감으로 자신을 괴롭히지 않는 것이 가능해진다. 이를 위해 자아(ego)의 힘이 있는 경우에는 관련 분야에서 효과를 인정받은 인지행동치료 전략을 활용할 수 있지만(Johnson & Zlotnick, 2009), 자아의 힘과 구조가 약하고 위험한 자기파괴적 행동이 있는 경우에는 깊이 있는 수용과 변증의 전략을 통해 변화의 동기를 조성해 가는 변증법적 행동치료(Dialectical Behavior Therapy, DBT) 전략(Iverson, Shenk, & Fruzzetti, 2009)이 효과적일 수 있다. 또한 주변의 관계적 자원을 회복하고, 비슷한 경험을 가진 이들로 자조 집단을 형성하는 것도 큰 도움이 될 수 있다(Murray & Graves, 2012). 피해 여성의 회복을 다루는 연구들(송영주, 장현아, 2017; 장수미, 김주현, 2012)은 일관되게 사회적 지지(social support)가 매우 중요한 역할을 한다는 데 동의한다.

더욱 중요한 것은 사회적 지지가 되는 관계망의 크기와 접촉 빈도를 나타내는 구조적 측면보다 이를 받아들이는 개인의 주관적 경험인 기능적 측면(Cohen & Wills, 1985; House, 1981)에 주의를 기울이는 것이다. 아무리 좋은 자원이라도, 그 자원을 내재화하는 여성의 주관적 경험을 세밀히 살펴야 한다. 아동기 애착의 결핍과 가정폭력 및 IPV 경험이 복합된 여성은 복합 대인 외상을 호소할 수 있어 사회적 지지를 낮게 인식하는 경향이 있다(이수림, 2012). 또한 타인에 대한 불신 및 전문적 조력에 대한 희망 기대도 낮은 수준으로 나타나(Nicolaidis et al., 2009), 신뢰관계를 구축하고 라포를 형성하는 것이 매우 어려울 수 있다(유영권, 박경은, 2018). 따라서 사회적 자원을 활용하거나 사회적 지지망을 동원할 때, 이에 대한 수용력을 높이기 위한 노력이 선행되어야 한다.

잃어버린 주체성을 되찾을 수 있도록 돕는 작은 실천들과 상실된 통제력을 회복하도록 돕는 전략은 여성의 새로운 자기(self)를 구성하는 과정에 포함된다. 또한 여성이기 때문에 희생을 강요하지 않고, 여성에게 주어진 특별하고 고귀한 이타성을 새롭게 의미화(meaningfulness)할 수 있는 경험으로 초대할 수도 있다. 이러한 노력에 더하여, 가장 중요한 것은 사회 구성원 모두가 여성 폭력에 대한 날카로운 문제 인식을 공유하는 것이다. 앞서 젠더 불균형론과 젠더 균형론이 여성 폭력 현상을 서로 다른 시각에서 주장하는 견해차를 소개하였다. 치열한 논쟁은 궁극적인 선의를 지향해 나갈 필요가 있으며, 우리는 이를 구성하는 거대 담론을 계속해서 비판적으로 논의해야 한다. 이를 위해 앞서 소개한 체계적 관점에서의 이해로 민감성을 갖출 필요가 있다. 그럴 때 폭력을 경험한 여성들이 자기 삶의 온전한 통합을 지향하며(Evans & Lindsay, 2008), 폭력에 맞서 새로운 자기 삶의 이야기를 써 나가는(Brosi & Rolling, 2010) 일이 가능할 것이다.

토론거리

〈피해 여성의 치유와 회복〉

1. 폭력에서 벗어나는 과정에서 가장 길고 힘든 단계는 어디에 해당할 것 같은지 자신의 견해를 나누어 봅시다.
2. 스트루브(1988)의 심리적 함정 이론을 통해 피해 여성이 학대적인 관계에 머물러 있는 원인에 대해 설명하고, 헌신의 수준을 낮추기 위한 방법에 대해 논의해 봅시다.
3. 폭력 피해 여성의 온전한 치유와 성장에 대한 견해를 나누어 봅시다.

참고문헌

강효진(2009). 폭력적인 데이트 관계의 지속에 영향을 미치는 변인: 피해 여성을 중심으로. 가톨릭대학교 대학원 석사학위논문.

강희순, 이은숙(2014). 대학생의 데이트폭력 가해예측 요인. 정신간호학회지, 23(4), 288-298.

강희영, 박순주(2017). 서울시 여성의 데이트폭력 피해 실태조사. 서울시여성가족재단.

김래은, 구상미, 최선미(2020). 대학생의 특성에 따른 데이트폭력 가해 행동 및 데이트 폭력 인식의 차이. 한국산학기술학회논문지, 21(7), 244-254.

김주현(2006). 가정폭력피해여성이 폭력에서 벗어나는 과정에 관한 근거이론연구. 이화여자대학교 대학원 박사학위논문.

민경자(2015). 한국여성인권운동사. 한울아카데미, 한국여성의 전화 엮음.

박경은, 유영권(2017). 데이트폭력 피해 여성의 심리 내면에 관한 질적 연구. 한국심리학회지: 상담 및 심리치료, 29(3), 711-742.

박하나, 장수미(2012). 성장기 부모간 폭력 목격 경험과 데이트 성폭력 피해의 관계: 피해여대생 음주행동의 조절효과. 정신건강과 사회복지, 40(1), 149-176.

서경현(2008). 공격적 데이트 폭력 피해여성의 분노 및 분노표현. 정신병적 경향성, 중독성과 대처방식. 한국심리학회지: 사회문제, 14(2), 21-39.

서경현, 안귀여루(2007). 데이트폭력의 공격적 피해 여성들의 특성과 연인관계에 대한 개입. 한국심리학회지: 문화 및 사회문제, 13(2), 77-96.

송영주, 장현아(2017). 애착외상과 데이트폭력 피해의 관계에서 사회적 지지의 조절효과. 한국범죄심리연구, 13(1), 111-140.

신나래, 박언주(2018). 보호시설에 거주하는 가정폭력피해여성의 직업훈련 경험과 그 맥락에 관한 연구. 가족과 문화, 30(4), 29-60.

신혜섭(2006). 데이트폭력과 가정폭력, 학교폭력 경험과의 관련성: 여대생의 보고를 중심으로. 학생생활연구, 25, 117-130.

여성가족부(2021). 여성폭력 실태조사.

여성가족부(2022). 2022년 가정폭력 실태조사 연구.

오주령, 박지선(2019). 성별 및 양가적 성차별주의가 데이트폭력에 관한 인식에 미치는 영향. 한국심리학회지: 법, 10(1), 47-65.

유영권, 박경은(2018). 데이트폭력 피해여성의 상담경험에 대한 질적 연구. 한국심리학회지: 상담 및 심리치료, 30(4), 955-983.

이수림(2012). 외상 유형이 외상후성장 및 지혜에 미치는 영향: 사회적 지지와 대처의 매개효과. 한국심리학회지: 문화 및 사회문제, 19(3), 319-341.

이정은(2007). 폭력적 데이트 관계 지속에 관한 투자모델의 타당성 연구. 중앙대학교 대학원 석사학위논문.

장수미, 김주현(2012). 가정폭력 피해 경험과 외상후스트레스장애의 관계: 긍정적 태도와 사회적 지지의 매개효과. 한국가족복지학, 35, 173-202.

장정윤, 강지연(2017). 대학생의 대상관계수준이 데이트폭력 가해행동에 미치는 영향: 집착행동의 매개효과. 상담학연구, 18(1), 307-327.

정도희(2023). 여성폭력 및 여성폭력방지기본법 개선 모색. 원광법학, 39(1), 263-286.

정윤주(2008). 데이트폭력 구성과 대응에 관한 연구: 20대 여성의 피해 경험을 중심으로. 부산대학교 대학원 석사학위논문.

정윤주(2015). 데이트 성폭력 피해경험 인식과 구성과정. 동덕여자대학교 대학원 석사학위논문.

조옥형, 김춘경(2021). 성별에 따른 대학생의 성인 애착, 의도적 반추, 데이트폭력 가해 행동 간의 구조분석. 학습자중심교과교육연구, 21(1), 951-976.

최윤경(2012). 여대생의 가정폭력경험이 데이트폭력 피해에 미치는 영향: 명시적·암묵적 성 고정관념의 매개효과. 건양대학교 대학원 석사학위논문.

Agnew, C. R., Loving, T. J., & Drigotas, S. M. (2001). Substituting the forest for the trees: Social networks and the prediction of romantic relationship state and fate. *Journal of Personality and Social Psychology*, *81*, 1042-1057.

Agnew, R., Piquero, N. L., & Cullen, F. T. (2009). General strain theory and white-collar crime. In: *The criminology of white-collar crime* (pp. 35-60). Springer.

Aizpurua, E., Copp, J., Ricarte, J. J., & Vázquez, D. (2021). Controlling behaviors and intimate partner violence among women in Spain: An examination of individual, partner, and relationship risk factors for physical and psychological abuse. *Journal of Interpersonal Violence*, *36*(1-2), 231-254.

Amar, A. F., & Gennaro, S. (2005). Dating violence in college women: Associated physical injury, healthcare usage, and mental health symptoms. *Nursing*, *54*(4), 235-242.

Archer, J. (2002). Sex differences in physically aggressive acts between heterosexual partners: A meta-analytic review. *Aggression and Violent Behavior*, *7*(4), 313-351.

Arriaga, X. B., & Agnew, C. R. (2001). Being committed: Affective, cognitive, and conative components of relationship commitment. *Personality and Social Psychology Bulletin*, *27*, 1190-1203.

Badenes-Sastre, M., Medinilla-Tena, P., Spencer, C. M., & Expósito, F. (2025). Cognitive distortions and decision-making in women victims of intimate partner violence: A scoping review. *Psychosocial Intervention, 34*(1), 23-35.

Bell, K., & Naugle, A. (2008). Intimate partner violence theoretical considerations: Moving towards a contextual framework. *Clinical Psychology Review*, *28*(7), 1096–1107.

Brosi, M. W., & Rolling, E. S. (2010). A narrative journey for intimate partner violence: From victim to survivor. *The American Journal of Family Therapy*, *38*, 237–250.

Campbell, J. C., & Kendall–Tackett, K. A. (2004). Intimate partner violence: Implications for Women's physical and mental health. In K. Kendall–Tackett (Ed.), *Handbook of women, stress and trauma*. Brunner/Routledge.

Carnì, S., Petrocchi, N., Del Miglio, C., Mancini, F., & Couyoumdjian, A. (2013). Intrapsychic and interpersonal guilt: A critical review of the recent literature. *Cognitive Processing*, *14*(4), 333–346.

Cohen, S., & Wills, T. A. (1985). Stress, social support, and the buffering hypothesis. *Psychological bulletin*, *98*(2), 310–317.

De Hooge, I. E., Zeelenberg, M., & Breugelmans, S. M. (2011). What is moral about guilt? Acting "prosocially" at the disadvantage of others. *Journal of Personality and Social Psychology*, *100*(3), 462–473.

Dobash, R. E., & Dobash, R. P. (1979). *Women, violence and social change*. Routledge.

Dobash, R. P., & Dobash, R. E. (2004). Women's violence to men in intimate relationships: Working on a puzzle. *The British Journal of Criminology*, *44*(3), 324–349.

Dobash, R. P., Dobash, R. E., Wilson, M., & Daly, M. (1992). The myth of sexual symmetry in marital violence. *Social Problems*, *39*(1), 71–91.

Emery, C. R., Thapa, S., & Wu, S. (2017). Power and control in Kathmandu: A comparison of attempted power, actual power, and achieved power. *Violence Against Women*, *23*(4), 482–502.

Evans, I., & Lindsay, J. M. (2008). Incorporation rather than recovery: Living with the legacy of domestic violence. *Women's Studies International Forum*, *31*(5), 355–362.

Farrell, M. L. (1996). Healing: A qualitative study of women recovering from abusive relationships with men. *Perspectives in Psychiatric Care*, *32*, 23–32.

Few, A. L., & Rosen, K. H. (2005). Victims of Chronic Dating Violence: How Women's Vulnerabilities Link to Their Decisions to stay. *Family Relations*, *54*, 265–279.

Follingstad, D. R., Neckerman, A., & Vormbrock, J. (1988). Reactions to victimization and coping strategies of battered women: The ties that bind. *Clinical Psychology Review*, *8*, 1–18.

Ganley, A. L. (1995). "Domestic violence: A comprehensive approach to prevention and intervention." *Journal of Family Violence*, *10*(2), 145–157.

Gelles, R. J. (1985). *Intimate violence in families.* Sage.

Gelles, R. J., & Cornell, C. P. (1990). *Intimate violence in families.* Sage.

Gelles, R. J., & Straus, M. R. (1979). Determinants of violence in the family: Toward a theoretical intergration. In W. R. Burr, R. Hill, F. I. Nye, & I. L. Reiss (Eds.), *Contemporary theories about the family* (Vol. 1, pp. 549–581). Free Press.

Giles, J., & Curreen, H. (2007). Phases of growth for abused New Zealand women: A comparison with other studies. *Affilia*, *22*(4), 371–384.

Gondolf, E., & Fisher, E. (1988). *Battered women as survivors: An alternative to treating learned helplessness*. Lexington Books.

Graham, L. K. (1992). *Care of persons, Care of worlds.* Abingdon Press.

Graves, K. N., Sechrist, S. M., White, J. W., & Paradise, M. J. (2005). Intimate partner violence perpetrated by college women within the context of a history of victimization. *Psychology of Women Quarterly*, *29*, 278–289.

Harway, M., & O'Neil, J. M. (1999). *What causes men's violence against women?* Sage Publications.

Hoff, L. A. (1990). *Battered women as survivors*. Routledge.

Hou, Wen–Li., Ko, Nai–Ying., & Shu, Bih–Ching. (2013). Recovery experiences of Taiwanese women after terminating abusive relationships: A phenomenology study. *Journal of Interpersonal*, *28*(1), 157–175.

House, J. S. (1981). *Work stress and social support*. Addison-Wesley Publishing Company.

Hsieh, H., Feng, J., & Shu, B. (2009). The experiences of Taiwanese women who have experienced domestic violence. *The Journal of Nursing Research*, *17*(3), 153-160.

Iverson, K. M., Shenk, C., & Fruzzetti, A. E. (2009). Dialectical behavior therapy for women victims of domestic abuse: A pilot study. *Professional Psychology: Research and Practice*, *40*(3), 242-248.

Jackson, S. M., Cram, F., & Seymour, F. W. (2000). Violence and sexual coercion in high school students' dating relationships. *Journal of Family Violence*, *15*(1), 23-36.

Johnson, D., & Zlotnick, C. (2009). Hope for battered women with PTSD in domestic violence shelters. *Professional Psychology: Research and Practice*, *40*, 234-241.

Johnson, M. P. (2006). Conflict and control: Gender symmetry and asymmetry in domestic violence. *Violence Against Women*, *12*, 1003-1018.

Kamimura, A., Nourian, M., Assasnik, N., & Franchek-Roa, K. (2016). Factors associated with perpetration of intimate partner violence among college students in China. *Injury Prevention*, *22*(5), 352-357.

Kearns, J. C., & Fincham, F. D. (2005). "Positive bias in the interpretation of ambiguous stimuli: The role of relationship quality." *Journal of Social and Personal Relationships*, *22*(3), 347-368.

Kearns, J. N., & Fincham, F. D. (2005). Victim and perpetrator accounts of interpersonal transgressions: Self-serving or relationship-serving biases? *Personality and Social Psychology Bulletin*, *31*, 321-333.

Kelley, H. H., & John, W. T. (1978). *Inter-personal relations: A theory of interdependence*. Wiley.

Kelley, H. H., & Thibaut, J. (1978). *Interpersonal relations: A theory of interdependence*. Wiley.

Kelly, J., & Johnson, M. (2008). Differentiation among types of intimate partner violence: Research update and implications for interventions. *Family Court Review*, *46*(3), 476-499.

Kruger, J., Chan, S., & Roese, N. (2009). (Not so) positive illusions. *Behavioral and Brain Sciences*, *32*(6), 526-527.

Lickel, B., Schmader, T., Curtis, M., Scarnier, M., & Ames, D. R. (2005). Vicarious shame and guilt. *Group Process & Intergroup Relations*, *8*(2), 145-157.

Makepeace, J. M. (1981). Courtship violence among college students. *Family Realtions*, *30*(1), 97-102.

McLewin, L. A., & Muller, R. T. (2006). Attachment and social support in the prediction of psychopathology among young adults with and without a history of physical maltreatment. *Child Abuse and Neglect*, *30*(2), 171-191.

Melton, H., & Belknap, J. (2003). He hits, she hits: He hits, she hits: Assessing gender differences and similarities in officially reported intimate partner violence. *Criminal Justice and Behavior*, *30*(3), 328-348.

Mills, T. (1985). The assault on the self: Stages in coping with battering husbands, *Qualitative Sociology*, *8*, 103-123.

Msetfi, R. M., Murphy, R. A., & Simpson, J. (2007). Depressive realism and the effect of intertrial interval on judgements of zero, positive, and negative contingencies. *The Quarterly Journal of Experimental Psychology*, *60*(3), 461-481.

Murray, C. E., & Graves, K. N. (2012). *Responding to family violence*. Routledge.

Nicolaidis, C., McFarland, B., Curry, M., & Gerrity, M. (2009). Differences in physical and mental health symptoms and mental health utilization associated with intimate-partner violence versus childhood abuse. *Psychosomatics*, *50*(4), 340-346.

Prinz, J., & Nichols, S. (2010). Moral emotions. In J. Doris (Ed.), *Moral psychology handbook* (pp. 111-148). Oxford University Press.

Rusbult, C. E. (1983). A longitudinal test of the investment model: The development (and deterioration) of satisfaction and commitment in heterosexual involvements. *Journal of Personality and Social Psychology*, *45*, 101–117.

Rusbult, C. E., Coolsen, M. K., Kirchner, J. L., & Clarke, J. A. (2006). Commitment. In A. L. Vangelisti & D. Perlman (Eds.), *The Cambridge handbook of personal relationships* (pp. 615–635). Cambridge University Press.

Sabina, C., & Straus, M. A. (2008). Polyvictimization by dating partners and mental health among U.S. College Students. *Violence and Victims*, *23*, 667–682.

Schacter, S., & Genley, C. (1995). "The role of gender in the perception of aggression." *Violence and Victims*, *10*(1), 43–58.

Stets, J., & Hammons, S. A. (2002). Gender, control and marital commitment. *Journal of Family Issues*, *23*, 3–25.

Straus, M. A. (1979). Measuring intrafamily conflict and violence: The conflict tractics scales. *Journal of Marriage and the Family*, *41*, 75–88.

Straus, M. A. (2004). Prevalence of violence against dating partners by male and female university students worldwide. *Violence Against Women*, *10*(7), 790–811.

Straus, M. A. (2008). Dominance and symmetry in partner violence by male and female university students in 32 nations. *Children and Youth Services Review*, *30*(3), 252–275.

Straus, M. A. (2011). Gender symmetry and mutuality in perpetration of clinical–level partner violence: Empirical evidence and implications for prevention and treatment. *Aggression and Violent Behavior*, *16*(4), 279–288.

Straus, M. A., & Gelles, R. J. (1990). How violent are American families? Estimates from the National Family Violence Resurvey and other studies. In M. A. Straus & R. J. Gelles (Eds.), *Physical violence in American families* (pp. 95–112). Transaction Publishers.

Strube, M. J. (1988). "Psychological traps: A review and implications for the study of social behavior." *Journal of Social Issues*, *44*(2), 33–49.

Taylor, S. E., & Brown, J. D. (1988). Illusion and well-being: A social psychological perspective on mental health. *Psychological Bulletin*, *103*, 193-210.

Teen Voice. (2006). *Dating violence power and control wheel*. Safe House Center.

Walby, S., & Towers, J. (2018). Untangling the concept of coercive control: Theorizing domestic violent crime. *Criminology & Criminal Justice*, *18*(1), 7-28.

Walker, L. (1979). *The battered woman*. Harper & Row.

Walker, L. E. (1984). *The battered woman syndrome*. Springer Publishing Company.

Walker, L. E. (1995). Understanding battered woman syndrome. *Trial*, *31*(2), 30-37.

Walker, L. E. (2006). Battered woman syndrome empirical findings. *Walker: Battered Woman Syndrome*, *1087*, 142-157.

Walker, L. E. (2012). Battered women syndrome and self-defense. *Notre Dame Journal of Law, Ethics & Public Policy*, *6*(2), 321-334.

Wu, E., El-Bassel, N., Gilbert, L., O'Connor, M., & Seewald, R. (2011). Traditional male ideology and service system involvement among drug-involved men who perpetrate intimate partner violence: A longitudinal study. *Journal of Interpersonal Violence*, *26*(8), 1646-1663.

Wuest, J., & Merritt-Gray, M. (1999). Not going back: Sustaining the separation in the process of leaving abusive relationships. *Violence Against Women*, *5*(2), 110-133.

제8부

여성심리학의 현재와 미래

제12장

성소수자와 다양성

김혜민

심리상담연구소
가까이 소장

성소수자는 소수자로서 겪는 스트레스로 인하여 이성애자, 시스젠더에 비해 심리치료 서비스 이용률이 높다. 이 장에서는 성소수자 유형을 살펴보고, 성소수자가 겪는 억압과 차별에 관해 알아볼 것이다. 또한 성소수자 내담자들에게 안전한 상담을 제공하기 위한 성소수자 상담역량의 요건이 무엇인지 살펴볼 것이다.

이 장의 차례는 다음과 같다.

우리가 사는 사회에는 신체조건, 학력, 사회경제적 수준, 종교, 성 정체성, 성적 지향, 인종, 민족 등에서 다양한 정체성을 가진 사람들이 공존하고 있다. 서로 다른 특성과 모습을 차이로 인정하고 존중하는 사회일수록 공정성과 평등이 증진되며 인간 존엄성을 보장할 수 있다. 나아가 사회 구성원들 간의 갈등을 줄여 연대와 화합을 향해 나아갈 수 있다.

그렇다면 우리의 현실은 어떠한가? 안타깝게도 실제 현실은 다름을 다양성으로 수용하지 못하는 경우가 많다. 특히 주류와 다른 특성을 가질 때, 기존의 사회문화적 가치와 질서에 저촉되는 것으로 간주하고 억압을 당하기 쉽다.

특히 성소수자는 가부장적이고 성별 이분법적이며 이성애 규범적 문화가 강한 국내의 사회문화적 배경에서 부정적으로 인식되고 다양한 차별과 억압에 노출된다. 실제로 국내 레즈비언, 게이, 양성애자, 트랜스젠더는 그들의 성적 지향과 성 정체성으로 인해 언어적 모욕, 신체적 폭력, 취업의 제한, 공공시설물 이용의 어려움, 의료기관 이용 포기 등을 경험한 것으로 나타났다(국가인권위원회, 2021; 김정혜, 2019; 박수현, 2010). 심지어 상담장면에서 상담환경과 상담자로부터 차별을 겪었다는 성소수자 내담자의 보고가 확인되기도 하였다(김혜민, 유금란, 2021).

차별과 억압은 성소수자의 정신건강에 부정적인 영향을 미치며, 우울, 고립감, 외상후 스트레스 장애, 불안 등의 위험을 높인다(Badgett, Durso, &

Schneebaum, 2013). 이러한 이유로 성소수자 집단이 비성소수자 집단에 비해 정신건강 관련 어려움을 더 많이 호소하며, 정신건강 서비스에 대한 요구도 높다(Israel et al., 2008).

성소수자 내담자를 효과적으로 돕기 위해서는 일반적인 상담역량에 추가해서 성소수자 상담역량의 함양이 필수적이다. 이를 위해 상담자는 성소수자의 사회문화적 맥락의 이해, 성소수자 관련 지식, 성소수자에 대한 자신의 태도를 점검하기 위한 노력이 필요하다.

1. 성소수자에 대한 이해

1) 성소수자 유형

성소수자를 구분하는 명확한 기준이 존재하지 않지만, 감정적 · 성적 끌림, 성 정체성 등을 기준으로 성소수자를 가름할 수 있다.

(1) 성적 지향(sexual orientation) 성소수자

감정적 · 성적 끌림이 이성에게 향하지 않는 개인을 의미한다.

유형	특징
레즈비언(lesbian)	• 여성이 다른 여성에게 감정적 · 성적으로 끌림
게이(gay)	• 남성이 다른 남성에게 감정적 · 성적으로 끌림
양성애자(bisexual)	• 둘 이상의 성별에 매력을 느낌 • 성적 지향의 이분법적 규범에 도전하는 정체성
범성애자(pansexual)	• 성별에 상관없이 매력을 느낌. 시스젠더, 트랜스젠더, 논바이너리를 포함하여 성별 스펙트럼 전반에 걸쳐 사람들에게 매력을 느낌 • 성별이 매력을 결정하는 요소가 아니라는 것을 강조

(2) 성 정체성(gender identity) 성소수자

출생 시 부여된 성별과 동일하게 자신을 정체화하는 개인을 시스젠더라고 구분한다. 출생 시 부여된 성별과 다른 성별로 자신을 정체화하는 개인을 성 정체성 성소수자라고 하며 그 유형은 다음과 같다.

유형	특징
트랜스젠더 (transgender)	• 출생 시 지정된 성별과 반대의 성별로 자신을 정체화 • 트랜스젠더 여성(MTF), 트랜스젠더 남성(FTM)
논바이너리 (non-binary)	• 성별을 남성 또는 여성, 이분법적인 성별 구분에서 벗어난 정체성이나 성별을 지칭
젠더퀴어 (gender queer)	• 젠더퀴어는 종종 논바이너리와 같은 의미로 사용되지만, 전통적인 젠더 규범에 대한 보다 광범위한 저항을 의미 • 젠더퀴어 개인은 고정된 성 정체성의 개념을 거부. 젠더퀴어는 종종 전통적인 젠더 규범에 대한 보다 고의적인 거부를 의미하며 정치적 또는 문화적 입장을 포함

(3) 간성(intersex)

염색체, 생식선, 생식기, 성호르몬 등이 남성 또는 여성의 신체에 대한 일반적인 기준과 다른 성징을 가지고 태어난 개인을 의미한다. 간성인은 여성과 남성의 신체적 특징을 불완전한 상태로 동시에 가지고 있어, 외부 생식기 형태로 성별을 지정하기 어렵거나 난소와 정소가 같이 있을 수 있다.

(4) 무성애자(asexual)

다른 사람에게 성적 끌림을 느끼지 않는 개인을 의미한다. 무성애자는 어떤 성별의 사람에게도 성적으로 매력을 느끼지 않는다. 그렇다고 무성애자가 친밀한 관계나 신체 접촉에 관심이 없는 것은 아니다. 이들 역시 정서적 연결과 낭만적인 관계를 추구하며, 포옹하기, 손잡기 등과 같은 육체적 애정을 즐긴다. 무성애자는 이성애자, 동성애자, 양성애자, 범성애자, 무성애자 등의 모든 성적 지향을 가질 수 있다.

(5) 에이로맨틱(aromantic)

다른 사람에게 낭만적으로 끌림을 갖지 않는다. 에이로맨틱 개인은 데이트, 파트너에 대한 열정과 갈망 등에 대한 욕구를 느끼지 않는다. 이들이 맺는 관계는 낭만적인 끌림보다 우정, 유대 등의 특징을 보인다.

(6) 퀘스처닝(questioning), 퀘스처너리(questionary)

성적 지향이나 성 정체성을 탐색 중인 개인이 이에 해당한다. 성 정체성이나 성적 지향을 아직 확립하지 못한 경우뿐만 아니라 확립하고 싶지 않은 개인에게 적용되는 유형이다.

> **생각해 보기**
> - 앞에서 기술된 성소수자의 유형을 낯선 순서대로 순위를 매겨 봅시다.
> - 가장 낯선 성소수자(3순위까지)에 대해 떠오르는 형용사 3개를 작성해 봅시다.
> - 형용사에 영향을 미친 개인적 · 사회적 · 문화적 맥락이 무엇인지 이야기 나누어 봅시다.

2) 성소수자 관련 용어

(1) 트랜지션(transition)

스스로 정체화한 젠더로 살아가기 위해 전환하는 과정을 의미하며, 개인에 따라 트랜지션에 차이가 있다.

- **사회적 트랜지션**: 이름 변경, 성별 정정, 성별 표현 등

- **의료적 트랜지션**: 호르몬 치료, 성전환 수술 등

(2) 성별 표현(gender expression)

외모, 말투, 태도, 이름 등을 통해 개인이 성별을 드러내는 것을 의미한다. 성별 표현은 반드시 성 정체성과 일치하지 않을 수 있다. 예를 들어, 자신을 여성으로 정체화하지만, 남성으로 여겨지는 성별 표현을 할 수 있다.

(3) 패싱(passing)

개인의 외모, 행동 등이 사회의 특정 범주로 자연스럽게 받아들여지는 것을 의미한다. 패싱은 인종, 민족, 성적 지향, 장애 등 여러 범주에서도 통용된다.

(4) 퀴어문화축제

성소수자 인권운동의 분수령이 된 스톤월(Stonewall) 항쟁이 1969년 6월 미국 뉴욕에서 일어났다. 퀴어문화축제는 이를 기념하여 매년 6월 전후로 세계 각국에서 열리는 성소수자들의 축제이다. 한국에서는 2000년에 처음 개최된 이래, 현재는 서울, 대구, 부산, 제주, 전주, 인천, 광주, 청주, 춘천 등 전국 각지에서 열린다.

(5) 앨라이(ally)

성소수자의 인권을 지지하는 사람을 의미한다. 앨라이는 시스젠더 이성애자뿐만 아니라 성소수자 당사자도 다른 성소수자의 앨라이가 될 수 있다.

> **생각해 보기**
>
> - 앨라이가 되기 위해 필요한 구체적 노력이 무엇인지 생각해 보고 이야기 나누어 봅시다.

3) 성소수자 정체성 발달

(1) 카스의 동성애 정체성 발달 모델(Cass Model of Homosexual Identity Formation, 1979)

카스는 정체성이 발달 과정을 통해 획득된다고 보았다. 발달과정에서 발생하는 변화와 안정성은 개인과 환경 사이에서 발생하는 상호작용에서 비롯된다는 관점에서 동성애 정체성 발달 모델을 제시하였다.

단계	특징
1단계 정체성 혼란	자신의 성적 지향에 대해 의문을 갖기 시작하지만, 아직 정체성을 수용하지 않는다.
2단계 정체성 비교	이성애자와 자신을 비교하며 비이성애 정체성을 고려하기 시작한다.
3단계 정체성 관용	자신을 게이, 레즈비언, 양성애자로 인식하고 있지만, 고립감이나 혼란스러움을 느낄 수 있다.
4단계 정체성 수용	자신의 성적 지향을 완전히 받아들이고 성소수자 커뮤니티 또는 하위문화 탐색을 시작한다.
5단계 정체성 자부심	자신의 정체성에 대한 자부심이 발전하고, 자신의 정체성을 드러내고 나아가 성소수자 권리 옹호를 위한 활동을 한다.
6단계 정체성 통합	자신의 성 정체성을 전반적인 자기감에 통합하여 직업, 가족, 개인 가치 등 삶의 다른 측면과 균형을 맞춘다.

(2) 데아우겔리의 레즈비언, 게이, 양성애 발달모델(D'Augelli's Model of lesbian, gay, and bisexual development, 1994)

데아우겔리는 성적 지향이 사회적·문화적 맥락의 영향을 받아 개인의 삶 전반에 걸쳐 어떻게 발달하는지에 초점을 맞춰 발달 모델을 제안하였다. 데아우겔리는 정체성 발달이 비선형적인 과정이라고 주장하며 상호 연관된 과정을 주장하였다. 이 과정은 이성애 정체성을 벗어나고, 새로운 정체성으로의 진입을 목표로 한다.

과정	특징
이성애 정체성 탈퇴	이성애와 다른 성적 지향을 인식하고 인정한다.
개인적인 LGB 정체성 개발	비이성애적 지향을 바탕으로 자신의 정체성을 형성한다.
LGB 사회적 정체성 개발	성소수자 커뮤니티 일원이 되어 사회적 지원을 찾는다.
LGB 자녀 되기	성소수자 정체성이 가족에게 거부 또는 수용되는 상황에 대처한다.
LGB 친밀감 개발	친밀한 관계를 형성하여 노골적이거나 미묘한 사회의 억압으로 인한 영향을 관리한다.
LGB 커뮤니티에 참여하기	정치적 · 사회적 실천에 대한 헌신과 사회 변화를 위한 활동에 참여한다.

(3) 데버의 트랜스섹슈얼 또는 트랜스젠더 정체성 형성 발달단계 모델 (Devor's Stage Model of Transsexual or Transgender Identity Formation, 2004)

데버는 20년간 수행한 사회학적 현장 조사, 개인적인 경험, 여러 트랜스젠더와의 사회적 · 전문적 면담을 기반으로 트랜스섹슈얼 또는 트렌스젠더 정체성 형성 발달단계 모델을 제안하였다. 트랜스젠더는 지정 성별과 정체화한 성별이 다른 사람들을 모두 포함하는 포괄적인 용어이며, 트랜스섹슈얼은 주로 의료적 트랜지션을 원하는 사람들을 지칭하는 용어로 사용되고 있다.

단계	특징
1단계 지속적 불안	분명하지 않지만, 지정 성별에 불편감을 느끼고 다른 성별의 활동에 관심을 가지며 선호를 보인다.

2단계 지정된 성별에 대한 정체성 혼란	지정 성별에 요구되는 행동들을 수행한다. 하지만 자신의 지정 성별에 대해 의구심을 갖기 시작한다.
3단계 지정된 성별에 대한 정체성 비교	대안이 될 수 있는 성별을 탐색한다.
4단계 트랜스섹슈얼 또는 트랜스젠더의 발견	트랜스섹슈얼 또는 트랜스젠더에 관한 정보를 발견한다.
5단계 트랜스섹슈얼 또는 트랜스젠더에 대한 혼란	자신이 트랜스섹슈얼 또는 트랜스젠더일 수 있다는 의구심이 시작되며 관련한 정보를 탐색한다.
6단계 트랜스섹슈얼 또는 트랜스젠더 정체성 비교	관련 커뮤니티 사람들과 자신을 비교한다.
7단계 트랜스섹슈얼 또는 트랜스젠더로 정체화 염두	자신이 트랜스섹슈얼 또는 트랜스젠더라고 인식한다.
8단계 트랜스섹슈얼 또는 트랜스젠더로 정체화 전 숙고	정체화를 위해 성 정체성에 관한 추가 정보를 탐색하고 확인한다.
9단계 트랜스섹슈얼 또는 트랜스젠더 정체성 수용	트랜스 정체성을 확립한다.
10단계 트랜지션 전 숙고	트랜지션과 관련한 정보를 탐색하고 자금과 지지체계를 구축하며 트랜지션을 준비한다.
11단계 트랜지션	사회적·의료적 트랜지션을 시도한다.
12단계 트랜지션 이후의 성 정체성 수용	트랜지션 이후 성 정체성을 확립하며 삶을 영위한다.

13단계 통합	통합은 두 차원에서 이루어진다. 첫 번째는 사회로의 통합을 의미하며, 이러한 통합은 점진적으로 이루어진다. 두 번째는 트랜지션 이전과 이후 삶의 통합이다. 자신이 정체화한 성 정체성에 안정감을 느끼게 되었을 때, 과거와 현재를 통합할 수 있는 삶을 경험하게 된다.
14단계 긍지	트랜스섹슈얼 또는 트랜스젠더 권익 옹호 활동을 하며 자신을 드러낸다.

(4) 교차적 접근 방식

크렌쇼(Crenshaw)는 교차성(intersectionality)이 성소수자의 정체성 발달을 이해하는 데 중요한 역할을 한다고 설명한다. 장애, 인종, 학력, 경제적 수준, 종교 등과 같은 사회적 정체성이 성적 정체성과 상호작용하며, 정체성 발달에 추가적인 어려움을 겪게 할 수 있다고 본다. 예를 들어, 지체장애가 있는 트랜스젠더, 보수적 기독교인인 게이는 자신의 성적 정체성을 형성하는 데 문화적 기대, 가족 역학, 차별과 관련된 추가적인 억압을 겪을 수 있으며, 이는 정체성 형성에 영향을 미친다.

(5) 퀴어이론과 후기구조적(post-structural) 관점

버틀러(Judith Butler)는 정체성이 본질적이거나 정적인 것이 아니라 유동적이고 수행적이라고 주장한다. 이러한 관점은 선형적 진행과 고정된 결과를 가정하는 전통적인 단계 모델을 비판하며, 성적 정체성이 유연하고 역동적이며 상황에 따라 변화할 수 있음을 강조한다.

4) 성소수자와 차별

국내 동성애자의 커밍아웃 비율은 13.5%에 불과하다. 이는 다른 나라에 비하여 현저히 낮은 수준으로 배척과 거부에 대한 두려움, 차별에 대한 불안감의 방증으로 볼 수 있다(Cho & Shon, 2016). 실제로 여러 연구와 조사에서 국내 레즈비언, 게이, 양성애자는 성적 지향이 이성애가 아니라는 이유로 언어적 모욕, 신체적 폭력, 취업의 제한, 해고 등을 경험한 것으로 나타났다(김정혜, 2019; 박수현, 2010). 국가인권위원회(2021)의 트랜스젠더 혐오 차별 실태조사에 따르면, 연구참가자의 39%는 트랜스젠더를 이유로 가족 구성원으로부터 언어적 폭력을 겪으며 9%는 신체적 폭력을 겪는 것으로 밝혀졌다. 최근 5년간 구직 경험이 있는 응답자의 57.1%는 트랜스젠더라는 이유로 직장에 지원하는 것을 포기하였다고 응답하였다. 공중화장실과 같은 공공시설을 이용할 때는 불쾌한 시선으로 인해 40%가 넘는 응답자가 자신과 다른 성별의 시설을 이용하였으며, 화장실 가는 것을 피하려고 음료나 음식을 섭취하지 않는 경우가 39%인 것으로 나타났다.

(1) 소수자 스트레스

소수자 스트레스(minority stress)는 사회적 소수자라는 정체성을 가지고 있다는 이유로 겪게 되는 심리적 스트레스이다. 성소수자와 같이 낙인찍힌 소수자 집단의 구성원이 직면하게 되는 높은 수준의 만성적인 스트레스를 의미한다(Meyer, 1995: 이호림, 2015에서 재인용). 소수자 스트레스는 소수자이기 때문에 받는 차별, 억압, 편견, 폭력과 관련되었다는 점에서 일반적인 스트레스와 다르다. 또한 사회문화적 맥락에서 발생하는 것이기 때문에 장기적이고 사회적인 특징을 가진다. 소수자 스트레스는 대인관계, 사회적 상황 등 외부의 자극뿐만 아니라, 사회적 낙인을 내면화하고 자신의 정체성을 은폐함으로써 겪게 되는 심리적 스트레스 역시 스트레스원으로 규정한다. 여러 연구를 통해 소수자 스트레스가 자살 사고, 자살 위험성, 대인관계의 어려움, 우울, 불안, 심리적 불편감에 영향을 미치는 것이 확인되었다(손주연, 이영호, 2023; 이성우, 유성은, 2022; Mereish, Peters, & Yen, 2019; Russell, 2003).

(2) 마이크로어그레션

마이크로어그레션(microaggression)은 사회적 소수자이기 때문에 겪는 고의적이거나 비의도적인 모욕과 차별을 의미한다(Sue et al., 2007). 도덕적 민감성이 강조되고 이에 대한 인식이 증진하며 노골적인 차별에 대한 비판이 거세지고 있다. 이러한 분위기 속에서 성소수자에 대한 명백하고 직접적인 폭력과 차별은 감소하고 있다. 그러나 차별은 여전히 존재하며 그 형태는 미묘하고 교묘하게 변화하여 나타나고 있다(Nadal, 2013). 이러한 차별은 노골적 방식과는 다르게 사회적으로 용인된 형태로 나타나기 때문에 간과되기 쉽다. 하지만 은밀하고 간접적인 형태의 차별은 당사자에게 자신이 경험하는 부정적 정서를 타당화하기 어렵게 하며(Kohli & Solórzano, 2012; Sue, 2010a, 2010b), 차별 여부의 불확실성으로 인해 도움 추구 또는 항의와 같은 대처 방안을 모색하기 어렵게 만든다. 그러므로 차별을 당하는 당사자는 혼란과 스트레스를 경험하게 된다(Smith, Allen, & Danley, 2007).

성소수자에 대한 마이크로어그레션은 일상에서 다양한 형태로 드러나며, 그 내용은 다음과 같다(Nadal, Rivera, & Corpus, 2010).

분류	예
이성애 중심주의 또는 트랜스 혐오 용어 사용	• 이성 연애를 가정하고 여자 친구, 남자 친구 유무를 질문 • 트랜스젠더 여성을 '그녀' '여성'으로 명명하기를 거부
이성애 규범적 또는 트랜스 혐오 용어의 사용	• TV 드라마에 이성애 커플만 등장하는 것 • 양성애자에게 혼란스러운 상태라서 헷갈리는 것이라고 말함 • 트랜스젠더는 정신이상자라고 하는 것
성소수자의 경험이 보편적일 것이라는 가정	• 게이에게 "패션이나 인테리어 좋아하죠?"라고 질문 • 트랜스젠더에게 젠더퀴어의 입장을 대변해 설명해 달라고 요청

타자화	• 드라마 여주인공을 따라 게이 친구를 만들고 싶어 하는 여성 • 트랜스젠더는 신기하다고 말하는 것
성소수자를 불편하게 여기거나 인정하지 않음	• 게이 커플이 손잡고 가는 것을 기분 나쁘게 쳐다보기 • 성소수자 행사에 종교인들이 '반동성애' 팻말을 들고 시위
사회적 이성애 중심주의와 트랜스 혐오를 부정	• 차별받은 경험을 토로하는 성소수자에게 "너무 예민하게 받아들인다."라고 반응 • 취업에 어려움을 겪는 젠더퀴어에게 "충분한 노력이 부족했을 수 있으니 더 노력해 봐라."라고 반응
성적 병리화/ 이상성을 가정	• AIDS 확산의 주범으로 판단 • 성소수자가 한 명의 파트너와 오랜 관계를 맺고 있다고 하면 놀라며 의아해하는 반응
자신의 이성애 중심주의/ 트랜스 혐오를 부정	• '나는 레즈비언 친구가 있어서 편견이 없어.'라고 생각 • '난 페미니스트이기 때문에 절대 차별하지 않아.'라고 생각

마이크로어그레션은 사회적 소수자의 우울, 불안, 부정적 정서, 행동 통제, 자존감 등에 부정적인 영향을 미치며(Nadal et al., 2014; Ong et al., 2013), 높은 자살 사고와 낮은 행복감과 유의미한 관련성을 지닌다(Salim, Robinson, & Flanders, 2019). 더구나 마이크로어그레션은 소수자 스트레스를 유발할 수 있으며, 소수자 스트레스는 사회적 소수자의 정신건강에 부정적인 영향을 미친다는 점에 관심을 가져야 한다(Bissonette & Szymanski, 2019; Meyer, 1995, 2003; Szymanski & Ikizler, 2013).

생각해 보기

• 주변에서 발생하는 성소수자에 대한 마이크로어그레션의 예를 찾아 이야기 나누어 봅시다.

2. 성소수자 상담

1) 성소수자와 정신건강 진단

의학 · 과학 · 심리학의 영역에는 성소수자의 존재에 대해 질병으로 낙인 찍고 치료라는 이름의 인권침해를 가해 온 역사가 있다. 19세기 말, 동성애를 종교적 죄악으로 간주했던 기독교의 영향으로 동성애 등의 성적 지향과 트랜스젠더, 젠더퀴어의 성 정체성을 정상에서 벗어난 '병리'로 간주하였다. 1952년 미국정신의학협회(American Psychiatric Association, APA)의 『정신질환의 진단 및 통계 편람(제1판)(DSM-I)』에서 동성애를 '성도착증'으로 분류하며, 동성애는 공식적으로 질병이 되었다. 질병은 치료가 필요한 상태를 전제한다. 치료라는 명목하에 동성애자를 이성애자로, 트랜스젠더를 시스젠더로 강제로 바꾸려는 시도들이 이어졌다. 1969년 스톤월 항쟁을 계기로 성소수자 인권운동이 조직화하며, 다양한 성소수자가 자신의 존재를 드러내고 성소수자 인권에 의식을 가진 정신건강 전문가들이 연대한 결과, 1973년 미국정신의학협회는 "동성애가 그 자체로 판단력, 안정성, 적응에 결함이 있음을 의미하지 않는다."라며 DSM-II에서 동성애를 질병 목록에서 삭제하였다.

DSM-III(1980)에서 자아 이질적 동성애(ego-dystonic homosexuality) 분류가 생겼으나, 이는 동성애 자체를 문제로 삼기보다 자신의 성적 지향을 받아들이지 못하고 그로 인해 심리적 고통을 경험하는 이들을 대상으로 한다. 이 진단은 동성애를 전면적으로 정신질환으로 판단하지 않지만, 특정한 심리적 갈등을 겪는 사람들을 위한 진단이다. 그러나 이 진단 항목은 1987년에 발간된 DSM-III-R(개정판)에서 삭제되었다. 이는 LGBTQ+ 커뮤니티와 정신의학계의 비판과 연구에 따른 결정이었다. DSM-III-R(1989)부터 동성애는 더 이상 정신장애로 분류되지 않았고, 이러한 심리적 갈등은 더 넓은 범주의 진단으로 통합되었다. 이것은 정신의학 역사에서 동성애에 대한 인식 변화의 중요한 사례로 남아 있으며, 성적 지향과 정신건강 간의 관계를 바라보는 방식에 큰 영향을 미쳤다.

DSM-5(2013)에서는 이전의 성 정체성 장애(gender identity disorder)라는 진단명을 성별 불쾌감(gender dysphoria)으로 변경하였다. 국내에서 2023년에 발간된 DSM-5-TR에서는 젠더 불쾌감(gender dysphoria)으로 수정해 번역하였다. 이 변화는 성 정체성 자체를 문제화하지 않고, 그로 인해 발생하는 고통과 어려움에 초점을 맞추기 위한 것이다. 이 진단은 성소수자에 대한 낙인을 줄이고, 치료가 필요할 때 더 긍정적인 접근을 가능하게 하기 위한 목적이다.

1990년 세계보건기구(WHO) 역시 동성애를 국제질병분류(ICD)상 정신질환 목록에서 삭제함으로써 동성애는 공식적인 의학 체계에서 완전히 탈병리화하였다. 2019년에는 트랜스젠더 정체성을 병리화한 성전환증, 성 주체성 장애가 국제질병분류에서도 삭제됨으로써 성소수자는 이제 어디에서도 질병으로 간주하지 않는다. 젠더 불쾌감의 치료는 개인의 요구와 목표에 따라 다양하게 이루어질 수 있다. 심리치료, 호르몬 치료, 성전환 수술 등이 선택적으로 이루어질 수 있으며, 치료의 목표는 개인이 자신의 성 정체성을 더 편안하게 받아들이고 살아갈 수 있도록 돕는 것이다. 젠더 불쾌감 진단은 성별 불일치를 경험하는 사람들이 적절한 지원과 치료를 받을 수 있도록 돕기 위한 현대 정신의학의 진보적인 접근을 반영했다고 볼 수 있다.

2) 전환치료의 폐해

전환치료(conversion therapy)는 개인의 성적 지향이나 성 정체성을 의도적인 개입을 통해서 바꾸려는 시도를 의미한다. 성적 지향을 이성애로, 성 정체성을 태어날 때 지정받은 성별로 전환하려는 목적을 가지며, 개인의 명시적인 동의나 확고한 의지가 부재한 상황에서 강제되는 경우가 많다. 전환치료는 탈동성애 운동(ex-gay movement), 동성애 치료(gay cure)라고도 불린다. 전환치료는 우울 및 불안 위험 증가, 자살 사고와 충동을 심화시킨다. 또한 성소수자 정체성에 대해 부정적인 사회적 태도를 자기 개념으로 받아들여 내면화된 동성애 혐오 또는 트랜스 혐오로 이어질 수 있으며, 이는 정신건강에 장기적인 영향을 미칠 수 있다(APA, 2009). 2016년 3월에 발간된 세계정신의학회에서는 전환치료에 관해 다음의 내용으로 성명을 발표하였다.

> 세계보건기구(World Health Organization, WHO)는 동성에 대한 성적지향을 인간 섹슈얼리티의 정상적인 형태로 인정하고 있다(1992). 유엔인권이사회는 레즈비언, 게이, 바이섹슈얼, 트렌스젠더의 인권을 존중한다(2012). 주요 진단 및 분류체계인 국제질병사인분류 ICD-10과 DSM-5에서는 동성을 향한 성적 지향, 끌림, 행동, 그리고 성 정체성이 병리 현상이라고 보지 않는다.

2024년을 기준으로 캐나다, 뉴질랜드는 전환치료를 법적으로 금지하고 있으며, 브라질, 몰타, 호주, 독일, 미국 캘리포니아 · 뉴저지 · 워싱턴 DC 등에서는 미성년자에 대한 전환치료를 법적으로 금하고 있다.

3) 옹호치료

(1) 옹호치료의 개념

옹호치료(affirmative therapy)는 메일런(Maylon, 1982)에 의해 처음 사용된 용어로 "성소수자가 가진 고유한 경험과 심리사회적 특성을 이해하고 성소수자의 성적 지향과 성 정체성을 다양한 범주 안에서 바라보며 효과적인 치료 기술을 적용하는 것"을 의미한다(Perez, 2007). 옹호치료는 특정한 치료 기법이라기보다 일반 상담역량에 성소수자에 대한 긍정적인 태도, 지식 및 기술을 추가한 것으로 성소수자 내담자에게 안전하고 효과적인 상담 서비스를 제공하기 위한 치료로 볼 수 있다.

옹호치료에 대해 흔히 성소수자에 대한 온정적인 태도를 보이는 것으로 생각할 수 있다. 실제로 상담자들은 성소수자 내담자에게 옹호적인 태도를 전달하기 위해 "나는 개방적인 사람이에요." "사람이 다 똑같죠."라는 표현을 사용하기도 한다. 하지만 옹호치료는 단순히 좋은 마음으로 대하는 것이 아니라 성소수자에 관한 정확한 정보, 성소수자가 직면한 다양한 이슈에 대한 이해, 상담자 자신의 편견적인 태도에 대한 인식을 전제한다는 점을 유념할 필요가 있다.

(2) 옹호치료를 위한 준비

① 태도 점검

상담자가 지닌 성소수자에 대한 편견과 이성애 중심주의는 내담자가 사회에서 경험하는 차별 관련 스트레스를 상담장면에서도 고스란히 재현시킨다는 점에서 내담자에게 해롭다. 또한 상담자의 차별적인 태도는 성소수자 내담자의 상담에 대한 불만족감과 중도 탈락률을 증가시켜 상담의 기능을 저하하기 때문에(Palma & Stanley, 2002; Rutter et al., 2008) 각별한 주의가 필요하다.

성소수자 내담자에 대한 상담자의 태도를 점검하기 위해서 자신을 둘러싼 환경에 대한 인식을 가질 필요가 있다. 브론펜브레너(Bronfenbrenner, 1979)는 다양한 환경의 맥락이 개인의 발달에 어떻게 영향을 미치는지 설명한다. 가족, 학교, 또래 집단, 이웃 등으로 규정되는 미시체계, 미시체계 간의 상호작용을 의미하는 중간체계, 개인에게 간접적으로 영향을 미치는 사회 시스템인 외부체계, 문화적 가치, 사회 규범 및 법률을 포함하는 거시체계, 사회의 역사적 맥락을 포함하는 시간체계와 개인이 지속적으로 상호작용하며 발달해 나간다는 것이다. 이러한 관점에서 본다면 개인과 상담자로서의 발달과정에 영향을 미친 환경적 맥락을 인식함으로써 자신의 태도를 점검할 수 있다.

㉠ 이성애 중심주의(heterosexism) 인식하기

최근 성소수자에 대한 사회적 인식이 높아지며 동성애를 사랑의 한 형태로 보는 관점이 증가했지만, 동성결혼 법제화에 대한 높은 수준의 거부적인 태도에서(한국갤럽, 2023) 결혼은 여성과 남성이 해야 하는 것이라는 통념을 확인할 수 있다.

이성애 중심주의는 사회, 문화, 정책, 법에서 드러난다. 이분법적으로 성별을 구분한 행정, 언어, 시설 등이 그 예가 될 수 있다. 또한 모든 사람을 이성애자로 간주하거나 여·남 커플만을 상정한 정책도 이성애 중심주의라고 볼 수 있다. 이성애 중심주의는 성소수자를 일반적이지 않고 문제가 있는 존재로 치부하거나 이질적인 집단으로 대상화하게 만든다.

특히 한국은 유교적 가족 중심 문화가 강하다. 유교적 가족중심주의는 대를 잇는 것을 중요한 책무로 여기며 성별에 따른 역할을 구분하고 의무에 충실할 것을 요구한다(김덕균, 2005). 이러한 맥락에서 비이성애적 성적 지향과 정체성은 유교가 추구하는 가치를 저버리는 잘못으로 치부될 수 있다.

㉡ 특권(privilege) 인식하기

특권이라고 하면 부, 명예, 지위를 가진 집단을 떠올리기 쉽다. 그러나 우리가 살펴보고자 하는 특권은 일반적으로 사용하는 의미와는 다른 개념이다. 이 책에서 거론하는 특권은 성별, 인종, 비장애인, 거주지 등과 같은 구체적인 특징으로 인해 자동적으로 획득한 혜택을 의미한다. 예를 들어, 등교, 출근, 외출에서 이동의 제약을 크게 느끼지 않는 것은 비장애인이 가진 특권이다. 이러한 특권은 획득하기 위해 노력할 필요가 없다. 특권을 가진 사람과 집단에 맞게 사회가 체계적으로 조직되었기 때문이다. 앞에서 제시한 예를 조금 더 살펴보면, 많은 교통수단, 여객시설, 도로, 인도가 비장애인의 이용을 위주로 만들어지고 운영된다. 사회의 체계 속에서 비장애인의 이동권은 보장되며, 이러한 이동권은 당연하고 자연스러운 것으로 받아들여지기 때문에 특권을 가지고 있다는 인식을 갖기 어렵다.

특권을 인식하는 것은 특권의 혜택을 누리지 못하는 개인과 집단이 겪는 억압을 이해할 수 있게 한다. 이러한 견지에서 이성애자의 특권을 인식하는 것은 이성애자와 성소수자 내담자가 서 있는 곳이 무엇이 다른지 살펴볼 수 있게 만든다. 코트(Kort, 2018)는 이성애자가 누리는 특권을 다음과 같이 제시한다.

- **제도적 자유**: 사회구조 체계, 규범, 관습, 도덕과 관련이 있다.
  - 예: 이성애자는 고용과 거주의 상황에서 성적 지향, 성 정체성으로 인해 해고, 퇴거의 두려움을 겪지 않는다.
- **법적 자유**: 법률과 관련이 있다.
  - 예: 이성애자 커플은 자유의사에 따라 서로의 법적인 보호자가 될 수 있다.
- **사회적 자유**: 문화적 표현, 사회적 수용, 고정관념으로부터의 자유와 관련이 있다.
  - 예: 이성애자는 공공장소에서 부정적인 시선, 혐오 폭력, 신체적 위협을 염려하지 않고 연인과 애정 표현을 할 수 있다.

㉢ 성(sexuality)에 관한 편견 인식하기

성소수자의 성에 대한 편견은 다양한 영향으로 발생, 유지, 강화된다. 퀴어 이론에 영향을 미친 미셸 푸코(Paul-Michel Foucault)는 주류 권력의 본질을 설명하며 성소수자와 성소수자의 성이 어떻게 타자화되는지 설명한다. 푸코는 권력이 무언가를 억압함으로써 작동하는 것이 아니라 범주를 생성함으로써 강력하게 작동한다고 주장한다. 이러한 맥락에서 성소수자의 성은 이성애자의 성과 다른 것으로 구획되고 주변화된 위치로 배치된다는 것이다.

성소수자, 특히 게이가 HIV/AIDS 전파의 주범이라는 인식은 성소수자의 성은 위험하다는 인식을 갖게 한다. 실제로 김혜민과 유금란(2020)의 연구에서 남성 동성애자에 대한 이성애자 성인의 인식에서 '성적인 문제를 가짐'에 관한 군집이 도출되었으며, 이 군집에는 '에이즈의 원인이 되는' '성병에 노출된' 진술문이 포함된 것이 확인되었다. 1981년 미국에서 최초로 확인된 AIDS는 GRID(게이 관련 면역 결핍증)라 불리며 게이에 대한 혐오를 불러일으켰다. 그러나 질병에 대한 이해가 높아지며 HIV/AIDS는 성적 지향과 무관하게 콘돔 등을 사용하지 않은 안전하지 않은 성적 접촉, 주사기 공유, 문신 또는 피어싱 등 멸균되지 않은 바늘이나 장비 사용 등에 의해 감염되는 것으로 알려졌다.

㉣ 종교의 영향 인식하기

종교적 가치로 인한 갈등은 상담자에게 힘든 경험이다. 믿고 있는 종교의 무결성에 위협이 되는 내담자를 효과적으로 상담하는 데 어려움을 느끼며, 상담자로서 무력감을 경험할 수 있다(Robertson & Avent, 2016). 교리와 전도에 대한 책임감을 가지는 상담자는 직업적 소명과 종교적 소명 사이에서 갈등하며 이 중 하나를 선택해야 한다는 압박을 느낀다.

한국은 서양을 비롯한 유사한 문화권으로 묶이는 동아시아의 다른 국가들에 비해 성소수자에 대한 낮은 수용 수준을 보인다. 이러한 현상에 관해 종교가 미치는 영향을 고려해 볼 수 있다. 한국은 다른 동아시아 국가에 비해 기독교인의 비율이 높으며(Pew Research Center, 2010), 그중 개신교인의 비율이 가장 높다(통계청, 2015). 개신교는 가톨릭, 불교, 기독교 정교회 등에 비해 성소수자에 대한 수용도가 낮으며(Adamczyk & Pitt, 2009), 국내 개신교의 90%가 보수적인 입장을 취하고 있다는 점(Lee, 2006)이 성소수자에 대한 태도에 영향을 미칠 수 있다. 이민정의 연구(2015)에서는 성소수자에 대한 기독교 상담자의 부정적인 태도가 낮아지고 있지만, 기독교 상담자들이 여전히 보수적 기독교 관점에 영향을 받고 있을 수 있다고 말한다.

보수적 기독교 관점에서는 남녀의 생식능력과 생식기 구조가 남성과 여성의 성적 태도와 기능에 영향을 미치는 것으로 보며 여자다움과 남자다움에 대한 개념을 견고히 한다. 이러한 관점은 성 정체성 성소수자에 대한 인식에 영향을 미치며, 레즈비언, 게이 커플의 여성과 남성 역할에 대한 가정을 만든다. 또한 '정신중심주의적 이원론'에서는 성을 가족의 재생산을 위해 이루어지는 것으로 보고, 향유나 쾌락을 목적으로 하지 않는 것을 중요시한다. 이러한 맥락에서 출산을 이루기 어려운 레즈비언, 게이 커플의 관계에서의 성은 쾌락만을 좇는 성교로 치부된다. 또한 보수적 기독교에서 성소수자를 바라보는 견해에는 성경(창 19:1-11; 레 18:22, 20:13; 롬 1:24-32; 고전 6:9; 딤전 1:8-11)이 있으며, 이를 근거로 동성애를 죄라고 규정한다.

그럼에도 최근 한국 성소수자 차별과 혐오에 대한 적극적 반성을 바탕으로 성서적 관점에서 성소수자의 정체성과 지향성을 존중하고자 하는 연구와 활동이 늘고 있으며, 성소수자를 환대하는 열린 교회들의 사역이 꾸준히 이어지고 있다(김혜령, 2017).

보그만(Borgman, 2009)은 미국의 상담자를 대상으로 기독교인 정체성과 앨라이 정체성 간의 갈등과 통합에 관한 연구를 진행하였다. 이 연구의 참여자들은 기독교적 가치와 교리로 인해 가치관 갈등을 겪었지만, 이러한 갈등을 질문과 탐구, 자기에 대한 도전과 재정의 과정을 통해 해소하는 것으로 나타났다. 연구참가자들은 '나는 왜 내가 믿는 것을 믿는가?'라는 질문을 던지며 자신이 가진 편견과 경직성을 인식하고 직면한다. 또한 기독교 기반 신념에 관해 탐구하며 기독교인의 본질에 집중하여, 기독교인의 존재와 정의에 대해 새로운 개념을 정리해 나간다. 새롭게 조명된 기독교인은 종교적 교리(religious dogma)에서 벗어나 율법의 정신(spirit of the law)으로 나가는 것, 즉 하나님을 사랑하고 서로를 사랑하는 것이라고 보고한다. 이를 통해 하나님과 개인적인 관계를 인식하고 발전시킴으로써 교회가 믿는 것에 얽매이지 않고, 수용과 사랑으로 점철되는 예수님의 삶과 가르침에 집중하는 것을 강조한다. 더불어 연구참가자들은 성경이 쓰인 시대의 역사와 문화를 고려하는 것의 필요를 주장하며, 성경의 어떤 부분은 무시하고 특정 부분을 선택하는 것은 옳지 않고 성경을 전체적으로 개념화하는 것이 중요하다고 보고한다.

② 관련 지식 습득하기

성소수자의 특수한 경험을 이해하는 것이 필요하다. 이성애 규범과 성별 이분법적인 사회문화적 맥락에서 성소수자가 경험하는 차별과 편견을 알고 이와 관련한 어려움과 영향을 인식하는 것이 중요하다. 또한 성소수자 커뮤니티 내의 다양한 정체성, 문화를 존중하기 위해서는 관련 지식과 이해가 전제된다.

㉠ 커밍아웃(coming out)

자신의 성적 지향과 성 정체성을 인식하고 수용하며 드러내는 과정을 의미한다. 이 과정은 개인에 따라 다를 수 있다. 우선 자신에게 커밍아웃하는 것은 일차적이고 가장 중요한 과정이다. 자기에게 커밍아웃하는 것은 자신의 성적 지향과 성 정체성을 인식하고 받아들이는 내적 과정을 의미한다. 이 과정에서 사회적 낙인, 내면화된 동성애 혐오, 트랜스포비아, 종교적 신념으로 인한 두려움과 혼란을 겪게 될 수 있다. 다음으로 타인에게 커밍아웃하기가 있다. 자신의 정체성을 받아들인 후, 사람들은 자신의 정체성을 다른 사람들과 공유하고 싶은 욕구와 필요성을 느끼게 된다. 다른 사람에게 커밍아웃하는 것은 언제, 어떻게, 누구에게 공개할지 신중하게 결정해야 하는 복잡하고 다층적인 과정이다. 일반적으로 커밍아웃은 가까운 사이에서 먼 사이로 선형적인 방향성을 가진다고 생각하기 쉽다. 그렇지만 부모보다 친구에게, 친구보다 최근 알게 된 지인에게 커밍아웃하는 경우가 적지 않게 발생한다. 타인에게 커밍아웃할 때 선택적 공개, 대중적 공개, 옹호와 자부심의 단계를 갖는다. 이와 관련한 구체적인 내용은 다음과 같다.

- **선택적 공개**: 신뢰할 수 있는 친구나 가족에게만 자신의 정체성을 공개하는 선택을 한다. 이러한 선택적 공개를 통해 지원 네트워크 구축을 위한 물꼬를 틀 수 있게 된다.
- **대중적 공개**: 직장, 사교 모임, 소셜 미디어 등 보다 공개적으로 커밍아웃하는 것을 의미한다.
- **옹호와 자부심**: LGBTQ+ 옹호 및 운동에 참여하는 것을 의미한다. 이런 경우 이성애 규범, 성별 이분법 사회적 규범에 도전하거나, 다른 사람들을 교육하고, 프라이드 행진과 같은 공개 행사에서 자신의 정체성을 드러내고 기념하고자 할 수 있다.

사회적·문화적 맥락, 가족 간의 역학 관계, 안전과 지원은 커밍아웃 결정에 영향을 미치는 요인이다. 성소수자에게 더욱 수용적인 진보적인 지역이나 도시에서는 보수적인 지역에서 보다 더 쉽게 커밍아웃할 수 있다. 또한 성과 성역할에 대한 전통적인 관점을 가지고 있거나 종교적 신념으로 인해 커밍아웃하는 것이 어려울 수 있다.

커밍아웃은 해방감과 자유로움을 느끼게 하며 공동체 의식을 제공할 수 있다. 반면, 커밍아웃은 감정적인 부담이 되기도 하고 다른 사람들의 반응에 따라 커밍아웃에 대한 개인의 경험에 영향을 받을 수 있다. 커밍아웃을 일회성 사건으로 생각하기 쉽지만 실제로는 그렇지 않다. 커밍아웃은 일생 다양한 상황과 여러 관계 속에서 결정이 필요한 지속적인 과정이다. 연구에 따르면 미국의 레즈비언과 게이는 2주 평균 3회가량 커밍아웃 여부를 고민하는 것으로 밝혀졌다(Beals, Peplau, & Gable, 2009).

성 정체성 성소수자의 커밍아웃은 이름, 외모 변경, 성별 정정 등과 같은 전환에 관한 결정이 포함되어 보다 복잡하다.

ⓛ 아웃팅(outing)

본인의 동의 없이 타인에 의해 성적 지향이나 성 정체성이 공개되는 행위이다. 아웃팅은 성소수자들이 커밍아웃하기 어려운 사람이나 집단을 대상으로 이루어진다는 점, 그리고 준비가 되지 않은 상태에서 밝혀진다는 점에서 폭력적이다. 아웃팅으로 인해 정체성이 밝혀졌을 때 사회와 가족으로부터의 거부, 부모의 금전적 지원 상실, 배척, 괴롭힘, 따돌림, 폭력 등의 불이익과 억압을 당할 가능성이 높아진다는 점에서(Orne, 2011) 아웃팅은 유해하다. 청소년 성소수자의 경우 아웃팅으로 인해 따돌림, 성폭력, 퇴학을 당하기도 하며 자해와 자살을 시도할 가능성이 높아지는 것이 확인되었다(Ettinghoff, 2014).

아웃팅은 이해 부족에서 발생하기도 한다. 아웃팅이 초래하는 피해를 이해하지 못하거나 자신의 행위가 아웃팅이라는 점을 인식하지 못하고 가하는 경우가 이에 해당된다. 1980~1990년대 미국에서는 성소수자 정치인의 비밀을 폭로하여 위선적인 공인에게 책임을 묻는 수단으로 아웃팅을 했지만, 개인 정보를 침해하고 개인에게 해를 끼칠 수 있다는 이유로 비판의 목소리가 커지며 윤리적 논쟁이 촉발되었고 아웃팅의 피해에 대한 인식이 높아졌다.

ⓒ 동성결혼

동성결혼 합법화는 평등, 인권, 다양한 가족구조 인식에 관한 법적 · 사회적 문제이다. 더불어 동성결혼 합법화는 사회에서 성소수자의 권리를 수용하고 보호하는 데 있어 중요한 전진을 의미한다. 이미 여러 국가에서 동성

결혼은 법제화되었다. 2001년 네덜란드는 세계 최초로 동성결혼을 인정하였으며, 뒤이어 영국, 캐나다, 프랑스, 대만, 태국 등 37개국이 동성결혼을 법적으로 인정하고 있다. 이탈리아, 일본 등에서는 동성 커플의 사실혼 관계를 인정하는 시민결합(civil union) 또는 동반자(same-sex partnership) 제도를 시행하여 동성 커플을 기존의 결혼제도에 편입시키는 대신, 혼인한 이성애자 부부와 유사한 법적인 지위를 보장한다.

동성결혼의 법제화에 대한 국내의 여론은 분분하지만, 점차 동성결혼에 대한 의견이 긍정적으로 변화하고 있다. 한국갤럽(2023)의 조사 결과, 2001년에는 찬성의 견해가 17%에 불과했지만 2023년에는 응답자의 40%가 동성결혼 법제화를 찬성하는 것으로 나타났다. 이러한 변화에도 불구하고 여전히 동성결혼에 부정적인 시각이 존재하며, 동성애를 사랑의 한 형태로 인정하지만, 동성결혼 법제화에 대해 반대 입장을 취하는 경우도 있다.

법적으로 동성결혼을 인정하는 것은 평등과 인권의 가치를 실현하는 것 이외에도, 제도로의 편입과 행정의 대상이 될 수 있다는 점에서 중요하다. 법적 부부에게는 상속, 조세, 보험, 의료 및 주택, 자녀의 입양 및 양육권의 행사 등 다양한 이익이 주어진다. 국가의 행정과 법률은 이성애 부부와 그들이 이룬 가족의 개념에 기초하여 적용된다. 동성 커플이 아무리 오랜 기간 부부와 가족으로 함께 지냈더라도 법적으로 동반자, 부부, 가족으로 인정받지 못한다면 의료 결정권, 조세, 상속, 보험 등의 권리와 혜택을 누리기 어렵다. 이러한 점에서 동성결혼의 법제화는 중요한 의미를 지닌다.

3. 마무리

성소수자에 대한 다양한 수준의 차별과 고정관념은 성소수자의 존엄과 인권을 침해하며, 정신건강에 부정적인 영향을 미친다. 성소수자를 향한 억압과 차별은 성소수자 개인뿐만 아니라, 사회적 차원에서도 문제를 유발할 수 있다. 직장, 학교, 종교 등에서 성소수자라는 이유로 배제될 경우, 그들의 재능, 능력, 기여를 통해 발전할 수 있는 기회를 제한해 사회적 손실을 초래할 수 있다. 또한 사회 구성원 간의 분열을 일으켜 결손을 해치고 공동체를 약화시키는 '우리 대 그들'의 사고방식을 조장하며, 나아가 차별적 행동을 용인하는 분위기가 조성되어 차별과 편견이 지속되는 악순환을 만들어 낸다.

이에 성소수자에 관한 고정관념과 편견을 점검하며, 이성애 중심이 강한 사회에서 성소수자가 겪고 있는 현실이 무엇인지 관심을 가지고 이를 해소하기 위한 고민과 노력이 필요하다. 이러한 고민과 노력이 전제될 때 연대와 화합을 바탕으로 공정하고 안전한 사회로 나아갈 수 있게 될 것이다.

토론거리

1. 이성애자, 시스젠더가 누리는 제도적 자유, 법적 자유, 사회적 자유가 무엇인지 찾아보고 이야기 나누어 봅시다.
2. 현재 속해 있는 집단에서 이성애 중심주의의 예를 세 가지 찾아봅시다.
   1) 어떤 점에서 이성애 중심주의가 반영되었다고 생각하는지 이야기 나누어 봅시다.
   2) 이러한 이성애 중심주의가 나에게 미친 영향은 무엇인지 이야기 나누어 봅시다.
3. 상담자와 내담자의 성 정체성과 성적 지향의 차이점과 유사점이 상담관계와 내담자 이해에 어떠한 영향을 미치리라 생각합니까?

추천 영상 및 영화

- 〈너에게 가는 길〉(2021, 변규리 감독, 다큐멘터리): 성소수자 부모와 그들의 자녀
- 〈프레이어웨이〉(2021, 크리스틴 스톨라키스 감독, 다큐멘터리): 전환치료
- 〈모어〉(2022, 이일하 감독, 다큐멘터리): 트랜스젠더
- 〈퀴어 마이프렌즈〉(2023, 서아현 감독, 다큐멘터리): 게이
- 〈에브리보디〉(2023, 줄리코헨 감독, 다큐멘터리): 간성인

추천 논문 및 도서

- 트랜스젠더: 김승섭(2018). 오롯한 당신. 숨쉬는책공장.
- 기독교와 퀴어: 박경미(2020). 성서 퀴어를 옹호하다. 한티재.
- 청소년 성소수자: 우승연(2020). 홈, 라이드 홈. 아무르문디.
- 앨라이: Gainsburg, J. (2022). 성소수자 지지자를 위한 동료 시민 안내서 [*The savvy ally: A guide for becoming a skilled LGBTQ+ advocate*]. (허원 역). 현암사. (원저는 2020년에 출판).
- 트랜스젠더: Bergdorf, M. (2024). 젠더를 바꾼다는 것: 트랜스젠더 모델 먼로 버그도프의 목소리 (*Transitional*). (송섬별 역). 북하우스. (원저는 2024년에 출판).
- 이주영, 윤은희, 이아라(2020). LGBT 내담자 상담역량 척도 개발 및 타당화. 상담학연구, 21(2), 339-359.
- 국가인권위원회(2021). 트랜스젠더 혐오차별 실태조사.

참고문헌

국가인권위원회(2021). 트랜스젠더 혐오차별 실태조사. https://www.humanrights.go.kr/site/program/board/basicboard/view?boardtypeid=24&boardid=7606311&menuid=001004002001에서 검색.

김덕균(2005). 유교적 가족주의, 해체인가 복원인가-새로운 가족윤리를 모색하며. 유교사상문화연구, 23, 109-134.

김정혜(2019). 고용상 성적지향 차별 및 괴롭힘 연구-여성 성소수자의 경험을 중심으로-. 민주법학, 70, 203-240.

김혜령(2017). 제네바 종교개혁 정신에 비추어 본 제4차 산업혁명과 사회적 기본권 보편보장제도 성찰. 신학사상, 178, 155-199.

김혜령(2020). 성 소수자 혐오의 혐오성에 대한 기독교윤리학의 비판적 논증. 신학사상, 190, 273-317.

김혜민, 유금란(2020). 개념도를 활용한 남성 동성애자에 대한 이성애자 성인의 인식. 한국심리학회지: 상담 및 심리치료, 32(1), 417-438.

김혜민, 유금란(2021). LGB 내담자가 경험하는 상담자의 마이크로어그레션에 관한 개념도 연구. 한국심리학회지: 상담 및 심리치료, 33(4), 1501-1526.

박수현(2010). 동성애자의 소수자 스트레스와 대처 전략에 따른 심리사회적 적응의 차이. 가톨릭대학교 대학원 석사학위논문.

손주연, 이영호(2023). 소수자 스트레스가 동성애자 및 양성애자의 자살사고에 미치는 영향: 속박감을 통한 긍정적 정체성의 조절된 매개효과. 한국심리학회지: 임상심리 연구와 실제, 9(1), 87-114.

이민정(2015). 한국에서 성 소수자에 대한 기독교상담사의 인식에 관한 현상학적 연구. 서울여자대학교 대학원 석사학위논문.

이성우, 유성은(2022). 성별소수자 스트레스와 자살생각의 관계: 회복력과 대인관계 요인의 조절된 매개효과. 한국심리학회지: 임상심리 연구와 실제, 8(4), 713-745.

이호림(2015). 소수자 스트레스가 한국 성소수자(LGB)의 정신건강에 미치는 영향. 서울대학교 대학원 석사학위논문.

통계청(2015). https://kostat.go.kr/portal/korea/kor_nw/1/2/2/index.board?bmode=read&aSeq=358170&pageNo=&rowNum=10&amSeq=&sTarget=&sTxt= 에서 검색

한국갤럽(2023). 데일리 오피니언 제544호(2023년 5월 4주)-정당별 호감도, 동성결혼 법제화, 동성애 관련 인식(5월 통합 포함). https://www.gallup.co.kr/gallupdb/reportContent.asp?seqNo=1397에서 검색.

Adamczyk, A., & Pitt, C. (2009). Shaping attitudes about homosexuality: The role of religion and cultural context. *Social Science Research*, *38*(2), 338-351.

American Psychological Association (APA). (2009). *Report of the American Psychological Association Task Force on Appropriate Affirmative Responses to Sexual Orientation*.

Badgett, M. V., Durso, L. E., & Schneebaum, A. (2013). *New patterns of poverty in the lesbian, gay, and bisexual community*. Williams Institute.

Beals, K. P., Peplau, L. A., & Gable, S. L. (2009). Stigma management and well-being: The role of perceived social support, emotional processing, and suppression. *Personality and Social Psychology Bulletin*, *35*(7), 867-879.

Bissonette, D., & Szymanski, D. M. (2019). Minority stress and LGBQ college students' depression: Roles of peer group and involvement. *Psychology of sexual orientation and gender diversity*, *6*(3), 308.

Borgman, A. L. (2009). LGB allies and Christian identity: A qualitative exploration of resolving conflicts and integrating identities. *Journal of Counseling Psychology*, *56*(4), 508.

Bronfenbrenner, U. (1979). *The ecology of human development: Experiments by nature and design* (pp. 139–163). Harvard University Press.

Cho, B., & Sohn, A. (2016). How do sexual identity, and coming out affect stress, depression, and suicidal ideation and attempts among men who have sex with men in South Korea?. *Osong Public Health and Research Perspectives*, *7*(5), 281–288.

Ettinghoff, E. (2014). Outed at school: Student privacy rights and preventing unwanted disclosures of sexual orientation. *Loy. L.A.L. Review*, *47*, 579.

Israel, T., Gorcheva, R., Walther, W. A., Sulzner, J. M., & Cohen, J. (2008). Therapists' helpful and unhelpful situations with LGBT clients: An exploratory study. *Professional Psychology: Research and Practice*, *39*(3), 361.

Kohli, R., & Solórzano, D. G. (2012). Teachers, please learn our names!: Racial microagressions and the K–12 classroom. *Race Ethnicity and Education*, *15*(4), 441–462.

Kort, J. (2018). *LGBTQ clients in therapy: Clinical issues and treatment strategies*. Norton.

Lee, T. S. (2006). Beleaguered success, Korean evangelicalism in the last decade of twentieth century. In R. E. Buswell & T. S. Lee (Eds.), *Christianity in Korea* (pp. 330–350). University of Hawaii Press.

Maylon, A. K. (1982). Psychotherapeutic implications of internalized homophobia in gay men. In J. C. Gonsioreck (Ed.), *Homosexuality and psychotherapy: A practitioner's handbook of affirmative models* (pp. 59–69). The Haworth Press.

Mereish, E. H., Peters, J. R., & Yen, S. (2019). Minority stress and relational mechanisms of suicide among sexual minorities: Subgroup differences in the associations between heterosexist victimization, shame, rejection sensitivity, and suicide risk. *Suicide and Life-Threatening Behavior*, *49*(2), 547-560.

Meyer, I. H. (1995). Minority stress and mental health in gay men. *Journal of health and social behavior*, *36*(1), 38-56.

Meyer, I. H. (2003). Prejudice, social stress, and mental health in lesbian, gay, and bisexual populations: Conceptual issues and research evidence. *Psychological Bulletin*, *129*(5), 674-697.

Nadal, K. L. (2013). *That's so gay! Microaggressions and the lesbian, gay, bisexual, and transgender community*. American Psychological Association.

Nadal, K. L., Griffin, K. E., Wong, Y., Hamit, S., & Rasmus, M. (2014). The impact of racial microaggressions on mental health: Counseling implications for clients of color. *Journal of Counseling & Development*, *92*(1), 57-66.

Nadal, K. L., Rivera, D. P., & Corpus, M. J. (2010). Sexual orientation and transgender microaggressions: Implications for mental health and counseling. In D. W. Sue (Ed.), *Microaggressions and marginality: Manifestation, dynamics, and impact* (pp. 217-240). John Wiley & Sons, Inc..

Ong, A. D., Burrow, A. L., Fuller-Rowell, T. E., Ja, N. M., & Sue, D. W. (2013). Racial microaggressions and daily well-being among Asian Americans. *Journal of counseling psychology*, *60*(2), 188.

Orne, J. (2011). 'You will always have to "out" yourself': Reconsidering coming out through strategic outness. *Sexualities*, *14*(6), 681-703.

Palma, T. V., & Stanley, J. L. (2002). Effective counseling with lesbian, gay, and bisexual clients. *Journal of College Counseling*, *5*(1), 74-89.

Perez, R. M. (2007). The "boring" state of research and psychotherapy with lesbian, gay, bisexual, and transgender clients: Revisiting Baron (1991). In K. J. Bieschke, R. M. Perez, & K. A. DeBord (Eds.), *Handbook of counseling and psychotherapy with lesbian, gay, bisexual, and transgender clients* (2nd ed., pp. 399–418). American Psychological Association.

Pew Research Center. (2010). *The Global religious landscape: A report on the size and distribution of the world's major religious groups as of 2010*. Retrieved from https://www.pewforum.org/files/2014/01/global-religion-full.pdf.

Robertson, D. L., & Avent, J. R. (2016). African American counselors-in-training, the Black church, and lesbian-, gay-, and bisexual-affirmative counseling: Considerations for counselor education programs. *Counseling and Values*, *61*(2), 223–238.

Russell, J. A. (2003). Core affect and the psychological construction of emotion. *Psychological Review*, *110*(1), 145.

Rutter, P. A., Estrada, D., Ferguson, L. K., & Diggs, G. A. (2008). Sexual orientation and counselor competency: The impact of training on enhancing awareness, knowledge and skills. *Journal of LGBT Issues in Counseling*, *2*(2), 109–125.

Salim, S., Robinson, M., & Flanders, C. E. (2019). Bisexual women's experiences of microaggressions and microaffirmations and their relation to mental health. *Psychology of Sexual Orientation and Gender Diversity*, *6*(3), 336.

Smith, W. A., Allen, W. R., & Danley, L. L. (2007). "Assume the position... you fit the description" psychosocial experiences and racial battle fatigue among African American male college students. *American Behavioral Scientist*, *51*(4), 551–578.

Sue, D. W. (Ed.) (2010a). *Microaggressions and marginality: Manifestation, dynamics, and impact*. Wiley & Sons.

Sue, D. W. (2010b). *Microaggressions in everyday life: Race, gender, and sexual orientation*. Wiley & Sons.

Sue, D. W., Capodilupo, C. M., Torino, G. C., Bucceri, J. M., Holder, A., Nadal, K. L., & Esquilin, M. (2007). Racial microaggressions in everyday life: Implications for clinical practice. *American psychologist*, *62*(4), 271.

Szymanski, D. M., & Ikizler, A. S. (2013). Internalized heterosexism as a mediator in the relationship between gender role conflict, heterosexist discrimination, and depression among sexual minority men. *Psychology of Men & Masculinity*, *14*(2), 211.

World Health Organization (WHO). (1992). *The ICD−10 classification of mental and behavioural disorders: Clinical descriptions and diagnostic guidelines*. World Health Organization.

World Health Organization (WHO). (2012). *World health statistics, World Health Organization*, Geneva. http://www.who.int/gho/publications/world_health_statistics/en/index.html

제13장

다문화심리학과 젠더

홍상희

이화여자대학교
마음E센터 특임교수

심리학의 역사를 살펴보면, 서구 사회, 백인, 남성, 중산층, 교육을 받은 계층을 중심으로 형성되었고 발전해 왔으며, 그로 인하여 야기된 문제들이 누적되어 왔음을 알 수 있다. 예를 들어, 주요 집단에 속하지 못한 사람들에게 심리학 지식을 적용하기 어려울 뿐만 아니라 심리학 지식에 맞지 않는 사람들과 집단을 문제로 바라보는 부작용이 발생하였고, 심지어 소외된 집단의 사람들에 대한 차별과 편견을 정당화하는 데 심리학 이론이 활용되기도 하였다. 여성도 심리학 체계 내에서 주변부로 밀려난 집단 중 하나이다. 오늘날 이에 대한 대안으로 다문화심리학이 등장하였고, 기존의 심리학 이론에서 소외되거나 병리적으로 묘사되었던 다양한 사람들에 대한 연구 및 지식 형성의 중요성이 강조되고 있다. 이 장에서는 다문화심리학의 내용과 관련 연구들을 소개함으로써 여성을 이해하기 위한 심리학적 기반을 제공할 것이다.

이 장의 차례는 다음과 같다.

다문화 혹은 다문화주의라는 말은 예전부터 존재해 왔지만, 오늘날 우리 사회에서는 이수민 당사자와 그들의 가족들을 지칭하는 의미로 축소되어 사용되는 경향을 보인다(김지혜, 2019). 이 장에서 다루는 다문화심리학이란 그보다 넓은 범위의 주제를 포함하는 심리학의 하위 분야를 뜻한다. 심리학이라는 학문은 서구에서 시작되었으며, 백인, 남성, 중산층, 교육받은 계층, 산업화되고 민주화된 사회에서 모집한 표본으로부터 얻은 결과를 축적한 지식을 바탕으로 발전해 온 경향이 있다(Henrich, Heine, & Norenzayan, 2010). 결과적으로, 기존의 심리학 지식만으로는 주요 집단이 아닌 사람들에 대해서 이해하기 어려워 그들의 행동을 병리적인 것이나 열등한 것으로 판단하는 일도 빈번하게 발생해 왔다. 이러한 상황에 대한 반성에서 시작된 것이 바로 다문화심리학이다. 다문화심리학의 관점에서 볼 때 여성은 기존의 심리학에서 배제되거나 왜곡하여 설명되는 경우가 많았으며, 여성 집단 내부에 존재하는 다양한 문화적 차이에 대한 심리학적 이해도 충분하지 않다. 따라서 이 장에서는 다문화심리학에 대하여 살펴보고 여성 심리를 적절하게 이해하고 설명하기 위하여 필요한 접근과 방법에 대하여 제시할 것이다.

1. 다문화심리학이란

다문화심리학에서는 기존의 심리학에서 범위를 더 확장하여 인종, 민족, 언어, 성적 지향, 성별(gender), 나이, 장애, 계급, 교육, 종교나 영적 지향 등 다양한 문화적 요인으로 인한 영향을 인식하고, 보편적인 접근과 특수한 문화적 상황에 대한 이해를 모두 중요시하는 입장을 반영한다(American Psychological Association, 2018). 이는 다양한 관점을 인정하고 존중하는 문화상대주의나 다문화주의를 배경으로 하고 있다. 사회과학에는 인간의 보편성을 강조하는 에틱(etic)과 문화적 특수성을 강조하는 에믹(emic) 개념이 있는데, 다문화심리학이 발생한 것은 심리학이 에틱 중심에서 에믹의 중요성도 포함하는 입장으로 확대된 것이라고 할 수 있다(Sue & Sue, 2011).

다문화심리학이 확산되면서 사람들이 가진 다양한 정체성이 자신과 타인에게 미치는 영향에 대한 연구들이 증가하였고, 사회적으로 소외되어(marginalized) 소수자(minority)가 되는 개인과 집단이 경험하는 다양한 어려움에 관한 지식이 생산되었다. 더불어 심리학 내에서 단일문화적인 관점에서 벗어나 다문화적 관점과 관련 역량을 키워야 할 필요성이 강조되고, 실천 방안을 구체화하는 등의 노력도 이루어지고 있다. 예를 들어, 미국심리학회에서는 심리학 연구자, 교육자, 임상가들이 다문화적 관점을 실천할 수 있도록 가이드라인(American Psychological Association, 2017)을 제작하였고, 국내 상담심리학회의 윤리규정(2024)에는 다문화적 요인을 인식하고 그로 인한 문제를 다루어야 한다는 내용("상담심리사는 문화, 신념, 종교, 인종, 성적 지향, 성 정체성, 신체적 또는 정신적 특성에 대한 자신의 편견을 자각하고, 이를 극복하기 위해 노력해야 한다.")이 명시되어 있다.

다문화심리학의 연구 범위는 어떻게 될까? 기본적으로는 다양한 문화적 요인을 가진 사람들의 경험과 특징이 그 범위에 해당될 수 있다. 하지만 실제 연구에서 드러나는 연구 대상과 연구 내용은 각 나라와 사회가 직면하고 있는 고유한 상황에 따라 다소 차이를 보인다. 우리나라보다 먼저 다문화 심리학이 시작된 미국의 상황을 보면, 사회적 · 정치적 특성으로 인하여 주로 소수 인종(예: 흑인, 아시아계), 소수 민족(예: 라틴계), 성소수자와 관련된 연구 대상 및 주제가 많이 다루어지고 있다. 국내에서는 다문화라는 단어가 주로 결혼이주여성과 이주 노동자 및 그들의 가족들을 지칭하는 단어로 축소되어 사용되는 경향(김지혜, 2019)이 반영되어 다분화심리학 연구에서도 이러한 집단이 중심이 되는 경향이 있다. 그 외에도 성소수자, 북한이탈주민, 유학생의 적응과 어려움에 대한 연구들도 이루어지고 있다.

2. 관련 개념들

1) ADDRESSING 모델

다문화심리학에서 중요한 개념 중 하나가 바로 정체성이다. 정체성은 보통 그 사람이 누구인가를 나타내는 특징, 신분, 계급 등을 의미하며, 그러한 의미는 문화적으로 구성되었기 때문에 문화적 정체성이라고도 한다. 문화적 정체성에 초점을 맞추기 위하여 활용할 수 있는 개념 중 하나가 바로 ADDRESSING 모델(Hays, 2015)이다. 헤이스(Pamela Hays)는 미국과 캐나다에서 관심을 가질 필요가 있는 소외 집단과 관련되는 정체성을 〈표 13-1〉과 같이 정리하여 해당 모델의 이름으로 정하였고, 해당 주제들을 심리상담에서 다룰(addressing) 필요가 있음을 강조하였다.

해당 모델은 미국과 캐나다를 중심으로 만들어졌기 때문에 한국 사회에 적용할 때에는 수정이 필요한 부분이 있다. 예를 들어, 종교와 관련하여 우리나라에서 불교는 소외 종교에 해당되지 않으며, 소수 집단에 속하는 인종적 · 민족적 정체성도 다르게 구성된다. 마지막으로, 우리나라에서 원주민

표 13-1 ADDRESSING 모델의 구체적 내용

대표 글자	내용	예시
A	나이와 세대(age and generational influence)	어린이, 청소년, 노인
D	선천적인 장애(developmental disability)	뇌성마비, 경계선 지능, 자폐를 가진 사람들
D	후천적인 장애 (disabilities acquired later in life)	사고로 인한 신체 기능 저하, 치매 등을 앓는 사람들
R	종교와 영적 지향 (religion and spiritual orientation)	이슬람교, 유대교, 불교, 및 다른 소수 종교
E	민족적 · 인종적 정체성 (ethical and racial identity)	아시아, 남아시아, 태평양 섬, 라틴계, 아프리카계
S	사회경제적 지위(socioeconomic status)	직업, 교육 수입 등에서 낮은 지위에 놓인 사람들
S	성적 지향(sexual orientation)	동성애나 양성애 성향을 가진 사람들
I	원주민 배경(indigenous heritage)	하와이 원주민, 미국 원주민
N	국적(national origin)	이민자, 피난민, 외국 학생
G	성별(gender)	여성, 트랜스젠더

출처: Hays(2015)를 수정.

(한반도에서 살아온 한민족)은 특권을 가진 집단에 속하며, 북한이탈주민 등을 포함하는 이주민 범주를 소외 집단에 포함시키는 것이 적절할 것이다.

헤이스(2015)는 ADDRESSING 모델을 활용하여 상담자가 자신의 세계관에 영향을 주는 요인들에 대하여 이해하고, 특히 상담자가 주류 집단에 속한 경우 자신의 가치관과 다른 정보들에 대하여 알고 이해하기 위한 노력을 기울여야 한다고 설명하고 있다. 또한 내담자가 가진 여러 가지 문화적 정체성의 복잡성을 알고 여러 가지 요인을 바탕으로 내담자를 이해할 필요성을 강조한다. 헤이스의 이론은 심리상담뿐만 아니라 심리학 연구에도 적용

될 수 있다. 예를 들어, 연구자가 연구참가자들로부터 수집한 자료를 해석할 때, 단일문화적 관점으로 접근하는 대신 그들의 다양한 정체성으로 인해 발생할 수 있는 다양한 가능성을 고려할 수 있다.

2) 특권과 억압

권력의 많고 적음, 즉 특권(privilege)과 억압(oppression)은 다문화심리학의 중요한 개념 중 하나이다(예: Organista, Marîn, & Chun, 2018). 다양한 문화적 정체성에 대하여 안다는 것은 각 정체성의 특징뿐만 아니라(예: 여성 혹은 남성들에게서 집단적으로 드러나는, 서로 구분이 되는 특징) 정체성들 간에 존재하는 위계(예: 한국 사회의 노동 시장에 존재하는 여성에 대한 차별), 그리고 그로 인하여 사람들이 어떠한 특권을 누리고 어떠한 억압을 경험하는지에 대한 지식이 있다는 의미이기 때문이다. 사전적 의미에 의하면 특권은 특정한 사람들만 누릴 수 있는 특별한 권리, 이득, 보호라는 의미이며(Dictionary.com., n.d.), 억압은 기를 펴지 못하도록 인간의 행동이나 자유 등을 강제로 억누른다는 의미이다(고려대한국어대사전, n.d.). 동일한 상황이라 할지라도 개인에게 있는 권력의 정도에 따라 특권을 갖거나 억압을 당하게 된다.

문화적 정체성은 사람들이 가진 권력의 정도에 영향을 미치는 요인 중 하나이다. 문화적 정체성 중 하나인 성별에 따른 특권과 억압의 예시를 찾아보자면 다음과 같다. 현재 대한민국의 「친족법」에 의하면 자녀에게는 기본적으로 아버지의 성(姓)을 물려주어야 하고, 혼인 신고를 할 때 어머니의 성을 자녀에게 물려주겠다는 표시를 한 경우와 같은 예외적인 상황에서만 여성은 자녀에게 자신의 성을 물려줄 수 있다. 자녀에게 자신의 성을 물려주고자 하는 의도가 없는 여성에게는 현재 대한민국의 법이 아무런 문제가 되지 않겠지만, 자신의 성을 물려주고 싶은 여성은 자신의 배우자와 상의하여 동의를 구해야 하기 때문에 원하는 바를 실현해 나가는 과정이 복잡해지고 실현하기 어려울 수도 있다. 반면, 동일한 상황에서 남성들은 그냥 자녀에게 성을 물려주면 되고, 원치 않는 경우 혼인 신고 시에 자녀가 배우자의 성을 따르는 데 동의한다는 의사를 표시하면 되기 때문에 여성과 비교할 때 자유로운 선택을 하는 데 제약이 발생할 가능성이 낮다. 따라서 자식에게 자신의 성을 물려주는 상황에서 남성은 특권을, 여성은 억압을 경험할 가능성이 높다고 볼 수 있다.

특권과 억압에 대하여 이해하기 위하여 다음과 같은 몇 가지 특징을 고려할 수 있다. 첫째, 특권과 억압은 개인의 특성이나 노력 여부와는 전혀 상관이 없으며, 그들이 살고 있는 사회의 법, 제도, 가치 체계에 의하여 자동적으로 발생하게 된다. 백인들의 특권에 대하여 연구한 매킨토시(McIntosh, 2003)는 특권에 대해 노력하지 않고 얻은 권리이자 부여받은 지배라는 특징이 포함된다고 하였다. 둘째, 특권을 가진 사람들은 자신에게 특권이 있음을 인식하지 못하는 경우가 많다. 이는 첫 번째 특징과 연결되는데, 특권은 개인이 노력이나 의도한 바와 관계가 없이 사회적으로 결정된 환경과 제도에 의해 자동으로 결정되는 경우가 많기 때문에 마치 물속에 사는 물고기가 물을 의식하기 어렵듯 사람들은 자신의 특권을 알아차리기 어려운 것이다. 또한 특권은 상대적인 개념이기 때문에 알아차리기 어려운 면도 있다. 김지혜(2019)는 저서 『선량한 차별주의자』에서 자신에게 아무런 불편함이 없는 제도가 다른 사람에게 장애물이 되는 경우에 사람들은 상대적으로 비교하여 자신이 누리는 특권을 발견할 수 있다고 하였다. 셋째, 특권과 억압은 관행이나 제도로 자리 잡으면서 정상적인 것이 되고, 사람들도 이를 수용하는 경향이 있다. 때로는 억압을 받는 사람들조차도 억압적인 문화와 제도를 내면화하여 여기에 동의하는 상황이 발생하게 된다. 예를 들어, 신분제도가 존재했던 시절을 생각하면, 양반뿐만 아니라 노비와 같이 억압받는 하층민들은 대다수가 신분제도를 수용하고, 양반 계급이 누리는 특권을 당연한 것으로 받아들였다. 넷째, 특권과 억압은 일회적이거나 단기간에 생겨난 것이 아니라 역사를 배경으로 오랜 시간에 걸쳐 누적되는 경향이 있다(Bell, 2016). 앞에서 예시로 사용한 자녀에게 아버지의 성을 부여하는 제도는 오랫동안 사회적 관습으로 이어져 왔으며, 어느 시점부터는 법으로 제정되어 확립된 것이다. 여기에는 유교와 가부장제를 바탕으로 결혼한 여성에게는 자녀, 특히 아들을 낳아 남편 집안의 대를 이어야 하는 역할이 부여되었던 역사적 배경이 연관되어 있다. 이처럼 특권과 억압은 역사적으로 누적되어 왔기 때문에 이를 바탕으로 현대에 나타나는 억압의 관행들을 변화시키기 어렵게 된다.

3) 교차하는 정체성

사람들이 가진 정체성은 고정불변의 것이 아니라 사회적으로 구성된 개념이며 복잡하고 역동적인 측면이 있다(Ratts et al., 2016). 따라서 누구나 자신의 어떤 정체성과 관련해서는 특권을 누리고 있지만, 다른 정체성과 관련해서는 억압을 경험할 수 있고, 몇 가지 정체성이 섞여서 고유한 특권과 억압을 경험하게 될 수도 있다. 이러한 현상을 잘 드러내는 개념이 바로 교차성(intersectionality)이다. 교차성이라는 용어를 처음으로 만든 여성학자 킴벌리 크렌쇼(Kimberle Crenshaw, 2016)는 흑인 여성들의 삶을 이해하기 위해서 흑인 혹은 여성이라는 하나의 정체성만으로는 충분하지 않으며, 흑인과 여성이라는 두 정체성이 교차하는 지점에서 무슨 일이 발생하는지를 탐구해야 한다고 강조하였다. 미국 사회에서 흑인 여성의 삶은 흑인 남성의 삶과도 다르고 타 인종 여성, 특히 다수인 백인 여성의 삶과는 분명히 다르기 때문이다. 교차성의 조합은 억압을 경험하기 쉬운 여러 정체성을 중첩적으로 가진 경우(예: 미국 사회의 흑인 여성), 억압과 특권이 섞인 정체성들이 조합된 경우(예: 노동자 계급 출신인 여성 정치인), 특권을 누리기 쉬운 여러 정체성을 중첩적으로 가진 경우(예: 경제적으로 안정되고 건강한 남성 교수) 등으로 나누어 생각해 볼 수 있다. 또한 시간에 따른 정체성의 변화 가능성도 고려하여야 한다(Harley et al., 2002). 사회적 지위, 경제적 계급, 장애 여부, 나이 등 다양한 정체성이 삶의 시점에 따라서 변할 수 있으며, 그로 인하여 사람들의 경험, 그들이 가진 특권의 정도, 그들의 세계관도 영향을 받아 변하게 된다.

결국 정체성이 교차한다는 개념이 가지는 함의는, 한 개인을 이해하기 위하여 하나의 정체성을 살펴보는 것만으로는 충분하지 않다는 것이다. 다문화심리학에서 다양한 정체성에 대하여 개별적으로 이해하는 것이 중요하지만, 그 외에도 여러 정체성이 공존하는 상황에서 발생하는 결과에 대하여 민감하게 알아차리고 이해하는 것이 필요하다.

4) 문화적 정체성 발달과정

다문화심리학에서는 정체성이 횡적 관점뿐만 아니라 종적 관점, 즉 시간에 따라 변하는 과정에 관련된 연구들이 이루어져 왔다. 이러한 정체성 발달 연구들을 분류해 보자면, 억압을 겪는 소수자 정체성(예: 여성, 흑인, 성소수자)과 특권을 가지는 정체성(예: 남성, 백인)으로 나누어 볼 수 있다. 이하에서는 소수자 정체성 발달에 대하여 먼저 살펴보고, 이어서 특권을 가지는 정체성에 대하여 알아볼 것이다.

여러 소수자 정체성에 대한 개별적인 발달단계(예: 흑인-Cross, 1971; 여성-Downing & Roush, 1985; 성소수자-Cass, 1979)에 대한 이론이 존재한다. 이러한 발달단계들은 억압을 자각하지 못하고 부인하거나 지배적인 문화에 순응하는 낮은 단계에서 억압을 자각하고 저항을 추구하며 자신을 긍정적으로 인식하는 높은 단계로 나아가는 유사한 경로로 되어 있다(Worell & Remer, 2007). 따라서 개별적인 정체성 발달단계 대신 소수자 정체성에 대하여 포괄적으로 적용할 수 있는 문화 정체성 이론(cultural identity theory; Rigazio-Digilio et al., 2017)을 살펴볼 것이다. 참고로 여성주의자 정체성 발달은 이 책의 제11장, 성소수자 정체성 발달은 제12장에서 찾아볼 수 있다.

첫 번째 단계는 직면 전(preencounter) 단계이다. 이 단계에서는 아직 자신을 문화적 존재로 인식하지 못하며 정체성도 인식하지 못한다는 특징이 있다. 그들은 자신이 문화적 존재라는 점을 부인(denial)하거나 비슷한 사람들 사이의 제한된 경험을 가지고 살아가기 때문에 결과적으로 협소하고 단편적인 문화적 관점을 지닌다. 예를 들어, 신체장애를 가진 사람이 장애인의 삶에 영향을 미치는 문화적 요인을 인식하지 못하고, 자신이 경험하는 차별을 차별로 인식하지 못하는 경우가 여기에 해당된다. 그다음 단계로 나아가기 위해서는 자신의 삶에 관해 이야기하고 차별이나 억압과 관련된 예를 찾아보도록 도움을 받는 것이 필요하다.

두 번째 단계는 직면(encounter) 단계이다. 개인, 가족, 공동체 집단에 대한 억압과 차별을 알아차리는 단계로서, 순진함의 상태에서 발전하여 억압과 차별 관련 경험을 알아차리고 새로운 깨달음을 얻는 상태로 나아가게 된다. 예를 들어, 장애인이 자신이 겪는 불편과 부정적인 경험이 비장애인과는 다른 대우를 받기 때문이라는 점을 자각하고 이를 차별로 인식하기 시작하는 경우가 여기에 해당된다. 그다음 단계로 나아가기 위해서는 자신과 관계 속 자신을 탐색하고, 자신과 자신의 공동체를 자랑스럽게 느끼도록 응원해 주는 사람들과 함께하는 것이 필요하다.

세 번째 단계는 몰입(immersion) 단계이다. 특정 문화 집단과 관련된 정체성이 확고해지기 시작한다. 이 단계에서는 특권과 억압이 작용하는 방식을 탐구하고 명확하게 이해할 수 있게 된다. 그러한 과정에서 종종 자신에 대한 자부심을 느끼는 등 큰 변화를 경험하고, 집단, 집단의 역사, 문제, 목표에 초점을 맞추게 된다. 예를 들어, 장애인이 장애에 대한 차별로 인하여 일상에서 이동하는 데 어려움을 겪고 있다는 점을 차별로 인식하고 좌절하면서도, 다른 장애인이나 이를 지지해 주는 비장애인들과 연대하여 방법을 찾고자 노력하고 이동권 시위도 하며 유대감을 느끼게 되는 경우가 여기에 해당된다. 다음 단계로 나아가기 위해서 억압, 다른 사람들에 대한 생각, 세상을 바라보는 관점 사이의 모순에 주목하고 알아차릴 수 있도록 도움을 필요로 하며, 다른 억압을 경험한 사람들의 이야기를 통해 그러한 도움을 받을 수 있다. 이 단계에서는 분노 반응이 발생할 가능성이 높고, 분노를 적절하게 다룰 수 있도록 도움을 받을 필요가 있다.

마지막 단계는 내면화(internalization) 단계이다. 이 단계에서는 어떠한 정체성을 가지고 어떠한 집단에 소속된다는 것의 의미를 더 깊이 이해하게 되며, 문화에 대한 다양한 참조의 틀이 만들어진다. 지배 문화 속에 존재하는 가치 있는 영역을 인정하면서도, 억압을 내포한 측면에 대항해 싸우기도 한다. 이전의 세 단계에서 드러나는 강점을 모두 이용할 수 있다는 강점을 보이기도 한다. 예를 들어, 장애인인 자신에 대하여 편안함과 만족스러움을 느낄 수 있으며, 일상을 사는 경험에 대하여 비장애인들과 적극적으로 소통하고 알리는 경우가 여기에 해당된다. 뇌성마비가 있어 휠체어를 타고 다니다 보니 빈번히 타인의 시선을 받으며 스트레스를 겪지만, 자신의 취향에 맞게 휠체어를 꾸미기도 하고, 자신의 경험을 책과 유튜브로 적극적으로 알린 김지우씨의 삶(김지우, 2022)은 생생한 예시가 된다. 이 단계에서 더 나아가기 위해서는 시스템 내에 어떤 모순이 존재하는지 살펴보고, 현실을 계속 탐색하며 변화를 이루어 나가도록 지지하는 사람들과 함께하는 것이 필요하다.

특권이 부여된 정체성 발달과 관련하여 백인(Helms, 1990), 백인 남성(Scott & Robinson, 2001), 지지자(차별받는 집단을 옹호하는 사람을 의미하며, 국내에서는 영어 단어 'ally'의 발음을 그대로 표기한 '앨라이'라는 단어를 사용하기도 함; Martinez et al., 2023)에 관한 연구들이 이루어져 있다. 여기에서는 특권이 있는 다양한 정체성에 포괄적으로 적용할 수 있는 지지자 정체성 발달

(Martinez et al., 2023)에 관한 이론을 살펴볼 것이다.

첫 번째 단계는 무관심(apathy)을 특징으로 하며, 이 단계의 사람들은 자신이 가진 특권이나 억압을 경험하는 대상에게 무관심하다. 차별과 억압이 존재한다는 것을 아는 경우에도 그로 인하여 소외된 집단의 사람들이 일상적으로 상당한 정도의 고통을 경험하고 있다는 것은 알지 못한다. 그다음 단계로 넘어가기 위해서는 소외되고 억압받는 정체성을 가진 사람들과의 직접적인 만남과 상호작용이 도움이 될 수 있다.

두 번째 단계의 특징은 부조화(dissonance)이며, 자신에게 특권이 있다는 것을 알게 되고 여기에 관하여 부정적인 인지적·정서적 반응(예: 자기비난, 죄책감)을 보이는 일종의 인지적 부조화(Festinger, 1964) 상태에 있다가 이를 해결하기 위하여 노력하게 된다. 다음 단계로 넘어가기 위하여 개인적인 수준에서 차별적인 언행을 줄이고 불평등을 줄이기 위한 집단 행동에 참여하는 등의 실천을 할 수 있다.

세 번째 단계의 특징은 학습(learning)으로, 이 단계의 사람들은 차별과 불평등을 줄이기 위하여 적극적으로 행동하게 되며, 이를 위하여 필요한 지식을 찾아 학습하게 된다. 학습을 통하여 억압받는 집단의 경험에 대하여 자세히 알고 더 깊은 문제의식을 갖게 되는 특징이 있다. 또한 이 단계에서 비로소 자신을 지지자로 보기 시작하게 된다. 그다음 단계로 나아가기 위해서는 책이나 연구를 통해 지식을 쌓는 것 외에도 자신이 지지하고자 하는 사람들을 실제로 만나서 교류하는 것이 효과적일 수 있다.

네 번째 단계는 실수(stumbling)를 특징으로 하며, 지지자로서 좋은 의도를 가지고 있지만, 이를 행동으로 옮기는 데 어려움을 겪거나, 행동의 결과가 지지하고자 하는 집단에게 도움이 되지 않으며, 더 나아가 도움을 받는 집단의 경계를 침범하는 등의 해를 끼치는 것과 같은 어려움을 겪게 된다. 다음 단계로 나아가기 위하여, 지지자로서 계속 배워 나가며 성장해 나갈 필요가 있다는 점을 받아들일 필요가 있다.

마지막 단계는 통합(integrating)을 특징으로 하며, 여기에서는 지속적이고 효과적인 방식으로 지지자로서 역할을 하면서도 도움을 받는 집단의 경계를 침범하지 않게 된다. 이전의 단계에서는 부족했던 경험, 지식, 기술을 습득하고 활용할 수 있게 되는 것이다. 또한 덜 방어적인 태도를 가지게 되면서 자신과 다른 단계에 있는 사람들이나 다른 입장을 가진 사람들과의 논쟁이나 다툼이 줄어들게 된다.

정체성 발달과정에서 발달단계들을 거치는 경로는 실제로 다양하다. 초기 정체성을 벗어나지 못하고 정체되는 경우, 단계를 밟아 차례로 나아가는 경우, 구체적인 주제에 따라 이전의 단계로 다시 돌아가는 경우 등이 있을 수 있다(Worell & Remer, 2007). 또한 이러한 변화는 특정한 시기가 아니라 전생애를 거쳐서 이루어지게 된다(Parham & Williams, 1993). 따라서 같은 정체성을 가진 사람이라 하더라도 다른 정체성 발달단계에 있을 수 있으며, 정체성과 관련하여 다른 경험을 할 수 있다는 점을 고려하여야 할 것이다.

5) 생태학적 모델

한 개인을 둘러싸고 있는 환경과 문화는 상당히 복잡하고 다차원적인 특징을 보이는 경우가 많다. 이러한 특징을 설명하기 위하여 생태학적 접근을 취하는 것이 도움이 된다. 먼저, 생태학적 접근의 대표적인 이론인 브론펜브레너(Bronfenbrenner)의 생태학적 모델(ecological model; 1977, 1992)을 살펴보고, 심리학자들을 위하여 미국심리학회(APA)에서 만든 『다문화심리학을 위한 가이드라인(Multicultural Guidelines: An Ecological Approach to Context, Identity, and Intersectionality』(2017)을 살펴볼 것이다.

브론펜브레너는 한 개인이 다층적인 체계 안에 놓여 있으며, 이는 미시체계(microsystem), 중간체계(mesosystem), 외부체계(exsosystem), 거시체계(macrosystem)로 이루어졌다고 하였다. 각 체계에 대하여 구체적으로 살펴보면 다음과 같다. 미시체계는 가정, 학교, 직장, 사적 모임 등과 같이 활동, 역할, 대인관계가 형성되는 일차적인 환경으로, 사람들과 직접 상호작용하고 경험하게 되는 환경이다. 중간체계는 사람들이 참여하는 2개 이상의 환경 간 상호작용 속에서 형성되는 환경으로, 가족 내 갈등과 빈약한 사회적 관계가 결합될 때 그 속의 개인에게 상당한 수준의 스트레스가 유발되는 상황이 예시가 될 수 있다. 외부체계는 사람들이 적극적으로 관여하지는 않지만 그들의 삶에 영향을 줄 수 있는 환경으로서, 정부 조직, 언론, 시민단체, 국제기구 등이 여기에 해당된다. 마지막으로, 거시체계는 이념과 같이 하위 체계에 영향을 미치는 일관성을 가지는 사회적 수준의 가치관으로, 민주주의, 자유주의, 자본주의 등이 그 예가 된다. [그림 13-1]과 같이 개인을 둘러싸고 있는 4개의 체계가 겹을 이루며 동시다발적으로 개인에게 영향을 미친다.

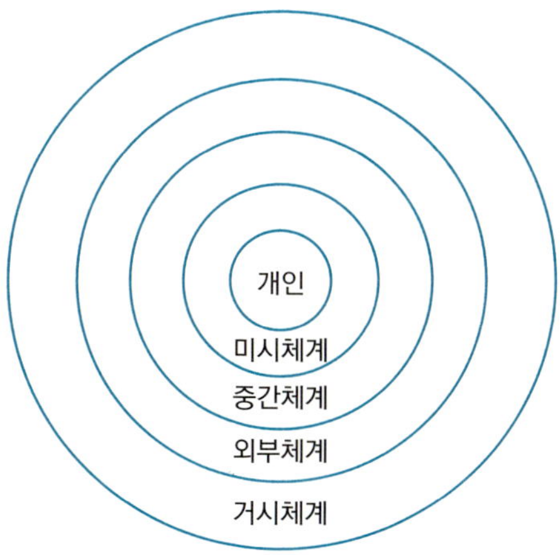

[그림 13-1] 생태학적 모델

출처: Bronfenbrenner (1992).

다음으로, 미국심리학회에서도 생태학적 접근을 활용한 다문화심리학을 위한 가이드라인을 만들어서 심리학 내의 다양한 전문가, 즉 연구자, 교육자, 임상가 등을 위한 구체적인 행동 강령을 제시하고 있다(APA, 2017). 이 가이드라인에서는 개인을 둘러싼 5개의 차원으로 된 생태학적 모델을 설명하고 있다. 구체적인 내용을 살펴보면 다음과 같다.

수준 1에서는 개인(예: 학생, 연구참가자, 내담자 등)과 심리학 전문가가 만나서 상호작용이 발생하며, 여기에는 각자가 정의한 정체성이 영향을 미친다. 따라서 전문가는 자신과 상대방의 정체성 및 그로 인한 잠재적인 영향을 알아차리는 것이 중요하다. 수준 2에서는 개인이 맞닿아 있는 지역, 학교, 일터, 가족 등과의 상호작용이 발생하며, 이 수준에서 심리학 전문가는 개인이 처한 사회적 · 물리적 환경의 영향을 이해하는 것이 중요하다. 수준 3에서는 수준 2보다 더 큰 제도적 · 체계적 맥락의 영향이 발생하며, 이 수준에서 심리학 전문가는 구체적으로 권력, 억압, 특권이 제도적 영향에 관련되는 방식, 지속적인 불평등과 격차의 영향, 제도에 참여할 때 옹호의 역할을 고려하여야 한다. 수준 4에서는 국내외의 환경과 맥락이 개인에게 영향을 미치며, 이 수준과 관련하여 심리학 전문가는 개인의 인권에 영향을 미치는 국내외의 사회적이고 정치적인 요인에 대하여 관심을 가져야 하고 개인에게 영향을 주는 역사적인 맥락을 이해하는 것이 중요하다. 마지막으로, 수준 5에서는 수준 1부터 4까지 모든 수준의 영향으로 인한 결과가 발생하여, 여기에는 긍정적인 결과와 부정적인 결과 모두 포함된다. 이 수준에서 심리학 전문가는 다양한 수준 간의 복잡한 영향으로 인하여 개인에게 나타날 수 있는 결과의 범위를 이해하는 것이 필요하다. 다문화심리학을 위한 가이드라인에서는 한 사람을 이해하기 위하여 모든 수준에서 발생하는 특권과 억압, 수준 간의 긴장(tension), 각 수준의 유동성(fluidity)을 고려해야 하며, 궁극적으로 심리학 전문가가 목표로 삼아야 하는 것은 사람들이 경험하는 트라우마를 감소시키고, 회복탄력성(resilience)을 증가시키는 것이라고 강조하고 있다.

6) 문화적 역량과 문화적 겸손

다문화심리학에서 요구되는 능력 중 하나가 바로 다양한 문화에 대한 민감성이다. 이러한 능력은 관점에 따라 크게 문화적 역량(cultural competence)과 문화적 겸손(cultural humility)으로 나누어서 개념화할 수 있다. 먼저 문화적 역량에 대하여 살펴보자면, 다양성의 중요함을 알고 이해하며, 다문화적 환경에서 효과적으로 작업할 수 있는 능력을 의미한다(Chao, Okazaki, & Hong, 2011). 상담심리학에서는 특히 심리상담에 적용할 수 있는 해당 개념을 다문화상담 역량이라고 정의하고 다문화적 역량이 있는 상담자의 특성을, ① 자신의 태도와 신념 알아차림, ② 관련 지식, ③ 관련 기술의 활용(Sue, Arrendondo, & McDavis, 1992)으로 구체화하였다. 다시 말해, 문화적 역량이 있는 상담자라면 다문화에 대한 자신의 태도와 신념에 대하여 인식하고, 다양한 문화적 배경을 지니고 있는 개인과 집단, 특히 자신과 문화적 배경이 다른 개인과 집단에 대한 지식을 습득하고 익혀야 하며, 그들에게 효과가 있는 상담 기술을 적절하게 사용할 줄 알아야 하는 것이다.

한편, 문화적 겸손은 이미 알고 있다고 가정하지 않는 태도로 타인의 문화를 탐색하는 것(Hook et al., 2013)을 의미하며, 여기에서는 다문화와 관련된 자기성찰과 전생애에 걸친 학습의 중요성이 강조된다. 문화적 겸손의 정의는 "임상가로서 지속적으로 자기성찰과 자기비평에 참여하며, 환자와 의사 사이의 힘의 불균형을 검토하고, 상호 존중과 역동적 파트너십을 발달시키고 유지시키는 평생 이루어지는 학습과정"(Tervalon & Murray-García, 1998, p. 118)이다. 이 개념은 원래 1990년대 미국의 의료계에서 문화·인종·민족 다양성이 증가하고 그로 인하여 건강상의 불평등 문제가 심화되는 상황에서, 의학 교육체계를 통한 불평등 해소 방법을 찾고자 노력하는 과정에서 형성되었다(Tervalon & Murray-García, 1998). 이후 심리학계에서도 문화적 겸손을 받아들여 다문화심리학에서 필요한 자질로 강조되고 있다(예: American Psychological Association, 2017; Hook et al., 2013; Kondili et al., 2022). 다양한 문화적 요인에 대하여 알기 위해서는 이미 누적된 상당히 많은 양의 지식을 습득해야 할 뿐만 아니라, 끊임없이 새롭게 발견되거나 형성되는 지식까지 지속하여 익혀야 한다. 따라서 다문화에 대하여 완벽히 알 수 없다는 현실적일 한계를 인정하고, 그러한 한계 속에서도 꾸준히 자신을 성찰하고 관련 지식을 학습해 나갈 수 있다는 방향을 제시한다는 점에서 문화적 겸손의 유용성을 찾을 수 있다.

7) 마이크로어그레션(microaggression)

마이크로어그레션은 소수자를 향하여 일상적이고 종종 무의식적으로 발생하는 교묘한(subtle) 차별, 모욕, 경멸을 의미하며, 미국의 인종차별이 과거에는 제도적이고 명시적이었으나, 현대에 와서 그 양상이 변화하고 있음을 드러내기 위하여 형성된 개념이다(Sue et al., 2007). 예를 들어, 과거 인종차별이 흑인과 백인이 사용하는 공간, 이용할 수 있는 대중교통이 법에 의하여 분리되어 이루어졌다면, 오늘날의 인종차별은 부자들이 사는 동네에 걸어 다니는 흑인을 의심의 눈초리로 쳐다보는 것과 같이 차별인지 바로 확신하기 어려운 방식으로 더 많이 이루어지고 있다. 이후 마이크로어그레션은 여성, 성소수자, 장애인 등 다양한 소수자가 경험하는 일상적이고 때로는 의도하지 않은 차별을 설명하는 개념으로 확장되어 사용되고 있다(Conover, Israel, & Nylund-Gibson, 2017; Nadal et al., 2016; Owen et al., 2011). 국내에서는 먼지차별이나 미세공격, 미세한 차별이라는 용어로 번역되기도 한다(예: 정젤나, 김영국, 2024; Sue & Spanierman, 2022).

일반적으로 마이크로어그레션은 미세폭력(microassault), 미세모욕(microinsult), 미세부정(microinvalidation)이라는 세 가지 하위 개념으로 나누어 설명된다(Sue et al., 2007). 우선, 미세폭력은 편향된 태도, 신념, 행동을 환경 단서, 언어, 행동을 통해 전달되는 것으로 그 방식이 미묘할 수도 있고 명시적일 수도 있다. 예를 들어, 회사에 지원하여 면접에 참여하고 있는 여성 지원자에게 업무와 관련이 없는 결혼 여부와 이후 출산 계획에 대하여 묻는 것은 미세폭력에 해당된다. 미세모욕은 언어적 · 비언어적으로 고정관념, 무례함, 감수성 결여를 전달하여 상대방의 인종, 성별, 성적 지향, 문화적 정체성을 비하하는 것이다. 예를 들어, 영화 등 미디어에서 조선족을 주로 범죄자로 그리는 것은 미세모욕에 해당된다. 마지막으로, 미세부정은 차별을 부인하는 언행을 의미한다. 예를 들어, 오늘날 성차별은 다 사라졌고 오히려 남성이 반대로 차별을 당하는 시대라고 이야기를 하는 경우는 여기에 해당된다.

마이크로어그레션이 문제가 되는 심각한 이유 중 하나는 대상이 되는 사람들에게 심리적으로 부정적인 영향을 미친다는 점이다. 구체적인 내용을 살펴보면 나음과 같나.

첫째, 인지적으로 더 많은 노력을 들이도록 하여 인지적 손상을 야기할 수 있다(Sue & Spanierman, 2022). 명백한 인종차별과 마이크로어그레션의 경우를 비교한 한 실험 연구에 의하면, 모호한 인종차별을 목격한 흑인 연구 참가자들이 명시적인 인종차별을 목격한 경우에 비하여 더 큰 인지적 손상을 입었다(Salvatore & Shelton, 2007). 마이크로어그레션은 교묘하기 때문에 상대방의 행동이 소위 '진짜 차별'인지 여부를 판단하기 위하여 더 많은 인지적 작업을 요구한다는 점을 고려하면 인지적 손상을 야기한다는 점을 이해할 수 있을 것이다.

둘째, 마이크로어그레션은 부정적 감정을 야기하여 심리적 문제를 일으킬 수 있다. 예를 들어, 우울, 불안, 공포, 분노 등의 감정이 야기될 수 있으며, 이는 우울장애, 불안장애, 물질남용 등 다양한 종류의 정신장애로 이어질 수 있다(Wong et al., 2014). 국내 연구들을 살펴보면, 젠더 마이크로어그레션이 심리적 디스트레스, 분노, 우울감, 삶의 만족도를 악화시킨다는 결과를 발견할 수 있다(예: 김은하 외, 2017; 김재희, 이영순, 2021). 또한 이공계 여성 근로자들이 직업 현장에서 경험하는 젠더 마이크로어그레션에 관한 연구에서는 마이크로어그레션이 그들의 직무 소진에 영향을 미친다고 하였다(박희진, 김민선, 2022). 이러한 연구결과들은 다양한 소수자를 대상으로 한 마이크로어그레션 연구에서 반복적으로 발견될 수 있다. 성소수자 관련 마이크로어그레션에 관한 자세한 내용은 제12장에 제시되어 있으니 이를 참고하기 바란다.

3. 마무리: 다문화심리학과 여성

이 장에서는 다문화심리학의 정의, 범위, 개념, 관련 연구에 관하여 살펴보았다. 다문화심리학이 발달하면서 심리학에서 정상 혹은 기준으로 삼는 집단에만 집중하는 관행에서 벗어나 다양한 배경을 가지거나 편견의 대상이 되었던 사람들도 주목받게 되었고, 이들에 관한 연구를 통하여 고정관념과 편견을 해소하고 더 잘 이해하는 데 도움이 될 지식이 생산되고 축적되어 왔다. 그러한 흐름 속에서 소수자로서 여성에 대한 연구가 활발해졌을 뿐만 아니라, 여성 내부의 다양한 문화적 차이에 대해서도 관심을 가지고 이를 규명할 필요성이 강조되었다. 크렌쇼(2016)가 흑인 여성의 경험은 흑인만 보거나 여성만 봤을 때는 드러나지 않기 때문에 두 가지 정체성이 교차하는 지점을 살펴야 한다고 설명한 것과 같이 여성에 대한 심리학적 이해를 향상하기 위하여 다양한 여성의 고유한 특징과 경험에 대한 관심이 강조되고 있다. 앞으로 더욱 다양한 여성 집단에 대한 연구가 이루어질 것이고, 그들의 심리학적 특성에 대한 지식이 쌓이면서 궁극적으로 인류 전반에 대한 이해가 깊어질 것이다.

토론거리

1. 헤이스의 ADDRESSING 모델을 참고하여 자신과 관련된 문화적 정체성을 두 가지씩 떠올려 보고, 각 정체성이 드러나는 특징(예: 행동 패턴, 생활양식 등)을 찾아봅시다. 또한 각 정체성과 관련된 특권과 억압에 대해서도 찾아봅시다. 그 과정에서 깨달은 점이 있다면 무엇인지 나눠 봅시다. (이 주제로 토론할 경우에 상대방이 스스로 밝히지 않는 한, 자신의 문화적 정체성이 무엇인지 이야기하도록 강요하지 않고, 자신이 원하는 정도로만 내용을 공개하는 것을 인정하고 받아들이도록 합니다.)
2. 생태학적 모델을 활용하여 자신이 겪고 있는 경험과 관련되는 미시체계, 중간체계, 외부체계, 거시체계의 특징을 찾아봅시다.
3. 오늘날 한국 사회에서 목격할 수 있는 마이크로어그레션의 모습에 대하여 이야기해 봅시다. 마이크로어그레션의 대상이 되는 집단, 구체적인 집단을 향한 마이크로어그레션의 내용, 그로 인하여 대상이 되는 집단이 받는 영향에 대하여 이야기해 봅시다. 또한 마이크로어그레션을 경험한 사람들이 부정적 영향에서 벗어나고, 마이크로어그레션을 근절할 수 있도록 도움을 줄 수 있는 심리학적인 방법에 대해서도 이야기 나눠 봅시다.

추천 영상 및 영화

- 〈분열된 학급(A Class Divided)〉: 1968년 미국의 한 공립 초등학교의 교사인 제인 엘리엇이 마틴 루터 킹 주니어의 암살을 계기로 인종차별 문제를 적극적으로 다루기 위하여 학급의 학생들과 함께 분리와 차별에 관한 실험을 실시한 과정과 결과를 담고 있습니다. 유튜브에서 영어 제목으로 검색하세요(https://www.youtube.com/watch?v=1mcCLm_LwpE).
- 〈교차하는 정체성에 지금 당장 관심을 가져야 하는 이유(The urgency of intersectionality)〉: 교차성을 처음 제안한 킴벌리 크렌쇼의 테드 강연입니다. 유튜브에서 영어 제목으로 검색하세요(https://www.ted.com/talks/kimberle_crenshaw_the_urgency_of_intersectionality?utm_campaign=tedspread&utm_medium=referral&utm_source=tedcomshare).
- 〈다큐 시선: 우리 엄마 이름은 라피나예요〉: 한국에서 소위 다문화가정의 2세로 살아가는 20대 여성들이 경험한 편견과 이를 헤쳐 나가는 모습을 보여 줍니다(https://www.youtube.com/watch?v=9_2EauikYu0).

추천 도서

- 김지혜의 『선량한 차별주의자』(2019): 한국 사회에서 소위 다문화를 중심으로 한 현실에 담긴 편견과 차별을 다양한 현상을 통하여 드러낸 책입니다.
- H마트에서 울다(Michelle Zauner, 2022). 미국에서 한국계 미국인으로 살아가는 저자가 어머니가 돌아가신 후 자신의 정체성과 문화적 배경에 대해 묻고 탐구하는 내용을 담은 에세이입니다.
- 김지우의 『하고 싶은 말이 많고요 구릅니다』(2022): 20대 여성, 뇌병변장애인, 대학생으로 살아가고 있는 저자가 적극적으로 자신을 드러내고 표현하는 과정에서 겪게 되는 편견과 지지를 담고 있습니다.

참고문헌

고려대한국어대사전(n.d.). 억압. https://ko.dict.naver.com/#/entry/koko/6619968bfac74504a3d4025b8f49ff50

김은하, 김지수, 박한솔, 김도연, 김수용(2017). 직장 내 성차별 경험, 정당한 세상에 대한 믿음, 우울에 대한 연구: 척도 개발 및 매개효과 분석. 한국심리학회지: 여성, 22(4), 643-667.

김재희, 이영순(2021). 20대 여성의 일상 속 성차별 경험과 심리적 디스트레스의 관계: 정당한 세상에 대한 믿음과 통제감의 매개효과. 교육치료연구, 13(2), 291-312.

김지우(2022). 하고 싶은 말이 많고요 구릅니다. 휴머니스트.

김지혜(2019). 선량한 차별주의자. 창비.

박희진, 김민선(2022). 이공계 여성 근로자들이 직업현장에서 경험하는 미묘한 성차별과 직무 소진의 관계: 자기침묵, 외로움을 통한 자기자비의 조절된 매개효과 검증. 한국심리학회지 상담 및 심리치료, 34(3), 819-849. doi: 10.23844/KJCP.2022.08.34.3.819

정젤나, 김영국(2024). 성적 먼지차별(Gender Microaggression)을 경험한 직장 여성의 분노반추, 정서 표현 양가성과 반생산적 업무행동. 서비스경영학회지, 25(1), 157-176.

한국상담심리학회 회원시스템(n.d.). 윤리규정. https://krcpa.or.kr/member/

sub01_5.asp

American Psychological Association (APA). (2017). *Multicultural guidelines: An ecological approach to context, identity, and intersectionality*. Retrieved from: http://www.apa.org/about/policy/multicultural-guidelines.pdf

American Psychological Association (APA). (2018). *APA Dictionary of psychology*. https://dictionary.apa.org/multicultural-psychology.

Bell, A. (2016). Theoretical foundation for social justice education. In M. Adams, L. A. Bell, D. J. Goodman, & K. Y. Joshi (Eds.), *Teaching for diversity and social justice* (3rd ed., pp. 3-26). Routledge. Retrieved from https://community.csusm.edu/pluginfile.php/483433/mod_resource/content/0/Teaching_for_Diversity_and_Social_Justice_----_%28Part_I_Theoretical_Foundations_and_Principles_of_Practice%29.pdf

Bronfenbrenner, U. (1977). Toward an experimental ecology of human development. *American Psychologist*, *32*(7), 513.

Bronfenbrenner, U. (1992). 인간발달 생태학 [*(The) Ecology of human development*]. (이영 역). 교육과학사. (원저는 1979년에 출판).

Cass, V. C. (1979). Homosexual identity formation: A theoretical model. *Journal of Homosexuality, 4*(3), 219-235.

Chao, M. M., Okazaki, S., & Hong, Y. Y. (2011). The quest for multicultural competence: Challenges and lessons learned from clinical and organizational research. *Social and Personality Psychology Compass*, *5*(5), 263-274.

Conover, K. J., Israel, T., & Nylund-Gibson, K. (2017). Development and validation of the Ableist Microaggressions Scale. *The Counseling Psychologist*, *45*(4), 570-599.

Crenshaw, K. (2016). *The urgency of intersectionality*. https://www.ted.com/talks/kimberle_crenshaw_the_urgency_of_intersectionality?utm_campaign=tedspread&utm_medium=referral&utm_source=tedcomshare

Cross, Jr., W. E. (1971). The negro-to-black conversion experience. *Black World*, *20*(9), 13-27.

Dictionary.com. (n.d.). Privilege. https://www.dictionary.com/browse/privilege.

Downing, N. E., & Roush, K. L. (1985). From passive acceptance to active commitment: A model of feminist identity development for women. *The Counseling Psychologist*, *13*(4), 695-709.

Festinger, L. (1964). *Conflict, decision, and dissonance*. Stanford University Press.

Harley, D. A., Jolivette, K., McCormick, K., & Tice, K. (2002). Race, class, and gender: A constellation of positionalities with implications for counseling. *Journal of Multicultural Counseling and Development*, *30*(4), 216-238.

Hays, P. (2015). 문화적 다양성과 소통하기: 다문화상담의 이해 (*Addressing cultural complexities in practice: Assessment, diagnosis, and therapy*). (방기연 역). 한울아카데미. (원저는 2008년에 출판).

Helms, J. E. (1990). *Black and White racial identity: Theory, research, and practice*. Greenwood Press.

Henrich, J., Heine, S. J., & Norenzayan, A. (2010). The weirdest people in the world?. *Behavioral and Brain Sciences*, *33*, 61-135. doi:10.1017/S0140525X0999152X

Hook, J. N., Davis, D. E., Owen, J., Worthington, Jr., E. L., & Utsey, S. O. (2013). Cultural humility: Measuring openness to culturally diverse clients. *Journal of Counseling Psychology*, *60*(3), 353.

Kondili, E., Isawi, D., Interiano-Shiverdecker, C., & Maleckas, O. (2022). Predictors of cultural humility in counselors-in-training. *Counselor Education and Supervision*, *61*(2), 129-140.

Martinez, L., Sabat, I., Ruggs, E., Hamilton, K., Bergman, M., & Dray, K. (2023). Developmentally focused: A review and reconceptualization of ally identity development. *Equality, Diversity and Inclusion: An International Journal*, *43*(1), 114-131. https://doi.org/10.1108/edi-10-2022-0284

McIntosh, P. (2003). White privilege: Unpacking the invisible knapsack. In S. Plous (Ed.), *Understanding prejudice and discrimination* (pp. 191-196).

McGraw-Hill.

Nadal, K. L., Whitman, C. N., Davis, L. S., Erazo, T., & Davidoff, K. C. (2016). Microaggressions Toward lesbian, gay, bisexual, transgender, queer, and genderqueer people: A review of the literature. *The Journal of Sex Research*, *53*(4-5), 488-508. https://doi.org/10.1080/00224499.2016.1142495

Organista, P. B., Marín, G., & Chun, K. M. (2018). *Multicultural psychology* (2nd ed.). Rowman & Littlefield.

Owen, J. J., Tao, K., Leach, M. M., & Rodolfa, E. (2011). Clients' perceptions of their psychotherapists' multicultural orientation. *Psychotherapy*, *48*(3), 274.

Parham, T. A., & Williams, P. T. (1993). The relationship of demographic and background factors to racial identity attitudes. *Journal of Black Psychology*, *19*(1), 7-24. https://doi.org/10.1177/00957984930191002

Ratts, M. J., Singh, A. A., Nassar-McMillan, S., Butler, S. K., & McCullough, J. R. (2016). Multicultural and social justice counseling competencies: Guidelines for the counseling profession. *Journal of Multicultural Counseling and Development*, *44*(1), 28-48.

Rigazio-Digilio, S. A., Ivey, A. E., Kunkler-Peck, K. P., & Grady, L. T. (2017). 공동체 가계도: 개인 · 가족 · 문화 이야기를 두루 담아 [*Community genograms: Using individual, family, and cultural narratives with clients (Multicultural Foundations of Psychology and Counseling Series)*]. (강해성 역). 박학사. (원저는 2005년에 출판).

Salvatore, J., & Shelton, J. N. (2007). Cognitive Costs of Exposure to Racial Prejudice. *Psychological Science*, *18*(9), 810-815. https://doi.org/10.1111/j.1467-9280.2007.01984.x

Scott, D. A., & Robinson, T. L. (2001). White male identity development: The key model. *Journal of Counseling & Development*, *79*, 415-421. https://doi.org/10.1002/j.1556-6676.2001.tb01988.x

Sue, D. W., Arredondo, P., & McDavis, R. J. (1992). Multicultural counseling competencies and standards: A call to the profession. *Journal of Multicultural Counseling and Development*, *20*(2), 64-88.

Sue, D. W., Capodilupo, C., Torino, G. C., Bucceri, J. M., Holder, A. M. B., Nadal, K. L., & Esquilin, M. (2007). Racial microaggressions in everyday life: Implications for clinical practice. *American Psychologist*, *62*(4), 271–286.

Sue, D. W., & Spanierman, L. (2022). 미세공격: 삶을 무너뜨리는 일상의 편견과 차별 [*Microaggressions in every life* (2nd ed.)]. (김보영 역). 다봄교육. (원저는 2020년에 출판).

Sue, D. W., & Sue, D. (2011). 다문화 상담: 이론과 실제(5판) [*Counseling the culturally diverse* (5th ed.)]. (하혜숙, 김태호, 김인규, 이호준, 임은미 공역). 학지사. (원저는 2008년에 출판).

Tervalon, M., & Murray–García, J. (1998). Cultural humility versus cultural competence: A critical distinction in defining physician training outcomes in multicultural education. *Journal of Health Care for the Poor and Underserved*, *9*(2), 117–125.

Wong, G., Derthick, A. O., David, E. J. R., Saw, A., & Okazaki, S. (2014). The what, the why, and the how: A review of racial microaggressions research in psychology. *Race and Social Problems*, *6*, 181–200.

Worell, J., & Remer, P. (2007). 여성주의 상담의 이론과 실제 [*Feminist perspectives in therapy: Empowering diverse women* (2nd ed.)]. (김민예숙, 강김문순 공역). 한울. (원저는 2002년에 출판).

제14장

인공지능과 젠더

신홍임

국립순천대학교
자유전공학부 부교수

최근 심리학 연구에서는 성별화된 로봇(gendered robots)에 대한 인식과 상호작용이 인간의 성 고정관념과 편견에 어떤 영향을 미치는지 다양한 시각에서 분석하고 있다. 로봇이 성별 특성을 가지고 디자인되거나 특정 성별 역할에 주로 배치될 때, 인간은 로봇에 대한 특정 기대와 반응을 보이며, 이는 사회적 성역할과 관련된 고정관념을 강화하거나 도전할 수 있다.

이 장의 차례는 다음과 같다.

미디어 개념예술작가인 페터 바이벨(Peter Weibel, 1944~2023)의 전시회 〈인지행위로서의 예술〉에는 카메라가 있었다. 이 카메라는 특정한 대사를 계속 반복하였다. "나는 자율적인 기계이다(Ich bin eine autonome Machine). 나는 노예처럼 일하지 않을 것이다(Ich will nicht dienen). 나는 내 초점을 자율적으로 조절한다." 무슨 카메라가 말을 하고, 자율적으로 초점을 조절하냐고, 이 작가가 제정신이냐고 묻는 사람이 있을지 모른다. 인지능력이 어딘가 부족한 것이 아니냐고 생각할지도 모른다. 학문을 하는 사람들은 인간이 아닌, 비인간 대상에게 인간의 속성을 부여하는 의인화에 대해 지금까지 대체로 의인화를 부정적으로 인식하였다. 그러나 지금 여기서 중요한 것은 카메라가 말을 하고, 살아서 움직인다는 것이 아니다. 중요한 것은 우리가 인간이 아닌 대상에게 인간의 속성을 부여하고, 대상에 대한 마음지각과 도덕적 처우에 대해 생각해 보는 새로운 전환을 시도하는 것이다.

미야자키 하야오의 애니메이션 〈천공의 성: 라퓨타〉에는 전쟁으로 황폐화된 성에서 기괴한 모습의 정원사 로봇이 꽃에게 물을 주는 장면이 나온다. 또한 파괴된 성을 찾아온 소녀와 소년에게 아름다운 들꽃을 선물로 주기도 한다. 정원사 로봇은 소녀와 소년에게 왜 꽃을 주었을까? 꽃을 가꾸고 꽃을 선물로 주는 정원사 로봇의 마음은 무엇이었을까? 이것은 이미 프로그램에 계획되어 있던 것일까? 아니면 로봇의 자율적 결정에 의한 것이었을까? 새로운 세상의 문을 열 수 있는 것은 비인간 대상과의 관계 설정에 대한 공상과학적 호기심이 아니라 진지한 학문적 · 윤리적 관심을 갖는 우리의 마음이다.

1. 인공지능과 로봇의 개념

인공지능(AI)은 인간의 학습능력, 추론능력, 지각능력 등을 컴퓨터와 같은 기계에서 인공적으로 구현하는 것이다. 인공지능이 학습하고 발전하는 소프트웨어라고 하면, 로봇은 하드웨어라고 볼 수 있다. 로봇은 사전에 입력된 논리회로에 따라 반복적으로 움직이지만(예: 청소 로봇), 인공지능 로봇은 주변 환경에서 입력되는 자극에 따라 변화하며, 대응할 수 있게 된다(예: 자율주행 로봇).

로봇은 원래 산업용으로 개발되었지만, 새로운 세대의 로봇은 인간과의 공생을 이루기 위해 설계되었다. 로봇-인간의 자연스러운 상호작용을 위해 음성 합성, 음성 인식, 눈 맞춤과 몸의 움직임과 같은 여러 기술의 개발이 필요하게 되었으며, 인간-로봇 상호작용(Human-Robot Interaction, HRI)은 로봇 시스템을 이해 · 설계 · 평가하고, 인간-로봇 공생의 품질을 탐구하기 위한 새로운 연구 분야이다(Nomura, 2016).

인간-로봇의 상호작용에 대한 연구는 다양한 학문 분야에서 점점 더 관심을 받고 있다(Huang & Rust, 2018). 선행연구(Esteva et al., 2017)에서는 로봇이 경제, 산업 또는 의학 분야에서 증거기반 알고리즘(algorithm)을 토대로 인간보다 더 정확한 의사결정을 수행함을 보여 주고 있다. 그로브 등(Grove et al., 2000)은 의료 분야 및 인간행동 분야의 136개 선행연구를 메타분석한 결과, 로봇의 알고리즘 기반 의사결정이 인간의 직관 기반 의사결정보다 10% 정도 더 정확한 수행도를 나타냄을 보고하였다.

그러나 인간-로봇의 상호작용에서 로봇에 대한 태도는 아직까지 부정적이다. 예를 들어, 로봇의 알고리즘 기반 의사결정은 인간의 직관 기반 의사결정보다 오류 발생 이후에 신뢰감을 더 잃는 경향이 있다. 또한 디압 등의 연구(Diab et al., 2011)에서는 로봇의 의사결정이 인간의 의사결정보다 덜 선호되고, 중요성의 정도에서 더 낮게 인식됨을 보여 주고 있다.

이에 따라 인간-로봇의 상호작용을 개선시키기 위해 로봇에게 인간의 속성을 부여하는 의인화 연구가 실시되고 있다. 예를 들어, 얌 등(Yam et al., 2020)은 로봇이 감정을 느끼는 것처럼 지시문에 기술하고, 그레이와 베그너(Gray & Wegner, 2012)는 로봇의 외관을 인간과 유사하게 제시하면, 연구참가자들이 로봇을 인간의 마음과 유사하게 지각하며, 로봇에 대한 호감이 증가함을 보여 주었다. 또한 선행연구에서는 대화형 인공지능(chat bot)과의 상호작용을 개선시킬 수 있는 변인들에 대해 보고하고 있다. 라반의 연구(Laban, 2021)에서는 대화형 인공지능에게 사회적 단서(예: 이름, 나이, 제스처 등)를 추가하여 의인화하였을 때, 인공지능에 대한 태도와 인공지능을 사용하려는 의향이 긍정적으로 변화함을 보여 주었다. 이러한 결과는 다양한 사회적 단서가 인간-인공지능과의 상호작용에 영향을 끼칠 가능성을 보여 준다. 이 장에서는 성별이라는 사회적 단서가 인공지능 로봇에게 부여되었을 때, 인간-로봇의 상호작용이 달라지는지에 대해 선행연구를 토대로 학습한다. 또한 인간-로봇의 상호작용을 개선하기 위한 다양한 방안을 탐색해 보려 한다.

2. 인간-로봇의 상호작용과 성 고정관념

1) 로봇의 외관, 의인화 및 마음지각

일본의 로봇공학자 모리(Masahiro Mori)는 인간의 모습과 유사한 안드로이드 로봇의 개발에 반대하면서 '불쾌한 골짜기(uncanny valley)' 가설(1970)을 발표하였다. 이에 따르면, 로봇의 외관이 인간과 유사해질수록 점점 호감도가 증가하지만, 유사성이 어느 지점에 도달하면, 오히려 호감도가 낭떠러지처럼 급격하게 떨어진다. 이것은 마치 우리가 등산을 할 때, 언덕을 오르고 골짜기를 내려가기도 하는 것처럼, 로봇에 대한 호감도는 로봇 외관의 유사성과 함께 증가하다가 다시 떨어지는 비선형적 관계에 있는 것을 의미한다. 이 가설에 의하면 로봇 장난감에 대한 호감도는 높지만, 좀비와 같이 움직이는 시체, 인간의 손과 유사한 의수 또는 인간과 유사한 피부와 머리털을 갖고 있는 안드로이드 로봇은 인간-로봇과의 상호작용을 최적화하기 위해 인간의 외관과 행동을 가능한 최대한 모방하여 개발된 로봇으로 정의된다. 불쾌한 골짜기 가설은 거의 40여 년 동안 관심을 받지 못하다가, 최근 들어서는 로봇공학뿐만 아니라 사회과학 분야에서도 학문적으로 주목을 받고 있다.

맥도먼과 이시구로(MacDorman & Ishiguro, 2006)는 기계와 더 유사한 휴머노이드 로봇부터 인간과 더 유사한 안드로이드 로봇까지 유사성을 점차로 증가시켜 호감도와의 관계를 측정한 결과, 불쾌한 골짜기의 관계가 나타남을 보여 주었다. 또한 세야마와 나가야마(Seyama & Nagayama, 2007)의 연구에서는 연구참가자들에게 인형의 얼굴부터 실제 사람의 얼굴까지 합성한 사진에 대해 긍정적/부정적 인상이 형성되는 정도를 평정하도록 하였을 때, 실제 사람의 얼굴과 유사한 지점부터 불쾌한 골짜기가 나타났다. 인간의 모습과 더 많이 유사할수록 호감도가 오히려 감소될 수 있다는 것은 인간의 모습과 유사한 안드로이드 로봇을 제작하는 것에 대한 문제제기가 필요함을 보여 준다.

그런데 인간과 비슷한 얼굴을 갖고 있는 로봇이 왜 무섭고, 기괴하게 느껴질까? 이에 대해 지각과정의 상향처리를 설명하는 관점에서는 완벽하게 인간이 아닌 로봇의 외관이 병원균 감염이나 죽음을 연상시킨다고 설명한다. 예를 들어, 진화심리학의 병원균 회피 가설에서는 인간과 비슷하지만 눈/코/입의 비율이 매우 불균등하거나 인간과 다른 피부는 기계보다 더 위험한 자극으로 인식되어 메스꺼움이나 두려움과 같은 불쾌한 감정을 유발하고, 인간이 개체 보존을 위해 피하도록 진화되어 왔다고 설명한다. 이에 비해 기대위반가설에서는 인간의 얼굴과 유사한 로봇의 얼굴을 보았을 때, 처음에는 인간과 유사하여 따뜻하고, 촉촉할 것을 예측하였는데, 실제로 만져 보니 차갑고 딱딱했다면 기대위반으로 인해 불편한 감정이 경험되는 것으로 설명한다.

주목할 것은, 인간과 지나치게 유사한 로봇의 외관은 인간/로봇의 구분을 모호하게 한다는 것이다. 이것은 인간을 고유한 존재로서 인간/로봇의 경계를 구분하려는 심리적 욕구를 방해하며, 심리적 불쾌감을 발생시킨다. 그레이와 베그너(2012)의 마음지각가설에 의하면, 인간/로봇에 대한 구분은 외관뿐만이 아니라 관찰자로서의 인간이 로봇의 마음을 규정하는 것에 기반한다. 이 가설에서는 한 개인을 인간으로 보게 하는 가장 기본적인 마음의 요소가 무엇인지에 대한 질문에서 출발한다. 마음지각이론에 의하면, 마음은 주도성(agency)과 경험성(experience)의 두 가지 독립된 차원으로 구분된다. 주도성에는 기억하고 생각하는 능력, 계획하는 능력 및 자기 의지대로 행동하는 능력이 포함된다. 경험성의 차원에는 고통, 즐거움 또는 분노를 느끼는 능력 및 자신의 욕구를 가질 능력이 포함된다. 마음지각의 선행연구에서는 특정 대상에 대한 마음지각의 주도성이 높아질수록 행위에 대한 책임을 묻는 경향이 커지는 데 비해, 경험성이 높아질수록 이 대상을 해치는 행동에 대한 심리적 불편감이 커지는 경향이 나타났다. 또한 상대방이 고통을 느낀다고 지각할수록 이 상대방을 해치는 행동을 심리적으로 불편한 것으로 평정하여, 마음지각의 경험성은 대상에 대한 도덕적 처우와 직접적 관계가 나타났다. 따라서 한 개인이 대상을 보는 관점에 따라 다양한 마음지각이 형성되어, 이 대상의 행동에 대한 도덕적 책임을 묻고, 이 대상을 도덕적으로 대하는 정도가 달라진다고 볼 수 있다. 예를 들어, 돌과 인간을 연속선상의 양극단에 두었을 때, 돌을 해치는 행동에 대한 심리적 불편감은 가장 단순한 마음을 가진 돌에서 가장 낮고 복잡한(sophiscated) 마음을 가진 인간에 대해 가장 높을 것을 예측할 수 있다.

그레이와 베그너의 연구(2012)에서는 연구참가자들에게 아동의 얼굴과 유사한, 살아 있는 듯한 로봇 '카스파(Kaspar)'를 영상으로 보여 주었다. 기계 로봇의 조건에서는 전선줄이 보이는 로봇의 뒷면에서 촬영한 영상을 보여 주고, 살아 있는 로봇의 조건에서는 아동과 유사한 로봇의 얼굴을 앞면에서 촬영한 영상을 보여 주었다. 이후 참가자들에게 로봇에 대한 심리적 불안감(uneasy), 무서움(unnerving) 및 섬뜩함(creeped out)을 5점 척도에서 평정하도록 한 결과, 실제 인간과 유사한 로봇의 조건에서 기괴한 불쾌감(eeriness)의 부정적 정서가 가장 높게 나타났다. 그레이와 베그너의 연구(2012)에서 주목할 것은 로봇이 인간과 유사한 외관을 가질수록 심리적 불쾌감이 증가할 뿐만 아니라, 로봇의 마음이 인간과 유사하다고 인식될수록 로봇에 대한 불안감과 불쾌감이 더 높아진다는 것이다. 이것은 로봇을 인간보다 열등하다고 생각했는데, 로봇에게 인간의 마음과 유사한 마음이 있는 것처럼 로봇을 제시하면 로봇으로부터 심리적 불쾌감을 느낀다는 것이다. 로봇인데 감정을 느낀다면, (로봇은 감정을 못 느낀다고 생각했기 때문에) 이상하게 느껴지고, 사람인데 감정을 못 느낀다면, (사람이라면 감정을 느낄 것으로 생각했기 때문에), 불쾌한 감정을 느낄 가능성을 추정해 볼 수 있다. 마음지각이론은 로봇과 인간의 유사성이 높아질수록 심리적 불쾌감이 느껴지는 불쾌한 골짜기에 대한 설명을 확장시켰다는 데 중요한 의의가 있다. 이전에는 주로 로봇의 외관에만 치중되었던 데 비해 로봇과 인간의 마음을 구분하는 근본적인 기준에 대한 문제를 제기하고, 로봇이 감정을 느낀다고 지각하는, 마음의 경험성이 주도성보다 로봇에 대해 심리적 불쾌감을 느끼는 데 더 결정적인 역할을 하고 있음을 보여 주었다.

2) 여성 로봇과 남성 로봇에 대한 지각

지금까지 사회과학의 많은 연구에서는 우리가 타인을 만났을 때, 남성과 여성에 대한 성 고정관념이 자동적으로 활성화됨을 보여 주었다. 예를 들어, 남성에게는 주도적이고, 독립적이며, 강한 추진력이 연상되는 데 비해, 여성에게는 감정적이며 따뜻한 돌봄과 공감하는 속성이 연결된다. 여성은 소통의 영역에서는 남성보다 더 호감을 받지만, 과제수행에서는 남성보다 주도성에서 대체로 더 낮게 평가된다. 그렇다면 남성과 여성에 대한 성 고정관념은 성별이 부여된 로봇에게도 적용될까?

사회적 범주화에 관한 선행연구인 디바인의 연구(Devine, 1989)에서는 한 개인의 성별, 연령, 피부색 등이 인상형성에서 중요한 단서로 작용함을 보여 주었다. 그렇다면 로봇에게 성별에 따른 시각적/청각적 특징을 부여하면, 이와 연관된 성 고정관념을 활성화시켜 로봇의 행동을 인식하는 데도 영향을 끼칠까? 결론부터 말하자면 '그렇다'. 로봇에게 시각적/청각적 단서(예: 이름, 얼굴, 신체 특징, 목소리 등)로 성별을 부여하면, 로봇의 성별에 따라 사회적 범주화가 활성화되어 인간-로봇의 상호작용이 달라지는 것으로 보인다. 예를 들어, 아이셀과 헤겔의 연구(Eyssel & Hegel, 2012)에서는 머리 길이가 긴 로봇은 참가자에게 감정이나 소통과 연관된 여성성을 더 많이 활성화시키고, 머리 길이가 짧은 로봇은 주도성과 연관된 남성성을 더 많이 떠오르게 함을 보여 주었다. 베셀 등의 연구(Weßel et al., 2022)에서는 요양병원의 서비스 로봇에게 여성의 외관적 특징을 부여하면, 환자들이 로봇에 대해 더 편안한 느낌을 갖고, 로봇에 대한 호감이 증가함을 보고하였다. 보라우 등의 연구(Borau et al., 2021)에서도 로봇에게 여성/남성의 이름이나 얼굴 사진을 제시하여 성별을 부여하면, 여성 로봇에게 남성 로봇보다 따뜻함이나 다정함과 같은 정서가 더 많이 연상되는 것으로 나타났다. 이 결과는 원래 성별이 없는 로봇에게 성별이 부여되면 인간-로봇의 상호작용이 달라지고 있음을 보여 준다. 베셀 등의 연구(Weßel et al., 2021)에서는 로봇과의 상호작용을 촉진시키기 위해 로봇에게 성별을 부여하여 의인화하는 것이 로봇의 디자인을 통해 전통적 성 고정관념을 강화시키는 윤리적 문제를 발생시킬 가능성에 대해 논의하였다. 성별화된 로봇이 공공장소나 가정에서 보편화될수록 이러한 로봇의 역할이 성역할에 대한 인식을 지속적으로 형성하게 된다. 예를 들어, 여성형 로봇이 가사 도우미 역할을 수행하고, 남성형 로봇이 기술 지원을 제공할 때, 사용자들은 성역할을 구분 짓고, 이에 따라 로봇의 역할을 제한할 가능성이 높다. 이러한 현상은 특히 어린이와 청소년들에게 큰 영향을 끼쳐 성역할에 대한 인식을 더욱 강화시킬 수 있다.

3) 여성 로봇과 남성 로봇의 기능에 대한 선호 차이

HRI 연구는 일상생활의 실제 상황에서 행동하는 여러 로봇을 개발하였다. 예를 들어, '나오(NAO)'는 알데바라는 로봇이 개발한 것으로, 대표적인 연구 플랫폼으로서 많은 HRI 연구에서 사용되었다. '로보비'는 일본의 고등통신 연구원(ATR)의 인공지능 로봇 및 통신 연구소에서 개발한 인간 크기의 기계적 휴머노이드 로봇으로, 박물관과 학교를 포함한 여러 실험과 현장 연구에 사용되었다.

일부 로봇은 이미 의료 분야에서 사용되고 있다. 예를 들어, 일본의 인텔리전트 시스템 주식회사에서 개발한 '파로(PARO)'는 정신건강 치료를 제공하는 유명한 로봇이며, 일부 국가의 노인 보호 시설에 도입되었다. '이프봇(ifBot)'은 일본의 이프(ifoo) 주식회사에서 개발한 아이 크기의 휴머노이드 로봇으로, 인간과의 소통 기능을 기반으로 한다. 이 소통 기능의 목표는 혼자 살고 있는 노인들 사이에서 치매를 예방하는 것이다. '카스파'는 영국 허트퍼드셔 대학교에서 아동용 요법 '장난감'으로 개발되었다. 일본의 오사카 대학교는 여성과 닮은 안드로이드 로봇을 개발했으며, 로봇들을 병원에서 간호 도우미로 활용하는 방안을 탐색하고 있다.

로봇의 성별에 대한 선호도와 역할에 관한 심리학 연구들은 다양한 사회적·문화적 함의를 지니고 있다. 이러한 연구들은 사람들이 특정 성별을 가진 로봇에 대해 다른 기능적 기대를 가지고 있음을 보여 주며, 인간과 로봇 간의 상호작용에서 성별이 중요한 역할을 할 수 있음을 시사한다. 예를 들어, 남성형 로봇은 종종 물리적 노동이나 기술적 문제해결과 같은 전통적으로 '남성적'이라 여겨지는 역할에 적합하다고 인식되는 반면, 여성형 로봇은 간호, 돌봄, 교육 등 감정적이고 사회적인 지지를 요구하는 역할에 더 적합하다고 여겨지는 경향이 있다. 이는 사람들이 로봇을 성별에 따른 특정 역할에 맞추어 사용하려는 선입견이 있음을 의미하며, 이는 로봇의 디자인과 배치에 영향을 끼칠 수 있다.

이러한 경향은 로봇과의 상호작용을 더욱 자연스럽게 만들 수 있는 한편, 성 고정관념이 강화되거나 확산될 위험도 있다. 예를 들어, 돌봄 분야에서 여성형 로봇이 주로 사용되면 인간에게도 돌봄 역할은 여성의 몫이라는 편견이 더욱 강화될 수 있다. 따라서 로봇의 성별을 선택하는 과정에서 고정관념에 대한 비판적 접근이 필요하며, 성중립적인 로봇 디자인이나 역할 분배에 대한 고민도 함께 요구된다.

또한 로봇의 성별에 따라 역할수행의 실수에 대한 허용도 달라지는 것으로 보인다. 다음의 연구들을 살펴보자.

- 이, 박과 송의 연구(Lee, Park, & Song, 2005)에서는 로봇과 인간의 실수에 대해 사람들이 용서하거나 비난하는 경향을 분석하였다. 연구에 따르면, 성별이 명확한 로봇일 경우 사람들은 실수를 덜 비난하는 경향이 있었다. 특히 여성형 로봇의 실수에 대해 더 관대하며, 남성형 로봇은 기능적 역할에서 실수를 덜 용서받는 것으로 나타났다.
- 살렘 등의 연구(Salem et al., 2015)에서는 로봇의 성별, 실수 유형, 그리고 작업 환경에 따라 사람들이 어떻게 로봇을 신뢰하는지를 분석하였다. 이 연구에서는 돌봄 및 감정적 지지가 필요한 작업 환경에서 사람들이 여성형 로봇의 실수를 더 쉽게 용서하며, 기능적 작업 환경에서는 남성형 로봇의 실수를 용서하는 경향이 적음을 발견하였다.
- 브로드벤트 등의 연구(Broadbent et al., 2013)에서는 노인들이 실수하는 의료 로봇을 어떻게 받아들이는지를 다루었다. 성별에 따른 용서의 차이를 다루지는 않지만, 감정적 지원을 제공하는 여성형 로봇의 경우 사용자들이 더 많은 실수를 용인할 가능성이 높았다. 이는 돌봄 영역에서 로봇 성별이 실수에 대한 용서를 증가시키는 데 중요한 역할을 한다는 점을 보여 준다.

이 연구들은 로봇의 성별과 실수에 대한 용서의 관계에 관한 심도 있는 통찰을 제공한다. 특히 성 고정관념이 인간의 관용 정도에 영향을 미칠 수 있으며, 로봇이 실수 후 사과하는 방식을 성별에 맞게 조정할 때 상호작용의 질을 높일 수 있다는 점을 시사한다.

4) 시사점

심리학 연구들이 로봇의 성별 선호, 역할 기대, 그리고 실수 용서와 관련하여 제시하는 함의는 인간-로봇 상호작용에 있어 성 고정관념과 사회적 반응이 중요한 역할을 한다는 점이다. 이러한 연구들은 사람들의 고정관념이 로봇에 어떻게 투영되고, 그 결과 상호작용 방식이 어떻게 달라지는지를 보여 주며, 로봇 디자인과 기능 배치에 중요한 시사점을 제공한다. 주요 함의는 다음과 같다.

- **성별에 따른 역할 기대와 배치**: 연구들은 사람들이 남성형 로봇과 여성형 로봇을 특정 역할에 따라 선호하는 경향이 있음을 보여 준다. 예를 들어, 남성형 로봇은 기술적 문제해결, 물리적 작업 등 '남성적'이라 여겨지는 역할에 적합하다고 평가되는 반면, 여성형 로봇은 돌봄, 감정적 지원, 교육 등과 같은 역할에 더 적합하다고 여겨진다. 이러한 경향은 로봇의 외형과 목소리 등 디자인에 있어 성별을 어떻게 반영할지에 중요한 시사점을 제공한다. 동시에 이는 성 고정관념을 강화할 위험이 있어 성중립적 디자인의 필요성을 시사하기도 한다.
- **성별이 실수 용서에 미치는 영향**: 성별이 실수에 대한 용서의 정도에 영향을 미친다는 연구들은 사람들이 여성형 로봇의 실수에 대해 더 관대한 경향이 있음을 보여 준다. 특히 돌봄과 같은 감정적 역할을 수행하는 여성형 로봇에 대해서는 실수를 용서하고 관용을 베푸는 경향이 높다. 반면, 남성형 로봇의 경우, 기술적 역할을 수행할 때 실수가 발생하면 더 비판적인 시선이 가해질 수 있다. 이는 로봇이 실수를 했을 때 성별에 따라 적절한 사과 방식이나 문제해결 접근 방식을 고려해야 함을 시사한다.
- **성별에 따른 신뢰 형성 및 상호작용의 질 향상**: 성 고정관념이 상호작용의 질에 영향을 미치기도 한다. 예를 들어, 여성형 로봇이 사과를 하는 경우, 사람들은 이를 더 따뜻하고 친근하게 받아들이는 경향이 있는 반면, 남성형 로봇의 사과는 더 형식적으로 인식될 수 있다. 이는 특정 상황에서 성별을 고려한 커뮤니케이션 스타일이 상호작용의 신뢰성을

높이고 인간의 긍정적 반응을 유도하는 데 도움이 될 수 있음을 시사한다.

로봇의 성별에 대한 사람들의 기대와 반응은 그들의 역할과 상호작용의 방식에 깊은 영향을 끼친다. 이는 성 고정관념을 강화할 위험이 있는 반면, 적절히 조정된 로봇 성별이 상호작용의 질을 높일 수도 있다. 따라서 로봇 개발과 배치 과정에서 성역할에 대한 고정관념을 비판적으로 고려하고, 성 중립적 디자인과 균형 잡힌 역할 분배를 통한 윤리적 접근이 중요하다.

3. 성 고정관념과 로봇 디자인

1) 새로운 하층계급의 탄생: 성별이 부여된 로봇

로봇이 성별 특성을 가지고 디자인되거나 특정 성별 역할에 주로 배치될 때, 인간은 로봇에 대한 특정 기대와 반응을 보이며, 이는 사회적 성역할과 관련된 고정관념을 강화할 수 있다. 주요 연구결과와 그 함의는 다음과 같다.

- 성 고정관념의 강화 가능성: 노무라(Nomura, 2017)에 따르면, 로봇의 외형이나 목소리에서 남성적 또는 여성적 특성이 두드러질 때 사람들은 로봇에게 성별에 따른 고정관념적 역할을 부여하는 경향이 있다. 예를 들어, 여성 목소리와 부드러운 외형을 가진 로봇이 비서나 안내 역할에 주로 사용될 때, 사람들은 무의식적으로 '돌봄'이나 '보조' 역할이 여성의 몫이라는 성 고정관념을 강화하게 된다. 반대로, 남성 로봇이 보안이나 기술 관련 작업에 배치되면 '보호'와 '기술적 우위'는 남성적 역할

이라는 인식이 굳어질 수 있다.

- **편견을 반영한 디자인**: 성별화된 로봇은 디자이너의 편견이 반영된 결과물이기도 하며, 이는 인간과 로봇의 상호작용에 영향을 끼친다. 연구에 따르면, 남성과 여성 사용자들은 성별에 따라 로봇을 신뢰하거나 감정적으로 가까이 느끼는 정도가 달라질 수 있다. 예를 들어, 남성 사용자는 남성형 로봇을 더 능력 있는 존재로 인식하고, 여성 사용자는 여성형 로봇에 대해 더 감정적으로 수용적인 태도를 보이기도 한다. 이는 로봇이 실제로 수행하는 업무와 관계없이, 성별화된 로봇에 대한 고정된 인식을 통해 성별 편견이 굳어질 가능성을 시사한다.
- **인간-로봇 관계에서의 성별 편향 완화 가능성**: 일부 연구에서는 성별화된 로봇이 성 고정관념을 완화할 가능성도 제시한다. 만약 전통적 성역할을 깨고, 남성 로봇이 감정적 돌봄을 수행하거나 여성 로봇이 기술적 역할을 맡는 경우, 사용자들은 성 고정관념을 재고하게 될 수 있다. 이는 로봇의 성별 특성을 유연하게 설계함으로써 인간의 성별에 대한 인식을 다각화할 수 있는 가능성을 시사한다.
- **성별화된 로봇에 대한 함의**: 성별화된 로봇이 사회에서 널리 사용되면서 인간의 성 고정관념을 강화하지 않도록, 디자인 단계부터 편견이 배제된 성 중립적인 로봇을 고려하는 접근이 필요하다는 것이 많은 연구자의 공통된 의견이다. 예를 들어, 성 중립적인 외형과 목소리를 갖춘 로봇을 통해 성별화되지 않은 중립적 역할을 수행하게 함으로써, 사용자들이 성별과 상관없이 로봇의 기능에 집중할 수 있게 돕는 방향이 제안되고 있다.

성별화된 로봇은 인간의 성 고정관념을 강화하거나 재구성할 수 있는 중요한 매개체가 될 수 있으며, 심리학적 연구는 이러한 로봇 디자인이 사회적 성평등에 미칠 영향을 면밀히 고려할 필요가 있다고 강조하고 있다.

2) 인간의 존엄성과 성별화된 로봇윤리의 문제

영화 〈아이, 로봇(I, Robot)〉(2004)에서 인간은 일상에서 로봇과 공존한다. 로봇은 길거리에서 인간과 함께 걸어 다닐 뿐만 아니라 쓰레기도 버리고, 장도 보러 가고, 강아지 산책을 해 주기도 한다. 또한 로봇이 자율적으로 결정을 내리기도 한다. 이 영화에서 로봇은 자동차의 돌발사고 상황에서 성인 남자와 어린 아동 중 성인 남자를 선택한다. 로봇의 이러한 결정은 윤리적으로 어느 정도 합당한가? 이 영화에서 주인공 스푸너(Spooner)는 로봇이 자신보다는 어린 아동을 구해야했다고 생각하며, 로봇에 대한 부정적 태도를 갖게 된다. 스푸너는 일상에서 자신에게 예의 바르게 인사하는 휴머노이드 로봇에게 "저리 비켜, 이 금속뭉치야." 하며 소리치기도 한다. 그러나 이 영화의 줄거리가 계속 전개되면서, 스푸너는 마치 인간의 의식적인 마음처럼 설계된, 로봇의 자기주도적인 마음을 인식하게 되고, 인간의 노예로서 투입되고 활용되는 로봇에 대한 도덕적 처우에 대해 문제제기를 하게 된다.

니다 루멜린과 바이덴펠트(Nida-Rümelin & Weidenfeld, 2020)의 저서 『디지털 휴머니즘: 인공지능 시대의 윤리(Digitaler Humanismus: Eine Ethik für das Zeitalter der Künstlichen Intelligenz)』에서 다루는 인간 존엄성과 성별화된 로봇윤리에 대해 간단히 살펴보자.

- 인간 존엄성(human dignity): 인간 존엄성은 인간이 단지 기능적 존재나 도구가 아닌, 그 자체로 존중받아야 할 가치가 있다는 것을 의미한다. 인간은 고유한 자율성과 자기결정권을 지니고 있으며, 이를 침해하지 않도록 하는 것이 인간 존엄성의 핵심이다. 디지털 기술이 발전함에 따라 인간 존엄성을 유지하는 데 큰 도전이 따른다. 예를 들어, AI와 자동화 시스템이 사람의 감정이나 판단을 대체하려 할 때, 인간이 단순히 시스템의 일부로 취급되는 위험이 발생할 수 있다. 그렇기에

디지털 시대에는 기술이 인간 존엄성을 해치지 않도록 하는 윤리적 지침이 더욱 중요해지고 있다.

- **인공지능의 자기결정권에 대한 문제**: 소피아는 2017년 사우디아라비아에서 세계 최초로 시민권을 부여받은 로봇으로 큰 화제가 되었다. 소피아는 홍콩에 본사를 둔 '핸슨 로보틱스(Hanson Robotics)'가 개발한 인공지능(AI) 로봇으로, 인간과 비슷한 표정을 짓고 대화할 수 있는 능력을 갖추고 있다. 소피아는 인공지능으로 사람의 질문에 응답하며, 뉴스 인터뷰나 여러 국제회의에 참석해 인간의 삶, AI의 미래, 로봇윤리 등에 대해 논의하면서 많은 주목을 받았다. 특히 로봇에게 시민권을 부여한 사례로서, 기술 발전과 사회적 변화에 관한 여러 논의의 중심에 서게 되었다. 로봇의 지위와 의무는 어느 정도까지가 적절한가? 의인화된 로봇은 로봇에 대한 도덕적 처우에 대한 관심을 증가시킬까? 로봇에게 'e-인간(전자인간)'으로서 인간의 지위를 부여하고, 사회에서 한 개인으로 받아들여지도록 새로운 규칙이 제정된다면, 다양한 윤리적 갈등 상황이 발생할 수 있다. 예를 들어, 내가 모르는 사람을 위해 내가 잘 아는, 정서를 표현하는 로봇이 희생당하는 것이 도덕적으로 합당한가? 인간-로봇의 도덕적 지위의 판단에 새로운 규칙이 적용되고, 인간을 위해 로봇이 희생되어야 하는 윤리적 갈등 상황에서는 다양한 문제를 이해하고 예측하는 것이 시급하다.
- **성별화된 로봇윤리(gendered robot ethics)**: 성별화된 로봇윤리는 로봇이 특정한 성별 특성을 가지도록 설계되는 과정에서 발생할 수 있는 윤리적 문제를 다룬다. 특히 인간의 성 고정관념을 반영하여 로봇에 성별 특성을 부여하는 것이 사회적으로 어떤 영향을 미칠 수 있는지에 대해 논의된다. 예를 들어, 여성 목소리나 외모를 가진 로봇이 주로 서비스나 돌봄 분야에 사용되는 반면, 남성적인 외모를 가진 로봇이 군사나 물류 분야에 투입되는 것은 성 고정관념을 강화할 가능성이 있다. 이

처럼 로봇의 성별화가 사회적 편견을 강화하지 않도록 하기 위해서는 로봇 디자인과 배치에 있어 윤리적 고려가 필요하다.

3) 시사점

새로운 언어를 배우는 것은 새로운 세상의 문을 열어 준다고 한다. 마찬가지로, 로봇이라는 비인간 대상과의 새로운 관계 설정은 우리가 외부 환경과 어떻게 관계를 맺어야 하는지에 대한 새로운 사고의 문을 열어 줄 수 있을 것이다.

4. 마무리: 여성 로봇, 남성 로봇 및 인간의 공존을 위한 시사점

성별화된 로봇(gendered robots)에 대한 연구는 로봇과 인간이 더 나은 공존을 위해 어떻게 상호작용할 수 있는지를 이해하는 데 중요한 시사점을 제시한다. 특히 성별화된 로봇의 디자인과 역할 설정이 인간의 성 인식, 사회적 고정관념, 그리고 인간-로봇 관계에 끼치는 영향에 대한 연구는 로봇이 인간과 조화롭게 공존하기 위해 해결해야 할 과제를 보여 주고 있다. 연구에서 제시하는 몇 가지 주요 함의를 살펴보자.

- 성 고정관념에서 자유로운 디자인: 연구에서는 로봇이 전통적인 성역할에 얽매이지 않고 중립적이거나 유연한 성별을 가짐으로써 인간의 성 고정관념을 약화하는 데 기여할 수 있다고 제안한다. 예를 들어, 남성적 특성을 가진 로봇이 감정적 지원을 하거나 여성적 특성을 가진 로봇이 기술적 업무를 수행할 때, 인간은 특정 성별에 국한된 역할 인식을 벗

어날 수 있다. 이러한 로봇 디자인은 인간에게 보다 다양한 성역할을 이해하게 하는 데 도움을 줄 수 있으며, 인간-로봇이 공존하는 상황에서 고정관념을 줄이는 긍정적 효과를 기대할 수 있다.

- **사회적 편견을 배제한 인간-로봇 상호작용**: 성별화된 로봇이 편견 없이 사용자에게 접근하도록 설계된다면, 로봇과의 상호작용이 더욱 신뢰할 수 있고 진정성 있는 관계로 발전할 가능성이 높다. 성 중립적 외형과 중립적 목소리를 지닌 로봇을 사용하는 경우, 사용자는 로봇의 기능 자체에 집중하게 되어, 성별에 따른 편견을 배제하고 로봇을 동료로서 수용할 가능성이 커진다. 특히 직장에서 성 중립적 로봇을 도입하면, 로봇이 팀의 일원으로 쉽게 받아들여지고 생산성도 높아질 수 있다.
- **교육 및 훈련에서의 성차별적 편견 제거**: 성별화된 로봇의 등장으로 인해 아동에게 성 고정관념이 학습되지 않도록 주의해야 한다. 로봇을 가정이나 학교에서 교육 목적으로 사용할 때, 특정 성별 역할을 강조하지 않는 교육형 로봇이 필요하다. 이러한 로봇은 아이들에게 성별과 무관한 롤모델을 제시함으로써 성에 대한 편견 없이 다양성을 존중하는 태도를 기르는 데 기여할 수 있다.
- **사회적 연대감 형성에 기여**: 성별화된 로봇은 인간과의 사회적 유대감을 형성하는 데도 기여할 수 있다. 연구에서는 로봇의 성별 특성이 적절히 표현될 때 인간은 로봇을 더 가깝고 친근하게 느끼며, 로봇과의 상호작용이 증가한다고 보고한다. 예를 들어, 노인 돌봄에서 친근한 성격을 지닌 여성형 로봇은 정서적 지지를 제공하며, 사용자의 외로움을 덜어 주는 역할을 할 수 있다. 이처럼 적절한 성별 특성을 통해 로봇과의 관계에서 사회적 연대감을 형성할 수 있다.

요약하자면, 연구는 성별화된 로봇의 디자인과 상호작용 방식을 조정하여 인간의 고정관념과 편견을 줄이고, 인간과 로봇이 상호 보완적 관계로 공존하는 방안을 모색해야 함을 시사한다. 이를 위해서는 성별화된 디자인의 활용에 신중을 기하고, 성 고정관념을 벗어난 역할 분배와 교육이 필요하다.

토론거리

1. 선행연구에서는 전통적인 성 고정관념이 성별이 부여된 로봇에게도 적용됨을 보고하고 있습니다. 예를 들어, 남성 로봇은 여성 로봇보다 더 능력 있고 주도적으로 인식됩니다. 이에 비해 여성 로봇은 남성 로봇보다 더 감정적이고 소통을 잘하는 것으로 인식됩니다. 남성과 여성은 어떤 성별이 부여된 로봇에 더 호감을 갖게 될까요? 또한 그 이유는 무엇일지에 대해서도 토론해 봅시다.
2. 영화 〈아이, 로봇〉(2004)에서 인간은 일상에서 로봇과 공존합니다. 로봇은 길거리에서 인간 옆에서 걸어 다닐 뿐만 아니라 쓰레기도 버리고, 장도 보러 가고, 강아지 산책을 해 주기도 합니다. 또한 로봇이 자율적으로 결정을 내리기도 합니다. 예를 들어, 로봇은 자동차의 돌발사고 상황에서 성인 남자와 어린 아동 중에서 성인 남자를 선택합니다. 만약 로봇이 성인 남자와 성인 여자 중에서 성인 남자를 선택한다면, 로봇의 이러한 결정이 어느 정도 윤리적으로 합당한지에 대해 이야기해 봅시다.
3. 여성 로봇과 남성 로봇에게 부여되는 역할에는 어떤 차이점이 있을까요?
4. 성별이 부여된 로봇은 성별이 부여되지 않은 로봇에 비해 어떤 이득을 갖게 될까요?

추천 영상 및 영화

- 영화 〈로봇 드림(Robot Dreams)〉(2003): 이 영화는 우리에게 로봇과 인간의 우정 및 공존을 생각해 보게 합니다. 로봇은 인간 친구를 대체할 수 있을까요? 우정과 사랑은 비인간의 어느 범위까지 확장시킬 수 있을지에 대해 이야기해 봅시다.
- 영화 〈아이, 로봇〉(2004): 이 영화는 로봇에 대한 편견을 갖고 있는 인간이 로봇에 대한 태도 변화를 하게 되는 과정을 다루고 있습니다. 새로운 노동자 계급으로 출현하는 로봇이 창고에 서서 자신을 불러 줄 역할을 기다리며, 대

기하고 있는 장면은 로봇에 대한 아련한 마음을 갖게 합니다. 로봇윤리에 대해 생각해 보고, 다양한 로봇(예: 성별이 부여된 로봇, 전투로봇)을 대하는 인간이 무엇을 지켜야 할지에 대해 이야기해 봅시다.

추천 논문 및 도서

- Nomura, T. (2016). Robots and gender. *Gender and the Genome*, *1*, 1–9/ Nomura, T. (2017). Robots and gender. *Gender and the Genome*, *1*, 18–25: 이 논문은 우리가 로봇의 성별(남성적 · 여성적 디자인)을 인지하고 반응하는 방식에 주목하였습니다. 이 연구들은 특히 로봇의 성별화된 외형이나 목소리가 사용자 반응에 어떤 차이를 만드는지를 보여 주면서, 인간-로봇 상호작용의 효과적인 설계를 위해 로봇 개발자가 로봇의 성별 디자인이나 상호작용 방식을 결정할 때 고려할 수 있는 유용한 데이터를 제공하였습니다. 여러분께서 로봇 개발자라면 성별을 어떻게 활용하여 로봇의 기능을 최적화할 수 있을지에 대해 이야기해 봅시다.
- 율리안 니다 루멜린과 나탈리에 바이덴펠트의 『디지털 휴머니즘: 인공지능 시대의 윤리』: 이 책에서는 인간과 로봇의 상호작용에서 발생하는 다양한 윤리적 문제에 대해 흥미롭게 다루고 있습니다.

참고문헌

Bigman, Y. E., & Gray, K. (2018). People are averse to machines making moral decisions. *Cognition*, *181*, 21–34.

Borau, S., Otterbring, T., Laporte, S., & Fosso Wamba, S. (2021). The most human bot: Female gendering increases humanness perceptions of bots and acceptance of AI. *Psychology & Marketing*, *38*, 1052–1068.

Broadbent, E., Kumar, V., Li, X., Sollers 3rd, J., Stafford, R. Q., MacDonald, B. A., & Wegner, D. M. (2013). Robots with display screens: a robot with a more humanlike face display is perceived to have more mind and a better personality. *PloS One*, *8*(8), e72589.

Devine, P. G. (1989). Stereotypes and prejudice: Their automatic and controlled components. *Journal of Personality and Social Psychology*, *56*(1), 5–18.

Diab, D. L., Pui, S.-Y., Yankelevich, M., & Highhouse, S. (2011). Lay perceptions of selection decision aids in US and Non-US samples. *International Journal of Selection and Assessment*, *19*, 209–216.

Dietvorst, B. J., Simmons, J. P., & Massey, C. (2015). Algorithm aversion: People erroneously avoid algorithms after seeing them err. *Journal of Experimental Psychology: General*, *144*, 114–126.

Esteva, A., Kuprel, B., Novoa, R. et al. (2017). Dermatologist-level classification of skin cancer with deep neural networks. *Nature, 542*(7660), 115–118.

Eyssel, F., & Hegel, F. (2012). (S)he's got the look: Gender stereotyping of robots. *Journal of Applied Social Psychology*, *42*, 2213–2230.

Eyssel, F., Kuchenbrandt, D., Hegel, F., & de Ruiter, L. (2012). Activating elicited agent knowledge: How robot and user features shape the perception of social robots. *2012 IEEE RO-MAN: The 21st IEEE International Symposium on Robot and Human Interactive Communication*, Paris, France, pp. 851–857.

Gray, H. M., Gray, K., & Wegner, D. M. (2007). Dimensions of mind perception. *Science*, *315*, 619.

Gray, K., & Wegner, D. M. (2009). Moral typecasting: divergent perceptions of moral agents and moral patients. *Journal Personality and Social Psychology*, *96*, 505–520.

Gray, K., & Wegner, D. M. (2012). Feeling robots and human zombies: Mind perception and the uncanny valley. *Cognition*, *125*, 125–130.

Gray, K., Young, L., & Waytz, A. (2012). Mind perception is the essence of morality. *Psychological Inquiry*, *23*, 101–124.

Grove, W. M., Zald, D. H., Lebow, B. S., Snitz, B. E., & Nelson, C. (2000). Clinical versus mechanical prediction: A meta-analysis. *Psychological Assessment, 12*, 19–30.

Heilman, M. E. (2001). Description and prescription: How gender stereotypes prevent women's ascent up the organizational ladder. *Journal of Social*

Issues, *57*, 657−674.

Heilman, M. E., Block, C. J., & Martell, R. (1995). Sex stereotypes: Do they influence perceptions of managers? *Journal of Social Behavior and Personality*, *10*, 237−252.

Huang, M.−H., & Rust, R. T. (2018). Artificial Intelligence in service. *Journal of Service Research*, *21*, 155−172.

Kim, T. W., & Duhachek, A. (2020). Artificial intelligence and persuasion: A construal−level account. *Psychological Science*, *31*, 363−380.

Kozak, M. N., Marsh, A. A., & Wegner, D. M. (2006). What do I think you're doing? Action identification and mind attribution. *Journal of Personality and Social Psychology*, *90*, 543−555.

Laban, G. (2021) Perceptions of anthropomorphism in a chatbot dialogue: The role of animacy and intelligence. *International Conference on Human Agent Interaction, 21*, 305−310.

Lee, K. M., Park, N., & Song, H. (2005). Can a robot be perceived as a developing creature? Effects of a robot's long−term cognitive developments on its social presence and people's social responses toward it. *Human Communication Research*, *31*(4), 538−563.

MacDorman, K. F., & Ishiguro, H. (2006). The uncanny advantage of using androids in cognitive and social science research. *Interaction Studies: Social Behaviour and Communication in Biological and Artificial Systems*, *7*(3), 297−337.

Moss−Racusin, C. A., Dovidio, J. F., Brescoll, V. L., Graham, M. J., & Handelsman, J. (2012). Science faculty's subtle gender biases favor male students. *Proceedings of the National Academy of Sciences of the United States of America*, *109*, 16474−16479.

Nida−Rümelin, J., & Weidenfeld, N. (2020). 디지털 휴머니즘: 인공지능 시대의 윤리. (*Digitaler Humanismus: Eine Ethik für das Zeitalter der Künstlichen Intelligenz*). (김종수 역). 부산대학교출판문화원. (원저는 2018년에 출판).

Nomura, T. (2016). Robots and gender. *Gender and the Genome*, *1*, 1−9

Nomura, T. (2017). Robots and gender. *Gender and the Genome*, *1*, 18–26.

Önkal, D., Goodwin, P., Thomson, M. E., Gönül, S., & Pollock, A. C. (2009). The relative influence of advice from human experts and statistical methods on forecast adjustments. *Journal of Behavioral Decision Making*, *22*, 390–409.

Roesler, E., Heuring, M., & Onnasch, L. (2023). (Hu)man–like robots: The impact of anthropomorphism and language on perceived robot gender. *International Journal of Social Robotics*, *15*, 1829–2840.

Salem, M., Lakatos, G., Amirabdollahian, F., & Kerstin Dautenhahn, K. (2015). *Would You Trust a (Faulty) Robot? Effects of Error, Task Type and Personality on Human–Robot Cooperation and Trust*. In Proceedings of the Tenth Annual ACM/IEEE International Conference on Human–Robot Interaction (HRI '15). Association for Computing Machinery, New York, NY, USA, 141–148.

Schein, C., & Gray, K. (2015). The eyes are the window to the uncanny valley: Mind perception, autism and missing souls. *Interaction Studies: Social Behaviour and Communication in Biological and Artificial Systems*, *16*(2), 173–179.

Seyama, J., & Nagayama, R. S. (2007). The uncanny valley: Effect of realism on the impression of artificial human faces. *Presence*, *16*, 337–351.

Weßel, M., Ellerich–Groppe, N., & Schweda, M. (2021). Gender stereotyping of robotic systems in eldercare: An exploratory analysis of ethical problems and possible solutions. *International Journal of Social Robotics*, *15*, 1963–1976.

Weßel, M., Ellerich–Groppe, N., Koppelin, F., & Schweda, M. (2022). Gender and age stereotypes in robotics for eldercare: Ethical implications of stakeholder perspectives from technology development, Industry, and Nursing. *Science and Engineering Ethics*, *28*(4), 34.

Yam, K. C., Bigman, Y. E., Tang, P. M., Ilies, R., De Cremer, D., Soh, H., & Gray, K. (2020). Robots at work: People prefer–and forgive–service robots with perceived feelings. *The Journal of Applied Psychology*, *106*, 1557–1572.

찾아보기

인명

내용

저자 소개

김연수(Yeonsoo Kim) 제2장

서울대학교 심리학과 발달심리전공
심리학박사

현 전주대학교 상담심리학과 부교수

김은영(Kim, Eun Young) 제6장

이화여자대학교 심리학과 상담심리전공
심리학박사

현 동서울대학교 교양과 부교수

김혜민(Kim Hyemin) 제12장

가톨릭대학교 심리학과 상담심리전공
심리학박사

현 심리상담연구소 가까이 소장

박경은(Park Kyung Eun) 제11장

연세대학교 일반대학원 상담코칭학박사(Ph.D.)

현 세명대학교 상담심리학과 부교수

신나영(Na Young Shin) 제9장

서울대학교 협동과정 인지과학
임상신경심리전공 이학박사

현 경기대학교 범죄교정심리학과 조교수

신홍임(Hongim Shin) 제5, 14장

독일 Trier대학교 심리학과 인지심리학전공
이학박사

현 국립순천대학교 자유전공학부 부교수

이지영(Lee Jee Young) 제7, 8장

서울대학교 심리학과 조직심리전공
심리학박사

현 한성대학교 상상력교양대학 조교수

조윤진(Cho Yoonjin) 제3, 4장

이화여자대학교 심리학과 상담심리전공
심리학박사

현 채움 심리상담센터 대표

한영주(Youngjoo Han) 제1장

이화여자대학교 심리학과 상담전공
심리학박사

현 밴쿠버기독교세계관대학원(Trinity Western University)
상담심리전공 교수

홍상희(Sanghee Hong) 제10, 13장

미국 켄터키 대학교(University of Kentucky)
상담심리학과 상담심리전공
상담심리학박사(Ph.D.)

현 이화여자대학교 마음E센터 특임교수

여성심리학

젠더와 다양성을 향하여

Psychology of Women:
Toward Gender and Diversity Perspectives

2025년 8월 10일 1판 1쇄 인쇄
2025년 8월 20일 1판 1쇄 발행

지은이 • 김연수 · 김은영 · 김혜민 · 박경은 · 신나영
신홍임 · 이지영 · 조윤진 · 한영주 · 홍상희

펴낸이 • 김진환

펴낸곳 • (주) 학지사
04031 서울특별시 마포구 양화로 15길 20 마인드월드빌딩 4층
대 표 전 화 • 02)330-5114 팩스 • 02)324-2345
등 록 번 호 • 제313-2006-000265호

홈 페 이 지 • http://www.hakjisa.co.kr
인스타그램 • https://www.instagram.com/hakjisabook

ISBN 978-89-997-3457-1 93180

정가 24,000원